Digitale Transformation in der Bildungslandschaft –
den analogen Stecker ziehen?

Managementkonzepte
Band 39

Herausgegeben von Klaus Götz

Jacqueline Heider-Lang, Alexandra Merkert (Hrsg.)

Digitale Transformation in der Bildungslandschaft – den analogen Stecker ziehen?

Rainer Hampp Verlag   Augsburg, München 2019

Herausgeber: Prof. Dr. Klaus Götz
Universität Koblenz-Landau
(Institut für Erziehungswissenschaft)
Universität Klagenfurt
(Institut für Erziehungswissenschaft und Bildungsforschung)
Universität Bremen
(Fachbereich 12: Erziehungs- und Bildungswissenschaften)

Bibliografische Information der Deutschen Nationalbibliothek

Die Deutsche Nationalbibliothek verzeichnet diese Publikation in der Deutschen Nationalbibliografie; detaillierte bibliografische Daten sind im Internet über http://dnb.d-nb.de abrufbar.

ISBN: 978-3-95710-240-9 (print)
ISBN: 978-3-95710-340-6 (e-book)
Managementkonzepte: ISSN 1436-2988
ISBN-A/DOI 10.978.395710/3406
1. Auflage, 2019

Lektorat: Charlotte Alexander

© 2019 Rainer Hampp Verlag   Augsburg, München
Vorderer Lech 35   86150 Augsburg
www.Hampp-Verlag.de

Alle Rechte vorbehalten. Dieses Werk einschließlich aller seiner Teile ist urheberrechtlich geschützt. Jede Verwertung außerhalb der engen Grenzen des Urheberrechtsgesetzes ist ohne schriftliche Zustimmung des Verlags unzulässig und strafbar. Das gilt insbesondere für Vervielfältigungen, Mikroverfilmungen, Übersetzungen und die Einspeicherung in elektronische Systeme.

∞   *Dieses Buch ist auf säurefreiem und chlorfrei gebleichtem Papier gedruckt.*

Liebe Leserinnen und Leser!
Wir wollen Ihnen ein gutes Buch liefern. Wenn Sie aus irgendwelchen Gründen nicht zufrieden sind, wenden Sie sich bitte an uns.

EINFÜHRUNG 7

Jacqueline Heider-Lang und Alexandra Merkert (Universität Koblenz-Landau)
Digitale Transformation in der Bildungslandschaft – ein mehrperspektivischer Zugang   *8*

DIGITALE BILDUNG IM ELEMENTARBEREICH 25

Eva Reichert-Garschhammer (Staatsinstitut für Frühpädagogik München)
Digitale Transformation im Bildungssystem Kita   *26*

Henrike Friedrichs-Liesenkötter (Leuphana Universität Lüneburg)
Medienerziehung und Medienbildung als Aufgaben der frühkindlichen Bildung:
Aktuelle Situation und Implikationen für eine stärkere Verankerung   *52*

Michael Fritz (Haus der kleinen Forscher)
Gute frühe Bildung in einer digital geprägten Welt   *70*

DIGITALE BILDUNG IM PRIMAR- UND SEKUNDARBEREICH 97

Friedrich Gervé (Pädagogische Hochschule Heidelberg)
Digitalisierung und Bildung im Primarbereich   *98*

Bardo Herzig und Tilman-Mathies Klar (Universität Paderborn)
Digitale Modellierungen sozialer Räume   *115*

Julia Hense (Bertelsmann Stiftung)
Anleitung zum (Un-)glücklichsein — Fünf Thesen zur Einführung digitalen Lernens an Schulen   *129*

Klaus Zierer und Jonas Tögel (Universität Augsburg)
Digitale Bildung – Möglichkeiten und Grenzen   *142*

DIGITALE BILDUNG IN DER HOCHSCHULE 161

Ulf-Daniel Ehlers und Sarah Kellermann (Duale Hochschule Baden-Württemberg)
Future Learning – Future University   *162*

Peter Weber (Hochschule Fresenius)
Digitale Bildung in der Hochschule – Konvergente Entwicklungen in den Lehr-Lern-Formaten   *191*

Patricia Arnold (Hochschule München)
Studium und Lehre im digitalen Wandel – Ein Streifzug durch Innovationen und
Herausforderungen   *208*

Gabi Reinmann (Universität Hamburg)
Digitalisierung und hochschuldidaktische Weiterbildung: Eine Kritik *232*

DIGITALE BILDUNG IN DER BETRIEBLICHEN AUS- UND WEITERBILDUNG 251

Ullrich Dittler (Hochschule Furtwangen) und Christian Kreidl (Training und Beratung, Wien)
Digitalisierung in der Aus- und Weiterbildung: Was wollen die Lernenden? *252*

Michael Gessler und Daniela Ahrens (Universität Bremen)
Microlearning als didaktischer Ansatz zur Digitalisierung arbeitsprozessintegrierter betrieblicher Weiterbildung in hochautomatisierten Arbeitsumgebungen *264*

Daniel Stoller-Schai (Crealogix AG Zürich)
„Hallo Lern-Coach" Neue Formen des digitalen, personalisierten Lernens im Bereich der betrieblichen Bildung *285*

AUSBLICK 303

Sabine Seufert (Universität St. Gallen)
Digitale Bildung mit Ausblick auf die Zukunft *304*

AUTOREN 321

Einführung

Jacqueline Heider-Lang & Alexandra Merkert

Digitale Transformation in der Bildungslandschaft – ein mehrperspektivischer Zugang

Das Thema Digitalisierung hat für Bildungseinrichtungen eine hohe Bedeutung gewonnen (IW Consult, 2018). Doch um die Potenziale der Technik ausschöpfen zu können, ist nicht nur die IT-Ausstattung, sondern vor allem auch das didaktische Konzept entscheidend, mit dem die Technik in Lehr- und Lernprozesse integriert wird (Acatech & Körber Stiftung, 2017; Blossfeld, Bos, Daniel, Hannover, Köller, Lenzen, McElvany, Roßbach, Seidel, Tippelt, Wößmann, 2018). Zentral für den Einsatz im unterrichtlichen Wirken sind zudem die Kompetenzen der Lehrenden im Umgang mit digitalen Medien und ihre Einstellungen hierzu. Sie ermöglichen es erst, mit den rasanten technischen Entwicklungen Schritt zu halten oder auch kritisch reflektiert abzuwägen, ob dies überhaupt in jeder Hinsicht nötig ist. Ziel des Buches ist es, Möglichkeiten, Herausforderungen und Konzepte digitaler Bildung aus der Perspektive der Kindertagesstätte als Institution früher kindlicher Bildung, der Schule und Hochschule als elementaren Orten der Bildung im Kindes- und Jugendalter bis zum Erwachsenenalter sowie der betrieblichen Aus- und Weiterbildung im Sinne eines lebenslangen Lernens aufzuzeigen. Dabei stellt sich die Aufgabe, Theorie und Praxis miteinander in Dialog zu bringen sowie Handlungsperspektiven zu eröffnen. Um einen Beitrag dazu zu leisten, kommen Autorinnen und Autoren zu Wort, die sich mit dem Thema der digitalen Bildung in den vier Bereichen forschend und lehrend auseinandersetzen und somit sowohl Fragen zum Stand der digitalen Transformation beantworten als auch Chancen und Grenzen vor dem Hintergrund konkreter Konzepte beleuchten.

Digitale Bildung im Elementarbereich

Frühzeitige Investitionen in die Bildung der nächsten Generation zahlen sich aus (Heckman, 2006). Doch gilt dieser Grundsatz auch für den Bereich der digitalen Welt oder sollte in einem gewissen Alter lieber ganz der Stecker gezogen werden? Vieles weist auf den Mehrwert einer gezielten bereits in jungen Jahren ansetzenden Förderung der Medienkompetenz hin, um Kinder und Jugendliche zu befähigen, ihr Mediennutzungsverhalten sowohl reflektieren als auch kontrollieren zu können und somit langfristig und präventiv das Suchtpotenzial zu reduzieren (Büsching, Riedel, Brand,

Fischbach & Gitmans, 2017). Was den intensiven Konsum digitaler Medien im Vorschulalter betrifft, machen Ergebnisse der BLIKK-Studie auf die Gefahr von Sprachentwicklungsstörungen und Hyperaktivität aufmerksam (Büsching et al., 2017). Eine unkritische Förderung der Digitalisierung in Kindertagesstätten, wie Sie Thomas Fischbach, Präsident des Berufsverbands der Kinder- und Jugendärzte, politischen Kreisen zuschreibt (aerzteblatt.de, 2018), erscheint vor diesem Hintergrund riskant.

Um Kindern die Chancen der Digitalisierung offenzulegen und sie gleichzeitig zu befähigen, möglichen Risiken kompetent zu begegnen, ist es ratsam, konkrete Handlungsfelder für die digitale Transformation zu identifizieren. Auch das Bundesministerium benennt im Zuge der Bildungsoffensive für die digitale Wissensgesellschaft insgesamt fünf Bereiche, in denen es um die Vermittlung digitaler Bildung, die Infrastruktur, den rechtlichen Rahmen, die strategische Organisationsentwicklung und die Potenziale der Internationalisierung geht (Bundesministerium für Bildung und Forschung, 2016). Doch an welchen Handlungsfeldern ist ganz konkret im Bildungssystem von Kindertageseinrichtungen zu arbeiten? Aus der Formulierung dieser können gezielte Schlussfolgerungen, nicht nur für die pädagogische Arbeit selbst, sondern auch für die Aus- und Weiterbildung von Fachkräften abgeleitet werden. Nicht ausgeklammert werden darf in der Diskussion um Medienbildung- und Erziehung die Kooperation mit dem Elternhaus. Letztere sollte auch im Zuge entsprechender pädagogischer Programme und Maßnahmen mitberücksichtigt werden. Denkbar wären beispielsweise Seminare und Workshops, in denen Fragen oder Vorschläge der Eltern aufgegriffen werden können, damit sich die Anregung aus dem Elternhaus zusammen mit dem Konzept der Einrichtung in einem symbiotischen Prozess zu einer gemeinsamen Linie entwickeln, um den Jüngsten unserer Gesellschaft eine umfassende Bildung und somit die Möglichkeit zur Partizipation am öffentlichen Leben samt seinen digitalen Dimensionen zu gewähren.

Grundlegend stellt sich die Frage, was eine gute frühe Bildung im Wesentlichen ausmacht. Auf der Suche nach Antworten erscheint eine Annäherung aus verschiedenen Perspektiven erforderlich. Einerseits stellt sich die Herausforderung, zu ergründen, was Kinder wirklich brauchen, um sich in der Welt, einschließlich der digitalen Welt, nicht nur zurechtzufinden, sondern sie auch als gestaltbar zu erfahren. Andererseits gilt es zu erforschen, wie Erwachsene, Eltern, pädagogische Fachkräfte oder auch einrichtungsexterne Experten aus Wirtschaft und Politik diese Kinder auf ihrem Weg bestmöglich begleiten. Dazu gehört auch, passende Rahmenbedingungen für eine digitale Bildung für alle und von Anfang an zu schaffen.

Mit den wesentlichen Handlungsfeldern setzt sich Eva Reichert-Garschhammer, stellvertretende Direktorin des Staatsinstituts für Frühpädagogik (IFP) in München, auseinander. Die studierte Juristin diskutiert in ihrem Beitrag *Digitale Transformation im Bildungssystem Kita* neben der IT-Ausstattung und der Qualitätsentwicklung auch den Bereich Medien und Recht. Dabei stellt sie den Ist- und Soll-Zustand digitaler Bildung in der Kindertagesstätte dar und führt Tipps aus der Praxis sowie konkrete Maßnahmen an. Berücksichtigt wird auch das sensible Thema Medienkonsum. Wie kommunale Bildungssteuerung einen Beitrag zum digitalen Transformationsprozess in Kindertagesstätten leisten kann, wird anhand von Beispielen ebenfalls aufgegriffen.

Michael Fritz, Vorstandsvorsitzender der Stiftung *Haus der kleinen Forscher*, widmet sich in seinem Beitrag *Gute frühe Bildung in einer digital geprägten Welt* dem Thema Digitalisierung mit Bezug zur Informatik und besonderem Blick auf die Perspektive von Kindern im Vorschulalter. Doch auch die Wahrnehmung der digitalen Angebote durch die pädagogischen Fachkräfte ist ein Bestandteil seiner Arbeit. Dabei wird ebenfalls hinterfragt, wie digital das *Haus der kleinen Forscher* als Frühbildungsinitiative selbst aufgestellt ist und wie die Möglichkeiten der Digitalisierung genutzt werden können, um pädagogische Fach- und Lehrkräfte optimal in ihrer Arbeit zu unterstützen. Abschließend steht die zentrale Frage, wie Kinder heute schon auf die Welt von morgen vorbereitet werden können.

Henrike Friedrichs-Liesenkötter, Juniorprofessorin an der Leuphana Universität Lüneburg, richtet in ihrem Beitrag *Medienerziehung in der Kindertagesstätte* den Blick auf die Bedeutung von Medienerziehung und -bildung für die Arbeit in Kindertagesstätten, wozu sie zunächst den Forschungsstand unter Einbeziehung qualitativer und quantitativer Studien skizziert. Dabei diskutiert sie auch die Einstellungen der Erzieherinnen und Erzieher sowie deren Einfluss auf ihr pädagogisches Handeln. Eine Rolle spielt dabei auch der medienerzieherische Habitus sowie die Ausbildung der pädagogischen Fachkräfte. Zuletzt werden an den individuellen Bedürfnissen der Einrichtungen orientierte Inhouse-Fortbildungen als Möglichkeit zur Implementierung von Medienerziehung und -bildung an Kindertagesstätten aufgezeigt.

Digitale Bildung im Primar- und Sekundarbereich

Wie Studien zum Medienumgang von Kindern und Jugendlichen zeigen, stellen Computer, Laptop und Smartphone sowie ein Internetzugang für Heranwachsende im Alter zwischen sechs und 19 Jahren heute eine Selbstverständlichkeit dar. Dabei ist bei den Jüngeren nach wie vor der Fernseher und bei den Älteren das Handy Spitzenreiter, wenn es um die Medienbeschäftigung in der Freizeit geht. Fast täglich kommen diese Geräte zum Einsatz und prägen somit das Alltagsgeschehen (Medienpädagogischer Forschungsverbund Südwest, 2017a; Medienpädagogischer Forschungsverbund, 2017b). Doch gleichzeitig sind laut einer Erhebung der Krankenkasse DAK-Gesundheit bereits 2,6 % der deutschen Jugendlichen im Alter zwischen zwölf und 17 Jahren süchtig nach sozialen Medien (DAK-Gesundheit, 2017). Medienbildung wird vor diesem Hintergrund zu einer entscheidenden Qualifikation in unserer zunehmend digitalisierten Welt, um Medienangebote selbstbestimmt und reflektiert nutzen zu können und, falls nötig, das eigene Verhalten bedarfsorientiert zu regulieren. Mit dem Begriff der Medienbildung wird unmittelbar auch der Bildungsauftrag der Schule angesprochen. Schon 2012 verabschiedete daher die Kultusministerkonferenz der Länder einen Beschluss zur Medienbildung in der Schule (Kultusministerkonferenz, 2012). Betont wird, dass Medienbildung auf den Erwerb von Medienkompetenz zielt, die definiert wird als die „Kenntnisse, Fähigkeiten und Fertigkeiten, die ein sachgerechtes, selbstbestimmtes, kreatives und sozial verantwortliches Handeln in der medial geprägten Lebenswelt ermöglichen" (Kultusministerkonferenz, 2012, S. 3). Letztere kann nicht einfach durch das Elternhaus oder durch Sozialisation erworben werden. Damit wird der Erwerb von Medienkompetenz zu einer Kernaufgabe schulischen Lernens. Benannt werden in diesem Rahmen insgesamt acht Handlungsfelder für die Medienbildung in der Schule. Gearbeitet werden soll demnach an den Lehr- und Bildungsplänen, der Ausbildung der Lehrerinnen und Lehrer, der Schulentwicklung im Sinne der Ausarbeitung eines Medienbildungskonzepts, der Ausstattung und dem technischen Support, den für Unterrichtszwecke zur Verfügung stehenden Bildungsmedien, Fragen des Urheberrechts und des Datenschutzes, dem Kontakt zu außerschulischen Kooperationspartnern und zuletzt auch der Qualitätssicherung und Evaluation der Prozesse (Kultusministerkonferenz, 2012). Die Auseinandersetzung mit diesen Punkten kann aufgrund der schnelllebigen Entwicklungen im technischen Bereich und der damit einhergehenden Veränderungen auch auf sozialer Ebene niemals abgeschlossen sein, sondern steht zudem unter dem Druck der beschleunigten Entwicklungen. Dabei muss schulische Bildung einen kunstvollen Spagat zwischen Aktualität und Lebensweltbezug einerseits und der sorgfältigen Ausarbeitung und Erprobung pädagogischer und didaktischer Konzepte andererseits meistern, damit Medienbildung, Medienkompetenz, digitales Lernen und vieles in diesem Kontext geforderte keine leeren Worthülsen bleiben. Eine offen-kritische Behandlung der Thematik und ihrer praktischen Erscheinungsformen scheint unerlässlich.

Friedrich Gervé, Professor für Schulpädagogik/ Sachunterricht an der Pädagogischen Hochschule Heidelberg und Leiter des Instituts für Sachunterricht, thematisiert in seinem Beitrag *Digitalisierung und Bildung im Primarbereich* sowohl das Lernen mit digitalen

Medien als auch Phänomene der Digitalisierung und setzt sich in diesem Rahmen auch mit dem sprachlichen Gebrauch des Begriffs des digitalen Lernens auseinander. Vor einem handlungsorientierten Hintergrund formuliert er konkrete Konsequenzen für die Bildungspraxis im Primarbereich. Letztere wird als Spiegel gesellschaftlicher Entwicklungen verstanden. Es erfolgt eine Auseinandersetzung mit Aufgaben, Chancen und Risiken der Pädagogik und Didaktik im Primarbereich, die unter dem Druck rasanter technischer Entwicklungen steht.

Julia Hense, Projektmanagerin der Bertelsmann Stiftung, betont, dass digitales Lernen mehr ist als Lernen mit digitalen Medien. In ihrem Beitrag *Anleitung zum (Un-)glücklich sein - Fünf Thesen zur Einführung digitalen Lernens an Schulen* erläutert die Pädagogin, wie die Einführung digitalen Lernens in der Schule zum Erfolg geführt oder zum Scheitern gebracht werden kann. Auf der Grundlage empirischer Studien berichtet sie Erkenntnisse zur Nutzung digitaler Medien im schulischen Kontext. Während es auch heute noch in Deutschland Schulen ohne Internet und IT-Support gibt (Bertelsmann Stiftung, 2017), entdecken und entwickeln andere Konzepte zum Einsatz digitaler Medien zur individuellen Förderung und werden so zum Leuchtturmbeispiel.

Bardo Herzig, Professor für Allgemeine Didaktik und Medienpädagogik an der Universität Paderborn sowie Direktor des Zentrums für Bildungsforschung und Lehrerbildung (PLAZ – Professional School), und Tilman-Mathies Klar, wissenschaftlicher Mitarbeiter an der Universität Paderborn mit dem Schwerpunkt Medienpädagogik, zeigen in ihrem Beitrag *Digitale Modellierung sozialer Räume* Möglichkeiten der Auseinandersetzung mit digitaler Bildung am Beispiel des Workshops *Smart Home* für Jugendliche auf. Sie diskutieren die digitale Welt als sozialen Raum und benennen im Sinne pädagogischer Zugänge Grundsätze für die Gestaltung von Lernsituationen in Auseinandersetzung mit digitalen Medien.

Klaus Zierer, Professor für Schulpädagogik an der Universität Augsburg, und Jonas Tögel, wissenschaftlicher Mitarbeiter am Lehrstuhl für Schulpädagogik der Universität Augsburg, richten ihren Blick in kritischer Weise auf den Mehrwert digitaler Medien und wägen dabei Chancen und Risiken gegeneinander ab. In Auseinandersetzung mit Hatties Metaanalysen führen sie in ihrem Beitrag *Digitale Bildung – Möglichkeiten und Grenzen* eine Diskussion über mögliche Gründe für die geringe Einflussstärke digitaler Technologien im Hinblick auf schulisches Lernen. Thematisiert werden unter dem Aspekt der Lehrerprofessionalität auch Haltungen, die digitales Lernen begünstigen und sich als entscheidend erwiesen haben. Für Lehrerinnen und Lehrer werden abschließend Handlungsmöglichkeiten zum erfolgreichen und wirksamen Umgang mit dem Thema Digitalisierung im Unterricht aufgeführt.

Digitale Bildung in der Hochschule

Im Zeitalter der Digitalisierung rücken insbesondere auch die Hochschulen in den Fokus der bildungspolitischen Diskussion. Zum einen setzen Hochschulen digitale Lehr- und Lernformen zur Effektivierung des Lernprozesses sowie zur Steigerung der Lernmotivation ein und zum anderen kommt ihnen die Aufgabe zu, digitale Kompetenzen zu vermitteln.

Die Umsetzung der Digitalisierung in der deutschen Hochschullandschaft variiert je nach Hochschultyp, -trägerschaft und -größe. Im internationalen Vergleich sind in der Implementierung und Nutzung von digitalen Lehr- und Lernformaten erhebliche Unterschiede zu deutschen Hochschulen zu verzeichnen (Wannemacher, 2016). Während in den USA und in Asien zunehmend Online-Angebote an Hochschulen verbreitet sind, ist der Einsatz von Online-Kursen, Video-Lectures, mobilen Lerneinheiten, Massive Open Online Courses (MOOCs) an deutschen Hochschulen noch nicht so stark ausgeprägt (Schmid et al., 2018). Dennoch maßen die deutschen Hochschulen, laut der Studie *Organisation digitaler Lehre in den deutschen Hochschulen*, digitalen Lehr- und Lernmedien eine mittelgroße bis größere Bedeutung zu. Hauptsächlich traf dies für größere und private Hochschulen zu (Wannemacher, 2016).

Die technische Ausstattung und Infrastruktur ist an deutschen Hochschulen zum Großteil gegeben, aber dennoch wird das didaktische Potenzial digitaler Lehr- und Lernformate nicht gänzlich ausgeschöpft. Häufig setzen Hochschulen Lernplattformen zur Bereitstellung von Arbeitsmaterialien, für Planungsaufgaben sowie für den Austausch der Studierenden untereinander ein. Für das digitale Lehren und Lernen finden diese Lernmanagement-Plattformen eher selten Anwendung. Der Großteil der Lehrenden (90 Prozent) reichert konventionelle Veranstaltungsformate wie Seminare und Vorlesungen durch den Einsatz von digitalen Medien, vorzugsweise Power Point, Videosequenzen, Lernmanagement-Plattformen und PDFs, an. 40 Prozent der Lehrenden kombinieren traditionelle und digitale Lernmedien im Sinne des Blended Learning Konzepts. So widmen sich nur ca. 20 Prozent der Lehrenden der virtuellen Wissensvermittlung z.B. in Form von Lernvideos oder im Sinne eines Inverted-Classroms (Schmid et al., 2017). Durch die Anreicherung der Lehre mit digitalen Lehr- und Lernmedien versprechen sich die Lehrenden eine Verbesserung in der Qualität der Lehre, die Steigerung des Lernerfolgs, bedarfsorientierte Gestaltung des Studiums und Internationalisierung (Wannemacher, 2016). Der Einsatz von Web 2.0 Technologien zur Unterstützung des Lernprozesses wie z.B. Wikis, Apps, Blogs, Social Media, etc. sowie digitale Prüfungsformen sind noch ausbaufähig. Gründe für die verhaltene Nutzung der digitalen Lernformen sind häufig der fehlende Mehrwert für die eigene Arbeit sowie ein Mangel an Zeit und Unterstützung (Pscheida et al., 2014).

Die Lernenden attestieren den digitalen Medien ein hohes Nutzungspotenzial und stehen Lernplattformen, Lernprogrammen, Präsentationssoftware etc. offen gegenüber. Demzufolge werden Lernplattformen wie z.B. Moodle oder Olat von der Hälfte der Studierenden genutzt. Für die Lernenden wirkt ein Mix aus digitalen und konventionellen Lerntools motivierend. Infolgedessen bevorzugen Studierende den Einsatz von Onlinelernphasen wie z.B. Lernvideos in Kombination mit Präsenzphasen. Dieser Trend wird allerdings von den wenigsten Dozierenden praktiziert. Social Media, Blogs, Foren, Wikis werden zwar im privaten Umfeld der Studierenden häufig genutzt, für das kooperative Lernen im universitären Bereich spielen diese Tools hingegen eine untergeordnete Rolle. Von geringer Relevanz für die digitale Hochschulbildung sind ebenfalls die Massive Open Online Courses (MOOCs). Diese werden weder von den Lehrenden zur Gestaltung ihrer Lernkonzepte noch von den Lernenden genutzt (Schmid et al., 2017).

Generell bleibt festzuhalten, dass Lehrende der digitalen Wissensvermittlung kritischer gegenüberstehen als die Lernenden und daher zurückhaltend im Einsatz innovativer Lerntechnologien sind. Auffällig ist nach Aussage der Studie *Die Hochschulen im digitalen Zeitalter* (Schmid et al., 2017), dass insbesondere Lehramtsstudierende wenig digital affin sind. Im Vergleich zu anderen Fächergruppen befürworten sie eher analoge Lernformen. Vor dem Hintergrund der digitalen Transformation ist dies bedenklich, da gerade Lehrerinnen und Lehrer angehalten sind, digitale Kompetenzen zu vermitteln und ihren Unterricht mit digitalen Lerntools lernförderlich zu unterstützen.

In der Zukunft wird der Einsatz von virtuellen Seminaren und das Angebot an Online-Studiengängen ausgebaut werden, postulieren Hochschulleitung und -verwaltung in der Studie *Die Hochschulen im digitalen Zeitalter* (Schmid et al., 2017). Ein weiterer Trend zeichnet sich in der Zunahme von Online-Kooperation und Online-Lernen bei den Studierenden ab. Ziele sind zukünftig die Verbesserung der Rahmenbedingungen und Angebote für Lehrende sowie die Kooperation mit anderen Hochschulen. Weiterhin sollen Informations- und Beratungsleistungen für Lehrende ausgebaut werden. Rein onlinebasierte Lehr- und Lernformen rücken künftig nicht so stark in den Fokus der Digitalisierungsstrategie (Wannemacher, 2016).

Hürden, die es im Zuge der Digitalisierung des Bildungssektors Hochschule zu bewältigen gilt, stellen rechtliche Aspekte wie beispielsweise das Urheberrecht, die Anerkennung digitaler Lehre für das Lehrdeputat sowie die Wartung der digitalen Infrastruktur dar. Auch die Kosten, die z.B. im Rahmen der Beschaffung von digitalen Lerninhalten oder durch die Lizenzierung von elektronischer Fachliteratur anfallen, sind

Parameter, die von großer Bedeutung für die digitale Transformation der Hochschulen sind (Schmid et al., 2017). Nach der Studie von Wannemacher (2016) sind zentrale Herausforderungen in den Personalressourcen (69 Prozent), in der budgetären Ebene (50 Prozent) und auf der strategischen Ebene (46 Prozent) zu verorten. Die methodische und didaktische Qualifizierung im Umgang mit digitalen Lehr- und Lernformaten ist weiterhin eine wichtige Komponente, um den Anforderungen der Digitalisierung zu begegnen. Ergänzend könnten Betreuungskonzepte für Lehrende und Studierende das digitale Lehren und Lernen befördern und zudem deren Akzeptanz erhöhen. Schließlich sind die digitalen Kompetenzen der Lehrenden essenziell für das Gelingen digitaler Bildung. Ohne entsprechende Kompetenzen im Umgang mit den digitalen Medien, können Lehr- und Lernprozesse nicht erfolgswirksam umgesetzt werden. Die Bildungsexperten der MMB Delphi-Studie legen ihren Fokus auf die digitalen Kompetenzen der Lehrenden. In nahezu allen Bildungssektoren entspricht diese nicht den notwendigen Anforderungen zur umfassenden Digitalisierung des Lernens (MMB, 2016a). Die digitale Kompetenz des Lehrpersonals ist dennoch entscheidend für den Erfolg von digitalen Bildungsprozessen. Folglich stellt die Befähigung und kontinuierliche Weiterbildung des Lehrpersonals eine zentrale (Heraus-)Forderung in der Bildungsarbeit mit digitalen Medien dar. All diese genannten Aspekte müssen in der strategischen Ausrichtung der Hochschulen Beachtung finden, um den Weg einer digitalen lernförderlichen Hochschulbildung zu ebnen und zu ermöglichen.

Zusammenfassend kann angenommen werden, dass der digitalen Hochschulbildung in der politischen Debatte ein hoher Stellenwert zukommt. Denn nicht zuletzt kann die Hochschullehre durch die Verwendung digitaler Konzepte motivierend, individualisiert, effektiv und flexibel gestaltet werden und es können zahlreiche Herausforderungen bewältigt werden. Die Digitalisierung der Hochschullandschaft birgt daher Chancen für das selbstgesteuerte Lernen, die individuelle Förderung der Studierenden, die Internationalisierung der Hochschulen sowie zur Erschließung neuer Zielgruppen. Hochschulen dürfen sich der digitalen Transformation nicht verschließen, sondern sie müssen sich den gegenwärtigen Entwicklungen öffnen, sie antizipieren, um den digitalen Wandel proaktiv gestalten zu können.

Peter Weber setzt sich in seinem Beitrag *Digitale Bildung in der Hochschule - Konvergente Entwicklungen in den Lehr-Lern-Formaten* mit Präsenz- und Fernstudienformaten vor dem Hintergrund der Digitalisierung auseinander und bezieht sich dabei auf aktuelle Projekte. Er greift die Frage nach der digitalen Transformation und einer Re-Analogisierung auf. Weiterhin werden die Faktoren im Hinblick auf die Qualität digitaler Bildung an Hochschulen dargelegt und es erfolgt ein Ausblick auf die Entwicklungen digitaler Bildung.

Der Beitrag von Ulf-Daniel Ehlers und Sarah Kellermann *Future Learning – Future University* thematisiert die durch die Digitalisierung ausgelösten Veränderungen von Lehr- und Lernprozessen sowie die Zugänglichkeit von Wissen vor dem Hintergrund der Bildungsgesellschaft. Anschließend wird das Konzept des Inverted Classrooms in Bezug auf die zuvor dargelegten Anforderungen an die Hochschullehre dargelegt. An einem Beispiel zur Kombination digitaler Formate mit Präsenzveranstaltungen werden mögliche Schwierigkeiten diskutiert.

Gabi Reinmann betrachtet in ihrem Beitrag *Digitalisierung und hochschuldidaktische Weiterbildung* die digitale Transformation in der Hochschullehre kritisch. Sie diskutiert das Digitale als Inhalt und Methode des Lernens und wirft Fragen zur hochschuldidaktischen Weiterbildung im Kontext der Digitalisierung auf. Abschließend werden Prinzipien für die wissenschaftsdidaktische Weiterbildung benannt.

Der Artikel *Studium und Lehre im digitalen Wandel – Ein Streifzug durch Innovationen und Herausforderungen* von Patricia Arnold greift die Frage nach einer digitalen Transformation der Hochschule auf. Basierend auf aktuellen Studienergebnissen werden gegenwärtige Entwicklungen von Studium und Lehre vor dem Hintergrund der Digitalisierung und Mediatisierung diskutiert. Nachfolgend werden die Möglichkeiten und Herausforderungen des digitalen Wandels anhand dreier exemplarischer Innovationen dargestellt.

Digitale Bildung in der betrieblichen Aus- und Weiterbildung

Der voranschreitende digitale Wandel verändert nicht nur unser Bildungssystem, sondern bringt auch neue Chancen und Herausforderungen für die Arbeitswelt mit sich. In diesem Zusammenhang wird häufig der Begriff Arbeit 4.0 verwendet, der eine vernetzte, digitale, flexible sowie orts- und zeitunabhängige Arbeitswelt charakterisiert, in welcher Produkte und Dienstleistungen zunehmend durch die Kooperation von Mensch und Maschine erzeugt werden (Fischer et al., 2018). Das Konzept Arbeitswelt 4.0, welches veränderte Arbeits- und Produktionsprozesse impliziert, wirkt sich auf die Lernkultur in den Unternehmen aus und wird von Experten als Treiber für die Implementierung digitaler Lernformate angesehen (MMB, 2018).

Um in einer solchen Arbeitswelt erfolgreich und innovativ zu sein, ist es für Unternehmen unabdingbar, die Anforderungen der digitalen Transformation zu antizipieren und die Potenziale gewinnbringend zu nutzen. Eine wichtige Rolle spielt dabei die betriebliche Aus- und Weiterbildung. So initiiert die Digitalisierung einen Bedarf an Aus-

und Weiterbildungsmaßnahmen, um mit den einhergehenden Veränderungen der digitalen Arbeitswelt schritthalten zu können. Indes bieten die digitalen Medien erhebliches Potenzial, das Lernen in der Aus- und Weiterbildung professionell und effizient zu gestalten.

Experten attestieren den digitalen Lernformen eine enorme Wichtigkeit für das betriebliche Lernen der Zukunft. Insbesondere Blended Learning, Erklärvideos, Micro-Learning, WBT`s sowie virtuelle Klassenräume gewinnen laut der Experten an Bedeutung (MMB, 2017). Nach wie vor werden digitale Lernformen vermehrt in Großunternehmen eingesetzt, wobei die kleinen und mittleren Unternehmen aufholen. Auch zukünftig würden die digitalen Lernformate häufiger zur Qualifizierung von Fachkompetenzen genutzt als zur Vermittlung der Soft Skills. Folglich stellen vorwiegend Produkt- und Anwenderschulungen, Compliance und Arbeitssicherheit Themen für das digitale Lernen im Betrieb dar. Künftig sollen jedoch die sozialen Kompetenzen stärker fokussiert werden (MMB, 2017). Mobile Endgeräte und Lern-Apps sind weitere zentrale Trends, die das digitale Lernen maßgeblich beeinflussen. Sie ermöglichen eine schnelle Verbreitung des Lernstoffs an eine Vielzahl von Menschen und sind ubiquitär verfügbar. Gut jeder dritte Betrieb nutzt die mobilen Lernformate (Gensicke, 2016). Aktuell spielt das videobasierte Lernen, z.B. vom Typ You Tube, laut den Experten des MMB Trendmonitors (2018) eine wichtige Rolle und wird auch zukünftig verstärkt in der Aus- und Weiterbildung angewendet.

Großes Potenzial für den digitalen Lernprozess initiieren die Web-2.0-Technologien. Sie ermöglichen das soziale und kooperative Lernen trotz der räumlichen und zeitlichen Distanz. So können sich Lerngemeinschaften über die lokalen Grenzen hinweg bilden und sich über Erfahrungen und Wissen austauschen. Demnach etablieren sich soziale und kollaborative Lernformen wie MOOCs und Lern-Communities zunehmend in Unternehmen, da diese Lernkurse für jedermann frei über das Internet zugänglich sind und eine aktive wie passive Partizipation gestatten (MMB, 2016b). Durch die Web-2.0-Tools findet Lernen somit nicht mehr isoliert, sondern im Austausch mit anderen Lernenden beispielsweise über Chats und Foren statt. Durch die Entwicklung des Web 2.0 wurden User zu Autoren und somit den Lernenden wie Lehrenden die Möglichkeit zur Erstellung und Veröffentlichung von Lerninhalten gegeben (Kerres & Nattland, 2007). Insbesondere für die Lernenden stellt die aktive Mitgestaltung des Lernprozesses ein Vorteil dar, da sie über Blogs, Foren und Wikis ihren Lernfortschritt dokumentieren und ihr Wissen teilen können. Den kooperativen und sozialen Lernformen wird nach Fischer, Mandl & Todorova (2010) ein hoher Lernerfolg beigemessen.

Künftig werden zunehmend digitale Medien in der betrieblichen Bildung eingesetzt. Auch wenn momentan noch klassische Lernformate wie Seminare, Lehrbücher, etc. die betriebliche Aus- und Weiterbildung dominieren, stellen web- und computerbasierte Lernprogramme, Internet und virtuelle Klassenräume gängige Tools zur Qualifizierung dar. In der betrieblichen Weiterbildung werden hauptsächlich fachspezifische Lernsoftware, Informationsangebote aus dem Internet und Lernprogramme für das Lernen genutzt (Gensicke, 2016), während in der betrieblichen Ausbildung Lern-Apps, Lernvideos und Lernmanagementsysteme im Fokus stehen (Schmid et al., 2016).

Digitale Medien bieten vielfältige Möglichkeiten zur Gestaltung effektiver und effizienter Lernprozesse. Allerdings bestehen grundlegende Herausforderungen, die es beim digitalen Lehren und Lernen zu bewältigen gilt. Die digitalen Lernformen begünstigen auf der einen Seite die Individualisierung des Lehrens und Lernens, auf der anderen Seite können die erweiterten Freiheitsgrade zur Überforderung führen. Digitales Lernen setzt nämlich die Fähigkeit zur Selbststeuerung und Selbstorganisation des eigenen Lernprozesses voraus. Die Lernenden sind aufgefordert, Lernziele, -inhalte, -zeiten und -kontrollen selbständig zu planen. Dabei entstehen häufig Unsicherheiten und Orientierungslosigkeit, wodurch die Motivation sinkt. Konstituierend für die veränderte Arbeitsform ist die neue Rolle der Lehrenden. Sie müssen die Organisationsfähigkeit und Autonomie der Lernenden fördern und sie beim eigenständigen Lernen unterstützen.

Weiterhin sind die didaktischen und methodischen Konzepte des digitalen Lernens für das autonome und selbstorganisierte Lernen entscheidend. Laut der Expertenbefragung des MMB-Instituts birgt die didaktische Gestaltung digitaler Lernangebote Defizite, die eine zentrale Herausforderung darstellen (MMB, 2016b). Ohne passende didaktische und methodische Konzepte können die Potenziale digitaler Bildung nicht realisiert werden. Aus didaktischen und medialen Gesichtspunkten sollten authentische Problemstellungen und Situationen, die aus verschiedenen Perspektiven betrachtet werden können in das Lehrkonzept miteinfließen (Reinmann-Rothmeier & Mandl, 2001). Zudem gilt es, die Ziele, Inhalte und Methoden unter besonderer Berücksichtigung der Zielgruppe aufeinander abzustimmen und individuell zu gestalten. Standardisierte Konzepte digitalen Lernens sind wenig erfolgsversprechend. Mit der didaktischen Gestaltung der digitalen Lernumgebung geht auch die Nutzerfreundlichkeit der digitalen Lernformate einher. So bestätigen Experten, dass die mangelnde Usability ein aktuelles Problem des digitalen Lernens darstellt (MMB, 2016b). Die einfache Nutzung der digitalen Lernmedien beeinflusst die Akzeptanz und die Motivation und wirkt sich folglich auf den Lernerfolg aus. Aus diesem Grund gilt es diesen Faktor stärker zu fokussieren. Eine unabdingbare Herausforderung stellt der zeitgemäße Rechtsrahmen für die Produktion und Nutzung digitaler Bildungsangebote dar. So muss ein besonderes Augenmerk auf das Urheberrecht und den Datenschutz gelegt werden. Es muss sichergestellt sein, dass Unbefugte nicht auf die generierten Daten der Lehrenden und Lernenden zugreifen können (BMBF, 2016).

Ullrich Dittler und Christian Kreidl stellen in ihrem Beitrag *Digitalisierung in der Aus- und Weiterbildung: Was wollen die Lernenden?* verschiedene Ebenen der Digitalisierung von Bildung unter Einbeziehung relevanter Studien dar. Zudem erfolgt eine Auseinandersetzung mit Nutzer-Präferenzen im Bereich der Aus- und Weiterbildung.

Michael Gessler und Daniela Ahrens fokussieren in ihrem Beitrag *Microlearning als didaktischer Ansatz zur Digitalisierung arbeitsprozessintegrierter betrieblicher Weiterbildung in hochautomatisierten Arbeitsumgebungen* verschiedene Lernformate im Arbeitsprozess. Sie berichten über Microlearning als neuem didaktischen Ansatz und demonstrieren diesen an einem Fallbeispiel. Der Beitrag wird abgerundet durch eine Zusammenfassung und differenzierte Reflexion der Ergebnisse eines aktuellen Projektes.

Daniel Stoller-Schai stellt in seinem Artikel *„Hallo Lern-Coach". Neue Formen des digitalen, personalisierten Lernens im Bereich der betrieblichen Bildung* digitale Lernmöglichkeiten vor, insbesondere wird das Konzept des digitalen Lern-Coachs beleuchtet. Ein besonderer Mehrwert erhält der Beitrag durch die Einführung eines „kleinen Glossars des personalisierten Lernens" zur begrifflichen Klärung.

In den Beiträgen des vorliegenden Herausgeberbandes wird kontrovers über die Chancen und Herausforderungen der digitalen Transformation im Bildungsbereich diskutiert. Im Hinblick auf die Bildungsdebatte werden gegenwärtige Entwicklungen der digitalen Bildung skizziert und reflektiert sowie Prognosen für die Zukunft generiert. Allen Beiträgen gemein sind die vielseitig diskutierten Aspekte der digitalen Bildungstransformation bezüglich neuer Anforderungen in Bezug auf die didaktischen Konzepte, die Kompetenzen der Lehrenden und Lernenden sowie die organisationalen und technischen Ressourcen, um letztlich digitale Bildungsprozesse effektiver zu gestalten.

Abschließend blickt Sabine Seufert in die Zukunft der digitalen Bildung und führt dazu aktuelle Studien an. In ihrem Artikel *Digitale Bildung mit Ausblick auf die Zukunft* legt sie fünf Thesen zu möglichen Konsequenzen der Digitalisierung vor. Daneben werden vier Dimensionen zur Gestaltung digitaler Bildung und der Qualitätsentwicklung im Schul- und Hochschulbereich postuliert.

Ob die fortschreitende Digitalisierung im Bildungsbereich tatsächlich dazu führt, den analogen Stecker zu ziehen und gänzlich auf digitale Lernmedien, -prozesse, und -strategien zu setzen, wird die Zukunft zeigen. Eines ist allerdings sicher und war bereits dem griechischen Philosophen Heraklit bekannt „nichts ist so beständig wie der Wandel". Künftig ist anzunehmen, dass der digitale Wandel weiter voranschreitet und folglich Veränderungen der Lernprozesse im Elementarbereich, in der Schule und Hochschule sowie in der betrieblichen Aus-und Weiterbildung impliziert.

Literatur

Acatech & Körber Stiftung (2017). MINT Nachwuchsbarometer 2017. Fokusthema: Bildung in der digitalen Transformation. München & Hamburg.

Aerzteblatt.de (2018). Kinder und digitale Medien. Ärzte fordern unabhängige Forschung. Online unter: https://www.aerzteblatt.de/nachrichten/93474. Abgerufen am: 19.09.2018.

Bertelsmann Stiftung (Hrsg.). (2017). Monitor Digitale Bildung. Die Schulen im digitalen Zeitalter. Online: http://www.bertelsmann-stiftung.de/fileadmin/files/BSt/Publikationen/ GrauePublikationen/BSt_MDB3_Schulen_web.pdf [Stand: 29.05.2018].

Blossfeld, H.-P., Bos, W., Daniel, H.-D., Hannover, B., Köller, O., Lenzen, D., McElvany, N., Roßbach, H.-G., Seidel, T., Tippelt, R. & Wößmann L. (2018). Digitale Souveränität und Bildung. Münster: Waxmann.

Bundesministerium für Bildung und Forschung (2016). Bildungsoffensive für die digitale Wissensgesellschaft. Strategie des Bundesministeriums für Bildung und Forschung. Berlin: BMBF. Online unter: https://www.bmbf.de/files/Bildungsoffensive_fuer_die_digitale_Wissensgesellschaft.pdf. Abgerufen am: 20.09.2018.

Büsching, U., Riedel, R., Brand, M., Fischbach, T. & Gitmans, U. (2017). BLIKK-Medien: Kinder und Jugendliche im Umgang mit elektronischen Medien. Online unter: https://www.drogenbeauftragte.de/fileadmin/Dateien/5_Publikationen/Praevention/Berichte/Abschlussbericht_BLIKK_Medien.pdf. Abgerufen am: 19.09.2018.

DAK-Gesundheit (2017). WhatsApp, Instagram und Co. – so süchtig macht Social Media. DAK-Studie: Befragung von Kindern und Jugendlichen zwischen 12 und 17 Jahren. Online unter: https://www.dak.de/dak/download/dak-studie-social-media-nutzung-1968596.pdf. Abgerufen am: 05.10.2018.

Fischer, S., Häusling, A., Mühlbauer, D., Hu, J., Süß, J., Vetter, C., Bruckner, L. & Werther, S. (2018). Implikationen von Arbeit 4.0 auf die Personalarbeit. In: S. Werther & L. Bruckner (Hrsg.), Arbeit 4.0 aktiv gestalten. Die Zukunft der Arbeit zwischen Agilität, People Analytics und Digitalisierung (S. 87–161). Berlin: Springer.

Fischer, F., Mandl, H. & Todorova, A. (2010). Lehren und Lernen mit neuen Medien. In: R. Tippelt & B. Schmidt (Hrsg.), Handbuch für Bildungsforschung (S.753–772). Wiesbaden: VS für Sozialwissenschaften.

Härtel, M., Garcia-Wülfing, I., Schubert, T., Gensicke, M., Bechmann, S. & Güntürk-Kuhl, B. (2016). Digitale Medien in Betrieben – heute und morgen. Eine repräsentative Bestandsanalyse, Heft-Nr.: 177 Wissenschaftliche Diskussionspapiere. Bonn: Bundesinstitut für Berufsbildung.

Heckman, J. J. (2006). Skill Formation and the Economics of Investing in Disadvantaged Children. Science (312), S. 1900–1902.

IW Consult (2018). Digital-Atlas Deutschland. Überblick über die Digitalisierung von Wirtschaft und Gesellschaft von KMU, NGOs, Bildungseinrichtungen sowie der Zukunft der Arbeit in Deutschland. Köln. https://www.iwkoeln.de/fileadmin/user_upload/Studien/Gutachten/ PDF/2018/Digital-Atlas.pdf. Abgerufen am: 05.10.2018.

Kerres M. & Nattland, A. (2007). Implikationen von Web 2.0 für das E-Learning. In: G. Gehrke (Hrsg.), Web 2.0 - Schlagwort oder Megatrend? Fakten, Analysen, Prognosen (S. 37 –54), Schriftenreihe Medienkompetenz des Landes Nordrhein-Westfalen Band 6. Düsseldorf: Kopaed.

Kultusministerkonferenz (2012). Medienbildung in der Schule (Beschluss der Kultusministerkonferenz vom 8. März 2012). Online unter: https://www.kmk.org/fileadmin/Dateien/veroeffentlichungen_beschluesse/2012/2012_03_08_Medienbildung.pdol. Abgerufen am 05.10.2018.

Medienpädagogischer Forschungsverbund Südwest (2017a). JIM 2017 Jugend, Information, (Multi-) Media Basisstudie zum Medienumgang 12- bis 19-Jähriger in Deutschland. Online unter: http://www.mpfs.de/fileadmin/files/Studien/JIM/2017/JIM_2017.pdf. Abgerufen am 05.10.2018.

Medienpädagogischer Forschungsverbund Südwest (2017b). KIM-Studie 2016 Kindheit, Internet, Medien. Basisstudie zum Medienumgang 6- bis 13-Jähriger in Deutschland. Online unter: http://www.mpfs.de/fileadmin/files/Studien/KIM/2016/KIM_2016_Web-PDF.pdf. Abgerufen am 05.10.2018.

MMB-Institut für Medien- und Kompetenzforschung (2016a). Digitale Bildung auf dem dem weg ins Jahr 2025. 25 Jahre Learntec – digitale Lernkultur im Wandel. Online unter: https://www.mastersolution.de/files/nachrichten/blog/2017/studie-zur-digitalen-bildung-learntec-2017.pdf. Abgerufen am 05.10.2018.

MMB-Institut für Medien- und Kompetenzforschung (2016b). Weiterbildung und digitales Lernen heute und in drei Jahren. Mobiles Lernen wird der Umsatzbringer No. 1. Ergebnisse der 10. Trendstudie „mmb Learning Delphi". Online unter: https://mmb-institut.de/wp-content/uploads/mmb-Trendmonitor_2015-2016.pdf. Abgerufen am 05.10.2018.

MMB-Institut für Medien- und Kompetenzforschung (2017). Weiterbildung und digitales Lernen heute und in drei Jahren. Corporate Learning wird zum Cyber-Learning. Ergebnisse der 11. Trendstudie „mmb Learning Delphi". Online unter: https://mmb-institut.de/wp-content/uploads/mmb-Trendmonitor_2016-2017.pdf. Abgerufen am 05.10.2018.

MMB-Institut für Medien- und Kompetenzforschung (2018). Weiterbildung und digitales Lernen heute und in drei Jahren. Erklärfilme als Umsatzbringer der Stunde. Ergebnisse der 12. Trendstudie „mmb Learning Delphi". Online unter: https://mmb-institut.de/wp-content/uploads/mmb-Trendmonitor_2017-2018.pdf. Abgerufen am 05.10.2018.

Pscheida, D., Minet, C., Herbst, S., Albrecht, S. & Köhler, T. (2014). Nutzung von Social Media und onlinebasierten Anwendungen in der Wissenschaft Ergebnisse des Science 2.0-Survey 2014. Dresden: Leibniz-Forschungsverbund Science 2.0.

Reinmann-Rothmeier, G. & Mandl, H. (2001). Einführung: Anforderung an die Gestaltung virtueller Lernumgebungen. In: G. Reinmann-Rothmeier H. Mandl (Hrsg.), Virtuelle Seminare in Hochschule und Weiterbildung. Drei Beispiele aus der Praxis (S. 9–14). Bern: Hans Huber.

Schmid, U., Goertz, L. & Behrens, J. (2016). Monitor Digitale Bildung. Berufliche Ausbildung im digitalen Zeitalter. Gütersloh: Bertelsmann Stiftung.

Schmid, U., Goertz, L., Radomski, S., Thorn, S. & Behrens, J. (2017). Monitor Digitale Bildung. Die Hochschule im digitalen Zeitalter. Gütersloh: Bertelsmann Stiftung.

Schmid, U., Zimmermann, V., Baeßler, B. & Freitag, K. (2018). Machbarkeitsstudie für eine (inter-)nationale Plattform für die Hochschullehre, Arbeitspapier Nr. 33. Berlin: Hochschulforum Digitalisierung.

Wannemacher, K. (2016). Organisation Digitaler Lehre in den Deutschen Hochschulen. Arbeitspapier Nr. 21. Berlin: Hochschulforum Digitalisierung.en im digitalen Zeitalter.

Digitale Bildung im Elementarbereich

Eva Reichert-Garschhammer

Digitale Transformation im Bildungssystem Kita

Kinder wachsen heute in eine digitalisierte Welt hinein, in der die Kindheit wie auch das gesamte weitere Leben von digitalen Medien geprägt ist. Sie erkennen früh, welche Bedeutung *mobile Medien* für ihre Eltern und Geschwister in deren Lebensalltag haben und wollen diese auch selbst erfahren. Die intuitiv bedienbare Oberfläche dieser Geräte macht es ihnen leicht, die digitale Welt zu erkunden und immer früher auch schon im Netz unterwegs zu sein. Der digitale Medienmarkt für Kinder ab zwei Jahren (z.B. Apps, Youtube-Filme) wächst daher rasant, auf dem Spielzeugmarkt ist Digitalisierung auf dem Vormarsch (z.B. internetfähige Puppen, Autos, Roboter). Viele Kinder verfügen daher schon über erstaunlich umfassende Medienerfahrungen, wenn sie in die Kita kommen.

Digitale Bildung von Anfang an und lebenslang sowie *digitale Transformation des Bildungssystems* sind bildungspolitisch die Leitziele, die in den 2016 vorgelegten Strategien des Bundesbildungsministeriums und der Kultusministerkonferenz formuliert sind. *Digitale Chancen* umfassend nutzen und neuen Risiken wirksam begegnen ist der Grundsatz, der *in allen Handlungsfeldern* des Bildungssystems zu verwirklichen ist, so auch im Kitabereich:

1) Kitaaufgabe frühe digitale (Medien)Bildung
2) mittelbare pädagogische Kitaaufgaben (z.B. Beobachtung und Dokumentation, Kooperation mit Eltern, Schule und weiteren Bildungspartnern)
3) Medien und Recht in der Kita
4) Information und Qualifizierung von Eltern, (Früh-)Pädagogen und Multiplikatoren
5) IT-Ausstattung von Kitas
6) Qualitätsentwicklung in Kitas
7) E-Government, Bildungsforschung und Steuerung.

Der Beitrag gibt einen Überblick über den digitalen Transformationsprozess im Bildungssystem Kita im deutschsprachigen Raum, der bereits in allen Handlungsfeldern läuft und seit 2016 rasch voranschreitet. Jene Länder, in denen es hierzu bereits politische Strategien (auch) für den Kitabereich gibt (z.B. Baden-Württemberg, Bayern, Niedersachen, Nordrhein-Westfalen), haben erkannt: Die digitalen Transformationsmaßnahmen in den ineinandergreifenden Handlungsfeldern sind gleichermaßen dringlich. Sie können nicht nacheinander realisiert werden, sondern müssen mehr oder weniger gleichzeitig in Angriff genommen werden. Die digitale Transformation im Kitabereich ist daher ein ebenso personal- und kostenintensiver Prozess wie im Schul-

und Hochschulbereich, bei dem das Zusammenwirken aller gesellschaftlichen Kräfte erforderlich ist.

Handlungsfeld 1: Kitaaufgabe frühe digitale (Medien-)Bildung

Medienbildung ist Kitaaufgabe, darauf verständigte sich die Jugend- und Familienministerkonferenz bereits 1996 in ihrem Beschluss *Medienpädagogik als Aufgabe der Kinder- und Jugendhilfe*; der *Gemeinsame Rahmen der Länder zur frühen Bildung in Kindertageseinrichtungen* von 2004 erweitert diese Aufgabe um informatische Bildung und stellt zwei Bildungsziele für Kitakinder heraus:

- Verwendungs- und Funktionsweisen von informationstechnischen Geräten, die den Alltag der Kinder prägen und in der KMK-Strategie „Bildung in der digitalen Welt" (2016) konkretisiert werden, kennen lernen und Fertigkeiten des praktischen Umgangs damit erlangen
- Medienkompetenz entwickeln, v.a. die Fähigkeit, Medien zweckbestimmt und *kreativ* zu nutzen und damit *eigene Werke* zu erstellen.

Trotz Verankerung in den Bildungsplänen der Länder – in Bayern, Hessen, Nordrhein-Westfahlen und Rheinland-Pfalz sogar als eigener Bildungsbereich – hat Medienbildung in der Praxis bis heute kaum Fuß gefasst (Friedrichs & Meister, 2015). Stattdessen befinden sich Kitas im Spannungsfeld zwischen Auftrag, polarisierender Pro- und Contra-Debatte und Unsicherheit, wie eine kindgerechte, sinn- und verantwortungsvolle Medienbildung aussehen kann. Die Bedenken, die gegen Medienbildung in der Kita bis heute bei vielen Eltern, Fachkräften und Kitaträgern bestehen, beruhen auf der Vorstellung, dass bei jungen Kindern das Gefahren- und Suchtpotenzial digitaler Medien deren Chancen überwiegen und es daher den *Medienschonraum Kita* braucht (Marci-Boehncke & Rath, 2013).

Die Digitalisierung als unaufhaltsamer globaler Prozess, die Datenlage, wonach Kinder immer früher mit digitalen Medien in Kontakt kommen und dabei Begleitung brauchen (mpfs, 2014; DIVSI, 2015), und die Herstellung eines international anschlussfähigen frühen Bildungssystems (Chaudron, 2015) erhöhen nun den *Handlungsdruck*:

- Die Kompetenzen, die Kinder wie Erwachsene heute benötigen, um sich in einer digitalen Welt zurechtzufinden und souverän zu bewegen, wurden bildungspolitisch zur vierten Kulturtechnik neben Lesen, Schreiben und Rechnen erklärt und als unverzichtbare Voraussetzung für gesellschaftliche Teilhabe.
- Die Unterschiede, wie Eltern ihre Kinder begleiten, erzeugen bereits in früher Kindheit eine digitale Kluft, der digitale Bildung in der Kita, die sich an alle Kinder richtet, professionell und positiv entgegenwirken kann (vgl. DIVSI, 2015; Theunert/Demmler,

2007, 147 zit. in DBT, 2013, 14; Beitrag „Bildungschancengleichheit durch Medienerziehung" im Portal Medienkindergarten Wien).

Frühpädagogik steht daher in der Pflicht, das Aufwachsen in der digitalen Welt in den Blick zu nehmen, wissenschaftlich zu analysieren, in kindgerechte pädagogisch-didaktische Konzepte zu überführen und diese an den rasanten technologischen und gesellschaftlichen Wandel fortlaufend anzupassen (DBT, 2013, S. 12; vgl. auch GMK, 2017). Die Digitalisierung stellt völlig neue Anforderungen und Fragen an Bildung und löst einen hohen Forschungs-, konzeptionellen Entwicklungs- und Qualifizierungsbedarf aus (DBT, 2013, S. 88 f.). Um diesem zu entsprechen, haben bereits sechs Länder, zwei Krankenkassen und eine Stiftung wissenschaftlich begleitete Modellprojekte initiiert mit dem Ziel, deren Ergebnisse nachhaltig in die Fläche zu bringen:

1. *Medienkompetenz-Kitas NRW.* Ein Modellprojekt der Landesanstalt für Medien Nordrhein-Westfalen mit Partnern (mit 12 Kitas – 2010/2011)
2. *Medienwerkstatt Kindergarten – vom Konsumieren zum Gestalten.* Ein Programm der Stiftung Kinderland Baden-Württemberg und der Stiftung Kindermedienland zur Förderung des kreativen Umgangs mit Medien (mit 8 Kitas – 2011/2012)
3. *Konstruktiver Einsatz digitaler Medien in Kindertagesstätten.* Ein Projekt von Smiley e.V., Fachhochschule Hannover und VNB e.V, gefördert durch das Niedersächsische Ministerium für Kultus und Kultur in Niedersachsen, Hannover (2011/2012)
4. *KiTab Rheinland-Pfalz.* Modellprojekt zum Tableteinsatz in Kitas der medien+bildung.com, Tochtergesellschaft der Landesmedienanstalt LMK, Rednet, der Universität Mainz und des Bildungsministeriums (mit 3 Kitas – 2015/2016)
5. *ECHT DABEI – Gesund groß werden im digitalen Zeitalter.* Bundesweites Präventionsprogramm der Betriebskrankenkassen (BKK) für Kindergärten, Grundschulen und Eltern entwickelt von *MEDIA PROTECT e.V., Familien stärken im digitalen Zeitalter* und mit BMFSFJ-Förderung wissenschaftlich begleitet von PH Freiburg (seit 2015)
6. *Medien-Kids. Wischen, tippen, scrollen – Kinder in der digitalisierten Lebenswelt.* Ein von einer Kooperationsgruppe entwickeltes Programm zur frühen Medienerziehung und -bildung in Kindertageseinrichtungen in Bremen (mit 11 Kitas – 2017-2019)

7. *DigiKids. Medienkompetenz-Projekt für Kitas und Grundschulen* (Kinder von 4-14 Jahren). Ein Projekt der Hessischen Landesstelle für Suchtfragen mit Förderung der Techniker Krankenkasse in der Pilotregion Hessen (2017-2020)
8. *Medienerziehung im Dialog von Kita und Familie.* Ein Forschungsprojekt von den Stiftungen Ravensburger Verlag und Digitale Chancen (mit 4 Kitas – 2018-2022).
9. *Medienkompetenz in der Frühpädagogik stärken.* Ein vom Familienministerium geförderter Modellversuch in Bayern am Staatsinstitut für Frühpädagogik mit Partnern (mit 100 Kitas – 2018-2020).

Die Analyse der Konzeptionen und Ergebnisse (Evaluationsberichte, Praxismaterialien, Fortbildungskonzepte) dieser Projekte, die oft mehrere Handlungsfelder fokussieren, zeigt die zentralen Aspekte früher digitaler Bildung auf.

Kinderrechte und zeitgemäßer Kinderschutz in der digitalen Welt

Als Medium der Zukunft steht das Internet für eine digitale Welt voller Wissen, Information, Kommunikation und informeller Lernchancen, die der nachkommenden Generation nicht verschlossen bleiben darf (DBT, 2013, S. 10). Die von Geburt an geltenden Kinderrechte auf Medienzugang, Teilhabe, Bildung und Schutz in der digitalen Welt sind daher Schwerpunkt der *Sofia-Strategie des Europarats zur Umsetzung der UN-Kinderrechtskonvention* (2016) und der hierzu 2018 erlassenen *Empfehlungen*. Sie fordern die EU-Staaten bis 2021 auf, Kindern eine kreative, kritische und sichere Internetnutzung zu ermöglichen und zugleich ihr Recht auf Schutz der Privatsphäre und vor den Internet- und Medienrisiken sicherzustellen. *Kinderrechte digital* heißt das Online-Portal, mit dem Deutschland seit 2017 der Sofia-Strategie Rechnung trägt und für das *Modell des intelligenten Risikomanagements* (I-KiZ, 2015) eintritt. Dieses an Staat, Wirtschaft, Familie und Bildungseinrichtungen adressierte Modell basiert auf drei Säulen:

1) Schaffung kindgerechter Medienangebote
2) Bereitstellung technischer Kinderschutzinstrumente
3) Stärkung der Kinder in ihrer Medienkompetenz.

Diese Säulen sind je nach Alter des Kindes unterschiedlich tragfähig, so dass das Modell altersspezifische Schutzziele formuliert; für Kinder bis sechs Jahre sieht es das Schutzziel Risikofreiheit vor. Um jungen Kindern einen risikofreien Interneteinstieg und positive Interneterfahrungen zu ermöglichen, fördert die Bundesregierung mit ihrer *Ein Netz für Kinder*-Initiative schon seit über 15 Jahren die Schaffung sicherer Surfräume in Form von Kinderwebseiten und Kindersuchmaschinen.

Frühe positive Lernerfahrungen im Umgang mit Internet und digitalen Medien und ein Verstehen von deren Funktionsweisen und Zusammenhängen versetzen Kinder in die Lage, diese *Kulturtechnik* sinnvoll und nutzbringend im Lebensalltag und später in Schule, Ausbildung und Beruf einzusetzen (DIVSI, 2015). Je früher sich Kinder in einem kindgerechten, risikofreien Rahmen mit Medien aktiv auseinandersetzen können, desto größer sind die Chancen, dass sie nicht von Medien abhängig werden, sondern lernen, mit Medien auch gesund, maßvoll und sicher umzugehen (Drogenbeauftragte der Bundesregierung, 2018; Saferinternet.at, 2013; Stiftung Baden-Württemberg, 2012, 19).

Spätestens ab dem vollendeten zweiten Lebensjahr nehmen Kinder Medien als Botschaftenvermittler und Aktionsfelder wahr, zeigen Interesse an Inhalten und erste Vorlieben, so dass ab diesem Alter die Unterstützung des digitalen Bildungsprozesses des Kindes in Familie und Kita beginnt (Theunert & Demmler, 2007, 3 zit. in DBT, 2013, 14 f.; Eggert & Wagner, 2016; Fthenakis et al., 2009). Welche *Grundregeln* Eltern und pädagogische Fachkräfte hierbei zu beachten haben, zeigen einschlägige Onlineportale, Eltern- und Praxismaterialien auf:

- Vorbild für Kinder sein bei der eigenen Mediennutzung (z.B. Online-Offline-Balance)
- kindgerecht starten, d.h. Geräte vorab gut sichern (z.B. Apps sicher nutzen, Sicherheitseinstellungen vornehmen, Schutzfilter installieren) und kindgerechte, sichere und qualitätsvolle Inhalte unter Beachtung der Altersangaben auswählen und prüfen (z.B. Datenbank für Kindermedien im Portal Gutes Aufwachsen mit Medien und DJI-Datenbank Apps für Kinder nutzen)
- auf die Qualität der Mediennutzung achten (z.B. in der Kita kreative Nutzungsformen fokussieren) Kinder stets interessiert und kompetent begleiten, d.h. auch Zeiten vorgeben[1], Regeln mit Kindern vereinbaren[2], Erlebtes gemeinsam verarbeiten, mit Kindern über Medien und Sicherheitsthemen offen sprechen

---

[1] Im Tabletprojekt Rheinland-Pfalz wurde eine Tabletnutzung von rd. 2-3 Stunden pro Woche in der Kita mit den Eltern vereinbart, die von den Kindern nie überschritten wurde (BMFSFJ, 2016; Aufenanger & Bastian, 2018).

[2] Wichtige Regeln in der Kita: Tablet-Nutzung nur gemeinsam mit anderen Kindern und begleitet von pädagogischen Fachkräften; Download als Erwachsenensache; Weglegen des Tablets nach Gebrauch, um sich wieder mit Anderem zu befassen.

- viel Abwechslung bieten und digitale Freiräume schaffen.

Kreativer Medieneinsatz und Gespräche im Fokus früher Bildung

Nicht Konsumieren, sondern Gestalten[3] ist das Anliegen früher digitaler Bildung in der Kita, bei dem es primär darum geht, digitale Medien als kreatives Werkzeug im Bildungsprozess einzusetzen (= *Bildung mit digitalen Medien*) und sich hierbei auch inhaltlich auszutauschen (= *Bildung über die digitale Welt*). Wenn Kinder im Kitaalltag all die kreativen Nutzungsweisen digitaler Medien kennen lernen, wie sie im Kompetenzmodell der KMK-Strategie 2016 genannt sind (z.B. Information, Problemlösung, Kommunikation, Kooperation, Dokumentation, Präsentation, Gestaltung, Produktion), dann wird es möglich, auch Gespräche mit Kindern zu führen über ihre Medienerfahrungen und -helden, die Bedeutung, Chancen und Risiken digitaler Medien sowie Themen von safer internet (saferinternet.at, 2013) und Netiquette (Portal Medienkindergarten Wien).

Junge Kinder entwickeln digitale Kompetenzen am besten über eigene Erfahrungen mit digitalen Medien und über deren gemeinsame Nutzung mit anderen Kindern begleitet durch pädagogische Fachkräfte. Mit ihrer einfachen Handhabung, mobilen Multifunktionalität und langen Akkulaufzeit stehen daher *Tablets* aktuell im Fokus. Sie vereinen eine Fülle kreativer Werkzeuge (Foto- und Videokamera, Mikrofon, PC, Internetzugang) und Anwendungen wie Apps in einem Gerät. Diese digitalen „mobilen Alleskönner" (Roboom, 2014) eröffnen viele neue pädagogische Gestaltungschancen, wenn auch Beamer, Drucker und WLAN verfügbar sind und pädagogisch wertvolle Apps, Webseiten und Suchmaschinen für Kinder genutzt werden, wobei hier weniger mehr ist[4]. Was Tablets für Kitas zudem so attraktiv und chancenreich macht ist, dass sie

- neue interaktive Spiel- und Lernformen und viele Sprachanlässe schaffen,
- es erleichtern, mit Kindern eigene Medienprodukte zu erstellen und Bildungsprozesse zu dokumentieren und zu präsentieren,

---

[3] Diese Unterscheidung ist wichtig, weil die Studien, die negative Folgen eines hohen Medienkonsums für die kindliche Entwicklung belegen, sich fast ausschließlich auf die übermäßige Mediennutzung im Bereich Spiel und Unterhaltung (= Konsum) beziehen (vgl. Knauf, 2017).

[4] Z.B. App-Empfehlungen für Kita & Grundschule im Portal „Ran an Maus & Tablet", weitere Empfehlungen für Kitas sind im Entstehen (z.B. im Modellversuch in Bayern).

- im Alltag sowie bei Ausflügen und Waldtagen spontan und situationsorientiert einsetzbar sind (vgl. Aufenanger, 2015; Roboom, 2014; 2017).

Tablets, Apps & Co. sind *ergänzende Werkzeuge*, die andere frühpädagogische Werkzeuge und Methoden nicht ersetzen, zeitweise gezielt und sinnvoll zum Einsatz kommen und vielfältige Verknüpfungen zwischen analoger und digitaler Welt ermöglichen. Ihr sinnvoller Einsatz in der Kita mit Mehrwert erfolgt

- primär alltagsintegriert bei gestalterischen Aktivitäten mit Kindern (z.B. Instrument bauen, Kuchen backen, Kräuterbeet anlegen, Ausflug planen), indem ihnen gezeigt wird, dass manche Fragen, Aufgaben und Probleme teils besser lösbar sind, wenn gezielt auch das Tablet genutzt wird (vgl. Stiftung Kinderland Baden-Württemberg, 2012),
- in der themenbezogenen Projektarbeit und in Medienprojekten sowie
- quer durch alle Bildungsbereiche, für die erste praxiserprobte Bausteine verfügbar sind (z.B. Roboom, 2017, Portal „Ran an Maus & Tablet").

Bereits verfügbare Praxisbeispiele in Handreichungen (z.B. Bostelmann & Fink, 2014; Bostelmann & Matschull, 2017; LH München, 2015; Roboom, 2017; Lepold & Ullmann, 2018) und Portalen (z.B. Ran an Maus & Tablet; MeKi-Medien Kindergarten Wien; Blickwechsel & Medienpädagogik; Stiftung Lesen & digitale Lesewelten; Forschungsstelle Appmusik & Kita; Stiftung Haus der kleinen Forscher & Informatik) zeigen die inhaltliche Bandbreite des Medieneinsatzes im pädagogischen Kitaalltag auf:

- Naturerkundungen mit dem Tablet, Tablet-Mitnahme in den Wald für Recherche und Dokumentation vor Ort und anschließende Analysen in der Kita
- Einsatz kreativer Apps, um mit den Kindern eigene Fotogeschichten, Bilderbücher, Hörspiele, Kurzfilme zu machen und dabei mit den Kindern auch Safer Internet-Themen wie Recht am eigenen Bild, Urheberrecht oder Gefühle zu besprechen
- interaktives Bilderbuch-Kino mit Tablet, Apps und Beamer, das Kinder auch in digitale Lesewelten einführt
- Experimentieren mit Musik-Apps, um digitale Klangwelten zu erschließen
- Tablet-Nutzung als Planungsinstrument bei anstehenden Ausflügen (z.B. Fahrpläne, google-maps)
- Heranziehen von Kindersuchmaschinen und -webseiten als eine Infoquelle bei Antwortsuche auf Kinderfragen
- Unterstützung der Hausaufgaben-Erledigung im Hort durch geeignete Lern-Apps
- Informatik in der Kita mit und ohne Computer entdecken, auch Roboter und Programmieren, um Technik zu verstehen.

Die o.g. Modellprojekte loten aus, welche Tablet-Einsatzmöglichkeiten und Apps sich in der Früh- und Hortpädagogik bewähren, einen Mehrwert bringen.

Inklusion in Kitas – neue Teilhabechancen mit digitalen Medien

Die pädagogisch begleitete Nutzung digitaler Medien birgt für Kitas erhebliche Potenziale im Umgang mit der wachsenden Heterogenität und Vielfalt der Kinder und erleichtert die Umsetzung von Inklusion. Sie bietet die Chance, für Kinder mit Behinderungen und für Kinder mit Deutsch als Zweitsprache zusätzliche Kommunikationsmöglichkeiten und Bildungszugänge zu schaffen:

- Kommunikationsunterstützende Apps mit Icons oder mit Spracherkennungs- und Übersetzungsmodus, mehrsprachige Bilderbuch- und Lernapps, mittels Eye-Tracking steuerbare Computer sind Beispiele, die diesen Kindern neue Teilhabechancen eröffnen.[5]

- Auch für sehbehinderte und blinde Kinder gibt es hilfreiche digitale Angebote wie z.B. „Kamerafunktion (Vergrößerung, Beleuchtung), Greta als App für Hörfilme, Apps zur Farberkennung oder die community-basierte App Be My Eyes, mit der sie Fotos durch sehende User beschreiben lassen können" (Hielscher, 2018, S. 55 f.).

Der gleichzeitige Einsatz digitaler Medien in der Frühförderung, Familie und Kita ist vielschichtig und anfangs aufwändig, aber lohnend (vgl. a.a.O., Berufsverband der FrüherzieherInnen Schweiz, 2013) und erfordert in der Kita eine *„Medienpädagogik der Vielfalt"* (von Gross & Röllecke, 2017), die auf die unterschiedlichen Bedürfnisse und Kompetenzen der Kinder eingeht.

Handlungsfeld 2: Mittelbare pädagogische Aufgaben

Bildungspartnerschaft mit Eltern, Schule und weiteren Fachinstitutionen, Beobachtung und Dokumentation, Kitaverwaltung, kommunikativer Austausch im Team, mit Träger, Fachberatung und anderen Unterstützungssystemen sind mittelbare pädagogische Kitaufgaben, bei denen digitale Transformation sinnvoll und chancenreich ist, wie folgende Beispiele exemplarisch aufzeigen.

---

[5] Z.B. Broschüre *„Digitale Medien in der heilpädagogischen Früherziehung"* von BV FrüherzieherInnen Schweiz (2013). *Unterstützte Kommunikation* im Portal Medienkindergarten Wien; *„Sag mal Apfel auf Russisch"* in (Bostelmann & Fink, 2014).

Bildungspartnerschaft Kita und Familie

Die gemeinsame Herausforderung, Kinder durch die digitale Welt gut zu begleiten, ist eine Chance, die Bildungspartnerschaft mit den Eltern zu intensivieren, sie als Mitgestaltende der Kita digital zu gewinnen, welche im Austausch mit den Eltern auch digitale Formate nutzt, und so den Bildungsort Familie mit zu stärken. Kinder sammeln ihre ersten digitalen Lernerfahrungen zuhause, entwickeln dort auch ihren Mediennutzungsstil. Für die Tablet-Einführung in der Kita unabdingbar ist daher ein frühzeitiger Elterneinbezug mit familienunterstützendem Begleitangebot (Grobbin & Feil, 2014; FH Nordschweiz, 2015; Wagner et al. 2016). Eltern sind zu informieren, wie Tablets in der Kita genutzt werden, dass es nicht um ein Mehr an Medienkonsum geht, sondern um kreative Mediennutzung in einem risikofreien, zeitlich dosierten Rahmen (z.B. Praxisfilme hierzu zeigen; Hospitation ermöglichen; mit Tablets erstellte Kinderwerke auf dem Kitafest präsentieren). Wichtig sind auch Informationen und Tipps, wie Eltern das Bildungspotenzial mobiler Medien mit ihrem Kind auch zuhause kreativ, kritisch und sicher nutzen können:

- Eltern-Kind-Aktionstage in der Kita z.B. mit App-Ausprobier-Stationen oder digitale Leseaktionen und begleitender Beratung
- Elternabende, für die medienpädagogische Referentennetzwerke als Service für Kita & Schule in allen Ländern aufgebaut wurden (bundesweite Referentensuche über das Portal Klicksafe) und für deren Gestaltung sich Tipps vor allem auch im Netz[6] finden
- Elterninformation über die für Eltern bestehenden Online-Portale, die Information und digitale Familienbildung anbieten (s.u. Handlungsfeld 4)
- Auslage von Elternmaterialien zu Kindern und Medien, die über einschlägige Internetportale bezogen werden können (s.u. Handlungsfeld 4).

WhatsApp-Gruppen mit Eltern, Handy-Verbot in Bring- und Abholsituationen, Fotografier-Verbot bei Kitafesten für Eltern sind diskussionsbedürftige Trends; besser wäre es, hierzu Regeln im Dialog mit den Eltern zu finden (vgl. Bostelmann & Engelbrecht, 2017).

---

[6] Z.B. Gestaltung eines Elternabends zum Thema *Medienerziehung* (Portal „Gutes Aufwachsen mit Medien"); Elternabend: Kinder sicher im Netz (Portal „internet abc" – für Lehrkräfte); Zusammenarbeit mit Eltern (Portal „Ran an Maus & Tablet"); Methodenpool (Eder & Michaelis in BZgA, 2015, 128 ff.); Vorführung des Films „Mit Bilderbuch und Touchscreen" (Deutsche Liga, 2016) und anschließende Diskussion

Zugleich wächst das Marktangebot an Kita-Apps[7], die die tägliche Familie-Kita-Kommunikation cloud-basiert erleichtern und teils weitere digitale Serviceangebote umfassen wie z.B.:

- Elterninformation der Kita über Push-Nachrichten, digitale Pinnwände, Download-Dokumente (z.B. Ansprechpartner/ Kontaktdaten, aktuelle Termine, Speisepläne, News), die Eltern mobil abrufen und speichern können (z.B. Kitatermine in eigenen Kalender)
- Elternmeldungen an die Kita (z.B. spätere Abholung, Krankheit, Urlaub des Kindes)
- Einstellen von Fotos (z.B. Kitafest), die Eltern zum privaten Gebrauch abrufen können
- Teils Koppelung mit der Kita-Verwaltung sowie mit der Bildungs- und Entwicklungsdokumentation des Kindes

Dringend gebraucht werden Expertisen zur Qualität dieser Kita-Apps gerade auch in Bezug auf Datenschutz und Datensicherheit, da sich immer mehr Kitas bzw. Kitaträger zur Nutzung einer dieser Apps entscheiden. Im bayerischen Modellversuch „Medienkompetenz in der Frühpädagogik stärken" wird eine solche Expertise derzeit erstellt.

Kooperation mit der Schule und weiteren Bildungspartnern

Digitale Kommunikationsformen und gemeinsame digitale Bildungsprojekte mit den Kindern sind Beispiele für die Zusammenarbeit mit Schulen in der digitalen Welt. Wichtige Partner mit medienpädagogischer Expertise für Kitas sind

- Medienzentren bei der Medienausleihe (z.B. Tablet-Ausleihe in der Einstiegsphase) und
- Bibliotheken beim Thema digitale Lesewelten für Kinder (z.B. dialogisches Lesen mit Bilderbuch-Apps[8]; Hörstifte wie TING, Tiptoy, die das Bücherlesen ergänzen im Sinne einer akustischen Entdeckungsreise).

---

[7] Z.B. kigaClick; KigaRoo; kitabote; kita-info-app; kitaApp; HOKITA; leandoo; NemBørn

[8] Z.B. Fachstelle für öffentliches Bibliothekswesen, 2017 & Stiftung Lesen, 2016; 2017

Beobachtung und Dokumentation

Digitale Verfahren zur Beobachtung und Dokumentation der Lern- und Entwicklungsprozesse der Kinder erleichtern die Wahrnehmung dieser grundlegenden Kitaaufgabe. Sie sind im Kitaalltag schneller zur Hand und senken dadurch die Nutzungshürden. Sie verbinden bewährte Dokumentationsformen wie Bögen ausfüllen, Texte schreiben, Fotos, Video- und Audiodateien ins Portfolio integrieren und sind zeitsparend im weiteren Umgang mit ausgefüllten Bögen und mit Fotos für das Portfolio (vgl. Knauf, 2005). Sie erweitern die Auswertungsmöglichkeiten der Beobachtungsbögen (z.B. kind-, gruppen- und einrichtungsbezogen, über verschiedene Verfahren hinweg) und eröffnen neue Wege, Kinder und Eltern aktiv einzubeziehen. Am deutschen Markt gibt es bereits

- digitale Beobachtungsbögen (z.B. Kompik als kostenfreies Angebot (IFP); Dokulino (Herder & IFP) und Beoplus (Holzknecht, Herder & IFP), die die Sprachbeobachtungsbögen Liseb, Seldak, Sismik, Basik beinhalten)
- Fachbücher und Softwarepakete zu E-Portfolio (z.B. Bostelmann & Möllers, 2017 und https://kitaportfolio.de; Lepold & Lill, 2017)
- tablet- und cloud-basierte Kita-Apps, die Beobachtungsbögen, E-Portfolio und freie Vermerke verbinden und mit Kitazustimmung ermöglichen, dass Eltern die Beobachtungsdaten ihres Kindes einsehen und dessen Portfolio mitgestalten (z.B. Stepfolio; auch Dokulino von Herder) oder die die Funktionen E-Porfolio, Familie-Kita-Kommunikation, Kitaverwaltung verknüpfen (z.B. NemBørn).

In den nächsten Jahren wird hier viel Weiterentwicklung zu erwarten sein.

Handlungsfeld 3: Medien und Recht in der Kita

Bei den Fachkräften braucht es solide rechtliche Grundkenntnisse (Jugendmedien-, Daten- und Urheberschutz), um den digital-gestützten Bildungs- und Arbeitsprozess als sicheren Raum zu gestalten (z.B. Umgang mit digitalen Fotos und Beobachtungsdaten der Kinder) und auch die Kinder bei ihrer aktiven Mediennutzung dafür zu sensibilisieren (z.B. Recht am eigenen Bild bei der Portfolioarbeit, Bild- und Urheberrechte bei der Herstellung eigener Medienprodukte).

Umgang mit Foto- und Videoaufnahmen

Das in Kitas vielfach praktizierte Fotografieren und Filmen von Kindern (z.B. Fotos für Portfolio-Ordner der Kinder, sprechende Kitawände, Konzeption und Homepage der

Kita; Filme über Kitaalltag für Eltern, für externe, videogestützte Interaktionsberatung) ist ein hochsensibles Thema. Im Zuge der Digitalisierung und neuen Datenschutzgrundverordnung ist es nun noch sensibler geworden und befindet sich im Umbruch (z.B. Diskussion über die Zulässigkeit von Kinderfotos auf Kita-Homepages, da für die Kitaaufgabenerfüllung nicht erforderlich?). Es braucht vor allem rechtlich und fachlich abgesicherte Vordrucke für die benötigten Einwilligungen der Eltern und viel Information, wie sie in den einschlägigen Onlineportalen auch für Kitas bereits vorzufinden ist (siehe Handlungsfeld 4). Um zugleich die Bilderflut in Kitas einzudämmen und die Fotolöschung beim Austritt der Kinder aus der Einrichtung sicherzustellen, ist der Aufbau einer strukturierten Bildverwaltung erforderlich, entsprechende Apps sind gerade im Kommen (z.B. Das Stepfolio Entwicklungsbild von Ergovia), und beim Fotografieren im Kitaalltag generell darauf zu achten, dass weniger aussagekräftige Fotos manchmal vorteilhafter sind.

Notwendigkeit datenschutzkonformer Kita-Clouds

Die Nutzung von Cloud-Diensten bzw. Cloud-Computing hat viele Vorteile, so dass auch immer mehr Kitas dies in Betracht ziehen (z.B. Fotoabruf für Eltern, Austausch mit externen Partnern) und teils unsichere Clouds wie Dropbox nutzen. Die Schaffung datenschutzkonformer und sicherer Kita-Clouds wird daher immer dringlicher.

Handlungsfeld 4: Qualifizierung und Information von Eltern, (Früh-)Pädagogen und Multiplikatoren

Kinder durch die digitale Welt zu begleiten ist für Familie und Kita eine gemeinsame, neuartige und herausfordernde Aufgabe, bei der sie selbst viel ermutigende Information und Qualifizierung benötigen und auch einfordern (Wagner et al. 2015). Informations- und Qualifizierungsbedarf besteht nicht nur bei Eltern, Früh- und Hortpädagogen, sondern auch auf Multiplikatoren-Ebene.

Aus-, Fort- und Weiterbildung des Kita- und Lehrpersonals

Das Vertrauen pädagogischer Fachkräfte in die eigene medienpädagogische Kompetenz ist nach Studienlage gering, da Medienpädagogik in der Aus-, Fort- und Weiterbildung lange Zeit kaum vorkam (Friedrichs & Meister, 2015) bzw. medienpädagogische Fortbildungsangebote häufig mangels Interesses abgesagt werden mussten. In der Ausbildung der Erzieherinnen und Erzieher gibt es neuere weiterentwickelte Lehrpläne, die Medienkompetenz als Querschnittsthema vorsehen, aber noch keine Antworten auf die neuen Anforderungen und Fragen enthalten, die die Digitalisierung an Bildung stellt.

Ein durchdachter, risikofreier Einsatz von Tablets, Apps & Co mit pädagogischem Mehrwert ist für pädagogische Kita-Fachkräfte weitgehendes Neuland, für das sie Konzepte und Qualifizierung benötigen (vgl. LH München, 2015). Die kontroverse Diskussion erhöht ihren Unterstützungsbedarf, sich beim Thema frühe digitale Bildung klar zu positionieren, auch Eltern gegenüber, Selbstsicherheit bei einem reflektierten Einsatz digitaler Medien im pädagogischen Alltag zu erlangen sowie Eltern aktiv einzubeziehen, ihnen bei Fragen als kompetente Ansprechperson unterstützend zur Seite zu stehen.

Aus-, Fort- und Weiterbildung sind daher gefordert, die digitalen und medienpädagogischen Kompetenzen der pädagogischen Fachkräfte und auch ihres Lehrpersonals aufzubauen sowie ihre Lehrinhalte und Methoden laufend zu aktualisieren mit Blick auf den raschen technologisch-konzeptionellen Wandel. Hierfür zu etablieren und als Chance umfassend zu nutzen sind online-basierte Formate. So entsteht ein zeit- und ortsunabhängiges, interaktives Angebot, auf das ein großer Teilnehmerkreis im Sinne lebenslangen Lernens flexibel zugreifen kann (KMK, 2016). Im Kitabereich sind E- und Blended-Learning im Kommen:

- Aktuell gibt es drei größere E-Learning-Anbieter mit breiter Themenpalette (Caritasverband für das Erzbistum Köln; Kita-Campus: neues Lernen für die Praxis; KiTa aktuell.de) und einige kostenfreie Anbieter zu bestimmten Themen (z.B. Stiftung Haus der kleinen Forscher, Stiftung Lesen, Netzwerk Vorlesen, Gutes Aufwachsen mit Medien, klicksafe). Weitere Angebote sind Datenbanken (z.B. Datenbank Kitafachtexte, Datenbank Kindermedien), pädagogische Erklär- und Lehrfilme für Kitas im Netz.
- Blended-Learning-Kurse als effektivstes Format werden im Zuge der Bund-Länder-Initiative BiSS: Bildung durch Sprache und Schrift für den Elementar-, Primar- und Sekundarbereich gerade entwickelt und braucht es auch zum „Digitalen Medieneinsatz in der Kita" angesichts des hohen Qualifizierungsbedarfs. Wesentlich ist, dass die E-Learning-Angebote für Kitas bereits schon in der Ausbildung Einsatz finden.

Die KMK-Strategie *Bildung in der digitalen Welt* fordert, die Digitalisierung zum Fokusthema in der Aus-, Fort- und Weiterbildung zu machen. Die Ausbildungseinrichtungen sind ein wichtiger Entwicklungsmotor im digitalen Transformationsprozess und brauchen dabei selbst Unterstützung durch Bundes- und Länderinitiativen, zu denen Forschung, Konzeptentwicklung, E-Learning-Angebote, Online-Plattformen und IT-Ausstattung zählen. Die aktuelle Debatte zum digitalen Medieneinsatz in Kitas hat bereits zur Folge, dass das Fortbildungsangebot hierzu zunimmt und auch das kostenfreie E-Learning-Angebot im Netz[9] sowie das Teilnahmeinteresse spürbar wächst. Auch die Fachakademien steigen in den digitalen Transformationsprozess ein (z.B. Nutzen der Lernplattform von mebis in der Erzieherausbildung in Bayern).

Am effektivsten ist der Einsatz von *Mediencoaches*, die Kitateams durch Fortbildungen und flankierende Trainings-On-the-Job längere Zeit Inhouse begleiten und dadurch alle Teammitglieder einbeziehen und mitnehmen (vgl. Modellversuche in NRW und Bayern; Friedrichs-Liesenkötter & Meister, 2015, S. 58). Sobald nun auch Blended-Learning-Kurse verfügbar sind, kann diese Inhouse-Begleitung mit Online-Lernphasen verknüpft werden.

Intelligente Online-Plattformen für Pädagogen, Multiplikatoren, Eltern

Kosten- und barrierefreie Zugänge zu Wissen und Information im Netz (open access, open educational ressources – OER) zählen zu den größten digitalen Chancen (forsa, 2014). Für Eltern und pädagogisch Tätige ist daher in den letzten Jahren eine Fülle von Online-Portalen entstanden:

- Gutes Aufwachsen mit Medien, das sich als Aktionsbündnis versteht
- (Eltern)Ratgeber (z.B. Schau hin, was Dein Kind mit Medien macht – kindergesundheit-info.de/Medien – Online-Familienhandbuch/Medien)
- Internetkompetenz (z.B. Surfen ohne Risiko – Klicksafe – Internet ABC – Webhelm)
- Empfehlungsdienste (z.B. Klick-Tipps.net – app-geprüft – DJI-Datenbank Apps für Kinder – Datenbank Kindermedien im Portal „Gutes Aufwachsen mit Medien")
- Fachportale für Kita & Schule (z.B. Ran an Maus & Tablet, Medienkindergarten Wien, Medienkompetenz Kitas NRW, Medienführerschein Bayern).

Trotz dieser vielen Initiativen ist der Infobedarf von Eltern und pädagogisch Tätigen anhaltend hoch. Daher gilt es die vielen, bereits bestehenden Internetportale bekannter zu machen, deren Angebote zentral zu vernetzen und laufend zu aktualisieren angesichts der raschen digitalen Entwicklung und sich verändernder Nutzung (Grobbin & Feil, 2014; Wagner u.a., 2016). Im Bildungsbereich landeszentral aufzubauen sind

---

[9] Bspw. Online-Konferenzen, Weiterbilden im Portal "Gutes Aufwachsen mit Medien" (z.B. Gute Kinder-Apps entdecken), Webinare von Stiftung Lesen, Netzwerk Vorlesen (z.B. Vorlesen mit Apps) und Klicksafe (z.B. Sicher im Netz mit Smartphone, Tablet & PC).

daher Online-Plattformen mit intelligenten, datenschutzkonformen IT-Managementsystemen, die bestehende Infoportale und Angebote bündeln und vernetzen (Wegweiser), offenen Zugang zu Bildungsmedien und E-Learning-Angeboten schaffen und zur Interaktion im Netz einladen (KMK, 2016).

Es gibt erste Beispiele für landeszentrale, gut verlinkte Infoportale, die bildungsstufenübergreifend (z.B. Kindermedienland Baden-Württemberg, Medienkompetenz-Portal NRW, Ran an Maus & Tablet Hessen) und bildungsstufenspezifisch (z.B. Medienkindergarten Wien) konzipiert sind. Daneben gibt es in einigen Ländern auch Lernplattformen und Dialogportale.

Anstrebenswert sind Online-Plattformen für Kita und Familie mit einem inhaltlich breiten Angebot (z.B. Infothek mit Service, Mediathek, Lernplattform), die mit dem Bildungsplan-Portal vernetzt sind. Ein gutes Vorbild sind die vernetzten Plattformen *mebis* und *LehrplanPLUS* für den Schulbereich in Bayern.

Um den digitalen Transformationsprozess in diesem Handlungsfeld für den Kita- und Jugendhilfebereich voranzubringen, wird z.B. in Bayern das *Zentrum für Medienkompetenz in der Frühpädagogik (ZMF)* als staatliche Dienststelle und IT-Dienstleister 2018 neu errichtet. Das ZMF wird im Kitabereich den o.g. Modellversuch am Staatsinstitut für Frühpädagogik im Rahmen seiner Aufgaben begleiten und dessen Ergebnisse (Konzepte, Praxisbeispiele, Lehrfilme, weitere Materialien) über die neu zu entwickelnden Plattformen, Blended-Learning-Kurse und Multiplikatoren-Qualifizierungen in die Fläche bringen. Auch die Online-Plattform *Medienkompetenz-Kitas NRW* ist aus dem gleichnamigen Modellprojekt hervorgegangen.

Handlungsfeld 5: IT-Ausstattung von Kitas

Grundvoraussetzung für einen erfolgreichen Einsatz digitaler Medien in der Kita ist der Aufbau einer IT-Infrastruktur, die sich an pädagogischen Zielsetzungen orientieren, modern, zuverlässig und hoch verfügbar sein muss. Für die Arbeit mit jungen Kindern braucht es nach aktuellem Diskussionsstand Tablets, deren Sicherheitstechnik nutzerfreundlich ist und die Zugang zu pädagogisch hochwertigen, qualitätsgeprüften Apps für Kinder bieten, sinnvolle Zusatzgeräte (Beamer, Drucker, Zubehör) und schnelles, stabiles WLAN für die vielseitige Tablet-Nutzung. Idealerweise sollte jede pädagogische Fach- und Zweitkraft in der Kita über ein eigenes Tablet verfügen. Zu klären sind auch der Einsatz privater Geräte und die Sicherstellung von IT-Support sowie auf Landes- und Trägerverbandsebene die Bereitstellung datenschutzkonformer Kita-Clouds.

Die bestehende Medienausstattung von Kitas für die Bildungsarbeit mit Kindern beschränkt sich in der Regel auf klassische Medien wie Bücher, CD-Player und digitale Fotokamera und im Leitungs- und Personalbüro ist nicht selten eine unzureichende und veraltete IT-Infrastruktur vorzufinden, so dass viele Kitafachkräfte ihre mobilen Privatgeräte nutzen. Im Zuge der aktuellen Debatte zum digitalen Medieneinsatz in der Kita scheint sich das Blatt etwas zu wenden, da immer mehr Kitas nun auch von sich aus Tablets anschaffen. Deren All-in-one-Prinzip reduziert den Gerätekauf und schafft damit neue Kaufanreize. Dennoch werden es Kitas alleine aus eigener Kraft nicht schaffen, eine angemessene digitale Grundausstattung inklusive WLAN allerorten sicherzustellen, so dass Investitionen der öffentlichen Hand auch im Kitabereich dringend notwendig sind, d.h. es braucht auf Bundesebene auch für Kitas einen *DigitalPakt#D*.

Die staatlich geförderte Ausgabe von Medien- und Materialpaketen an Kitas muss stets gekoppelt sein an (Team-)Fortbildungen. Erfahrungen zeigen, dass Technik allein noch keine Pädagogik schafft (Palme, 2016, S. 85). Umgekehrt laufen staatliche Investitionen in Fortbildungen ins Leere, wenn nicht zugleich in eine technische Grundausstattung investiert wird (Friedrich & Meister, 2015, S. 14). Das im Medien- und Materialpaket enthaltene Bildungspotenzial können Teams nur dann vollends ausschöpfen, wenn sie längere Zeit durch einen Mediencoach Inhouse begleitet werden (Meister & Friedrich u.a., 2012, S. 50 f.).

Handlungsfeld 6: Qualitätsentwicklung in den Kitas

Qualitätsentwicklung ist Kernaufgabe von Kitas als lernende Organisation. Zu den geeigneten und unverzichtbaren Maßnahmen, die pädagogische Qualität in Kindertageseinrichtungen kontinuierlich sicherzustellen und weiterzuentwickeln, zählen die Entwicklung und der Einsatz einer *pädagogischen Konzeption* als Grundlage für die Erfüllung des Bildungsauftrags sowie der Einsatz von *Instrumenten und Verfahren zur Evaluation* der pädagogischen Arbeit in der Einrichtung (vgl. § 22a Abs. 1, § 45 Abs. 3 SGB VIII).

Entwicklung eines Medienkonzepts in jeder Kita

Digitale Transformation auf Kitaebene bedeutet, Vorstellungen zum sinnvollen und sicheren digitalen Medieneinsatz für die eigene Einrichtung zu entwickeln, darauf aufbauend schrittweise die IT-Infrastruktur einzurichten und deren Nutzung in den verschiedenen Handlungsfeldern im Kitaalltag zu implementieren. Notwendig hierfür ist ein Qualitätsentwicklungsprozess, der mit der Entwicklung eines Medienkonzepts und dessen Verankerung in der Konzeption beginnt.

Ein Medienkonzept systematisiert den alltagsintegrierten Medieneinsatz in der Kita in pädagogischer, organisatorischer und technischer Hinsicht und bezieht sich auf die Handlungsfelder frühe digitale Bildung, Beobachtung & Dokumentation, Bildungspartnerschaft mit Eltern, Kooperation und Vernetzung mit Schule, Bibliothek und Medienzentren, Fortbildung des Personals und IT-Ausstattung der Kita. Es orientiert sich an den rechtlich-curricularen Landesvorgaben, aktuellen Entwicklungen und lokalen Bedingungen und sieht in jeder Kita anders aus. Unterstützung erhalten Kitas durch Fortbildung, Fachberatung, Fachportale, Handreichungen und Reflexionsfragen, die z.B. der bayerische Orientierungsrahmen zur Konzeptionsentwicklung (Modul B) zur digitalen Bildung enthält (IFP, 2018).

Digitale Evaluations- und Feedbackverfahren

Digitale Verfahren zur Selbst- und Fremdevaluation und zum Feedback werden derzeit z.B. am Staatsinstitut für Frühpädagogik entwickelt und erfolgreich erprobt. Zum einen geht es um tablet-basierte Evaluationsinstrumente und zum anderen um online-basiertes Videofeedback an pädagogische Fachkräfte im Rahmen einer videogestützten Interaktionsberatung (Schauland, 2018).

Handlungsfeld 7: E-Government, Forschung und Steuerung

In allen drei Bereichen dieses Handlungsfelds sind Entwicklungen im Gange.

E-Government

Erste Beispiele sind die *Online-Anmeldung bei der Kitaplatzsuche*, die bislang vor allem in größeren Städten angeboten wird (z.B. Kita online, kita-finder, Kitabörse, early bird) und die *Online-Abwicklung der staatlichen Kita-Förderung* (z.B. KiBiGWeb Bayern); in Finnland hat bereits jedes Kind einen Chip zur Zeiterfassung seines täglichen Kitabesuchs, die u.a. für die Berechnung der Förderung der Kita benötigt wird. Die Übernahme der Elternbeiträge wäre ein weiteres Verfahren, das online abgewickelt werden könnte.

Online-basierte Bildungspläne mit einem laufend aktualisierbaren Serviceteil für die Praxis, wie sie im Schulbereich bereits in einigen Ländern vorzufinden sind, ist auch für den Kitabereich eine zukunftsweisende Form von E-Government.

Bildungsforschung

Bildungsforschung im Kitabereich wird zunehmend auf *Online-Befragungen* umgestellt. Um die Teilnahme aller Kitas daran sicherzustellen (z.B. landesweite Befragungen, Monitoring-Studien), ist eine digitale Infrastruktur auch auf Personalebene unabdingbar, denn viele pädagogische Fachkräfte nehmen derzeit noch über ihre private Email- und Medienausstattung an Online-Befragungen teil. Auszubauen gilt es zudem die (Begleit-)Forschung zur frühen digitalen Bildung und zum digitalen Transformationsprozess im Kitabereich, die neben Onlinebefragungen auch Videobeobachtungsstudien und Meta-Analysen erfordert. Ein paar Beispiele für wichtige Forschungsfragen sind:

- Welche digitalen und medienpädagogischen Kompetenzen brauchen Eltern und pädagogische Fachkräfte, um Kinder durch die Welt gut zu begleiten?
- Wie entwickeln Erwachsene Medienkompetenz, damit sie selbst ein gutes Vorbild für Kinder sind?
- Frühe Medienbildung in der Kita – wie verändert sich die Haltung der Erwachsenen hierzu durch mehr Medienkompetenz?
- Was macht der digitale Medieneinsatz mit der Interaktionsqualität in der Kita? Welchen Einfluss hat hierauf die Medienkompetenz der Fachkräfte?
- Wie lässt sich der Gefahr begegnen, dass der digitale Medieneinsatz nicht zu viel Zeit zu Lasten anderer pädagogischer Tätigkeiten verschlingt?
- Wie viel WLAN braucht es für einen sinnvollen digitalen Medieneinsatz in der Kita?

Kommunale Bildungssteuerung und Bildungsregionen

Die kommunale Bildungssteuerung kann wichtige Beiträge leisten, Kitas in ihrem digitalen Transformationsprozess zu unterstützen:

- Info-Kampagnen zur Kita in der digitalen Welt, adressiert an Bürgermeister und Landräte, Bildungs- und Sozialreferent/innen, Kita-Fachpersonal im Jugendamt und Kita-Träger der öffentlichen und freien Jugendhilfe, um die Entwicklung einer aufgeschlossenen Haltung zu den Themen digitaler Bildungsauftrag von Anfang an, digitale Transformation des Bildungssystems Kita und Sicherstellung einer digitalen Infrastruktur in Kitas (WLAN, Tablets & Co) zu unterstützen
- Kita in der digitalen Welt als fester TOP in den Dienstbesprechungen mit den Kitaleitungen (z.B. Bekanntmachung und Verbreitung bereits bestehender Materialien, Online-Portale, Fortbildungen, Referentennetzwerke für Elternabende und Inhouse-

Fortbildungen[10]; Entwicklung eines Medienkonzepts in jeder Kita; Kitainformation über das Angebot der kommunalen Medienzentren & Bibliotheken)

- Bildungsmonitoring und -berichterstattung, z.B. Durchführung von Kitabefragungen zu ihrer IT-Ausstattung und ihren digitalen Transformationsprozessen und Erfahrungen in den verschiedenen Handlungsfeldern
- Jugendhilfeplanung (z.B. IT-Ausstattung der Kitas, medienpädagogisches Fortbildungsangebot für Kitas, Vernetzung der Kitas mit Medienzentren).

Um den digitalen Transformationsprozess im Bildungsverlauf gemeinsam und anschlussfähig zu gestalten und vor Ort eine moderne IT-Landschaft in allen Bildungseinrichtungen gleichermaßen aufzubauen, ist es notwendig, kommunale Bildungsregionen zu *digitalen Bildungsregionen* weiterzuentwickeln (vgl. BayStMUK, 2018) und dabei auch die Kitas von Anfang an aktiv einzubeziehen.

---

[10] Während medienpädagogische Referenten-Netzwerke für Elternabende in allen Bundesländern bereits aufgebaut wurden, ist beim Aufbau von Multiplikatoren-Pools für lokale Kita-Fortbildungen, der erst in einigen Ländern im Gange ist (z.B. Referentenanfragen an medienpädagogische Institutionen und Vereine), noch viel zu tun.

Literatur

Aufenanger, S. (2015). Projekteinschätzung im Blog-Beitrag „Jugend- und Familienministerin Irene Alt stellt Tablet-Modellprojekt ‚KiTab' für Rheinland-Pfalz vor". URL: http://bildungs-blogs.net/wp/kitab-rlp/der-startschuss. Zuletzt abgerufen am 02.07.2018.

Baden-Württemberg Staatsministerium (2016). Strategiepapier Medienbildung Baden-Württemberg. URL: https://www.kindermedienland-bw.de/de/startseite/service/publikation/did/strategiepapier-medienbildung-baden-wuerttemberg/. Zuletzt abgerufen am 02.07.2018.

Bastian, J., Aufenanger, S. & Daumann, H.-U. (2018). KiTab.rlp – Medienbildung mit Tablets in der Kita. merz 2/2018, S. 21–27.

Bayerisches Staatsministerium für Bildung und Kultus, Wissenschaft und Kunst (2018). Bildungsregionen in Bayern – Anregungen. Digitale Bildung – Industrie 4.0. URL: https://www.km.bayern.de/download/15742_digitale_bildung_industrie_4.0.pdf. Zuletzt abgerufen am 02.07.2018.

Bayerische Staatsregierung, Stiftung Medienpädagogik Bayern & Partner (2015). Medienführerschein Bayern. Bausteine für den Elementarbereich. URL: https://www.medienfuehrerschein.bayern.de/Elementarbereich.n149.html. Zuletzt abgerufen am 02.07.2018.

Berufsverband der FrüherzieherInnen der deutschen, rätoromanischen und italienischen Schweiz (Hrsg.) (2013). Einsatz digitaler Medien in der heilpädagogischen Früherziehung. URL: http://www.frueherziehung.ch/uploads/1/7/9/4/17948117/leitfaden_digimedien.pdf. Zuletzt abgerufen am 02.07.2018.

Bildungsserver Wien (seit 1997). MeKi – Medien Kindergarten Wien. Online-Portal. URL: http://medienkindergarten.wien. Zuletzt abgerufen am 02.07.2018.

Bostelmann, A. & Engelbrecht, C. (2017). Eltern in Krippe und Kita gut informieren. Arbeitshilfen und Vorlagen für den Einsatz digitaler Medien in der Elternarbeit. Berlin: Bananenblau.

Bostelmann, A., Engelbrecht, C. & Mattschull, H. (2017). Strom, Technik und Computer im Kindergarten. 33 einfach umsetzbare Projektideen. Berlin: Bananenblau.

Bostelmann, A., Engelbrecht, C. & Möllers, G. (2017). Das Portfolio-Konzept digital für den Kindergarten: Mit Smartphone und Tablet zeitsparend und fundiert dokumentieren. Berlin: Bananenblau.

Bostelmann, A. & Fink M. (2014). Digital Genial. Erste Schritte mit neuen Medien im Kindergarten. Berlin: Bananenblau.

Bundesministerium für Bildung und Forschung (2016). Bildungsoffensive für die digitale Wissensgesellschaft. Strategie des BMBF. URL: https://www.bmbf.de/files/Bildungsoffensive_fuer_die_digitale_Wissensgesellschaft.pdf. Zuletzt abgerufen am 02.07.2018.

BMFSFJ-Bundesministerium für Familie und Senioren, Frauen und Jugend (2016). Ein Netz für Kinder. Praktische Hilfen für Eltern und pädagogische Fachkräfte. URL: https://www.bmfsfj.de/bmfsfj/service/publikationen/ein-netz-fuer-kinder/122588. Zuletzt abgerufen am 02.07.2018.

Bundesministerium für Familie und Senioren, Frauen und Jugend (2017). Das digitale Kinderzimmer. Praktische Hilfen für Eltern und pädagogische Fachkräfte. URL: https://www.bmfsfj.de/bmfsfj/service/publikationen/gutes-aufwachsen-mit-medien/86410. Zuletzt abgerufen am 02.07.2018.

Bundesministerium für Familie und Senioren, Frauen und Jugend & Initiativbüro (seit 2015). Gutes Aufwachsen mit Medien. (Darin: auch Datenbank für Kindermedien). URL: https://www.gutes-aufwachsen-mit-medien.de/. Zuletzt abgerufen am 02.07.2018.

Bundesministerium für Familie und Senioren, Frauen und Jugend, ARD, ZDF & TV Spielfilm (seit 2003). Schau hin: Was Dein Kind mit Medien macht. Elternportal. URL: https://www.schau-hin.info/. Zuletzt abgerufen am 02.07.2018.

BZgA-Bundeszentrale für gesundheitliche Aufklärung (Hrsg.). Kindergesundheit-info. Thema Medien. URL: https://www.kindergesundheit-info.de/themen/medien/. Zuletzt abgerufen am 02.07.2018.

BZgA-Bundeszentrale für gesundheitliche Aufklärung (Hrsg.) (2015). Werkstattbuch Medienerziehung. Zusammenarbeit mit Eltern in Theorie und Praxis. URL: https://www.bzga.de/infomaterialien/unterrichtsmaterialien/?idx=2762. Zuletzt abgerufen am 02.07.2018.

DBT-Deutscher Bundestag (2013). Sechster Zwischenbericht der Enquete-Kommission „Internet und digitale Gesellschaft". Bildung und Forschung. Drucksache 17/12029. URL http://dipbt.bundestag.de/doc/btd/17/120/1712029.pdf. Zuletzt abgerufen am 02.07.2018.

Deutsche Liga für das Kind (2016). Mit Bilderbuch und Touchscreen. Junge Kinder und Medien (Film-DVD).

DIVSI-Deutsches Institut für Vertrauen und Sicherheit im Internet (2015). Kinder in der digitalen Welt. U9-Studie. URL: https://www.divsi.de/publikationen/studien/divsi-u9-studie-kinder-der-digitalen-welt/. Zuletzt abgerufen am 02.07.2018.

DJI-Deutsches Jugendinstitut (Hrsg.). Datenbank Apps für Kinder, Praxisberichte, Trendanalysen. DJI-Projekt 2016-2019. Gefördert vom BMFSFJ. URL: https://www.dji.de/ueber-uns/projekte/projekte/apps-fuer-kinder-angebote-und-trendanalysen/datenbank-apps-fuer-kinder.html. Zuletzt abgerufen am 02.07.2018.

Drogenbeauftragte der Bundesregierung (2018). Webholic. Themenseite. URL: https://www.drogenbeauftragte.de/themen/suchtstoffe-und-abhaengigkeiten/computerspielesucht-und-internetsucht/webholic-themenseite/. Zuletzt abgerufen am 02.07.2018.

Eggert, S. & Wagner, U. (2016). Grundlagen zur Medienerziehung in der Familie. Expertise im Rahmen der Studie MoFam-Mobile Medien in der Familie (am JFF). URL: www.jff.de/studie_mofam. Zuletzt abgerufen am 02.07.2018.

Europarat & Council of Europe (2016). Strategy for the Rights of the Child (2016–2021), Sofia. URL: https://rm.coe.int/CoERMPublicCommonSearchServices/DisplayDCTMContent?documentId=090000168066cff8. Zuletzt abgerufen am 02.07.2018.

Europarat & Council of Europe (2018). Recommendation of the Committee of Ministers to member States on Guidelines to respect, protect and fulfil the rights of the child in the digital environment. URL: https://search.coe.int/cm/Pages/result_details.aspx?ObjectId=09000016808b79f7. Zuletzt abgerufen am 28.07.2018.

Chaudron, S. (2015). Young Children (0-8) and Digital Technology. A qualitative exploratory Study in seven countries. European Commission (Hrsg.), Report EUR 27052 EN. URL: http://publications.jrc.ec.europa.eu/repository/handle/JRC93239. Zuletzt abgerufen am 02.07.2018.

Fachhochschule Nordschweiz Pädagogische Hochschule (2015). MyPad im Kanton Solothurn. Kurzfassung des Schlussberichts des Projekts MyPad. URL: https://www.so.ch/verwaltung/departement-fuer-bildung-und-kultur/volksschulamt/schulbetrieb-und-unterricht/informatische-bildung/projekt-mypad/. Zuletzt abgerufen am 02.07.2018.

Fachstelle für öffentliches Bibliothekswesen Baden-Württemberg (2017). Bilderbuch-Apps. Leseförderung mit digitalen Medien. URL: https://www.oebib.de/fileadmin/redaktion/lesefoerderung/bibl_aktuell_bilderbuchapp.pdf. Zuletzt abgerufen am 02.07.2018.

Forsa (2014). Im Auftrag des Wissenschaftsjahres 2014 Die digitale Gesellschaft durchgeführte Umfrage unter den Rednern der Konferenz re:publica im Mai 2014. URL: http://docplayer.org/5015544-Einschaetzungen-zu-trends-in-der-digitalen-gesellschaft-ergebnisse-einer-befragung-unter-rednerinnen-und-rednern-der-konferenz-re-publica-2014.html. Zuletzt abgerufen am 02.07.2018.

Freie Hansestadt Bremen (2017/2018). Medien-Kids. Wischen, tippen, scrollen – Kinder in der digitalisierten Lebenswelt. Ein von der Kooperationsgruppe „Medienbildung in der Kita" entwickeltes und durchgeführtes Programm. URL: http://www.mekocloud.de/thema/fruehkindliche-bildung/. Zuletzt abgerufen am 02.07.2018.

Friedrichs, H. & Meister, M. D. (2015). Medienerziehung in Kindertagesstätten. Nachhaltigkeitsüberlegungen im Anschluss an eine Fortbildungsinitiative. MedienPädagogik Themenheft Nr. 22: Frühe Medienerziehung, S. 1–23. URL: http://www.medienpaed.com/globalassets/medienpaed/22/friedrichs_meister1505.pdf. Zuletzt abgerufen am 02.07.2018.

Friedrichs-Liesenkötter, H. & Meister, M. D. (2016). Qualifizierung von Erzieherinnen und Erziehern zur frühkindlichen Medienbildung in Kindertagesstätten. In: J. Lauffer/R. Röllecke, (Hrsg.), Krippe, Kita, Kinderzimmer. Medienpädagogik von Anfang an (S. 54–60). München: kopaed.

Fthenakis, W.E., Schmitt, A., Eitel, A., Gerlach, F., Wendell, A.& Daut, M. (2009). Natur-Wissen schaffen. Band 5: Frühe Medienbildung. Troisdorf: Bildungsverlag EINS.

GMK-Gesellschaft für Medienpädagogik und Kommunikationskultur (2017). Kinder im Mittelpunkt: Frühe Bildung und Medien gehören zusammen. Positionspapier GMK-Fachgruppe Kita. URL: http://www.gmk-net.de/fileadmin/pdf/gmk_medienbildung_kita_positionspapier.pdf. Zuletzt abgerufen am 02.07.2018.

Grobbin, A. & Feil, C. (2014). Digitale Medien: Beratungs-, Handlungs- und Regulierungsbedarf aus Elternperspektive. Kurzbericht zur DJI-Teilstudie: Eltern mit 1- bis 8-jährigen Kindern. URL: http://www.i-kiz.de/wp-content/uploads/2015/01/Kurzbericht_Internet-Elternperspektive-06-07-2014.pdf . Zuletzt abgerufen am 02.07.2018.

Gross von, F. & Röllecke, R. (Hrsg.) (2017). Medienpädagogik der Vielfalt: Integration und Inklusion. Dieter Baacke Preis Handbuch Nr. 12. München: KoPäd.

Haus der kleinen Forscher (Hrsg.) (2017). Informatik entdecken – mit und ohne Computer. Berlin: HdkF. URL: https://www.haus-der-kleinen-forscher.de/de/praxisanregungen/experimente-themen/informatik/. Zuletzt abgerufen am 02.07.2018.

Hessische Landesanstalt für privaten Rundfunk und neue Medien (LPR Hessen) & Blickwechsel e.V. (seit 2017). Ran an Maus & Tablet. Online-Portal. URL: http://www.rananmausundtablet.de. Zuletzt abgerufen am 02.07.2018.

Hessische Landesanstalt für privaten Rundfunk und neue Medien & Blickwechsel e.V. (2018). App-Empfehlungen für Kitas & Grundschule. URL: http://www.rananmausundtablet.de/files/ramut_grundausstattungapps_fuer_kitas_gs_03.2018.pdf. Zuletzt abgerufen am 02.07.2018.

Hielscher, A. (2018). Frühförderung von sehbeeinträchtigten Kindern mit digitalen Medien. merz 2/2018, S. 54–59.

I-Kiz Zentrum für Kinderschutz im Internet (2015). Jahresbericht 2015 (darin: Modell des intelligenten Risikomanagements). Berlin. URL: https://kinderrechte.digital/hintergrund/index.cfm/aus.11/key.1496. Zuletzt abgerufen am 02.07.2018.

IFP-Staatsinstitut für Frühpädagogik (Hrsg.). Online-Familien-Handbuch, Rubrik Medien. URL: https://www.familienhandbuch.de/. Zuletzt abgerufen am 02.07.2018.

IFP-Staatsinstitut für Frühpädagogik (Hrsg.), Reichert-Garschhammer, E./Lehmann, J./Stegmann, G./Ko-Kita-Netzwerk Bayern (2018). Erfolgreiche Konzeptionsentwicklung leicht gemacht. Orientierungsrahmen für das Praxisfeld Kita in Bayern. Modul B: Inhaltliche Empfehlungen entlang der Mustergliederung. URL: https://www.ifp.bayern.de/projekte/qualitaet/konzeption.php. Zuletzt abgerufen am 02.07.2018.

Jugend- und Familienministerkonferenz (2004). Gemeinsamer Rahmen der Länder für frühe Bildung in Kindertageseinrichtungen. URL: http://www.kmk.org/fileadmin/Dateien/veroeffentlichungen_beschluesse/2004/2004_06_03-Fruehe-Bildung-Kindertageseinrichtungen.pdf. Zuletzt abgerufen am 02.07.2018.

Jugendministerkonferenz (1996). Medienpädagogik als Aufgabe der Kinder- und Jugendhilfe. Beschluss und Konzeptionsbericht vom Juni 1996. URL: http://docplayer.org/40728922-Texte-zur-medienpaedagogik.html. Zuletzt abgerufen am 02.07.2018.

KMK-Kultusministerkonferenz (2016). Bildung in der digitalen Welt. URL: https://www.kmk.org/fileadmin/Dateien/pdf/PresseUndAktuelles/2016/Bildung_digitale_Welt_Webversion.pdf. Zuletzt abgerufen am 02.07.2018.

Knauf, H. (2017). Digitale Medien in der Kita. Sinnvoller Umgang mit hilfreichen Werkzeugen. TPS 10, 2017, S. 5–9.

Knauf, H. (2014). iKita. Webbasierte Dokumentations- und Informationssysteme für Kitas. URL: https://www2005.hs-fulda.de/index.php?id=12600. Zuletzt abgerufen am 02.07.2018.

Krebs, M. & Godau M. (2016). App-Kids: Musikmachen mit Tablets im Kindergarten. Berlin. URL: https://itunes.apple.com/us/book/app-kids-musikmachen-mit-tablets-im-kindergarten/id1108171268?mt=11# und http://forschungsstelle.appmusik.de/app-kids-musikmachen-mit-tablets-im-kindergarten/. Zuletzt abgerufen am 02.07.2018.

SIN Studio im Netz (2014). Tablets im Einsatz. Medienpädagogische Praxisinspirationen aus dem Projekt Multimedia-Landschaften für Kinder. Landeshauptstadt München (Hrsg.). URL: https://www.studioimnetz.de/materialien/neuerscheinung-broschuere-tablets-im-einsatz/. Zuletzt abgerufen am 02.07.2018.

Eder, S., Lehmann, A., Lenich, A., Roboom, S., Seiler, G. & Wentzel, J. (2014). Medienkompetenz-Kitas NRW. Ein Modellprojekt der LfM (2010/2011). Landesanstalt für Medien Nordrhein-Westfalen LfM (Hrsg.). URL: https://www.meko-kitas-nrw.de/fileadmin/kita-nrw/user_upload/download/L155_Medienkompetenz-Kitas-NRW3124844174.pdf. Zuletzt abgerufen am 02.07.2018.

Landesregierung Nordrhein-Westfalen (2016). NRW 4.0 Lernen im digitalen Wandel. Unser Leitbild 2020 für Bildung in Zeiten der Digitalisierung. URL: https://www.blickwechsel.org/images/angebote/Fortbildungen/NRW/L155_Medienkompetenz-Kitas-NRW3124844174.pdf. Zuletzt abgerufen am 10.12.2018.

Lepold, M. & Lill, T. (2017). Dialogisches Portfolio – alltagsintegrierte Entwicklungsdokumentation. Freiburg: Herder.

Lepold, M. & Ullmann, M. (2018). Digitale Medien in der Kita. Alltagsintegrierte Medienbildung in der pädagogischen Praxis. Freiburg: Herder.

Niedersächsische Staatskanzlei (2016). Medienkompetenz in Niedersachsen. Ziellinie 2020. URL: https://www.medienkompetenz-niedersachsen.de/landeskonzept/. Zuletzt abgerufen am 02.07.2018.

Marci-Boehncke, G. & Rath, M. (2013). Kinder-Medien-Bildung. Eine Studie zu Medienkompetenz und vernetzter Educational Governance in der Frühen Bildung. München: kopaed.

medien+bildung.com/REDNET/Universität Mainz/Ministerium für Bildung Rheinland-Pfalz (seit 2015). KiTab Rheinland-Pfalz. Medienbildung mit Tablets in der Kita. Bildungsblog: http://bildungsblogs.net/wp/kitab-rlp/. Zuletzt abgerufen am 02.07.2018.

Meister, D.M., Friedrichs, H., Keller, K., Pielsticker, A. & Temps T. (2012). Chancen und Potenziale digitaler Medien zur Umsetzung des Bildungsauftrags in Kindertageseinrichtungen in NRW. Forschungsbericht der GMK und Universität Paderborn. URL:.http://kw1.uni-paderborn.de/fileadmin/mw/Meister/Projeke/Kitas_NRW_bericht_2012.pdf. Zuletzt abgerufen am 02.07.2018.

Mpfs-Medienpädagogischer Forschungsverbund Südwest (2014). miniKim 2014: Kleinkinder und Medien. Basisuntersuchung zum Medienumgang 2- bis 5-Jähriger. URL: http://www.mpfs.de/fileadmin/miniKIM/2014/miniKIM_2014.pdf. Zuletzt abgerufen am 02.07.2018.

Palme, H.-J. (2016). Tabletkarawane. Zeitgemäße Medienbildung in Kindertageseinrichtungen. In: J. Lauffer/R. Röllecke, (Hrsg.), Krippe, Kita, Kinderzimmer. Medienpädagogik von Anfang an (S. 85–89). München: kopaed.

Reichert-Garschhammer, E., Becker-Stoll, F. & Kita-digital-Team am IFP (2018). Start des Modellversuchs "Medienkompetenz in der Frühpädagogik stärken". IFP-Infodienst, S. 24–29. URL: https://www.ifp.bayern.de/imperia/md/content/stmas/ifp/infodienst_2018_web.pdf. Zuletzt zugegriffen am 10.12.2018.

Reichert-Garschhammer, E. (2018). Kita digital. Chancen und Grenzen der Digitalisierung im frühen Bildungssystem. Unsere Jugend, Heft 6, S. 251–259.

Reichert-Garschhammer, E. (2018). Chancen der Digitalisierung im Bildungssystem Kita. Interview für das Themenheft „Kita digital". merz. Heft 2, S. 28–33.

Reichert-Garschhammer, E. (2017). Kita digital. Chancen der Digitalisierung im Bildungssystem Kita. Hauptvortrag auf dem Aktionstag Digitale Medien in der Kita von BETA, KTK u.a auf der auf der Didacta 2017 in Stuttgart. URL: https://www.ifp.bayern.de/imperia/md/content/stmas/ifp/kita_digital_chancen_handout_vortrag_stand_02-2018.pdf). Zuletzt abgerufen am 02.07.2018.

Reichert-Garschhammer, E. (2017). Digitale Medien in der frühen Bildung: „Ein Werkzeug im Bildungsprozess". Interview für bildungsklick, didacta Themendienst. URL: https://bildungsklick.de/fruehe-bildung/detail/digitale-medien-in-der-fruehen-bildung-ein-werkzeug-im-bildungsprozess/. Zuletzt abgerufen am 02.07.2018.

Reichert-Garschhammer, E. (2017). Medienbildung ist Kitaaufgabe. Chancen der Digitalisierung für das Bildungssystem Kita. TPS Nr. 10, S. 10–14.

Reichert-Garschhammer, E. (2017). Aktuelles Stichwort: Medienkompetenz in der Frühpädagogik stärken (Strategie der Bayerischen Familienministeriums). IFP-Infodienst, S. 5–11. URL: http://www.ifp.bayern.de/imperia/md/content/stmas/ifp/infodienst_2017_web.pdf. Zuletzt abgerufen am 02.07.2018.

Reichert-Garschhammer, E. (2016). Aktuelles Stichwort: Kita 4.0 – Digitalisierung als Chance und Herausforderung. IFP-Infodienst, S. 5–14. URL: http://www.ifp.bayern.de/imperia/md/content/stmas/ifp/infodienst_2016_web.pdf. Zuletzt abgerufen am 02.07.2018.

Reichert-Garschhammer, E. (2015). Kompetenzorientierte, inklusive Bildung von Anfang an – (Medien-) Kompetenzstärkung im Bildungsverlauf. In: G. Anfang/K. Demmler/G. Lutz/K. Struckmayer (Hrsg.), Wischen Klicken Knipsen. Medienarbeit mit Kindern (S. 233–249). München: kopaed.

Reichert-Garschhammer, E. (2007). Medienbildung als Aufgabe von Tageseinrichtungen für Kinder bis zur Einschulung: Rückschau – aktueller Stellenwert – Vorschau. In: H. Theunert (Hrsg.), Medienkinder von Geburt an. Interdisziplinäre Diskurse 2 (S. 79–90). München: kopaed.

Roboom, S. (2016). Mit Medien kompetent und kreativ umgehen. Basiswissen & Praxisideen. Kita kompakt. Weinheim: Beltz.

Roboom, S. (2014). Mobile Alleskönner? Tablets & Apps im Kindergarten. KiTa Aktuell spezial 1, S. 23–27. URL: https://www.blickwechsel.org/images/artikel/Artikel_mobile_alleskoenner_pdf.pdf. Zuletzt abgerufen am 02.07.2018.

Saferinternet.at, Österreichisches Institut für angewandte Telekommunikation/bm:uk, Bundesministerium für Unterricht, Kunst und Kultur (2013). Safer internet im Kindergarten. Handbuch für

Schauland, N. (2018). Interaktionsverhalten von frühpädagogischen Fachkräften. Qualitätsentwicklung durch online-basiertes Videofeedback. Dissertation an der LMU München. Manuskript in Vorbereitung.

Smiley e.V., Fachhochschule Hannover & VNB e.V. (2012). Konstruktiver Einsatz digitaler Medien in Kindertagesstätten. Projektreader. Gefördert durch das Niedersächsische Ministerium für Kultus und Kultur. URL: http://www.vnb.de/hannover/menue/service/veroeffentlichungen.php. Zuletzt abgerufen am 02.07.2018.

Stiftung digitale Chancen (seit 2017). Kinderrechte digital. Online-Portal. URL: http://www.kinderrechte.digital/. Zuletzt abgerufen am 02.07.2018.

Stiftung Kinderland Baden-Württemberg & Baden-Württemberg Stiftung (2012). Medienwerkstatt Kindergarten – Vom Konsumieren zum Gestalten. Ein Programm des kreativen Umgangs mit Medien. URL: http://www.stiftung-kinderland.de/uploads/tx_news/Medienwerkstatt_Kindergarten.pdf. Zuletzt abgerufen am 02.07.2018.

Stiftung Lesen. Digitale Lesewelten. URL: https://www.stiftunglesen.de/initiativen-und-aktionen/digitales/. Zuletzt abgerufen am 02.07.2018.

Stiftung Lesen (2017). Ideen für Vorlesestunden mit interaktiven Geschichten-Apps. URL: https://www.stiftunglesen.de/download.php?type=documentpdf&id=1853. Zuletzt abgerufen am 02.07.2018.

Stiftung Lesen (2016). Vorlesen mit Apps. URL: https://www.stiftunglesen.de/download.php?type=documentpdf&id=1854. Zuletzt abgerufen am 02.07.2018.

Stiftung Medienpädagogik Bayern (Hrsg.) (2018). Apps sicher nutzen. Tipps für Eltern. URL: https://www.blm.de/files/pdf1/apps-20180126_web.pdf. Zuletzt abgerufen am 02.07.2018.

Theunert, H. & Demmler, K. (2007). Frühkindliche Medienaneignung. (Interaktive) Medien im Leben Null- bis Sechsjähriger. In: B. Herzig & S. Grafe (Hrsg.), Digitale Medien in der Schule. Standortbestimmung und Handlungsempfehlungen für die Zukunft. Studie im Auftrag der Deutschen Telekom AG. Bonn. URL: http://www.jff.de/dateien/Medien_im_Leben_Null-_bis_Sechsjaehriger.pdf. Zuletzt abgerufen am 02.07.2018.

Wagner, U., Eggert, S. & Schubert, G. (2016). MoFam – Mobile Medien in der Familie. Kurzfassung der Studie. München: JFF. URL: www.jff.de/studie_mofam. Zuletzt abgerufen am 02.07.2018.

Henrike Friedrichs-Liesenkötter

Medienerziehung und Medienbildung als Aufgaben der frühkindlichen Bildung: Aktuelle Situation und Implikationen für eine stärkere Verankerung

1. Medien-Kindheit und damit verbundene Chancen und Risiken für das kindliche Aufwachsen

Geburtstags-Partys unter dem Motto der Lieblingsserie und Videos mit Inhalten für die ganz Kleinen streamen (vgl. mpfs, 2017, S. 56), dies ist keine Seltenheit in Familien mit Kindern im Vorschulalter. Die heutige Kindheit ist hochgradig mediatisiert und von einer hohen Präsenz digitaler Medien geprägt (Aufenanger, 2015; Marci-Boehncke & Weise, 2015, S. 39 f.; Fleischer, Kroker & Schneider 2018, S. 39 f.), sodass etwa Lutz (2018) von einer „digitalen Kindheit" spricht. Mit Blick auf empirische Ergebnisse zeigt die miniKIM 2014, eine repräsentative Studie zur Mediennutzung der Zwei- bis Fünfjährigen, auf, dass Fernseher, Computer/Laptop und Handy/Smartphone zum Standard im familiären Haushalt zählen, nur fünf Prozent der Haushalte haben keinen Internetzugang. Etwas seltener, aber immer noch recht weit verbreitet, sind Spielekonsolen in 40 Prozent der familiären Haushalte und Tablets bzw. Kindercomputer in knapp einem Viertel der Familien (mpfs, 2015, S. 5). Während (Bilder-)Bücher für Kinder im Alter von zwei bis drei Jahren noch das wichtigste Medium darstellen, ist für die Vier- bis Fünfjährigen der Fernseher bereits das präferierte Medium (vgl. mpfs, 2015, S. 9, S. 12). So schauen – hier die Ergebnisse der repräsentativen Kinder-Medien-Studie 2018 – 89 Prozent der Vier- bis Fünfjährigen mehrmals pro Woche Filme, Serien oder Fernsehsendungen (hierbei ist nicht erhoben worden, mit welchem Gerät) (ebd., S. 12). Über das Smartphone werden laut der FIM-Studie 2016 Fotos oder Videos von 24 Prozent der Drei- bis Fünfjährigen täglich bis mehrmals pro Woche angesehen (vgl. mpfs, 2016)[11].

Inwiefern die Nutzung digitaler Medien Chancen und Risiken für die Entwicklung junger Kinder birgt, ist ein emotional hoch aufgeladenes Thema. Die Medienpädagogik macht es sich zur Aufgabe, beide Seiten der Medaille zu betrachten: Aspekte, die es hierbei in den Blick zu nehmen gilt, sind Werbung (Dreyer et al., 2014) und aufkommende Konsumwünsche von Kindern. Dass Konsumwünsche wohl keine unbegründete Sorge sind,

---

[11] Ergebnisse nicht repräsentativ im Hinblick auf die Altersgruppen der Kinder

zeigen die Ergebnisse der Kinder-Medien-Studie 2018 auf. Ein eigenes Smartphone steht hoch im Kurs, 34 Prozent der fünfjährigen Mädchen und sogar 40 Prozent der Jungen wünschen sich dieses (vgl. ebd., S. 76). Anzunehmen ist hierbei jedoch, dass die Werbung dafür weniger ausschlaggebend ist als die Präsenz digitaler Medien in der kindlichen Lebenswelt, deren Eltern oftmals selbst häufig mit dem Smartphone hantieren. Weitere Risiken sind beispielsweise das über Spielzeuge „vernetzte" Kinderzimmer (Internet of Toys), das mit dem Risiko verbunden ist, Daten der Kundengruppe Kind zu generieren (vgl. Siller, 2018; Eder & Roboom, 2016a, S. 126 ff.) sowie die Vermittlung geschlechtsstereotyper Rollenbilder über mediale Darstellungen (u.a. Becker, 2015; Götz, 2014). Auf der Chancen-Seite hingegen werden von medienpädagogischen Vertreter*innen Möglichkeiten gesehen, die digitale Medien (wozu auch bspw. Kinderserien zu zählen sind) zur Bearbeitung von kindlichen Entwicklungsthemen bieten (vgl. Marci-Böhncke & Weise, 2015, S. 102 ff.; Götz, 2010; Charlton, 2007).

Des Weiteren eignen sich digitale Medien für Lernzwecke und die Auseinandersetzung mit neuen Themenbereichen, etwa in Form von Bildungsapps oder der Verknüpfung von Medienerziehung/-bildung mit weiteren Bildungsbereichen wie etwa Sprache (vgl. Goetz, 2016), musisch-ästhetische Bildung oder MINT (vgl. GMK, 2017).

Im Gegensatz zur Wahrnehmung von Chancen als auch Risiken treffen explizite Medienkritiker*innen oft Pauschalurteile gegenüber der Nutzung digitaler Medien durch Kinder, die oftmals durch empirische Studien nicht ausreichend validiert sind (Aufenanger 2015, S. 16). Ein Beispiel für eine solche Studie ist die BLIKK-Studie, durchgeführt unter der Schirmherrschaft der Drogenbeauftragten und mit Förderung des Bundesministeriums für Gesundheit, die 2017 ins Blickfeld der medialen Aufmerksamkeit geriet. Im Rahmen der Studie wurden 5573 Eltern sowie deren Kinder im Alter von unter einem Jahr bis fünf und von acht bis 13 Jahren zur Nutzung digitaler Medien befragt. Fragestellung hierbei war, inwiefern durch Fernseh- und Smartphone-Nutzung körperliche, entwicklungsneurologische und psychosoziale Auffälligkeiten entstehen, hierzu wurden die Ergebnisse zur Mediennutzung mit denen gängiger Früherkennungsuntersuchungen verschaltet. Die Studie zeigt ein negatives Bild der Folgen einer Nutzung digitaler Medien durch Kinder, u. a. im Hinblick auf Sprachentwicklungsstörungen und Hyperaktivität sowie Konzentrationsstörungen (vgl. BLIKK, 2018). Ob die zusätzlichen vier Prozent nun über die Mediennutzung begründet werden können, lässt sich nicht sagen. Die Ergebnisse müssen vor allem dahingehend kritisch betrachtet werden, dass die Autor*innen nicht berücksichtigen, dass eine übermäßige Mediennutzung von Kindern durchaus ein Symptom einer allgemein inadäquaten Erziehung durch Eltern sein kann (vgl. auch Zeit online, 2017), welche die Entstehung solcher Auffälligkeiten begünstigt. So zeigen auch andere empirische Studien wie etwa von Paus-Hasebrink (2015) auf, dass Eltern, die mit der Erziehung ihres Kindes überfordert sind, Medien häufig als Beschäftigung für ihr Kind nutzen. Hiermit soll keinesfalls in Abrede gestellt werden, dass ein Übermaß an Mediennutzung für Kinder ungeeignet ist, es soll jedoch davor gewarnt werden, einfachen Ursachenzuschreibungen zu folgen.

2. Frühe Medienerziehung und Medienbildung

Ausgehend von den beschriebenen Chancen und Risiken wird deutlich, dass digitale Medien die kindliche „Entwicklung unterstützen, verlangsamen, anregen" (GMK, 2017) können. Entsprechend ist es neben dem Elternhaus eine Aufgabe von frühkindlicher Bildung in Kindertagesstätten und weiteren Einrichtungen, Kinder zu einer reflektierten altersgemäßen Mediennutzung und einer produktiven und gestalterischen Auseinandersetzung mit digitalen Medien im Kontext der eigenen Lebenswelt anzuregen (vgl. GMK, 2017; Büsch & Demmler, 2017; Eder & Roboom, 2016b): Kinder sollen hierbei in ihrer Mediennutzung pädagogisch begleitet werden, sodass diese einerseits lernen, Potenziale, die Medien bieten, für sich zu nutzen und andererseits die Fähigkeit erwerben, auch mit negativen medialen Erlebnissen umzugehen.

In der Fachliteratur und in bildungspolitischen Papieren werden beide Begrifflichkeiten verwendet, mittlerweile häufiger der Begriff der Medienbildung. Auf der theoretischen Ebene lassen sich die Begriffe insofern differenzieren, dass der Begriff der Medienerziehung ein deutliches normatives Element enthält, indem er auf die Anleitung und Unterstützung eines förderlichen, sozial-kommunikativen Medienverhaltens abzielt" (DGfE, 2017) und solche „Aktivitäten und Überlegungen" von Pädagog*innen umfasst, „die das Ziel haben, ein humanes bzw. verantwortliches Handeln im Zusammenhang mit der Mediennutzung und Mediengestaltung zu entwickeln" (Tulodziecki, 2008, S. 110). Medienbildung wird in mehrfacher Weise verwendet, einerseits synonym zu Medienerziehung
oder auch jeglichen medienpädagogischen Aktivitäten, andererseits als Persönlichkeitsentwicklung in einer mediatisierten Welt, indem durch eine Auseinandersetzung mit Medien Reflexionsprozesse in Gang gesetzt werden und eine Transformation von Welt- und Selbstverhältnissen stattfindet (vgl. Fromme & Jörissen, 2010; Jörissen & Marotzki, 2009). Entsprechend kommt Pädagog*innen mit Blick auf den Begriff der Medienbildung im Vergleich zum Medienerziehungs-Terminus stärker die Funktion zu, Bildungsprozesse zu initiieren, anstatt konkrete Erziehungsziele zu verfolgen.

Mit Blick auf die frühkindliche Bildung lässt sich als zentrales Ziel der Medienerziehung/ -bildung der Erwerb von Medienkompetenz ausmachen. Baacke (1996, S. 119) versteht unter Medienkompetenz „die Fähigkeit, in die Welt in aktiv aneignender Weise auch alle Arten von Medien für das Kommunikations- und Handlungsrepertoire von Menschen einzusetzen". Seinem Modell folgend, setzt sich Medienkompetenz aus vier Dimensionen zusammen: Unter Medienkritik ist ein reflexiv-kritischer Umgang mit Medien(-inhalten) zu verstehen, Medienkunde meint das Wissen über Medien und das Verstehen von Hintergründen, Mediennutzung erfolgt sowohl rezeptiv (bspw. beim Anschauen eines Videos) als auch interaktiv-anbietend (z. B. beim Hochladen eigener Inhalte) und Mediengestaltung umfasst die eigene kreative Produktion von Medieninhalten. Mit Blick auf die frühkindliche Bildung können die Dimensionen von Medienkompetenz beispielsweise anhand folgender Projektideen aufgegriffen werden (siehe für weitere Projektideen Eder & Roboom, 2016a):

Medienkritik: Kinder lernen, dass Medieninhalte von Personen mit bestimmten Interessen gemacht werden (bspw. hinsichtlich der Hintergründe von Werbung) und Medieninhalte auch durch (Film-)Tricks und Spezialeffekte manipuliert sein können. Beispielsweise können die Kinder selbst wie Spiderman „an einer Wand" entlangkrabbeln, indem die Videokamera gedreht wird. Daran schließen sich Gespräche mit Kindern über die „Tricks" an, aus denen erste Erkenntnisse hinsichtlich der Konstruktion medialer Wirklichkeiten entstehen können.

Medienkunde: Kinder lernen beispielsweise, wie man mit einer Digitalkamera fotografiert und wie sich durch verschiedene Perspektiven die Wahrnehmung beim*bei der Betrachter*in unterscheidet (z. B. Nahaufnahme vs. Totale; Vogel-/ Froschperspektive).

Mediennutzung: Kinder nutzen die in der Einrichtung zur Verfügung stehenden Medien wie einen CD-Player, eine Digitalkamera oder ein Tablet. Die kindlichen Medienerfahrungen, die sich im Rollenspiel oder in Zeichnungen ausdrücken, werden mit den Kindern thematisiert, sodass Erzieher*innen Rückschlüsse auf die aktuellen Entwicklungsthemen der Kinder ziehen (Eder & Roboom, 2016b, S. 26) und entsprechend pädagogisch darauf eingehen können.

Mediengestaltung: Die Kinder nehmen mit dem Tablet Geräusche auf, die von anderen Kindern zugeordnet werden (Geräusche-Rätsel), fotografieren mit dem Tablet und bearbeiten die Fotos unter Anleitung der Erzieher*innen oder die Kinder zaubern mittels Stopptrick, indem sich beispielsweise ein Kind, das sich verkleidet, in ein Monster, eine Hexe etc. verwandelt, indem kurz die Pause-Taste beim Videodreh gedrückt wird.

Als elementare Zielstellung von Medienerziehung/-bildung in der frühkindlichen Bildung lässt sich eine erste Heranführung an eine reflexive Auseinandersetzung mit Medien ausmachen, welche nicht bei einer rezeptiven und passiven Mediennutzung stehenbleibt. Medienpädagogische Projekte können recht einfach umgesetzt werden und sind bei entsprechender Gestaltung schon in der frühen Kindheit intuitiv erfassbar. Zentral ist, dass nicht einzelne Medien oder Techniken im Fokus stehen, sondern stets das Kind und seine Medienerfahrungen, an die wiederum pädagogisch angeknüpft wird (vgl. Theunert, 2015). Als geeignetes Medium für die kreative Medienarbeit mit Kindern bietet sich ein Tablet an, da hiermit mit nur einem Gerät verschiedene Funktionen wie Film-, Foto- und Audioaufnahmen erstellt und zudem Apps gezielt mediendidaktisch eingesetzt werden können (vgl. Eder & Roboom, 2016b). Mittlerweile existiert eine Vielzahl an Apps für junge Kinder. Erzieher*innen stehen diesbezüglich vor der Aufgabe, diese hinsichtlich ihrer pädagogischen Qualität einzuschätzen[12] und in ihre Bildungsarbeit zu integrieren. Hierbei sollten sie entsprechend berücksichtigen, dass Problematiken wie In-App-Advertising und unzureichender Datenschutz (bspw. hinsichtlich aufgenommener Foto-/Videoinhalte) ausgeschlossen werden können.

Eine weitere Aufgabe von früher Medienerziehung/-bildung in Kindertagesstätten ist die medienpädagogische Elternarbeit, bei der Eltern beispielsweise über altersadäquate Medieninhalte informiert und im Hinblick auf die familiäre Medienerziehung beraten werden (vgl. GMK, 2017; Aufenanger, 2011; Kheir El Din, 2016).

3. Forschungsstand: Medienerziehung und -bildung als Bestandteile der frühkindlichen Bildung

Mit Blick auf die mediale Ausstattung und deren Verfügbarkeit für Kinder in Einrichtungen der frühkindlichen Bildung dominieren nach wie vor eher klassische Medien: So stehen laut der miniKIM-Studie 2014 (N=476 Elternteile) den Kindern im Kindergarten bzw. der Krippe vor allem Audiogeräte zur Verfügung, d.h. in 75 Prozent der Einrichtungen ein CD- und Kassettenplayer. Ein Fernseher und eine Digitalkamera können in (etwa) einem Viertel der Einrichtungen durch die Kinder genutzt werden (vgl. mpfs, 2015, S. 29). Mit Blick auf die Digitalkamera ist zwar davon auszugehen, dass diese zu Zwecken der Bildungsdokumentation bzw. des Portfolios häufiger in den Einrichtungen vorhanden ist (vgl. Meister et al., 2012, S. 42), eine Nutzung durch die Kinder ist jedoch offensichtlich oftmals nicht vorgesehen. Auch die Möglichkeiten des Tablets für die Bildungsarbeit werden nur in wenigen Einrichtungen ausgeschöpft, so wird ein solches

---

[12] Hilfestellung für die pädagogische Einschätzung bietet das DJI (o. J.) mit der Datenbank „Apps für Kinder".

bisher nur in vier Prozent der Einrichtungen mit den Kindern genutzt (vgl. mpfs, 2015, S. 29). Es können anhand der Ergebnisse der miniKIM 2014 jedoch weder Aussagen darüber getroffen werden, wie oft die Medien, noch zu welchen Zwecken sie genutzt werden und auch nicht darüber, ob diese von den Kindern selbstständig oder mit Begleitung von Erzieher*innen genutzt werden (dürfen).

Des Weiteren zeigt die miniKIM 2014 auf, dass das Thema „Kinder und Medien" etwas an Relevanz im Einrichtungsalltag gewonnen hat: So berichten nun, mit einem Anstieg von sechs Prozentpunkten im Vergleich zur Vorerhebung, 66 Prozent der Eltern, dass dieses auf Elternabenden oder in Elterngesprächen besprochen wurde (vgl. mpfs, 2015, S. 29).

Explizitere Daten zur Medienerziehung/-bildung im Kindergarten liefert die quantitative Studie „Digitale Medienbildung in Grundschule und Kindergarten" des Instituts für Demoskopie Allensbach (2014).[13] Die Ergebnisse der Studie verdeutlichen, dass mit 13 Prozent nur eine Minderheit der Erzieher*innen Medienerziehung als Aufgabenbereich des Kindergartens versteht, stattdessen werden die Eltern in der Verantwortung gesehen (vgl. ebd., S. 15 ff.; vgl. auch die Ergebnisse von Meister et al., 2012, S. 21 f.). Diese Zurückweisung einer Verantwortung für Medienerziehung geht mit einer kritischen Haltung einher: So sind 75 Prozent der Erzieher*innen und auch 59 Prozent der Eltern der Ansicht, dass Kinder sich nicht auch noch im Kindergarten mit digitalen Medien beschäftigen müssten, da viele Kinder sowieso viel Zeit mit digitalen Medien in ihrer Freizeit verbrächten (vgl. ebd., S. 58; vgl. auch die Ergebnisse von Marci-Boehncke, 2008, S. 2; Brüggemann et al., 2013, S. 24). Bei einer Abwägung von Vor- und Nachteilen des Einsatzes digitaler Medien im Kindergarten sind 47 Prozent der befragten Erzieher*innen der Ansicht, dass die Nachteile überwiegen, nur 21 Prozent sehen pauschal eher Vorteile. Als Nachteile des Einsatzes digitaler Medien sehen sie vor allem eine Überforderung der Kinder durch eine Informationsflut (83 Prozent) sowie eine Ablenkung von anderen pädagogischen Inhalten (65 Prozent). Andere Bildungsbereiche wie die Förderung von Naturkenntnissen, die Vermittlung musikalischer Grundlagen, Sprachförderung bzw. die Vermittlung guter Deutschkenntnisse sowie eine Vorbereitung auf schulische Anforderungen werden zudem von Erzieher*innen und Eltern als relevanter

---

[13] Die Studie setzt sich aus einer repräsentativen Befragung von Erzieher*innen an Kindergärten (N=258), Eltern von Kindergarten- und Grundschulkindern (N=808) sowie Lehrkräften an Grundschulen (N=266) zusammen. Erhebung mittels Face-to-Face-Interviews: Oktober 2014.

wahrgenommen (vgl. Institut für Demoskopie Allensbach, 2014, S. 19). Die kritische Haltung der Erzieher*innen gegenüber einer pädagogisch angeleiteten Mediennutzung sowie die höhere Relevanzwahrnehmung anderer Bildungsbereiche spiegelt sich auch in dem Einsatz digitaler Medien in den Einrichtungen wider: Nur 14 Prozent der Erzieher*innen setzen mindestens ab und zu den Computer und andere digitale Medien im Kindergarten ein. Die Nutzung beläuft sich größtenteils darauf, Videos oder Bilder zu zeigen (35 Prozent) oder Lernprogramme einzusetzen (19 Prozent) (vgl. ebd., S. 30 ff.; vgl. hierzu auch Meister et al., 2012).

Obwohl die empirischen Ergebnisse verdeutlichen, dass der Bereich Medienerziehung/ -bildung in vielen Einrichtungen noch nicht etabliert ist, lassen die Ergebnisse von Meister et al. (2012) in Nordrhein-Westfalen hoffen: So wurden von 80 Prozent der befragten Einrichtungen Mediengeräte wie Digitalkameras oder digitale Fotorahmen angeschafft und Kita-Leitungen oder Erzieher*innen aus über der Hälfte der Einrichtungen haben bereits an einer medienpädagogischen Fortbildung teilgenommen (vgl. ebd., S. 42). In knapp einem Viertel der Einrichtungen ist zudem ein*e spezifische*r Erzieher*in für den Medienbereich verantwortlich; dennoch verfügen nur neun Prozent der Einrichtungen über ein schriftlich fixiertes medienpädagogisches Konzept (vgl. ebd., S. 22). Einschränkend muss mit Blick auf die Studie jedoch erwähnt werden, dass die Befragung hauptsächlich Kita-Leitungen interessierte und vermutlich besonders solche Personen den Fragebogen beantwortet haben, die ohnehin an der Thematik interessiert sind.

Betrachtet man die Rahmenbedingungen, die eine Umsetzung von Medienerziehung begünstigen oder erschweren, stellt sich schnell die Frage nach den Fähigkeiten der Erzieher*innen zur Umsetzung. Mit Blick auf die Medienkompetenz und medienpädagogische Kompetenz der Erzieher*innen, d.h. die Fähigkeit zur pädagogischen Begleitung bei der Auseinandersetzung mit Medien, zeigt sich, dass geringe Technikkenntnisse der Erzieher*innen einer Umsetzung medienbezogener Aktivitäten weniger im Wege zu stehen scheinen als mangelnde Kenntnisse über die Möglichkeiten des digitalen Medieneinsatzes in der pädagogischen Arbeit (vgl. Institut für Demoskopie Allensbach, 2014, S. 36 ff.; vgl. auch Meister et al., 2012, S. 22).

Mit Blick auf den Einfluss institutioneller Rahmenbedingungen auf medienerzieherische Aktivitäten ermittelten des Weiteren Six und Gimmler (2007), dass sich Rahmenbedingungen wie ein hoher Anteil von Kindern aus einem sozial benachteiligten Umfeld und begrenzte finanzielle Ressourcen der Einrichtung nicht auf die medienpädagogische Praxis der Erzieher*innen auswirken (vgl. Six & Gimmler, 2007a, S. 264 ff.). Ausschlaggebend hingegen sind eine entsprechende Mediengeräteausstattung und vor allem die Vermittlung eines adäquaten Verständnisses von Medienerziehung und deren Zielen sowie „einer begründeten Einsicht in deren Notwendigkeit und Wichtigkeit" (Six & Gimmler, 2007b, S. 4) bereits im Rahmen der Erzieher*innen-Ausbildung.

Hieran setzt eine Studie von Friedrichs-Liesenkötter (2016) an, in welcher sie den medienerzieherischen Habitus angehender Erzieher*innen, die sich noch in der Ausbildung befinden, rekonstruiert hat. Die Vorannahme der Forscherin, dass diese aufgrund ihres Alters und einer damit verbundenen starken Präsenz digitaler Medien im eigenen Alltag vermehrt offen für den Einsatz digitaler Medien und die Umsetzung von Medienerziehung sein dürften, bestätigte sich nicht. Ein zentrales Ergebnis der Analyse von Gruppendiskussionen mit angehenden Erzieher*innen in der Ausbildung ist, dass alle angehenden Erzieher*innen die heutige Kindheit als ‚Medienkindheit' und teilweise auch als an Primärerfahrungen arme Kindheit wahrnehmen. In Bezug darauf beschreiben die Erzieher*innen eine verschiedenartige Verantwortlichkeit für Medienerziehung und den Einsatz elektronischer Medien wie eines Computers in der Kindertagesstätte, die sich in zwei medienerzieherische Habitustypen unterscheiden lassen: Die Auszubildenden, die dem medienerzieherischen Habitustyp 1 zuzuordnen sind, verstehen die Kindertagesstätte als Schutzraum vor ‚schlechten' elektronischen Medien, worunter sie unter anderem den Computer/ die Spielekonsole und den Fernseher verstehen, welche sie mit negativen Effekten verknüpft sehen. Da Kinder in ihrer Freizeit diesen negativen Effekten (z. B. im Hinblick auf Unruhe/das Montagssyndrom) ausgesetzt seien, lehnen die Auszubildenden dieses Habitustyps den Einsatz eines Computers in der pädagogischen Arbeit mit Kindern ab, um weitere negative Effekte zu verhindern. Zudem sehen sie den Computereinsatz in zeitlicher Konkurrenz zu Primärerfahrungen und dem freien Spielen und betrachten diesen als hinderlich für den sozialen Austausch zwischen den Kindern. Diesem Habitustyp lassen sich die meisten Auszubildenden der qualitativen Studie zuordnen. Konträr dazu sehen die Auszubildenden des medienerzieherischen Habitustyps 2 gerade aufgrund der Wahrnehmung einer hohen Mediennutzung von Kita-Kindern eine pädagogische Auseinandersetzung mit Medien wie einem Computer in der Kita als notwendig an. Doch auch diese Auszubildenden sind bisher kaum medienpädagogisch aktiv geworden, was nicht weiter verwundert, da diese in Übereinstimmung mit den anderen Studienergebnissen berichten, dass Medienpädagogik in den Einrichtungen keine Rolle spielt, medienpädagogische Rollenvorbilder also fehlen (vgl. ebd.; Friedrichs-Liesenkötter, 2018a).

In weiteren Studien wurden medienpädagogische Inhouse-Fortbildungen in Kindertagesstätten evaluiert: Ein Forschungsteam um Meister (Meister et al., 2011; Friedrichs & Meister, 2015) evaluierte das Projekt „Medienkompetenz-Kitas NRW" (vgl. Eder et al., 2014, S. 18), in das die Kita-Leitung und alle Erzieher*innen der Einrichtung involviert wurden, Marci-Boehncke und Weitere (Marci-Boehncke et al., 2013; Müller et al.,

2012) untersuchten Auswirkungen von Erzieher*innen-Fortbildungen im Projekt „KidSmart". Im Rahmen der Projekte konnten Ängste im Umgang mit technischen Geräten (vgl. Meister et al., 2011) sowie bewahrpädagogische Haltungen abgebaut werden (vgl. Marci-Boehncke et al., 2013, S. 19). Dennoch blieben auch nach Projektende teilweise Unsicherheiten im Umgang mit digitalen Medien und der Umsetzung von Medienerziehung/ -bildung bestehen (vgl. Meister et al., 2011; Marci-Boehncke et al., 2013, S. 19).

Mit Blick auf eine Fortführung von Medienerziehung/-bildung in den Einrichtungen ist positiv zu benennen, dass im Rahmen des Medienkompetenz Kita NRW-Projekts alle Kitas digitale Mediengeräte angeschafft haben bzw. dies planen, darunter vor allem Digitalkameras und digitale Bilderrahmen. Doch obwohl alle Einrichtungen nach Projektende prinzipiell weiterhin medienpädagogisch arbeiten möchten, geben sich die Kita-Leitungen dahingehend skeptisch, da sie einen Mangel an geeigneten Geräten und knappe Zeitressourcen als hinderliche Faktoren sehen. Die Studienergebnisse verdeutlichen somit die Sinnhaftigkeit medienpädagogischer Inhouse-Fortbildungen für eine Umsetzung von Medienerziehung/-bildung in der Kindertagesstätte, zeigen aber auch die Grenzen von Fortbildungen und die Konkurrenz der verschiedenen Bildungsbereiche zueinander auf. Hinsichtlich Letzterem wird Medienpädagogik von Erzieher*innen oftmals eine untergeordnete Bedeutung zugeschrieben.

4. Verankerung des Bereichs in den Bildungsplänen sowie in Aus- und Fortbildung und damit einhergehende Implikationen

Wie die empirischen Ergebnisse aufgezeigt haben, nimmt der Bereich der Medienerziehung/-bildung in der frühkindlichen Bildung gegenüber anderen Bildungsthemen nach wie vor einen untergeordneten Stellenwert ein. Längst ist es nicht zum Standard geworden, dass digitale Medien alltäglicher Bestandteil des Kindertagesstätten-Alltags sind, welche als pädagogische Materialien zur produktiven Gestaltung und Reflexion der mediatisierten Lebenswelt dienen. Dennoch muss betont werden, dass bildungspolitisch dem Bereich in den letzten Jahren mit der Aktualisierung der Bildungspläne und der damit verbundenen Verankerung des Bereichs Medien bzw. Medienbildung in der frühkindlichen Bildung (die Begriffsbezeichnungen unterscheiden sich in den Plänen) eine stärkere inhaltliche Bedeutung zugedacht wird, wenngleich es nach wie vor an flächendeckenden finanziellen Zuwendungen für medienpädagogische Fortbildungen und Medienausstattung mangelt. Während im Schulbereich mit der KMK-Strategie „Bildung in der digitalen Welt" (2016) für den Schulbereich nun endlich Bewegung in Sachen Medienbildung kommt, gilt dies für den frühkindlichen Bereich nicht.

Über die Bildungspläne werden die für die Einrichtungen geltenden Bildungs-/ Erziehungsbereiche dargestellt, welche in der pädagogischen Arbeit zu berücksichtigen sind und somit eine Art Richtschnur für die Arbeit der Einrichtungen bilden. Die kindliche Zielgruppe, auf die sich die Bildungspläne beziehen, unterscheidet sich in den Bundesländern und umfasst in den meisten Fällen entweder Kinder, welche Einrichtungen der frühkindlichen Bildung besuchen bzw. eine kindliche Altersspanne von null bis zehn Jahren, sodass neben den Einrichtungen der frühkindlichen Bildung auch pädagogischen Angeboten im Grundschulbereich (z. B. Offener Ganztag) eine Rolle zukommt.[14]

Im Zuge einer Analyse der Bildungspläne um das Team von Friedrichs-Liesenkötter lässt sich festhalten, dass die Bildungspläne sehr divers sind. Diese reichen von einer bewahrpädagogischen Ausrichtung mit einer daraus resultierenden restriktiven Mediennutzung in der pädagogischen Arbeit bis zu einer starken Verankerung von Medienerziehung/-bildung, in dem digitale Medien als Bestandteil der pädagogischen Arbeit verstanden und detaillierte Vorschläge für die medienpädagogische Arbeit gemacht werden.

Explizit als Bildungsbereich benannt wird „Medien" bzw. „Medienbildung" in neun Bundesländern, hierbei viermal als separater Bereich (Hessen: Medien; Nordrhein-Westfalen: Medien; Rheinland-Pfalz: Medien; Thüringen: Medienbildung) und fünfmal in Koppelung mit anderen Bildungsbereichen (Bayern: Informations- und Kommunikationstechnik, Medien; Berlin: Kommunikation: Sprachen, Schriftkultur und Medien; Hamburg: Kommunikation: Sprachen, Schriftkultur und Neue Medien; Sachsen: nonverbale Kommunikation, Sprache, Schriftlichkeit und Medien und Schleswig-Holstein: Musisch-ästhetische Bildung und Medien – oder: sich und die Welt mit allen Sinnen wahrnehmen). In den anderen Bundesländern finden sich medienpädagogische Inhalte entweder unter anderen Bildungsbereichen bzw. Thematiken oder werden lediglich als Querschnittsaufgabe ohne weitere Ausführungen verortet. In den Bildungsplänen, welche diesen Bereichen zuzuordnen sind, werden digitale Medien oftmals gar nicht aufgegriffen. Vielmehr wird der Fokus auf analoge Medien gelegt oder auch vorwiegend Risiken von Medienerfahrungen von Kindern beschrieben, die in der

---

[14] Eine Ausnahme stellt der Thüringer Bildungsplan dar, der sich auf Heranwachsende bis 18 Jahre bezieht.

Einrichtung bearbeitet werden sollten, anstatt auch Chancen für die kindliche Entwicklung und pädagogische Arbeit in den Blick zu nehmen.[15]

Auf welche Weise „Medien" bzw. „Medienbildung" in den Bildungsplänen dargestellt wird – ob es sich etwa um einen separaten Bildungsbereich handelt oder ob vor allem Risiken von Medien thematisiert werden – ist insofern von Relevanz, als dass somit Kita-Leitungen und Erzieher*innen ein jeweils spezifisches Bild von Medien (bspw. im Hinblick auf deren Wirkungen auf die kindliche Entwicklung) und damit einhergehend auch eine Relevanzsetzung von Medienerziehung und -bildung nahegelegt werden. So ist bei einer deutlichen Benennung des Bereichs im Bildungsplan eher davon auszugehen, dass Erzieher*innen diesen Bereich als Aufgabenbereich der frühkindlichen Bildung wahrnehmen und dieser überhaupt in der Einrichtung thematisiert wird – auch wenn dies nicht automatisch dazu führt, dass Medienerziehung/-bildung umgesetzt wird. Neuss (2016) spricht in diesem Zusammenhang von einer Legitimierungsfunktion des Bereichs – wird der Bereich explizit als Bildungsbereich benannt, kann dies etwa von der Kita-Leitung als Argument gegenüber Erzieher*innen mit ablehnenden medienbezogenen Haltungen eingebracht werden. Weiter dürften die Bildungspläne auch Auswirkungen auf die Gestaltung von Curricula der fachschulischen Erzieher*innen-Ausbildung und der nach wie vor recht neuen frühkindlichen Studiengänge haben, die zumeist an Fachhochschulen verankert sind. Die Verankerung medienpädagogischer Inhalte in der fachschulischen Ausbildung hat, wie die empirischen Ergebnisse aufzeigen, deutliche Auswirkungen auf die pädagogische Praxis (Six & Gimmler, 2007; Friedrichs-Liesenkötter, 2016), sodass den entsprechenden Curricula durchaus ein Stellenwert zukommt – auch wenn dies natürlich nicht bedeutet, dass ein Curriculum stets eins zu eins umgesetzt wird. Mit Blick auf die fachschulische Ausbildung ist weiter zu konstatieren, dass medienpädagogische Praxiserfahrungen von hoher Relevanz sind. So sind gerade solche Auszubildende aktiv, die selbst medienpädagogische Praxiserfahrungen bereits gesammelt haben und somit eine Sinnhaftigkeit in der Umsetzung von Medienerziehung/-bildung sehen (vgl. Friedrichs-Liesenkötter 2018a, S. 70 f.).

Doch solche Praxisanteile beschränken sich oftmals auf „Trockenübungen" in der Fachschule und resultieren nicht in Praxisprojekten in der Kindertagesstätte, da die

---

[15] Stand der Dokumentenanalyse: 11/2018; Für Bremen wurde der Bildungsplan aktualisiert (Senatorin für Kinder und Bildung/Freie Hansestadt Bremen). Da dieser noch nicht öffentlich verfügbar ist, wurde die noch bestehende Fassung für die Analyse genutzt.

Umsetzung medienpädagogischer Aktivitäten in den Einrichtungen nicht strukturell in den Richtlinien verankert ist (vgl. ebd., S. 56).

In der vorgenommenen Dokumentenanalyse der Richtlinien zur Ausbildung fällt auf, dass alle Bundesländer den Themenbereich in der fachschulischen Ausbildung aufgreifen, dennoch bestehen in der Ausgestaltung der Curricula deutliche Unterschiede: So sind medienpädagogische Inhalte in sieben Bundesländern verpflichtende Thematik in der Ausbildung, das heißt entweder dargestellt als einzelnes/r Lernfeld/ Bildungsbereich oder als Bildungsbereich mit anderen Bildungsbereichen. Dies gilt für Baden-Württemberg, Bayern, Hessen, Thüringen, Mecklenburg-Vorpommern, Hamburg und Bremen. In den weiteren Bundesländern ist Medienbildung hingegen entweder als Wahlmöglichkeit oder Querschnittsbereich verankert. Nun könnte man einbringen, dass die Verankerung als Querschnitt doch durchaus wünschenswert sei – Medienbildung und damit die Förderung von Medienkompetenz müsste doch über alle Bildungsbereiche verankert sein, da dies eine zentrale Aufgabe über die gesamte Ausbildung sei. Doch diese positiv gemeinte Intention kann sich ins Gegenteil verkehren: So berichtete ein Lehrer für das Fach Sprache(n)/Medien im Interview, dass an seiner Fachschule aufgrund der für NRW modifizierten Richtlinien zur Erzieher*innen-Ausbildung Medienthemen nun in den Lernbereich „Sozialpädagogische Bildungsarbeit in den Bildungsbereichen professionell gestalten" integriert würden, sodass Sprache(n)/Medien zukünftig nicht mehr als separates Fach unterrichtet werde, woraus automatisch zeitliche Restriktionen für die Vermittlung medienpädagogischer Unterrichtsinhalte resultieren dürften (ebd., S. 57). Zudem fiel bei der Analyse der Lehrpläne für die fachschulische Ausbildung auf, dass in einigen Lehrplänen die im „Länderübergreifenden Lehrplan Erzieherin/Erzieher" der KMK (2012) dargestellte Definition von Medienkompetenz und medienpädagogischer Aufgaben der Einrichtung übernommen wurde, weitere Ausführungen für eine mögliche Umsetzung jedoch komplett fehlten.

Weiter unterscheidet sich an den Fachschulen das Unterrichtspensum für medienpädagogische Inhalte: So wird in Nordrhein-Westfalen im zweijährig unterrichteten Fach Sprache(n)/ Medien an manchen Fachschulen im ersten Ausbildungsjahr nur der Bereich Kinderliteratur (z. B. Bilderbuchbetrachtung) behandelt und erst im zweiten Ausbildungsjahr der Fokus auf elektronische Medien gelegt, in anderen Fachschulen wird Medienerziehung im Kontext elektronischer Medien hingegen bereits ab dem ersten Ausbildungsjahr behandelt (vgl. Friedrichs-Liesenkötter, 2018a, S. 56). Entsprechend bestimmt der Besuch der jeweiligen Fachschule darüber, inwiefern den angehenden Erzieher*innen medienpädagogische Inhalte zuteilwerden.

Auch in der Fortbildung mit Erzieher*innen, die sich eventuell gar nicht oder oftmals vor langer Zeit mit dem Bereich Medienerziehung/-bildung auseinandergesetzt haben und die teilweise Ängste und Vorbehalte im Einsatz von Medientechnik haben, erwiesen sich solche Praxisanteile als äußerst sinnvoll (vgl. Meister et al., 2011; Marci-Boehncke et al., 2013). Hierbei bietet sich eine Aufteilung in Fortbildungstage an, an welchen die Erzieher*innen angeleitet von einem*r Medienpädagog*in Praxismethoden ausprobieren können und solchen, an denen sie die gelernten Methoden in der Einrichtung mit den Kindern umsetzen, wiederum in Anwesenheit des*r Medienpädagog*in (vgl. Friedrichs & Meister, 2015; Eder et al., 2014).

Mit Blick auf Implikationen für eine nachhaltige Verankerung von Medienbildung in den Einrichtungen ist erforderlich, entsprechend in die Aus- und Fortbildung von Erzieher*innen zu investieren, um medienpädagogische Praxismethoden zu vermitteln und bestehende Vorbehalte gegenüber dem Einsatz digitaler Medien in der frühkindlichen Bildung abzubauen. Um eine solche medienpädagogische Grundbildung aller Erzieher*innen zu erzielen, muss auch das pädagogische Lehrpersonal entsprechend geschult werden, sodass dieses in der Lage ist, die medienpädagogischen Inhalte angemessen zu unterrichten. Um dieses Ziel zu erreichen, sollten in alle pädagogischen Studiengänge medienpädagogische Inhalte integriert werden, wie es der Orientierungsrahmen fordert.

Nicht zuletzt macht es Sinn, im Rahmen von Aus- und Fortbildung Verknüpfungsmöglichkeiten von Medienerziehung/-bildung mit anderen Bildungsbereichen aufzuzeigen, um eine Konkurrenzwahrnehmung von Erzieher*innen zwischen den verschiedenen Bildungsbereichen zu mindern.

Literatur

Aufenanger, S. (2011). Die Medienkompetenz von Kindern stärken. Eine wichtige Aufgabe für Eltern, Familie, pädagogische und außerschulische Einrichtungen. LCI Moderne Ernährung Heute, (2), S. 1–9.

Aufenanger, S. (2015). Wie die neuen Medien Kindheit verändern. Kommunikative, soziale und kognitive Einflüsse der Mediennutzung. In: merz | medien + erziehung, Zeitschrift für Medienpädagogik, Medien und Kindheit, 2015/02, kopaed verlagsgmbh: München, S. 10–16.

Baacke, D. (1996). Medienkompetenz – Begrifflichkeit und sozialer Wandel. In: von Rein, A. (Hrsg.): Medienkompetenz als Schlüsselbegriff. Klinkhardt: Bad Heilbrunn, S. 112–124.

Becker, U. (2015). Medien und Geschlecht. In: Von Gross Friederike, Meister Dorothee M., Sander Uwe (Hrsg.). Medienpädagogik – Ein Überblick. Belz Juventa: Weinheim und Basel, S. 306–322.

Blue Ocean Entertainment AG, Egmont Ehapa Media GmbH, Gruner + Jahr, Panini Verlag GmbH, SPIEGEL-Verlag & ZEIT Verlag (2018). Kinder-Medien-Studie 2018. Präsentation zur Pressekonferenz. Verfügbar unter: https://www.kinder-medien-studie.de/?page_id=246 [19:11.2018].

Brüggemann, M., Averbeck, I.& Breiter, A. (2013). Förderung von Medienkompetenz in Bremer Kindertageseinrichtungen. Bestandsaufnahme und Befragung von Fachkräften in Bremen und Bremerhaven zur frühen Medienbildung. Bremen: Institut für Informationsmanagement Bremen GmbH (ifib).

Büsch, A. & Demmler, K. (2017). Keine Bildung ohne Medien! Positionspapier: Medienpädagogik in die frühkindliche Bildung integrieren. Verfügbar unter: https://www.keine-bildung-ohne-medien.de/medienfruehebildung/ [26.11.2018].

Charton, M. (2007). Das Kind und sein Startkapital. Medienhandeln aus der Perspektive der Entwicklungspsychologie. In: Theunert Helga (Hrsg.): Medienkinder von Geburt an. Medienaneignung in den ersten sechs Lebensjahren, kopaed verlagsgmbh: München, S. 25–40.

Deutsche Gesellschaft für Erziehungswissenschaft (DGfE), Sektion Medienpädagogik (2017). Orientierungsrahmen für die Entwicklung von Curricula für medienpädagogische Studiengänge und Studienanteile. Verfügbar unter: http://www.medienpaed.com/article/view/603 [25.11.2018].

Deutsches Jugendinstitut e.V. (DJI) (2018). Datenbank „Apps für Kinder". Verfügbar unter: https://www.dji.de/en/the-dji/projects/projekte/apps-fuer-kinder-angebote-und-trendanalysen/datenbank-apps-fuer-kinder.html [25.11.2018].

Die Drogenbeauftragte der Bundesregierung, iMÖV, bvkj, G20 Germany 2017 (2017). BLIKK Studie 2017: BLIKK-Medien (Bewältigung Lernverhalten Intelligenz Kompetenz Kommunikation): Kinder und Jugendliche im Umgang mit elektronischen Medien. Abschlussbericht der Pressekonferenz vom 29.05.2017. Verfügbar unter: https://www.drogenbeauftragte.de/fileadmin/Dateien/5_Publikationen/Praevention/Berichte/Abschlussbericht_BLIKK_Medien.pdf [26.11.2018].

Eder, S. & Roboom, S. (2016a). Big Data im Kinderzimmer! – Big Job für die Kita!? Digitalisierung, Datafizierung und pädagogische Positionierung. In: Brandt J. Georg, Hoffmann Christine, Kaulbach Manfred, Schmidt Thomas (Hrsg.): Frühe Kindheit und Medien. Aspekte der Medienkompetenzförderung in der Kita. Verlag Barbara Budrich: Opladen, Berlin, Toronto, S. 123–143.

Eder, S. & Roboom, S. (2016b). Kamera, Tablet & Co. im Bildungseinsatz. Frühkindliche Bildung mit digitalen Medien unterstützen. In: Lauffer Jürgen & Röllecke Renate (Hrsg.), Dieter Baacke Preis Handbuch 11. Krippe, Kita, Kinderzimmer. Medienpädagogik von Anfang an, kopaed verlagsgmbh: München, S. 25–35.

Eder, S., Lehmann, A., Lenich, A., Roboom, S. Seiler, G. & Wentzel, J. (2014). Medienkompetenz-Kitas NRW. Landesanstalt für Medien Nordrhein-Westfalen (LfM) (Hrsg.). Ein Modellprojekt der Landesanstalt für Medien Nordrhein-Westfalen. Verfügbar unter: http://lfmpublikationen.lfm-nrw.de/index.php?view=product_detail&product_id=339 [26.11.2018].

Fleischer, S., Kroker, P. & Schneider, S. (2018). Medien, frühe Kindheit und Familie. In: Brandt J. Georg, Hoffmann Christine, Kaulbach Manfred, Schmidt Thomas (Hrsg.): Frühe Kindheit und Medien. Aspekte der Medienkompetenzförderung in der Kita. Verlag Barbara Budrich: Opladen, Berlin, Toronto, S. 35–49.

Friedrichs, H. & Meister, D. M. (2015). Medienerziehung in Kindertagesstätten – Nachhaltigkeitsüberlegungen im Anschluss an eine Fortbildungsinitiative. MedienPädagogik. Zeitschrift für Theorie und Praxis der Medienbildung, (22). Verfügbar unter: http://www.medienpaed.com/globalassets/medienpaed/22/friedrichs_meister1505.pdf [26.11.2018].

Friedrichs-Liesenkötter, H. (2016). Medienerziehung in Kindertagesstätten – Habitusformationen angehender ErzieherInnen. Springer VS: Wiesbaden.

Friedrichs-Liesenkötter, H. & Meister, D. M. (2016). Qualifizierung von Erzieherinnen und Erziehern zur frühkindlichen Medienbildung in Kindertagesstätten. In: Lauffer Jürgen & Röllecke Renate (Hrsg.), Dieter Baacke Preis Handbuch 11. Krippe, Kita, Kinderzimmer. Medienpädagogik von Anfang an, kopaed verlagsgmbh: München, S. 54–60.

Friedrichs-Liesenkötter, H.(2018a). Und das Handy hat sie von der Zahnfee gekriegt. – Medienerziehung in Kindertagesstätten unter dem Blickwinkel des medienerzieherischen Habitus angehender Erzieher/innen. In: Brandt J. Georg, Hoffmann Christine, Kaulbach Manfred, Schmidt Thomas (Hrsg.): Frühe Kindheit und Medien. Aspekte der Medienkompetenzförderung in der Kita. Verlag Barbara Budrich: Opladen, Berlin, Toronto, S. 53–76.

Friedrichs-Liesenkötter, H. (2018b). Medienerziehung in der Kindertagesstätte. In: Schmidt Thilo, Smidt Wilfried (Hrsg.): Handbuch empirische Forschung in der Pädagogik der frühen Kindheit. Waxmann: Münster, S. 193–210.

Fromme, J.s & Jörissen, B. (2010). Medienbildung und Medienkompetenz. Berührungspunkte und Differenzen nicht ineinander überführbarer Konzepte. In: merz | medien + erziehung, Zeitschrift für Medienpädagogik, Partizipation und Medien, 2010/05, kopaed verlagsgmbh: München, S. 46–54.

Gesellschaft für Medienpädagogik und Kommunikationskultur (GMK) (2017). Kinder im Mittelpunkt: Frühe Bildung und Medien gehören zusammen.

Positionspapier der GMK-Fachgruppe Kita. Verfügbar unter: *www.gmk-net.de/fileadmin/pdf/gmk_medienbildung_kita_positionspapier.pdf* [26.11.2018].

Goetz, I. (2016). In der Geschichte spielt auch eine Pause mit. Und dann geht die Geschichte weiter. Erzählwerkstätten und ihre Bedeutung für die Sprachförderung. In: Lauffer Jürgen, Röllecke Renate (Hrsg.), Krippe, Kita, Kinderzimmer. Medienpädagogik von Anfang an. Dieter Baacke Preis Handbuch, kopaed verlagsgmbh: München, S. 74–78.

Götz, M. (2010). Was nebenbei noch so hängen bleibt. Oder die Frage, wie Menschen vom Fernsehen lernen, ohne es zu merken. In: Televizion 23 (1): S. 6–11.

Götz, M. (2014). Sexy Girls in Hotpants. Die Hypersexualisierung im Kinderfernsehen. In: MedienConcret 14 (1): S. 30–33.

Institut für Demoskopie Allensbach (2014). Digitale Medienbildung in Grundschule und Kindergarten. Ergebnisse einer Befragung von Eltern, Lehrkräften an Grundschulen und Erzieher(innen) in Kindergärten im Auftrag der Deutsche Telekom Stiftung.

Jörissen, B. & Marotzki, W. (2009). Medienbildung – Eine Einführung. Klinkhardt: Bad Heilbrunn.

Kheir El Din, M. (2016). Kulturoffene medienpädagogische Arbeit mit Eltern und Kindern. In: Lauffer Jürgen, Röllecke Renate (Hrsg.), Krippe, Kita, Kinderzimmer. Medienpädagogik von Anfang an. Dieter Baacke Preis Handbuch, kopaed verlagsgmbh: München, S. 67–73.

Kultusministerkonferenz – KMK (2016). Bildung in der digitalen Welt. Strategie der Kultusministerkonferenz. Verfügbar unter: https://www.kmk.org/fileadmin/Dateien/pdf/PresseUndAktuelles/2016/Bildung_digitale_Welt_Webversion.pdf [26.11.2018].

Kultusministerkonferenz – KMK (2012). Länderübergreifender Lehrplan Erzieherin/ Erzieher. Verfügbar unter: http://www.boefae.de/wp-content/uploads/2012/11/laenderuebergr-Lehrplan-Endversion.pdf [25.11.2018].

Lutz, K. (2018). Digitale Kindheit. In: merz | medien + erziehung, Zeitschrift für Medienpädagogik, Kita digital: Frühe Medienerziehung, 2018/02, kopaed verlagsgmbh: München, S. 34–40.

Marci-Boehncke, G. (2008). Medienerziehung in der KiTa – Kompetenzen und Meinungen der ErzieherInnen. Ludwigsburger Beiträge zur Medienpädagogik, (11), S. 1–8. Verfügbar unter: http://www.ph-ludwigsburg.de/fileadmin/subsites/1b-mpxx-t-01/user_files/Online-Magazin/Ausgabe11/M-Boehncke11.pdf [26.11.2018].

Marci-Boehncke, G. & Weise, M. (2015). Frühe Kindheit. In: Von Gross Friederike, Meister Dorothee M. & Sander Uwe (Hrsg.), Medienpädagogik – ein Überblick. Beltz Juventa: Weinheim, Basel, S. 98–135.

Marci-Boehncke, G., Müller, A. & Strehlow, S. K. (2013). „Und der Computer gehört auch zu mir". Frühe Medienbildung im Kita-Alter. In: merz | medien + erziehung, Zeitschrift für Medienpädagogik: Frühe Medienerziehung digital, 2013/02, kopaed verlagsgmbh: München, S. 15–21.

Marci-Boehncke, G., Rath, M. & Müller, A. (2012). Medienkompetent zum Schulübergang. Erste Ergebnisse einer Forschungs- und Interventionsstudie zum Medienumgang in der Frühen Bildung. Medienpädagogik. Zeitschrift für Theorie und Praxis der Medienbildung, (22), S. 1–22.

Medienpädagogischer Forschungsverbund Südwest – mpfs (2016). FIM-Studie 2016. Familie, Interaktion, Medien. Basisstudie zum Medienumgang 12- bis 19-Jähriger in Deutschland, Medienpädagogischer Forschungsverbund Südwest (LFK, LMK), Stuttgart. Verfügbar unter: https://www.mpfs.de/studien/fim-studie/2016/ [19.11.2018].

Medienpädagogischer Forschungsverbund Südwest (mpfs) (2015). miniKim 2014. Kleinkinder und Medien. Basisuntersuchung zum Medienumgang 2- bis 5-Jähriger in Deutschland. Verfügbar unter: https://www.mpfs.de/fileadmin/files/Studien/miniKIM/2014/Studie/miniKIM_Studie_2014.pdf [29.11.2017].

Meister, D., M., Friedrichs, H. & Lauffer, J. (2011). Medienkompetenz-Kitas NRW. Initiative zur Medienkompetenzförderung in nordrhein-westfälischen Kindertagesstätten. Evaluationsbericht im Auftrag der Landesanstalt für Medien NRW. (unveröff.).

Meister, D. M., Friedrichs, H., Keller, K., Pielsticker, A. & Temps, T. T. (2012). Chancen und Potenziale digitaler Medien zur Umsetzung des Bildungsauftrags in Kindertageseinrichtungen in NRW. Forschungsbericht der Gesellschaft für Medienpädagogik und Kommunikationskultur (GMK) und der Universität Paderborn. Verfügbar unter: https://www.researchgate.net/publication/299279760_Chancen_und_Potenziale_digitaler_Medien_zur_Umsetzung_des_Bildungsauftrags_in_Kindertageseinrichtungen_in_NRW_Forschungsbericht_der_Gesellschaft_fur_Medienpadagogik_und_Kommunikationskultur_GMK_und_de [26.11.2018].

Müller, A., Marci-Boehncke, G. & Rath, M. (2012). KidSmart – Medienkompetent zum Schulübergang. Konzeption und erste Ergebnisse eines Interventions- und Forschungsprojekts zum Abbau von Bildungsbenachteiligung in der frühen Bildung. Medienimpulse, (1)/ 2012.

Neuß, N. (2016). Frühkindliche Medienbildung weiterentwickeln. Vom Umgang mit Bildungsplänen. In: J. Lauffer & R. Röllecke (Hrsg.), Dieter Baacke Preis Handbuch 11. Krippe, Kita, Kinderzimmer. Medienpädagogik von Anfang an, kopaed verlagsgmbh: München, S. 36–42.

Paus-Hasebrink, I. (2015). Mediensozialisation in sozial benachteiligten Familien. In: merz | medien + erziehung, Zeitschrift für Medienpädagogik, Medien und Kindheit, 2015/ 02, kopaed verlagsgmbh: München, S. 17–25.

Riedel, R., Büsching, U., Brand, M. (2017). BLIKK-Medien (Bewältigung, Lernverhalten, Intelligenz, Kompetenz, Kommunikation) Kinder und Jugendliche im Umgang mit elektronischen Medien. BLIKK im Überblick. Fact-Sheet. Verfügbar unter: https://www.drogenbeauftragte.de/fileadmin/Dateien/5_Publikationen/Praevention/Berichte/Abschlussbericht_BLIKK_Medien.pdf [19.11.2018].

Siller, F. (2018). Internet of Toys und das vernetzte Kinderzimmer. In: Von F. Gross, R. Röllecke (Hrsg.): Dieter Baacke Preis Handbuch 13. Make, Create & Play. Medienpädagogik zwischen Kreativität und Spiel, kopaed verlagsgmbh: München, S. 69–73.

Six, U. & Gimmler, R. (2007a). Schriftenreihe Medienforschung der Landesanstalt für Medien Nordrhein-Westfalen. Bd. 57: Die Förderung von Medienkompetenz im Kindergarten. Eine empirische Studie zu Bedingungen und Handlungsformen der Medienerziehung. Vistas: Berlin.

Six, U. & Gimmler, R. (2007b). Förderung von Medienkompetenz im Kindergarten. Eine empirische Studie zu Bedingungen und Handlungsformen der Medienerziehung. Verfügbar unter: lfmpublikationen.lfm-nrw.de/modules/pdf_download.php?products_id=244 [26.11.2018].

Theunert, H. (2015). Medienaneignung und Medienkompetenz in der Kindheit. In: F. von Gross, D. M. Meister & U. Sander (Hrsg.), Medienpädagogik – ein Überblick. Beltz Juventa: Weinheim, Basel, S. 136–163.

Tulodziecki, G. (2008). Medienerziehung. In: U. Sander, F. von Gross & K.-U. Hugger (Hrsg.), Handbuch Medienpädagogik, VS Verlag für Sozialwissenschaften: Wiesbaden, S. 110–115.

Zeit online (o.A.) (2017). Zu viel Smartphone macht Kinder krank. 29.05.2017. Verfügbar unter: http://www.zeit.de/gesellschaft/familie/2017-05/digitale-medien-smartphone-kinder-gesundheitsrisiken-blikk-medien-studie [26.11.2018].

Michael Fritz

Gute frühe Bildung in einer digital geprägten Welt

Was brauchen Kita- und Grundschulkinder in einer digital geprägten Welt? Was brauchen ihre pädagogischen Fach- und Lehrkräfte? Und wie muss sich eine Frühbildungsinitiative aufstellen? Ein Beitrag von Michael Fritz, Vorstandsvorsitzender der Stiftung „Haus der kleinen Forscher".

Inhalt:
Einleitung
1. Was ist Digitalisierung? Was ist Informatik?
2. Der Blick des Kindes
3. Wie nehmen pädagogische Fachkräfte digitale Angebote wahr und wie wenden sie sie an?
4. Wie kann das „Haus der kleinen Forscher" digitale Weiterentwicklungen nutzen, um pädagogische Fach- und Lehrkräfte optimal bei ihrer Arbeit zu unterstützen?
5. Wie digital stellt sich das „Haus der kleinen Forscher" als Frühbildungsinitiative auf?
6. Ausblick

Einleitung

Dank digitaler Weiterentwicklung ist Wissen weltweit verfügbar. An fast jedem Ort der Welt können sich Menschen heute informieren, lernen, weiterbilden. Kinder wachsen in einer Gesellschaft auf, in der sie sofort Antworten auf ihre Fragen erhalten können – wenn sie wissen, auf welchen Internetseiten sie die gewünschten Informationen finden. Wer möchte, kann sich Vorlesungen der besten Professorinnen und Professoren der Welt anschauen und anhören.

Bildung beschränkt sich nicht nur auf einen Klassenraum, eine Bibliothek, eine Volkshochschule oder einige Personen der Umgebung, von denen man lernt. Wissen ist ein Gut, das allen Menschen, die ein digitales Endgerät und einen Internetanschluss besitzen, frei zur Verfügung steht.

Gleichzeitig steht die Gesellschaft vor ganz neuen Herausforderungen und Fragen: Wie beeinflusst diese Verfügbarkeit von Wissen das Lernen? Wie sollten Bildungseinrichtungen auf diese veränderten Bedingungen reagieren? Wie müssen sie sich aufstellen? Was können sie nutzen? Ändert sich die Rolle der Lehrenden? Wie muss sich ihre Einstellung, wie sie selbst und wie Kinder heute lernen können, ändern? Was können wir unseren Kindern mitgeben, damit sie mit diesen neuen, der Eltern-Generation noch unbekannten Herausforderungen gut umgehen können? Was brauchen wir, um die Chancen, die Digitalisierung bietet, bestmöglich zu nutzen?

Das sind nur einige der Fragen, vor welche die Digitalisierung die Gesellschaft als Ganzes stellt. Dieser Beitrag kann und wird keine abschließende Antwort geben können. Aber die Stiftung „Haus der kleinen Forscher" als Frühbildungsinitiative stellt sich diesen Fragen. Wie wir das tun, welche Antworten wir für uns bereits gefunden haben und welchen Weg wir noch gehen wollen, beleuchtet dieser Beitrag.

Die Stiftung „Haus der kleinen Forscher" als MINT-Fortbildungsanbieter für Pädagoginnen und Pädagogen aus Kita, Hort und Grundschule (MINT steht für Mathematik, Informatik, Naturwissenschaften und Technik) versteht sich als lernende Organisation. 2006 gegründet, ist die Initiative stetig gewachsen und mittlerweile der größte Fortbildungsanbieter für frühe MINT-Bildung in Deutschland. Das Ziel ist es, eine gute frühe Bildung für alle Kinder in Kitas, Horten und Grundschulen zu ermöglichen. Dafür konzipieren wir Fortbildungen und Materialien, die pädagogische Fach- und Lehrkräfte bei ihrer Arbeit unterstützen.

Neben den Präsenz-Fortbildungen nutzen wir seit mehreren Jahren digitale Angebote zur Weiterbildung, Information und Kommunikation: die Website, einen Online-Campus, auf dem sich unsere Trainerinnen und Trainer sowie die pädagogischen Fach- und Lehrkräfte austauschen können oder den Facebook-Auftritt[16]. Vor zwei Jahren ist das

---

[16] Für Kinder im Grundschulalter konzipierte das „Haus der kleinen Forscher" zudem die Website „Meine Forscherwelt" (www.meine-forscherwelt.de). Die Auswahl der Themen orientiert sich an denen, die in den Fortbildungen der Stiftung „Haus der kleinen Forscher" angeboten werden. So können pädagogische Fachkräfte die Kinder-Website bei der Umsetzung aktueller Fortbildungsinhalte mit den Kindern einsetzen. Ein weiteres digitales Angebot der Stiftung, das sich an Kinder der ersten bis vierten Klasse sowie ihre Lehrerinnen und Lehrer wendet, ist die WimmelApp „Kleine Forscher - Energie ist überall" (https://www.kleine-forscher-energie.de/). Die App dient als Einstieg in den Unterricht mit digitalen Medien und gibt einen Überblick über das Themenfeld Energie.

Service-Portal Integration hinzugekommen, das als Informationsplattform Unterstützung bei der Integration geflüchteter Kinder gibt, ergänzt durch die Möglichkeit, sich direkt in einer geschlossenen Facebook-Gruppe austauschen zu können.

2017 hat die Stiftung die informatische Bildung in ihr Angebot aufgenommen. Unter dem Titel „Informatik entdecken - mit und ohne Computer" unterstützt das Bildungsangebot der Stiftung die pädagogischen Fach- und Lehrkräfte darin, gemeinsam mit Kindern im Alter von drei bis zehn Jahren in diesem Themenfeld zu forschen, Fragen zu entwickeln und Antworten zu entwerfen.

Dieses Angebot konzentriert sich auf die technologische Perspektive der digitalen Bildung, die sich dem Dagstuhl-Dreieck (Brinda et al., 2016; zitiert nach Bergner et al. (in Druck)) (siehe auch Kap. 2) zufolge in drei Dimensionen aufteilt:

- eine anwendungsorientierte Perspektive (Wie nutzt man das?),
- eine gesellschaftliche Perspektive (Wie wirkt das?),
- und eine technologische Perspektive (Wie funktioniert das?).

Zum einen entspricht die Fokussierung auf die technologische Perspektive unserem Ansatz als MINT-Bildungsinitiative und zum anderen können Pädagoginnen und Pädagogen die bereits bekannte Herangehensweise aus den anderen MINT-Bereichen anwenden: Kinder entdecken die Welt und stellen (dazu) Fragen. Gemeinsam mit ihren erwachsenen Bezugspersonen können sie auf die Suche nach Antworten gehen.

Informatiksysteme sind Teil der Lebenswelt von Kindern im Kita- und Grundschulalter. Dazu gehören neben Computern, Smartphones und Tablets auch Spülmaschinen, Fahrkartenautomaten oder Ampeln. Kinder im Kita- und Grundschulalter haben viele Fragen zu diesen Systemen und konfrontieren die pädagogischen Fach- und Lehrkräfte damit. Umso wichtiger ist es, Erzieherinnen und Erzieher, Lehrerinnen und Lehrer auf dieses Themenfeld vorzubereiten, sie zu begleiten, zu bestärken und einen pädagogisch qualifizierten Umgang mit dem Thema zu unterstützen.

Diese Herangehensweise bietet die Chance, das Thema Digitalisierung anzugehen, ohne zwangsweise die anderen Dimensionen digitaler Bildung auszuklammern. Bei der Beschäftigung mit der Frage, wie informatische Systeme funktionieren, kommen weitere Fragen auf: Was brauchen Kinder in einer digital geprägten Welt? Welche Grundeinstellung sollten Kinder entwickeln, um als neugierige, wissensdurstige Menschen, die ihre Welt mitgestalten wollen, zu lernen und aufzuwachsen? Welche Grundeinstellung sollten die Erwachsenen einnehmen und was können sie damit den Kindern vermitteln?

Daher setzt sich die Stiftung intensiv mit ihrer eigenen digitalen Weiterentwicklung als Fortbildungsanbieter auseinander: Im Zuge der vermehrten Nutzung digitaler Angebote für die kontinuierliche individuelle Weiterbildung im Sinne eines „lebenslangen Lernens" bieten sich der Stiftung neue digitale Mittel, Möglichkeiten und Ansätze, um Wissen und Ideen zu vermitteln, individuelle Lernpfade zu gestalten oder mit Lernenden und anderen Stakeholdern zusammenzuarbeiten. Wir beschäftigen uns mit Fragen wie: Was braucht unsere Zielgruppe? Was nutzen die pädagogischen Fach- und Lehrkräfte? Welche Angebote sind für die Zielgruppe relevant? Was kann ihnen helfen, ihre Arbeit bestmöglich auszuüben? Wie sollte Erwachsenenbildung heute, morgen und auch übermorgen aussehen? Wie digital muss sich das „Haus der kleinen Forscher" als Organisation selbst aufstellen? Was ist sinnvoll und vor allem pädagogisch wertvoll?

Dieser Beitrag versucht folgende Perspektiven zu beleuchten:

1. **Den Blick des Kindes.** Kinder wachsen in einer digital geprägten Welt auf. Was brauchen sie, um gut mit dem stetigen und schnellen Wandel umgehen und sich orientieren zu können?

2. **Den Blick der pädagogischen Fach- und Lehrkräfte.** Sie haben die wunderbare Aufgabe, Kinder auf ihrem Weg zu begleiten, also gute Lernbegleiterinnen und -begleiter zu sein und optimale Lernbedingungen zu schaffen. Was brauchen sie dafür? Welche Angebote können und wollen sie nutzen? Wie gehen die pädagogischen Fach- und Lehrkräfte selbst mit digitalen Neuerungen um? Wie nutzen sie Online-Lernangebote und wie offen sind sie dafür?

3. **Die Stiftung als Bildungsinstitution:** Das „Haus der kleinen Forscher" wird für seine Präsenz-Angebote geschätzt. In einer zunehmend digitalisierten (erwachsenen) Bildungswelt erkennt die Stiftung die Chance, ihre Begleitung der pädagogischen Fach- und Lehrkräfte neu zu denken und in einer intelligenten Verknüpfung der analogen Welt mit digitalen Werkzeugen ihre Zielgruppe noch besser zu unterstützen.

Nach einer Klärung des Begriffs „Informatik" und einigen Grundlagen, die der Konzeption der Fortbildung „Informatik entdecken – mit und ohne Computer" und den dazu erstellten Materialien zu Grunde liegen, greift dieser Beitrag die Erkenntnisse der Stiftung „Haus der kleinen Forscher" im Hinblick auf die Wahrnehmung und Nutzung digitaler Bildungsangebote von pädagogischen Fach- und Lehrkräften auf und schließt mit einem Überblick über die Neuerungen und Weiterentwicklungen sowie aktuellen Fragen, die eigene digitale Weiterentwicklungen betreffend, ab.

1. Was ist Digitalisierung? Was ist Informatik? [17]

Im engeren Sinn bedeutet Digitalisierung die Überführung analoger Daten in die digitale, d. h. auf Ziffern (engl. „digit") abbildbare und damit durch Computer verarbeitbare Form. Das führt dazu, dass grundsätzlich Daten aller digitalisierbaren Lebensbereiche zu geringen Kosten maschinell erfasst, gespeichert, verarbeitet, übermittelt und verbreitet werden können.

Durch die damit einhergehende enorme Steigerung der Verfügbarkeit von Informationen ergeben sich weitreichende Möglichkeiten und Herausforderungen für die Gesellschaft.[18] Daten und Informationen werden in unvorstellbarer Geschwindigkeit geteilt oder verarbeitet, es ergeben sich neue Möglichkeiten der Zusammenarbeit und des Zusammenlebens.

Informatik ist die der Digitalisierung zugrundeliegende Wissenschaft. Der Begriff Informatik ist eine Kurzform für die Kombination aus **Information** und **Automatik**. In der Informatik geht es also im Wesentlichen um die automatisierte und systematische Verarbeitung von **Daten** und **Informationen**.

Die Informatik sieht ihre Wurzeln in dem uralten Wunsch der Menschen, Wissen zu strukturieren, symbolisch darzustellen und systematisch zu bearbeiten. Dieser Wunsch führte zunächst zur Erfindung von Schriften und Zahlensystemen und schließlich zu dem Bestreben, geistige Prozesse auch automatisch von Maschinen ausführen

---

[17] Dieser Artikel ist mit Hilfe vieler Mitarbeiterinnen und Mitarbeiter vom „Haus der kleinen Forscher" entstanden und basiert vor allem in Kapitel 1 und 2 auf den Erkenntnissen und Formulierungen aus der begleitenden Broschüre der Informatik-Fortbildung. Stiftung „Haus der kleinen Forscher" (Hrsg.) (2017). *Informatik entdecken – mit und ohne Computer*.

[18] Prof. Dr. Ralf Romeike in einem Vortrag gemeinsam mit Michael Fritz, Vorstand vom „Haus der kleinen Forscher": „Gesellschaftlicher Wandel durch die Digitalisierung: Ansätze und Erfahrungen früher Informatischer Bildung zum Verstehen und Mitgestalten der digitalen Welt" vor der Bundeselternkonferenz, Juni 2018.

zu lassen. Die Grundlagen der Informatik stammen aus der Mathematik und den Ingenieurswissenschaften, reichen mittlerweile aber weit darüber hinaus: Informatik wirkt bereits in alle Lebens- und Wissenschaftsbereiche, sowohl im privaten als auch im gesellschaftlichen und globalen Rahmen, und gewinnt immer noch an Bedeutung.

Informatik ist nach Bergner et al. (2018) überall dort, wo **Abläufe automatisiert gesteuert und geregelt** werden (die Ampelsteuerung, der Fahrplan der Bahn oder die Tour des Müllwagens, das Programm der Waschmaschine), **Daten digital gespeichert und ausgegeben** werden (die Digitalkamera, das Hörbuch), **Daten übertragen** werden (Handy, Fernseher, Radio), **Daten verändert und berechnet** werden (die Wettervorhersage, der Taschenrechner, das Navigationssystem im Auto, ...).

2. Der Blick des Kindes

Medienbildung – informatische Bildung – digitale Bildung: eine Begriffsabgrenzung

In der öffentlichen Wahrnehmung verschwimmen die Begriffe Medienbildung, informatische Bildung und digitale Bildung. Wie genau unterscheiden sich diese Bereiche?
Im Alltag stehen häufig die Anwendungen im Vordergrund: **Das effiziente und effektive Nutzen** von digitalen Produkten und Informations- und Kommunikationstechnologien.

Aus der Perspektive der **Medienbildung** stehen die digitalen Medien als kreatives Werkzeug im Mittelpunkt: **Das Produzieren** eigener digitaler **Inhalte** und die kritische **Reflexion** von Nutzung, Bedeutung und Wirkung dieser Medien.
Aus der Perspektive **der informatischen Bildung** steht die Informatik im Mittelpunkt: **Das Verstehen** der **Grundkonzepte** der automatisierten Informationsverarbeitung genauso wie das Nutzen dieser Konzepte für Problemlösungen und zum Verstehen der Informationsgesellschaft (Honegger, 2015, Vortrag).

Digitale Bildung umfasst alle diese Komponenten: anwenden und nutzen, Medien auswählen und einsetzen, Grundkonzepte der Informatik nachvollziehen und verstehen. Als Orientierung bieten sich dabei die drei Perspektiven des bereits benannten Dagstuhl-Dreiecks an (anwendungsorientiert, gesellschaftlich, technologisch) (Brinda et al., 2016; zitiert nach Bergner et al. (in Druck)).

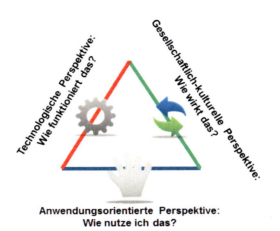

Abbildung 1: Das Dagstuhl-Dreieck (Honegger, 2016)

Im englischen Sprachraum wird häufig der Begriff „digital literacy" verwendet: „Any citizen of a modern country needs the skills to use IT and its devices intelligently. These skills, the modern complement to traditional language literacy in language (reading and writing) and basic mathematics, are called **digital literacy**" (Gander et al., 2013). In diesem Sinne aufgefasst, wäre digitale Bildung ein Nebeneinander aus digital literacy und informatischer Bildung und überbrückt damit die Unterscheidung zwischen reinen Nutzungsfertigkeiten (Anwenderschulung und Medienbildung) und dem Grundlagenverständnis der dahinterstehenden Konzepte (informatische Bildung).

Die Stiftung „Haus der kleinen Forscher" hat mit ihrem Fortbildungsangebot „Informatik entdecken – mit und ohne Computer" zunächst explizit die technologische Perspektive (Wie funktioniert das?) der digitalen Bildung bearbeitet. Hintergründe hierzu werden in den folgenden Absätzen ausführlich dargestellt. Dennoch ist klar, dass eine große gemeinnützige Stiftung in der frühen Bildung auch Stellung zu anderen Fragen rund um digitale Bildung wird beziehen muss. Diese Fragen sind vielschichtig, betreffen mehrere Ebenen (u. a. Kinder, Lernbegleitende sowie Bildungsanbietende) und sind nicht immer einfach zu beantworten. Welche digitalen Geräte und Anwendungen sind sinnvoll in der frühen MINT-Bildung mit Kindern? Und ab welchem Alter? Welche

Chancen und Risiken bieten sich für das Lernen von Erwachsenen? Wie kann man Nutzungshürden bei Erwachsenen senken? Was heißt das für die eigene Organisation als einer fortbildungsanbietenden? Die Stiftung hat nicht auf alles eine Antwort, aber sie wird sich diesen Fragen Schritt für Schritt nähern, sich dazu vernetzen, kooperieren, ausprobieren und lernen und dabei – wie bisher auch – immer versuchen, die Lernenden, seien es Kinder oder Erwachsene, in den Mittelpunkt zu stellen.

Was haben Kinder mit Informatik zu tun?

In der Lebenswelt von Kindern und Jugendlichen sind Informatiksysteme allgegenwärtig, zum Beispiel in Form von Smartphones, MP3-Playern, Smart-Fernsehern, Spielekonsolen und mittlerweile sogar bei der Art, wie sie lernen. Selbst die Mädchen und Jungen, die nicht über eigene Computer, Tablets oder Mobiltelefone verfügen, bewegen sich in einer Umwelt, die in zunehmendem Maße von Informatik geprägt ist.

Da immer mehr Prozesse und Aufgaben in der Arbeitswelt digitalisiert werden, entwickelt sich die Beherrschung grundlegender informatischer Methoden und Werkzeuge zur vierten Kulturtechnik[19] neben Schreiben, Lesen und Rechnen. Damit wird informatische Bildung zu einer gesellschaftlichen Aufgabe und sollte zukünftig ein fester Bestandteil einer grundlegenden Allgemeinbildung sein.

Wie nehmen Kinder Informatik wahr?

Trotz der zunehmenden Präsenz und Bedeutung von Informatiksystemen in der Erfahrungswelt der Kinder haben diese häufig nur diffuse Vorstellungen von den zugrundeliegenden Funktionsweisen und Zusammenhängen. So unterscheiden viele Kinder (und Erwachsene) nicht zwischen dem eigentlichen Rechner und den Ein- und Ausgabe-Geräten (zum Beispiel Tastatur, Monitor). Auch ist ihnen häufig nicht klar, ob Geräte bzw. Programme und Apps eine Internetverbindung benötigen oder nicht (Feierabend et al., 2017). Den Transport von E-Mails stellen sich die Mädchen und Jungen ähnlich vor wie die klassische Postzustellung oder die Übertragung eines Videos, zum Beispiel auf YouTube, als eine „Datenstrom-Schlange", die bei mehreren Besuchern derselben Seite immer dünner und länger wird, weil sich nun mehrere Film-Schlangen durch eine Leitung quetschen müssen (Diethelm & Zumbrägel, 2010).

---

[19] Hier ist nicht nur die anwendungsorientierte Seite gemeint, sondern ein Verstehen von Abläufen, Hinterfragen und Durchblicken von Programmen und Prozessen.

Kinder in diesem Alter haben außerdem häufig Probleme, den nichtlinearen Aufbau sogenannter Hypertexte, zum Beispiel Webseiten mit Links, zu verstehen und dessen Mehrwert gegenüber linearen Texten, wie zum Beispiel im gedruckten Buch, auch wirklich zu nutzen (Aufenanger, 2000, S. 25–27). Nach Romeike und Reichert (2011) wird die Wissenschaft „Informatik" selbst von den Kindern häufig als „Programmieren, Mathe und ein bisschen Hardware" wahrgenommen und als langweilig, unsozial und unkreativ eingeschätzt.

Dass trotz fehlender Kenntnisse über Funktionsweise und Prinzipien von Informatiksystemen der Großteil der Mädchen und Jungen im Grundschulalter diese häufig und ohne allzu große Schwierigkeiten nutzen, liegt unter anderem daran, dass sich die Bedienung solcher Geräte und Programme in den vergangenen Jahren stark vereinfacht hat. Konnte man in den sechziger Jahren Computer nur nutzen, wenn man entsprechende Fachkenntnisse hatte und Programme in schwer verständlichen Programmiersprachen schreiben konnte, so kann man heutzutage viele digitale Geräte nahezu intuitiv bedienen, ohne jede informatische Vorbildung (Müller-Prove, 2011, S. 39).

Die Entwicklung bei der Bedienung digitaler Geräte verlief genau gegenläufig. Mussten Computer zu Beginn rein symbolisch gesteuert werden, zunächst durch Lochkarten, dann auch durch Ein- und Ausgabe von Ziffern, Buchstaben und anderen Zeichen, so wurden später grafische Benutzeroberflächen entwickelt, auf denen sich Programme bequem durch Anklicken von ikonischen Piktogrammen, „Icons", starten, ausführen und beenden ließen. Heutige Informatiksysteme wie Smartphones, Tablets, Spielkonsolen reagieren auf Berührungen, Wischgesten, auf Geräusche, sogar auf Bewegungen wie Schütteln oder Drehen des Geräts. Sie sind nutzbar geworden und damit im wahrsten Sinne des Wortes kinderleicht zu bedienen.

Ab wann können Kinder Informatik überhaupt verstehen?

Dass Kinder bereits im Kita- und Grundschulalter immer selbstsicherer mit digitalen Geräten umgehen und ihre Lebenswelt für sie selbst spürbar von Informatik geprägt ist, ist ein modernes Phänomen. Daher gibt es bisher wenig gesicherte Erkenntnisse dazu, welche Fähigkeiten und Fertigkeiten als Vorläuferkompetenzen für informatische Bildung nötig sind und ab welchem Alter sich diese entwickeln. Die meisten Messinstrumente für informatikrelevante Kompetenzen müssen erst noch entwickelt werden. Es liegen jedoch bereits mehrere Studien vor, zum Beispiel zu Sortierstrategien bei Kita-Kindern (Weiß, 2015) oder zum Programmieren mit grafischen Befehlen, die nahelegen, dass „eine Reihe wichtiger fundamentaler Ideen der Informatik bereits von Kindern im Grundschulalter erfasst werden kann." (Schwill, 2001, S. 29). Die Voraussetzung dafür ist, dass die Sachverhalte altersgemäß aufbereitet und unter Berücksichtigung der kognitiven Strukturen der Kinder vermittelt werden, unterstützt durch Handlungen oder reale Gegenstände (Bergner et al., in Vorbereitung).

Für diese Annahme spricht außerdem, dass das informatische Denken dem Alltagsdenken entspringt. Computer und andere Automaten sollen geistige Prozesse für uns durchführen. Wie diese Prozesse aussehen, wie der Computer „denkt" und arbeitet, wurde jedoch von Menschen festgelegt und basiert dementsprechend auf menschlichen Strategien. Kinder haben für viele Alltagshandlungen oft noch keine ausgefeilte Strategie und entwickeln diese erst durch Wiederholung, zum Beispiel bei einem Quizspiel, beim Suchen und Sortieren von Spielzeug oder anderen Gegenständen, oder für das Puzzeln. Durch den Einblick in informatische Denkweisen und Problemlösungen erfahren die Mädchen und Jungen, dass es viele Möglichkeiten gibt, ein (geistiges) Problem zu lösen – manche davon deutlich schneller oder einfacher als andere. Ein Puzzle lässt sich einfacher legen, wenn man die einzelnen Teile nach Merkmalen vorsortiert, zum Beispiel nach Farbe, nach Rand- oder Mittelstück oder nach der Form. Beim Tic Tac Toe verliert man niemals, wenn man die richtige Strategie beherrscht. Informatisches Denken kann daher einerseits auf Alltagsdenken zurückgeführt werden und ist damit häufig auch Kindern zugänglich, andererseits unterstützt informatisches Denken die Mädchen und Jungen darin, auch in ihrem Alltagsdenken und -handeln ihre Strategien zu reflektieren und gegebenenfalls andere Vorgehensweisen zu entwickeln und diese nach ihrer Zweckmäßigkeit zu bewerten.

Kinder haben darüber hinaus von sich aus viele Fragen zur Informatik. Computer, Roboter, Smartphones, Internet, Spielekonsolen, Fernsehen – Mädchen und Jungen möchten wissen, wie diese Informatiksysteme funktionieren, was sie können, welche Eigenschaften sie haben und wie sie entstanden sind. Im Rahmen eines Projektes an der Universität Oldenburg wurden zahlreiche Kinderfragen zu Informations- und Kommunikationstechnologien gesammelt.[20] Aus einer großen Anzahl an Fragen sind hier nur ein paar ausgewählt:

- Wie viele Nintendospiele gibt es auf der Welt?
- Wie geht das mit der Fernbedienung?

---

[20] Die vollständige und durchsuchbare Liste ist unter kinderfragen.informatik.uni-oldenburg.de verfügbar. (Abgerufen am 24.07.2018).

- Was können Roboter?
- Wer hat den Computer erfunden?
- Wie geht das mit dem Touchscreen, der Vibration und dem Ton?
- Woher weiß das Internet das alles?

Kinder sind also neugierig auf die digitale Welt. Sie möchten sie ausprobieren, erkunden, erforschen, an ihre Bedürfnisse anpassen und mitgestalten. Sie sind fasziniert von digitalen Geräten und Anwendungen, sie nutzen sie in immer mehr Lebensbereichen, mit immer größerer Selbstverständlichkeit und in immer früherem Alter. Angebote zu informatischer Bildung werden daher von den meisten Mädchen und Jungen mit großem Interesse und noch größerer Begeisterung angenommen.

Digitale Geräte sind ein Teil unserer Welt geworden. Sie sind von Menschen geschaffen, sie sind technische Konstrukte. Ebenso wie andere technische Erfindungen sind sie nicht wertfrei, sondern hinterfragbar. Das ist ein wichtiger Punkt, den es gilt, Kindern zu vermitteln.

Wie können Kinder die digitale Welt erforschen und mitgestalten?

Informatik beruht auf mathematischen Modellen und elektrischen Impulsen. Diese sind nicht anfassbar, nicht sichtbar, nicht greifbar, nicht unmittelbar erfahrbar. Aber die Auswirkungen, die Probleme, die damit gelöst werden oder daraus resultieren, sind erfahrbar. Das sind die Phänomene der Informatik und genau wie die Phänomene der Natur können auch diese durch eigenes Handeln, Experimentieren, Beobachten und Analysieren erkundet und erforscht werden (Gallenbacher, 2012, S. X).

Auch sind informatische Bildungsangebote nicht notwendigerweise auf elektronische Geräte angewiesen. Viele Grundgedanken und Verfahren der Informatik lassen sich mit Papier und Stift, mit Alltagsmaterialien oder mit reinem Körpereinsatz erfahren.

Darüber hinaus bieten Lernangebote mit Computern und Co. ganz besondere Chancen, insbesondere die Möglichkeit, eigene digitale Produkte zu erschaffen. Besonders reizvoll ist dabei, dass diese digitalen Produkte den Lernenden unmittelbar Rückmeldung geben – es funktioniert wie vorgesehen oder eben nicht. Es existieren zum Beispiel verschiedene Programmierumgebungen und Robotersysteme, mit denen bereits

Kinder im Kita-Alter gestalterisch und problemlösend tätig sein können und dabei im Bereich Informatik vielfältige Erfahrungen sammeln und Wissen erwerben können.[21]

Wie gelingt gute informatische Bildung?

Eine grundlegende Erkenntnis zur Erschließung der digitalen Welt sollte sein, dass diese zweckgerichtet und künstlich erschaffen ist und dass sie von allen mitgestaltet werden kann. Informatik fragt danach, wie die Welt sein soll.

Pädagogische Fach- und Lehrkräfte sollten daher Kindern den Blick dafür öffnen, dass digitale Produkte und Systeme von Menschen gemacht sind, dass sie für Menschen gemacht sind und an die Bedürfnisse der Menschen angepasst sein sollen. Die Mädchen und Jungen sollen selbst beurteilen können, ob ein digitales Produkt im Sinne der Benutzer „gut" funktioniert oder verändert werden sollte. Die Kinder sollen erfahren, dass sie selbst die Rolle der Konstrukteurin bzw. des Konstrukteurs digitaler Produkte übernehmen können und dabei schöpferisch, kreativ und problemlösend tätig werden. Dabei spielen pädagogische Fach- und Lehrkräfte in ihrer pädagogischen Arbeit eine zentrale Rolle, denn sie können den Mädchen und Jungen Zugänge zur Informatik bieten, die vielfältige Lernchancen eröffnen und damit weit über den reinen Konsum oder eine Bedienschulung hinausgehen.

Die Erfahrungen der Kinder mit digitalen Geräten bilden dafür eine erste Grundlage. Sie wissen häufig schon eine Menge darüber, wie man solche Geräte bedient. Pädagoginnen und Pädagogen können dieses Wissen aufgreifen und darauf aufbauend Möglichkeiten schaffen, diese Geräte nicht nur zu benutzen, sondern sie zu erkunden und zu erforschen. Dabei gibt es viele informatische Phänomene und Zusammenhänge zu entdecken und die Kinder erwerben ein Grundwissen über elementare Prinzipien dieser Wissenschaft.

Da Informatik stets zweckgerichtet ist, müssen die Kinder außerdem Bewertungskompetenzen entwickeln, zum Beispiel zur Funktionalität eines digitalen Produkts, zur Benutzerfreundlichkeit oder zur Sicherheit der Privatsphäre. Diese Reflexion kann in der

---

[21] Für eine ausführliche Darstellung siehe auch: Stiftung Haus der kleinen Forscher (2018). Frühe informatische Bildung – Ziele und Gelingensbedingungen für den Elementar- und Primarbereich. Wissenschaftliche Untersuchungen zur Arbeit der Stiftung „Haus der kleinen Forscher" (Band 9). Opladen, Berlin, Toronto: Verlag Barbara Budrich.

Bildungssituation immer wieder angestoßen werden: „Welche Bedeutung und welche Folgen hat das für mich? Ist es gut gemacht? Erfüllt es seinen Zweck? hat es unbeabsichtigte Wirkungen? Was mag ich daran, was nicht?" Solche Fragen können auch jüngere Kinder für sich selbst beantworten.[22]

Anwenden, Explorieren und Bewerten sind also wichtige Bausteine der informatischen Bildung. Konstruieren und Gestalten, eigene informatische Produkte erschaffen oder bestehende nach eigenen Ideen verändern gehören ebenfalls dazu.[23] Hier können pädagogische Fach- und Lehrkräfte entsprechende Impulse geben, zum Beispiel durch Fragen wie „Was soll dein Programm/dein Gerät können, welchen Zweck hat es?", „Was braucht es dafür, welche Eigenschaften muss es haben?", „Nach welchen Regeln, nach welcher Strategie soll es vorgehen?", „Wie steuerst du es?".

3. Wie nehmen pädagogische Fachkräfte digitale Angebote wahr und wie nutzen sie sie?

Interessant im Bereich der Digitalisierung ist das Spannungsfeld zwischen den Generationen: Für die Kinder von heute ist der Umgang mit digitalen Endgeräten eine Selbstverständlichkeit. Das unterscheidet sie von der Eltern-, Erzieher- und Lehrergeneration, in deren Kindheit digitale Geräte eher eine Ausnahme waren. Für sie sind digitale Geräte zunächst eine Neuerung, mit dessen technischen Hintergründen sie sich auseinandersetzen müssen. Gleichzeitig sollten sie sensibilisiert dafür sein, dass ihnen im selben Moment eine Vorbildfunktion zukommt und sie den pädagogischen Auftrag haben, Kindern einen verantwortungsvollen, kritischen und kreativen Umgang mit diesen neuen Geräten, Programmen und Kommunikationsmöglichkeiten zu vermitteln und vor allem auch vorzuleben. Zudem sollte es ein Bewusstsein dafür geben, dass es in diesem Bereich zu einem Generationenkonflikt kommen kann – vor

---

[22] Das gilt auch für informatische Bildungsangebote ohne Computer. Siehe dazu beispielsweise die von der Stiftung „Haus der kleinen Forscher" entwickelten Praxisideen auf der Entdeckungskarte „Immer der Reihe nach", mit denen die Kinder systematisierte Handlungsabläufe nicht nur darstellen und nachvollziehen, sondern auch begründen und nach Zweckmäßigkeit bewerten.

[23] Auch hierbei muss nicht unbedingt ein Computerprogramm geschrieben oder ein funktionsfähiges, digitales Gerät gebaut werden. Die zentrale Frage ist: „Wie kann ich die Aufgabe formulieren, damit eine Maschine sie für mich ausführen könnte?". Siehe dazu beispielsweise die Entdeckungskarten für Kinder „Roboter bauen" oder „Garantiert gewinnen" der Stiftung „Haus der kleinen Forscher".

allem, wenn die Elterngeneration ihre eigene Herangehensweise nicht ausreichend reflektiert.

Nutzung digitaler Angebote in der Arbeit mit Kindern in der Kita

Die Aufgabe der Stiftung „Haus der kleinen Forscher" als Fortbildungsinitiative ist es, Pädagoginnen und Pädagogen in der Elementar- und Primarbildung zu befähigen, mit den Mädchen und Jungen auf die Suche nach Antworten zu gehen. Dazu wird gemeinsam mit den pädagogischen Fach- und Lehrkräften ein Blick „hinter die Kulissen" geworfen, um zu verstehen, welche informatischen Grundprinzipien hinter den Geräten stecken. Diesen Schritt geht die Fortbildung vom „Haus der kleinen Forscher" „Informatik entdecken – mit und ohne Computer", in der die Pädagoginnen und Pädagogen auch erfahren, wie sie das Themenfeld gemeinsam mit Kindern angehen können.

Als Nächstes wurde die technische Ausstattung der Kitas in Deutschland betrachtet. Da es nur wenige oder kaum verlässliche Zahlen vor allem für den frühkindlichen Bereich gibt, gaben wir eine eigene Umfrage[24] in Auftrag[25], die einige interessante Erkenntnisse brachte. Eine wichtige war: Der Bedarf von Seiten der pädagogischen Fachkräfte an Weiterbildung im Bereich der Informatik und auch das Interesse, digitale Medien in der Einrichtung einzusetzen, sind vorhanden. Kinder sollten bereits im Kin-

---

[24] Die Umfragewerte beziehen sich hier explizit auf die Nutzung digitaler Geräte und Angebote in der Kita. Zur Nutzung digitaler Geräte in Schulen veröffentlicht die Telekom Stiftung ihren jährlichen Länderindikator. https://www.telekom-stiftung.de/sites/default/files/files/media/publications/Schule_Digital_2017__Web.pdf (25.07.2018).

[25] Ziel der Befragung war es, die Nutzung von Online-Weiterbildungsangeboten, die technische Ausstattung der Kindertageseinrichtungen sowie die Einstellungen von Erzieherinnen und Erziehern zum Einsatz digitaler Geräte in der pädagogischen Praxis zu erheben. Damit sollte die bestehende Erkenntnislücke bezüglich dieser Themen in der frühkindlichen Bildung geschlossen werden. Die Telefonbefragung wurde durch das uzbonn durchgeführt, die Stiftung „Haus der kleinen Forscher" hat den Fragebogen entwickelt, die Daten ausgewertet und die Ergebnisse aufbereitet. Befragt wurden 709 pädagogische Fach- und Leitungskräfte (381 Fachkräfte und 328 Leitungskräfte) aus allen 16 Bundesländern. Die Auswahl der befragten Einrichtungen erfolgte nach dem Zufallsprinzip. Durch Gewichtung des Datensatzes sind die Ergebnisse der Umfrage repräsentativ. Der Datensatz wurde nach Alter und Bildungsabschluss der Fachkräfte sowie dem Bundesland der Kita gewichtet. Hinsichtlich dieser drei Merkmale unterschied sich die befragte Stichprobe vor der Gewichtung vom Durchschnitt in der Kinderbetreuungsstatistik. Stiftung Haus der kleinen Forscher (2017). Umfrage unter Erzieherinnen und Erziehern zur Mediennutzung. Wie nutzen Erzieherinnen und Erzieher digitale Geräte in Kitas? Berlin: Stiftung Haus der kleinen Forscher. Verfügbar unter www.haus-der-kleinen-forscher.de

dergarten Zugang zu digitalen Geräten erhalten, um einen verantwortungsvollen Umgang mit Computern oder Tablets erlernen zu können. Dieser Ansicht sind dieser Umfrage zufolge drei Viertel aller Erzieherinnen und Erzieher.

Abbildung 2: Digitale Bildung in der Kita (Haus der kleinen Forscher, 2017)

Die Realität allerdings ist davon noch weit entfernt: Die technische Ausstattung der Einrichtungen ist mangelhaft, fast die Hälfte der pädagogischen Fachkräfte zeigt sich damit unzufrieden.

Weniger als die Hälfte aller Erzieherinnen und Erzieher nutzt digitale Geräte gemeinsam mit den Kindern. Das an der mangelnden technischen Ausstattung der Kindergärten, von denen knapp ein Drittel weder Computer noch Kameras, Tablets oder andere digitale Geräte für die Arbeit mit Kindern zur Verfügung haben – am häufigsten finden sich Digitalkameras in den Gruppenräumen (53 Prozent).

- In beinahe drei Viertel der Kitas können Kinder gemeinsam mit Erzieher/-innen ein Gerät nutzen
- Das häufigste Geräte ist auch hier die Digitalkamera (Anteil der Kitas 53%), gefolgt von Laptop (31%) und PC (24%)
- In den meisten Fällen verfügen die Kitas nur über eine Geräteart zur gemeinsamen Nutzung

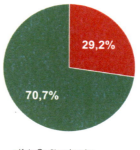

■ Kein Gerät vorhanden
■ Mindestens 1 Gerät vorhanden

Abbildung 3: Medienausstattung von Kindertagesstätten (Haus der kleinen Forscher, 2017)

Ein Konzept zum Umgang mit Medien haben nur knapp 20 Prozent der Kitas. Wozu wollen wir digitale Technik einsetzen? Wie kann das die Arbeit mit den Kindern bereichern? Wo sind die Grenzen? Kitas, die solche Fragen beantwortet und sich auf ein Konzept verständigt haben, setzen in der Arbeit mit den Kindern deutlich häufiger digitale Geräte ein (knapp 50 Prozent) als andere Kitas (knapp 30 Prozent).

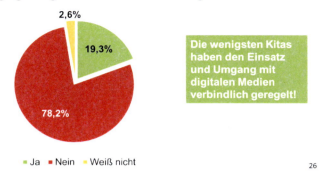

Abbildung 4: Medienkonzepte in Kindertagesstätten (Haus der kleinen Forscher, 2017)

Ähnliche Ergebnisse erzielten Umfragen, die auf Lehrerinnen und Lehrer abzielten. So kommt eine Studie von 2016 zu dem Schluss, dass „Lehrer große Vorteile durch den Einsatz digitaler Medien im Unterricht [sehen] und diese auch gerne häufiger einsetzen [würden]. Allerdings mangelt es an der technischen Ausstattung der Schulen sowie an geeigneten Weiterbildungsangeboten. Aus diesem Grund fordert eine große Mehrheit der Lehrer ein stärkeres Engagement des Bundes bei der Entwicklung und Umsetzung einer Digitalen Strategie für die Schule."[27]. Für den schulischen Bereich erhofft sich die Politik durch den Digitalpakt Schule eine starke Weiterentwicklung im Digitalbereich sowohl was Ausstattung, Strategie und auch Weiterbildung angeht.[28]

---

[26] Alle Grafiken stammen vom „Haus der kleinen Forscher": https://www.haus-der-kleinen-for-scher.de/fileadmin/Redaktion/3_Aktuelles/Presse/171213_Ergebnisse_zur_Telefonbefragung_Digitales.pdf

[27] „Das ist das Ergebnis einer repräsentativen Befragung von 505 Lehrern der Sekundarstufe I im Auftrag des Digitalverbands Bitkom, des Lehrerverbands Bildung und Erziehung (VBE) und der von der Karlsruher Messe- und Kongress-GmbH veranstalteten LEARNTEC." https://www.bitkom.org/Presse/Presseinformation/Jeder-zweite-Lehrer-wuerde-gerne-haeufiger-digitale-Medien-einsetzen.html (25.07.2018)

[28] „Schule digital – der Länderindikator", eine Untersuchung der Deutsche Telekom Stiftung bietet einen Überblick zur aktuellen Nutzung digitaler Medien in der Schule mit Fokus auf den MINT-Bereich: https://www.telekom-stiftung.de/sites/default/files/files/media/publications/Schule_Digital_2017__Web.pdf (25.07.2018).

Nutzung digitaler Angebote zur Weiterbildung

Nur zwei Prozent der befragten Erzieherinnen und Erzieher haben schon einmal eine Online-Fortbildung besucht, über die Hälfte (62,3 Prozent) der Befragten gab an, nicht zu wissen, dass es für den Bereich Bildung, Erziehung und Betreuung überhaupt digitale Fortbildungsangebote gibt.

Abbildung 5: Nutzung von Online Fortbildungen (Haus der kleinen Forscher, 2017)

Die Botschaft für Fortbildungsanbieter ist deutlich: Online-Angebote müssen bekannter gemacht und Zugangsbarrieren abgebaut werden.

Die neuen zeit- und ortsunabhängigen Möglichkeiten zur Weiterbildung werden in anderen Berufszweigen stärker genutzt als von Kita-Fachkräften. Dabei ist Weiterbildung zunehmend selbstorganisiert, findet zeit- und ortsunabhängig und vernetzt in Communities statt. Dass Erzieherinnen und Erzieher das ihnen zur Verfügung stehende Angebot nicht nutzen, ist zum einen mangelnder Medienkompetenz als auch der geringen Sichtbarkeit und Akzeptanz digitaler Weiterbildungsmöglichkeiten im frühkindlichen Bildungssektor zuzuschreiben: „Weiterbildungsanbieter müssen sich bewusst sein, dass die digitale Innovation allein noch nicht die Qualität des Angebots bestimmt. Insbesondere in der Frühpädagogik, die sich als wachsender Weiterbildungsmarkt etabliert hat, darf nicht nur auf Fördermittel und ökonomische Durchführungen gesetzt werden, denn: ‚Oft verstetigen sich die in solchen Projekten entwickelten Innovationen nicht, weil sie im Konflikt mit etablierten Bildungsstrukturen oder gesetzlichen Regelungen stehen: Noch immer mangelt es an Verfahren der Anerkennung informellen Lernens. Nur dort, wo die Strukturen des Bildungssystems und der einzelnen Organisationen auf das digitale Lernen angepasst wurden, kann sich dieses langfristig etablieren'" (Buschle & König, 2018, S. 67).

4. Wie kann das „Haus der kleinen Forscher" digitale Weiterentwicklungen nutzen, um pädagogische Fach- und Lehrkräfte optimal bei ihrer Arbeit zu unterstützen?

Die Anforderungen an Erzieherinnen und Erzieher steigen stetig: Sie sollen fit sein bei Sprachbildung, Inklusion, Elternarbeit, forschendem Lernen usw. Dafür steht ihnen häufig Unterstützung in Form von Fortbildungen zur Verfügung. Für viele Kitas ist es aber sehr schwierig, ihre Mitarbeiterinnen und Mitarbeiter für ganztägige Weiterbildungen freizustellen. Der Internetzugang in jeder Kita ist eine wichtige Voraussetzung dafür, dass sich Erzieherinnen und Erzieher flexibel weiterbilden können. Zum Beispiel mit Hilfe von Online-Fortbildungen, die sie in ihre Vor- oder Nachbereitungszeit einbauen können oder Webinare, die sie als Inspiration für Teamsitzungen nutzen können. Aber genauso nutzen Erzieherinnen und Erzieher sowie Grundschullehrerinnen und -lehrer digitale Kommunikationsmöglichkeiten, um sich miteinander von Raum zu Raum auszutauschen, um Eltern in der Eingewöhnungszeit zu informieren, oder zur Dokumentation des Alltags. Mittlerweile hängen Monitore im Eingangsbereich von Kitas, die Bilder des Tages zeigen, wenn die Eltern ihre Kinder abholen und die als Info-Wand dienen.

Die Stiftung „Haus der kleinen Forscher" bietet neben Präsenzfortbildungen Webinare und Online-Kurse sowie Broschüren, die gedruckt oder auch digital verfügbar sind, an, auf dem „Campus" tauschen sich Trainerinnen und Trainer sowie pädagogische Fach- und Lehrkräfte aus und auf Facebook in einer geschlossenen Gruppe zum Thema Integration geflüchteter Kinder. Die Präsenzfortbildungen werden mehr und mehr von digitalen Angeboten flankiert und ergänzt. Bis auf die Präsenzfortbildung sind alle diese Angebote zeitlich und örtlich unbegrenzt nutzbar.

Erzieherinnen und Erzieher, Lehrerinnen und Lehrer können das Angebot für die Vor- und Nachbereitung sowie für ihre kontinuierliche Weiterbildung nutzen.

„Pädagoginnen und Pädagogen lehren, wie sie selbst lernen und gelernt haben. Wenn wir wollen, dass digitale Angebote in Kitas und Schulen konstruktiv genutzt werden, müssen wir den pädagogischen Fach- und Lehrkräften intelligente Angebote und Services machen, die sie gerne und sinnvoll einsetzen können, um sich selbst fortzubilden", sagte Andreas Schleicher in einer Keynote auf der Konferenz „International Dialogue on STEM" in Berlin im November 2017 (Vortrag[29]).

Eine pädagogische Digitalstrategie

Was also brauchen pädagogische Fach- und Lehrkräfte, die keine Digital Natives sind?

Für die Arbeit mit Kindern: Hilfen, Tipps, Impulse und Ideen für pädagogisch sinnvolle Anwendungen und Projekte; dazu Praxishilfen, wie sie digitale Geräte und spezielle Programme einsetzen und umsetzen können.

Für die eigene Weiterbildung: Gute, niedrigschwellige Angebote und vor allem Orientierung, um sich in dem Online-Angebot zurechtfinden zu können.

5. Wie digital stellt sich das „Haus der kleinen Forscher" als Fortbildungsanbieter auf?

Das „Haus der kleinen Forscher" setzt sich für eine gute frühe Bildung in den Bereichen Mathematik, Informatik, Naturwissenschaften und Technik (kurz MINT) ein. Primäre Zielgruppe der Fortbildungsinitiative sind die pädagogischen Fach- und Lehrkräfte, die im professionellen Auftrag Mädchen und Jungen im Alter zwischen drei und zehn Jahren in Kitas, Horten und Grundschulen beim Lernen begleiten. Daher ist es das Hauptanliegen der Stiftung, die Pädagoginnen und Pädagogen zu unterstützen, zu begleiten und Angebote zu entwickeln, die für ihre pädagogische Arbeit einen Mehrwert darstellen, die niedrigschwellig, erprobt und leicht auffindbar sowie gut anwendbar sind.

„Das Ganze ist mehr als die Summe seiner Teile", sagte Aristoteles (Metaphysik VII 10, 1041 b). So versteht die Stiftung „Haus der kleinen Forscher" ihr Bildungsangebot in einer zunehmend digital geprägten Welt. Mit einem bundesweiten Fortbildungsprogramm, das durch die enge und gute Zusammenarbeit mit rund 220 lokalen Netzwerkpartnern flächendeckend in ganz Deutschland realisiert werden kann, ist die regio-

---

[29] Der Vortrag ist online hier zu sehen: https://youtu.be/yWNxgRnD0zk.

nale, persönliche Vernetzung, Zusammenarbeit und Bindung gegeben. Die Präsenzfortbildungen vor Ort werden von den pädagogischen Fach- und Lehrkräften sehr geschätzt. Das hat mehrere Gründe:

1. Sie werden einen ganzen Tag von ihrer alltäglichen Arbeit freigestellt; die Fortbildungszeit ist Arbeitszeit und erfährt Akzeptanz und Zuspruch von der Einrichtungsleitung.
2. Sie kommen aus dem täglichen Umfeld heraus.
3. Sie treffen Gleichgesinnte und können sich dort austauschen und vernetzen. So erhalten sie zusätzlich zu den Fortbildungsinhalten neue Impulse über ihre eigene Einrichtung bzw. ihr Team hinaus.
4. Sie können gemeinsam ausprobieren: Die Fortbildungen sind praxisorientiert, die pädagogischen Fach- und Lehrkräfte probieren aus, entdecken und forschen selbst.
5. Sie sind qualitativ hochwertig gemacht und bieten einen konkreten Mehrwert.

Online-Angebote bieten weitere Vorteile:

1. Eine sich digital weiterbildende Fach-und Lehrkraft kann Angebote und Impulse nutzen, wenn sie sie braucht und/oder, wenn sie Zeit dafür hat, ohne ganz aus dem Alltagsgeschäft gerissen zu werden. Sie ist örtlich und zeitlich nicht eingeschränkt.
2. Der Austausch und die Vernetzung bleiben dank digitaler Kommunikationswege zeitlich und örtlich nicht eingeschränkt. Die Fach- und Lehrkraft kann Fragen stellen, die sich im Nachhinein ergeben. Sie kann sich weiter entwickeln und wird dabei medial begleitet und reflektiert.
3. Digitale Angebote unterstützen das Präsenz-Angebot. Sie können einen wichtigen Zusatz darstellen und sich nahtlos in das handelnde Lernen einfügen. Die

Prämisse ist: Sie müssen gut gemacht sein, dürfen gute „Hands-On"-Lernangebote nicht ersetzen, sollen Sinn machen und nicht nur willkürlich eingesetzt werden.[30]

Das gilt auch für die digitalen Angebote im Rahmen der Erwachsenenbildung, die neu entwickelt werden. Digitale Angebote können Präsenzangebote und die pädagogischen und didaktischen Materialien flankieren und bereichern, ergänzen, neue Impulse geben oder Themen verfestigen. Sie können Anregungen geben, um das entdeckende Forschen den Kolleginnen und Kollegen nahezubringen oder gemeinsam ein Projekt zu entwickeln.

Die Vorteile aller Lernsituationen sollen aufgegriffen, gepflegt, aufeinander abgestimmt, miteinander verwoben und dadurch weiterentwickelt werden. Und das ganz im Zeichen von Kollaboration: Das Internet ermöglicht eine enge Zusammenarbeit und einen vernetzten Austausch zwischen vielen Parteien. Das ist eine gute Chance, um gemeinsam mit den pädagogischen Fach- und Lehrkräften neue, auf ihre Bedürfnisse zugeschnittene und passende Angebote zu entwickeln.

Diese Idee der Kollaboration und der stetigen Weiterentwicklung erfordert einen Kulturwandel in Unternehmensstrukturen als auch im Denken jedes Beteiligten, der Veränderung und Innovation fördert. Nur so können Angebote und Services zielgerichtet auf Basis neuer Technologien weiterentwickelt werden. Der Wandel im digitalen Bereich ist schnell. Digitale Angebote hören nicht bei Online-Fortbildungen auf. Auch Mobile-Learning und Angebote basierend auf anderen Technologien sind heute schon relevant. Mit dem technologischen Fortschritt werden zukünftig immer wieder neue Optionen und Ansätze für Weiterbildung entstehen. Es ist wichtig, dafür offen zu sein,

---

[30] Das betont auch eine aktuelle Studie der Robert-Bosch-Stiftung: „Die Befunde lassen jedoch ebenso keinen Zweifel daran, dass personalisiertes Lernen mit digitalen Medien kein Wundermittel darstellt. Um die nötigen Reformen durchzuführen, sind Zeit und Mühe erforderlich, außerdem Ressourcen und ein Kulturwandel. Nur so lassen sich die vielfältigen Versprechungen personalisierten Lernens mit digitalen Medien nach bestem Wissen und Gewissen einlösen. Wir schließen mit der einfachen Empfehlung, sich nicht von spannenden Technologien verführen zu lassen, insbesondere, wenn deren Wirksamkeit kaum belegt ist, und stets das Lernen in den Mittelpunkt zu stellen." (S. 99). Holmes, W., Anastopoulou S., Schaumburg, H. & Mavrikis, M. (2018). *Personalisiertes Lernen mit digitalen Medien. Ein roter Faden*. Stuttgart: Robert-Bosch-Stiftung. https://s3-eu-west-1.amazonaws.com/te-personalised-learning/de/Studie_Personalisiertes_Lernen.pdf (Abgerufen am 24.07.2018).

Potenziale zu erkennen, die den pädagogischen Fach- und Lehrkräften eine Hilfe sein können und diese gemeinsam mit der Zielgruppe auszuprobieren und, wenn es sich eignet, schnell umzusetzen und anzuwenden.

6. Ausblick

Digitale Endgeräte sind Werkzeuge in unserer Welt, die neue Möglichkeiten des miteinander Arbeitens, Lebens, Lernens und Gestaltens eröffnen. Diese Möglichkeiten sollte Bildung nutzen. Wir als Stiftung „Haus der kleinen Forscher" haben uns auf den Weg gemacht, das Digitale intelligent mit unseren analogen Angeboten zu verknüpfen, um Lernen zu einem neuen Erlebnis zu machen.

Wir wollen dazu beitragen, dass Kinder Haltungen, Wissen und Fähigkeiten erwerben, um an der sich rasant verändernden Welt teilzuhaben und diese aktiv gestalten zu können. Sie sollen in der Lage sein, die heute noch unbekannten Herausforderungen einer sich ständig wandelnden Welt meistern zu können.

Eine Voraussetzung dafür ist, dass pädagogische Fach- und Lehrkräfte ihre berufliche Praxis kontinuierlich weiterentwickeln. Die Stiftung will mit ihrem Angebot pädagogische Fach- und Lehrkräfte und ihre Einrichtungen dabei begleiten, am Wandel in der Bildungswelt konstruktiv mitzuwirken.

Kompetenzen für morgen – was müssen wir heute tun?

Das Aufwachsen unserer Kinder in einer zunehmend digitalen Welt fordert von uns Pädagogen und Pädagoginnen eine pädagogische Antwort. Die kann nicht heißen, nichts zu tun, im Gegenteil. Wir haben die Pflicht, unsere Kinder zu befähigen, Gestalterinnen und Gestalter des Digitalen in der analogen Welt zu sein. Fach- und Lehrkräfte sind wichtige Vorbilder für die Kinder in Kita, Hort und Grundschule.

Das heißt: Wir als Fortbildungsinitiative müssen die Bedürfnisse unserer Zielgruppe sehr gut kennen. Das schaffen wir am besten durch einen engen und direkten Austausch. Der kann persönlich stattfinden und dank moderner Technologien weitergeführt, aufrechterhalten und intensiviert werden. Das ist eine großartige Chance, um gemeinsam die Möglichkeiten, die die digitalen Technologien bieten, für etwas wirklich Sinnvolles zu nutzen: gute frühe Bildung.

Literatur

Aufenanger, S. (2000). Die Vorstellungen von Kindern vom virtuellen Raum. Diskurs 10 1/2000, S. 25–27.

Bayerisches Staatsministerium für Arbeit und Sozialordnung, Familie und Frauen Staatsinstitut für Frühpädagogik. München (2012). Der Bayerische Bildungs- und Erziehungsplan für Kinder in Tageseinrichtungen bis zur Einschulung. Zugriff am 24.07.2018 www.ifp.bayern.de/imperia/md/content/stmas/ifp/bildungsplan.pdf

Bell, T. & Witten, I. & Fellows, M. (2015). cs unplugged, Zugriff am 24.07.2018 http://csunplugged.org/books/

Bergner, N., Köster, H., Magenheim, J., Müller, K., Romeike, R., Schulte, C. & Schroeder, U. (2018, in Druck). Zieldimensionen informatischer Bildung im Elementar- und Primarbereich. In Stiftung Haus der kleinen Forscher (Hrsg.), Frühe informatische Bildung – Ziele und Gelingensbedingungen für den Elementar- und Primarbereich. Wissenschaftliche Untersuchungen zur Arbeit der Stiftung „Haus der kleinen Forscher", 9, Opladen, Berlin, Toronto: Verlag Barbara Budrich

Bergner, N., Müller, K. (2016). Fachexpertise Informatiksysteme.

Borowski, C., & Dehé, M., Hühnlein, F. & Diethelm, I. (2011). Kinder auf dem Weg zur Informatik: Wie funktioniert das Internet? S. 244–253, Zugriff am 24.07.2018 https://www.researchgate.net/publication/257633416_Kinder_auf_dem_Weg_zur_Informatik_Wie_funktioniert_das_Internet

Brinda, T., Diethelm, I., Gemulla, R., Romeike, R., Schöning, J. & Schulte, C. (2016). Dagstuhl-Erklärung: Bildung in der digitalen vernetzten Welt. GI – Gesellschaft für Informatik e.V. Zugriff am 24.07.2018 https://www.gi.de/aktuelles/meldungen/detailansicht/article/dagstuhl-erklaerung-bildung-in-der-digitalen-vernetzten-welt.html

Borowski, C. Fragen von Schülerinnen und Schülern bezüglich der Informations- und Kommunikationstechnologien, Zugriff am 24.07.2018 kinderfragen.informatik.uni-oldenburg.de

Buchert, J. & Grobe, R. (2017). Herausforderungen bei der Implementierung digital gestützter beruflicher Weiterbildung. Die Sicht von WeiterbildnerInnen und BildungsmanagerInnen auf Strukturen, kulturelle Praktiken und Agency, Magazin erwachsenenbildung.at: Wie digitale Technologien die Erwachsenenbildung verändern. 30/2017.

Buschle, C. & König, A. (2018). E-Learning und Blended-Learning-Angebote: Möglichkeiten beruflicher Weiterbildung für Kita-Fachkräfte, MedienPädagogik. Zeitschrift für Theorie und Praxis der Medienbildung. 30/2018, S. 50–72.

Diethelm, I., Zumbrägel, S. (2010). Wie funktioniert eigentlich das Internet? – Empirische Untersuchung von Schülervorstellungen, 6. Workshop zur Didaktik der Informatik, Oldenburg.

Döbeli Honegger, B. (2015). Digitale Medien im Lehrplan 21: Hoffnung oder Hydra? Zugriff am 25.07.2018 beat.doebe.li/talks/bern15/sld009.htm

Feierabend, S., Plankenhorn T. & Rathgeb T. (2017). KIM-Studie 2016 Kindheit, Internet, Medien Basisstudie zum Medienumgang 6- bis 13-Jähriger in Deutschland, Medienpädagogischer Forschungsverbund Südwest (mpfs), Stuttgart, Zugriff am 25.07.2018 https://www.mpfs.de/studien/kim-studie/2016/

Feierabend, S., Plankenhorn T. & Rathgeb T. (2015). miniKIM 2014. Kleinkinder und Medien. Basisuntersuchung zum Medienumgang 2–5jähriger, Medienpädagogischer Forschungsverbund Südwest (mpfs), Stuttgart Zugriff am 25.07.2018 https://www.mpfs.de/fileadmin/files/Studien/miniKIM/2014/Studie/miniKIM_Studie_2014.pdf

Gallenbacher, J. (2012). Abenteuer Informatik (3. Auflage), Springer-Verlag Berlin Heidelberg

Gander, W., et al. (2013). Informatics education: Europe cannot afford to miss the boat', ACM, Zugriff am 25.07.2018 http://europe.acm.org/iereport/ie.html

Gesellschaft für Informatik e.V. (GI), Fachausschuss "Informatische Bildung in Schulen (FA-IBS)", Arbeitsgruppe Informatikstandards: Standards für die Informatik in der Schule, Zugriff am 25.07.2018 www.informatikstandards.de/index.htm?section=standards&page_id=21

Gesellschaft für Informatik e.V. (2005). „Was ist Informatik?", Positionspapier der Gesellschaft für Informatik, Zugriff am 25.07.2018 www.gi.de/themen/was-ist-informatik.html

Gesellschaft für Informatik e.V. Was sind Grand Challenges der Informatik? Zugriff am 25.07.2018 http://grandchallenges.de/

Holmes, W., Anastopoulou S., Schaumburg, H. & Mavrikis, M. (2018). Personalisiertes Lernen mit digitalen Medien. Ein roter Faden. Stuttgart, Robert Bosch Stiftung.

Honegger, B. (2015). Digitale Medien im Lehrplan 21: Hoffnung oder Hydra?, 3. Nationales Fachforum Jugendmedienschutz, Vortrag, Zugriff am 25.07.2018 http://beat.doebe.li/talks/bern15/sld009.htm

Lifelong-Kindergarten-Group am Media-Lab des MIT: Scratch-Projekt, Zugriff am 25.07.2018 scratch.mit.edu

Lorenz, R., Bos, W., Endberg, M., Eickelmann, B., Grafe, S. & Vahrenhold, J. (Hrsg.) (2017). Schule digital – der Länderindikator 2017. Schulische Medienbildung mit besonderem Fokus auf MINT-Fächern in der Sekundarstufe I im Bundesländervergleich und Trends von 2015 bis 2017. Münster: Waxmann, Zugriff am 25.07.2018 www.waxmann.com/buch3699

Müller-Prove, M. (2011). Zurück in die Kindheit – Infantilisierung im UI Design, Tagungsband Hyperkult 20, S. 35–40.

Romeike, R.; Reichert, D. (2011). PicoCrickets als Zugang zur Informatik in der Grundschule, Informatik in Bildung und Beruf. 14. GI-Fachtagung Informatik und Schule - INFOS 2011, 177–186, Gesellschaft für Informatik e.V. (GI).

Schleicher, A., Future Trends in Education: 21st Century Skills. Vortrag auf dem International Dialogue on STEM 2017. Zugriff am 25.07.2018 https://youtu.be/yWNxgRnD0zk

Schäffer, K., Mammes, I. (2014). Robotik als Zugang zur informatischen Bildung in der Grundschule, GDSU-Journal, 4/2014.

Starruß, I. (2007). Synopse zum Informatikunterricht in Deutschland, Bakkelaureatsarbeit, TU Dresden, Zugriff am 25.07.2018 dil.inf.tu-dresden.de/uploads/media/Bakkalaureatsarbeit_Isabelle_Starruss_01.pdf

Stiftung „Haus der kleinen Forscher" (Hrsg.) (2017). Informatik entdecken – mit und ohne Computer, Berlin.

Stiftung Haus der kleinen Forscher (2017). Umfrage unter Erzieherinnen und Erziehern zur Mediennutzung. Wie nutzen Erzieherinnen und Erzieher digitale Geräte in Kitas? Berlin: Stiftung Haus der kleinen Forscher. Zugriff am 25.07.2018 https://www.haus-der-kleinen-forscher.de/fileadmin/Redaktion/3_Aktuelles/Presse/171213_Ergebnisse_zur_Telefonbefragung_Digitales.pdf

Weiß, S. (2015). Förderung informatischer Kompetenzen von Kindergartenkindern am Beispiel des Sortierens. Master Thesis, Bergische Universität Gladbach.

Digitale Bildung im Primar- und Sekundarbereich

Friedrich Gervé

Digitalisierung und Bildung im Primarbereich

Abstract

Dieser Beitrag versucht Aspekte des notwendigen Diskurses über Bildung in einer Welt zusammenzufassen, in der Digitalisierung in unterschiedlichen Formen immer mehr Lebensbereiche erfasst und damit auch für Kinder im Grundschulalter Teil ihrer gegenwärtigen und zukünftigen Lebenswelt wird. Für die Pädagogik und Didaktik der Primarstufe ergeben sich Aufgaben, Chancen und Risiken, denen nur eine kind- und gesellschaftsorientierte differenzierte Betrachtung gerecht werden kann, die Bildungsziele und -inhalte ebenso kritisch in Frage stellt, wie Formen des Lehrens und Lernens. Dabei scheint eine der großen Herausforderungen darin zu bestehen, der rasanten technischen Entwicklung einen zeitintensiv reflektierten und sinnerfüllten pädagogischen und didaktischen Denk- und Handlungsrahmen zu geben, um die Gestaltungshoheit für Bildung weder der Technik noch einem ökonomisierenden Wachstumsparadigma zu überlassen. Gleichzeitig gilt es, die Primarstufe als Phase grundlegender institutionalisierter Bildung nicht loszulösen von den durch Digitalisierung geprägten Lebenswelten, Chancen neuer Lernmöglichkeiten zu nutzen, Risiken und Gefahren für die personale und soziale Entwicklung und Entfaltung zu erkennen und die Kinder, wo notwendig, davor zu schützen und doch durch entsprechende Bildungsarbeit darin zu stärken, die Herausforderungen mit auf Kenntnissen, Fähigkeiten und Haltungen gründender Sicherheit und Orientierung zukunftsoffen und proaktiv annehmen zu können.

1. Digitalisierung

1.1 Sprachgebrauch

Wir lesen und hören in Schlagzeilen, Werbung, politischen und wirtschaftlichen Programmen, Entwicklungs- und Forschungsprojekten im Kontext digitaler Transformation von *digitaler* Zukunft, *digitaler* Industrie, *digitalem* Lernen, *digitaler* Bildung (BMBF, 2016), gar *digitaler* Welt (KMK 2016, GI 2016) und nehmen diesen Sprachgebrauch im Sinne vermeintlich zeitgemäßen und modernen Denkens oder gar eines damit verbundenen Heilsversprechens für eine sichere Zukunft kaum hinterfragt an und hin (Lankau, 2017b), oft ohne genauer oder differenzierter zu bestimmen, was damit gemeint ist. Die Frage ist, wollen wir tatsächlich eine *Digitalisierung* unseres Lebens – Sprache ist nicht nur Ausdruck unseres Denkens und Handelns, sondern schafft auch Wirklichkeit – oder geht es vielmehr darum, menschliches Zusammenleben unter Zuhilfenahme von Werkzeugen und (digitalen) Techniken aktiv, human und nachhaltig zu gestalten? Plädiert wird hier also für einen bewussten und differenzierenden Sprachgebrauch, gerade auch, wenn es um Fragen der Bildung und Erziehung geht, wie sie sich immer wieder neu für eine Gesellschaft und den Einzelnen stellen. So sollten wir nicht von *digitalem Lernen* oder *digitaler Bildung* sprechen, sondern besser von Bildung und Lernen in einer zunehmend von digitalen Medien und Technologien beeinflussten und geprägten Welt und den Kompetenzen für deren Gestaltung. Lernen ist nicht digital (Lankau, 2017a), es kann unterstützt werden *mit* digitalen Medien. Und Bildung umfasst weit mehr als das, sie trägt zur aktiven Teilhabe und Gestaltung des persönlichen und gesellschaftlichen Lebens bei und dies bedarf vor allem auch eines kritisch-reflexiven Lernens *über* Artefakte, Phänomene, Potenziale und Probleme der Digitalisierung. Es wäre fatal, Lernen und Bildung auf *digitalisierbare* Prozesse und Inhalte zu reduzieren, auch wenn dies zunächst nicht mit dem oben skizzierten Sprachgebrauch impliziert oder intendiert wird, was sich zeigt, wenn die Begriffe bestimmt werden (Irion, Ruber & Schneider, 2018).

1.2 Artefakte und Phänomene

Der so genannte digitale Wandel scheint allgegenwärtig. Verbindet man zunächst die zunehmende Nutzung von Computern, Tablets und vor allem den Alleskönner Smartphone, also den Wandel in Unterhaltung, Kommunikation und Konsum durch den Gebrauch digitaler Medientechnik mit dem Begriff, wird bei genauerer Betrachtung klar, dass dieser Wandel viel weitreichender ist und so auch als *digitale Transformation* bezeichnet wird (Drechsler 2018, S. 41). In immer mehr alltäglichen Lebensbereichen, auch der der Kinder, finden sich Artefakte, die auf digitaler Technik basieren, also in Zahlen codierte Daten verarbeiten: das Handy mit dem Bahnticket, der private Fotoapparat und das Fotolabor im Drogeriemarkt, der Kaffeeautomat in der Kantine, die Parkhausschranke, die Musikanlage für die Party, das Navigationsgerät mit Landkarte auf dem Bildschirm, die Kreditkarte, das Gerät zur Bestätigung einer Paketauslieferung, die öffentliche Videokamera an zentralen Plätzen, der Geldautomat, Radio, MP3-Player, Werbetafel im Einkaufsmarkt, Taschenrechner, Personenwaage, Waschmaschine und Herd, Kopiergerät, die sprechende Puppe oder der zwitschernde Plüschvogel, der Industrie- und der Pflegeroboter, die Computer zur Steuerung von Wasser- und Energieversorgung, der smarte Kühlschrank, Alexa, Siri und andere „digitale Assistenten" – die Liste ließe sich beliebig fortsetzen. Die Artefakte sind die eine Seite und reihen sich eher in Form eines historisch kontinuierlichen Wandels in die

Entwicklungslinie technischer Hilfsmittel ein, vielleicht als Sprung, wie Buchdruckerpresse oder Dampfmaschine. Wichtiger aber erscheint der Blick auf die Phänomene, die unser gesellschaftliches, politisches, wirtschaftliches und privates Leben und damit auch Bildungs- und Lernprozesse in starkem Maße beeinflussen und verändern: Die rapide Expansion und Pluralisierung von Information, sowie deren leichte Zugänglichkeit, enorme Rezeptions- und Produktionsmöglichkeiten und Steuerbarkeit, zeit- und ortsunabhängige multimodale, personalisierte und anonymisierte Kommunikation, bargeldloser, globalisierter und entpersonalisierter Handel, enorme Produkt- und Know-How-Verfügbarkeit, Selbstdarstellungs- und Eigenproduktionsmöglichkeiten und -notwendigkeiten, Unterhaltungsvielfalt und Angebote virtueller Welten, personalisierte Werbung, die Protokollierung von Konsum, Arbeit, Kommunikation, Bewegung und Sozialverhalten mit der Möglichkeit der Überwachung, Steuerung und Manipulation, Beschleunigung, Erweiterung von persönlichen und gesellschaftlichen Handlungsmöglichkeiten auch durch Erleichterung schwerer oder aufwändiger Arbeit und gleichzeitig die Reduktion menschlichen Handelns und persönlicher Handlungsoptionen auf Digitalisierbares bzw. auf das, was mit digitaler Technik ausführbar ist oder unterstützt werden kann, Blockchaintechnologie mit Cryptowährung, Künstliche Intelligenz, also Algorithmen, die selbst lernfähig werden, schließlich auch nicht vorprogrammierte Entscheidungen treffen und als Roboter kreativ werden (Eberl, 2016), Steigerung der persönlichen Autonomie im Kleinen und Erweiterung von globaler Kontrolle und Macht im Großen (Drechsler, 2018). Auch diese Liste ließe sich fortsetzen und zeigt die Notwendigkeit einer ethischen Potenzial- und Risikobewertung und darauf gründend die Aufgabe der u.a. rechtlichen Regulierung einerseits und andererseits der Bildung im Sinne der Eröffnung von Potenzialen zu bewusster und verantwortungsvoller Nutzung, Entwicklung und kritischer Reflexion der Phänomene und Artefakte der Digitalisierung im Blick auf eine ökologische und soziale Nachhaltigkeit.

Digitalisierung wird, so scheint es, in der öffentlichen und politischen Wahrnehmung und im alltäglichen Handeln auf Technik und Utilitarismus (Artefakte) fokussiert, aber in ihrer Dialektik zunehmend zur gesellschaftlichen und ethischen Frage und Herausforderung (Phänomene) und das hat Konsequenzen für die Bildung, auch im Primarbereich.

2. Bildung

2.1 Bildungstheoretische Einordnung

Bildung kann in deutscher Tradition verstanden werden als die individuelle, Identität stiftende Entfaltung aller menschlichen Potenziale und dies in einer wechselseitigen Verbindung von Wissensaneignung über die Welt und geistiger Sinngebung durch das Subjekt in einem kulturell geprägten Rahmen. Zu betonen sind Prozesscharakter und notwendige Offenheit, die sich in Interesse und einer dauerhaft kritischen Fragehaltung manifestiert. Bildung bedeutet aber auch die Fähigkeit und human motivierte wie civilcouragierte Bereitschaft zur solidarischen und aktiven Verantwortungsübernahme für andere, Gesellschaft und Umwelt, was prägnant in Klafkis Bildungsbegriff von Selbst-, Mitbestimmungs- und Solidaritätsfähigkeit zum Ausdruck kommt (Klafki, 1992).

In der Angelsächsischen Tradition betont das Literacy-Konzept dagegen die Notwendigkeit, in und durch Lehr-Lernprozesse anwendungsbezogenes Wissen zu generieren und Fähigkeiten und Motivation zu dessen eigenständig- problemangemesserer Nutzung zu entwickeln. Orientiert daran, verspricht aktuell der Begriff der Kompetenz, die Ziele von institutionell organisierten Bildungsprozessen greifbarer zu machen (Performanz). Die Begriffe Bildung und Kompetenz stehen in einem Spannungsverhältnis, da mit der alleinigen Fokussierung auf das Ergebnis, den messbaren Output von Lehr-Lernprozessen und dessen Reduktion auf Können mit dem Kompetenzbegriff ein additiver Funktionalismus bedient wird, dem andererseits ein zuweilen human überhöhender und vom praktischen Leben losgelöster, elitär separierender und unbestimmt ganzheitlicher Bildungsbegriff gegenübersteht (Göppel, 2010). Positiv formuliert hebt Köhnlein (2012) die Widersprüche auf, wenn er schreibt: „Vielmehr bezeichnet Bildung ein komplexes Leitziel, das Kompetenz einschließt. [...] Durch die Bindung an den Prozess der Bildung werden Kompetenzen dem Diktat der Nützlichkeit [...] entzogen und didaktisch interpretiert." (a.a.O., S. 257).

Sieht man die aktuell zuweilen synonym benutzten Begriffe *digitale Kompetenz und digitale Bildung* in diesem Kontext, so wird deutlich, dass die Fähigkeit mit digitaler Technik umgehen zu können, sie zum Lehren und Lernen einsetzen zu können und damit auf eine *digitale Zukunft* vorzubereiten, ohne eine Bestimmung des pädagogisch-didaktischen, aber auch gesellschaftlichen, ethischen, politischen und rechtlichen Kontextes der Leitidee von Bildung nicht genügen kann. Andererseits muss aber der explorative und kreative Umgang mit digitalen Artefakten in Verbindung mit einer kritisch- (selbst-)reflexiven auf Verstehen gerichteten Auseinandersetzung mit Phänomenen und Folgen der Digitalisierung in Verantwortung für die Entwicklung der eigenen Person und der Gesellschaft als Teil allgemeiner Bildung angesehen werden. Bieri (2005) beschreibt acht Dimensionen von Bildung, die das verdeutlichen mögen: *Selbsterkenntnis* und *Selbstbestimmung* durch eine differenzierte und je begründete Positionierung müssen und können in der handelnden Auseinandersetzung mit Digitalisierung ebenso eingefordert und gefördert werden, wie *moralische Sensibilität*, womit gemeint ist, angesichts der Vielschichtigkeit und Diversität, die das Themenfeld und seine Akteur*innen kennzeichnet, „die Balance zu halten zwischen dem Anerkennen des Fremden und dem Bestehen auf der eigenen moralischen Vision" (ebd., S. 6) und im Perspektivenwechsel „soziale Phantasie" (ebd.) zu entwickeln. Die Nutzung digitaler Medien kann zur *Orientierung* in der Welt und die *Aufklärung* über die Welt als Basis für „gedankliche Unbestechlichkeit" (ebd., S. 2) beitragen und im Hinterfragen der eigenen, gewordenen Kultur und des wandelbaren Zeitgeistes mit entsprechenden Artefakten und Phänomenen der Digitalisierung kann *historisches Bewusstsein* wachsen. Durch das interessierte Kennenlernen und Verstehen „der vielen Möglichkeiten [...], ein menschliches Leben zu leben" (ebd., S. 4) in der medialen Begegnung mit dem Anderen und dem Ausdruck des Eigenen über Sprache gewinnt die Person *Artikuliertheit*. Die mit dem Kompetenzbegriff nicht mehr zu fassende kontemplative, emotionale und ästhetische Dimension von Bildung beschreibt Bieri als *poetische Erfahrung* und spitzt zu: „Niemand, der die Dichte solcher Augenblicke kennt, wird Bildung mit Ausbildung verwechseln und davon faseln, dass es bei Bildung darum gehe, uns «fit für die Zukunft» zu machen." (ebd., S. 7). Das muss in Zeiten von „DigitalPakt Schule" (BMBF, 2017) und Kompetenzstrategien für die „Bildung in der digitalen Welt" (KMK, 2016) oder die „Bildung in der digitalen Wissensgesellschaft" (BMBF, 2016) nachdenklich stimmen.

2.2 Bildung im Primarbereich

In Grundlagentexten zur Grundschulpädagogik, Schulgesetzen und Bildungsplänen findet man in Varianten die Aufgabe einer gemeinsamen *Grundbildung* beschrieben als Einstieg in schulische Bildungsprozesse und -strukturen mit einer Vermittlung elementarer und anschlussfähiger Fähigkeiten (Einsiedler, 2014), einer individuellen und universellen Förderung aller Begabungen und Potenziale und dem Aufbau sozialer und demokratisch geprägter Grundhaltungen. Die Aufgaben werden einerseits als propädeutisch, also auf weitere Bildungsprozesse und das spätere Leben vorbereitend, bezeichnet, andererseits aber auch gegenwarts- und lebensweltbezogen im Sinne einer Aufklärung über Bestehendes, Öffnung für Neues und Ermutigung zum Handeln und Lernen (Kahlert 2016, S. 24 f.) formuliert. Aktuell werden auf dieser Basis inhalts- und prozessbezogene Kompetenzen formuliert, die den Auf- und Ausbau von Kenntnissen, Fähigkeiten und Haltungen vereinen und stets in den Rahmen eines auf das Grundschulkind gerichteten Erziehungsauftrags stellen. Klafki (1992, S. 13 ff.) bestimmt *Allgemeine Bildung* auch für den Primarbereich als „Zusammenhang von Selbstbestimmungs-, Mitbestimmungs- und Solidaritätsfähigkeit" sowie als „Bildung für alle" Kinder, „Bildung im Medium des Allgemeinen", also an Inhalten, Fragen und Problemen, die für alle von Bedeutung sind und „Bildung in allen Grunddimensionen menschlicher Interessen und Fähigkeiten", also kognitiv, handwerklich, sozial, ästhetisch, ethisch und politisch. Kinder werden gesehen als aktuell und zukünftig mündig und verantwortlich handelnde Personen mit einem Anspruch auf Unterstützung für individuelle Entfaltung und aktive gesellschaftliche Teilhabe, wobei der Bildungsauftrag immer relativiert und angepasst werden muss „auf die aktuellen Erfahrungen, Bedürfnisse und Interessen von Grundschulkindern, zum anderen auf die potenziellen Entwicklungsmöglichkeiten innerhalb dieser Stufe." (ebd., S. 15).

Deutlich wird hier, dass *Digitalisierung* als „epochaltypisches Schlüsselproblem" (Klafki, 1992, S. 18 ff.) zum Gegenstand unterrichtlicher Auseinandersetzung werden muss, dass aber auch der Einsatz digitaler Medien durch deren Multimedialität und Multifunktionalität für einige der Aspekte einer „Bildung in allen Grunddimensionen" sehr förderlich sein kann und der pädagogisch gerahmte Zugang dazu im Sinne einer „Bildung für alle" auch allen Grundschulkindern zu ermöglichen ist (GSV, 2018).

2.3 Medienbildung

Mit dem Begriff der Medienbildung wird der Begriff der Medienkompetenz insofern erweitert und ergänzt, dass damit die in der Medienpädagogik als Interaktionsverhältnis von Nutzer und Medium beschriebene individuelle Bedeutungsgenerierung und eigenaktiv-identitätsstiftende Mediennutzung betont und als „selbstbestimmt-reflexive und verantwortlich partizipative Informations-, Ausdrucks- und Kommunikationsfähigkeit" (Gervé & Peschel, 2013, S. 60) in den Rahmen allgemeiner Bildung gestellt wird. Hat Medienerziehung eher einen *normativ* (an-)leitenden Anspruch zum sach- und altersangemessenen Umgang mit (digitalen) Medien, zur Selbstreflexion und zum Beachten von Grenzen, zielt die Medienkompetenzdebatte *funktional* vor allem auf das Erlernen des Umgangs mit (digitalen) Medien als einer Art allgemeiner Kulturtechnik einerseits und den zielgerichteten Einsatz für ein zukunftsfähiges Lehren und Lernen andererseits. Medienbildung in den oben genannten Spielarten von Bildung verlangt aber notwendigerweise nach einem *sich-Bilden* als einem eigenaktiven, Persönlichkeit bildenden Prozess *reflexiv-kritischer* und universeller Auseinandersetzung mit (digitalen) Medien. „Medienbildung in der Schule sollte somit pauschal geltende gesetzliche Regelungen oder in Curricula vorgeschriebene Medienerziehungspässe oder Computerführerscheine durch passgenaue individualisierende Maßnahmen zwischen Bewahrpädagogik, funktionaler Mediendidaktik und kritisch-reflexiver Medienerziehung ergänzen" (Irion, 2016, S. 21). Im Begriff der Medienbildung wird deutlicher als im Begriff der Medienkompetenz die individuelle und kollektive Sinnfrage aufgenommen, die vor einem ökonomisch oder ideologisch auslegbaren Utilitarismus schützt, auch wenn als Teil von Medienkompetenz die „Fähigkeit, Medien bewusst, reflektiert, kritisch und kreativ zu analysieren, zu nutzen und zu gestalten, [sowie die] Bereitschaft und Motivation medienkritisch und medienkreativ zu handeln" (Gervé/Peschel 2013, S. 60) konstatiert wird (Irion, Rubel & Schneider, 2018, S. 43 ff.).

3. Digitalisierung und Bildung

3.1 Lebensweltorientierung und Erfahrung

Vielfach wird beschrieben (KIM, 2016; BLIKK, 2016; Bitkom, 2014) und postuliert (Irion, 2018; Peschel, 2016; BMBF, 2016; KMK, 2016), dass und inwiefern digitale Medien wesentlicher Teil der Lebenswelt von (Grundschul-)Kindern sind und sie als Digital Natives längst selbstverständlich digitale Medien nutzen. Ihre Welt wird als *digitale Welt* bezeichnet (ebd.). Zweifelsohne sind Kinder täglich von Artefakten der Digitalisierung (s.o.) umgeben, nutzen manche von diesen aktiv (z.B. Fernseher, Computer zum Videoschauen, Spielekonsolen, Telefon, die Armbanduhr mit Aufnahmefunktion u.a.m.) und teilweise sehr intensiv, andere eher passiv (die Kasse im Supermarkt, den Automaten am Schwimmbadeingang, die Chipkarte in der Bücherei u.ä.), doch stellt sich sowohl die Nutzung als auch das deklarative und prozedurale Wissen darüber schon innerhalb einer Schulklasse als sehr heterogen dar und die Lebenswelt ist zunächst vor allem durch (analoge) soziale Kontakte geprägt, auch das zeigen die aktuellen Kindheitsstudien (World-Vision, 2018; KIM, 2016). Es gilt als wichtiges Prinzip der Bildung im Primarbereich, Lerninhalte und Methoden ausgehend von den Erfahrungen der Kinder in ihren Lebenswelten zu bestimmen, gleichzeitig aber auch Kompetenzen zu entwickeln, die im Alltag der Kinder als erweiterte Handlungspotenziale wirksam werden können und damit der Gefahr des Ansammelns von *trägem Wissen* zu begegnen. Lebensweltorientierung hat in der Verbindung von Lernen und Alltag in der Schule also immer zwei Richtungen, sozusagen als Ausgangs- und Zielpunkt von

Lehr-Lernprozessen, und berücksichtigt die Individualität (biographisch geprägte Lebenswelt als Erfahrungshintergrund) und die Sozietät (gesellschaftlich geprägte Lebenswelt als Handlungsraum). Erfahrung wird zu einem Schlüsselbegriff, im Deweyschen Sinn verstanden als reflektierte und damit bewusst gemachte und begrifflich gefasste Verknüpfung von Wirken (aktives Eingreifen) und Wirkung (passivem „Erleiden" der Konsequenzen) bzw. als Verbindung von Tun und Denken (Dewey, 1994, S. 140 ff.). Zu weiteren Schlüsselbegriffen für unterrichtliche Lern- und schließlich Bildungsprozesse werden in der Folge *Handlung* und *Kompetenz als Handlungspotenzial*. Wenn also Kinder Artefakte der Digitalisierung nutzen oder Phänomenen der Digitalisierung ausgesetzt sind, heißt das noch nicht zwingend, dass sie entsprechende Erfahrungen haben und wenn, dann sehr heterogene. Als Auftrag für die (Grund-)Schule ergibt sich daraus auch, bewusst oder unbewusst Erlebtes im Bereich der Digitalisierung in der Lebenswelt (Artefakte und Phänomene) zur Erfahrung werden zu lassen und die Entwicklung von Kompetenzen zu fördern, die den Kindern selbstbestimmte und verantwortliche Handlungsmöglichkeiten in ihrer von Digitalisierung geprägten Welt eröffnen (Irion, Ruber & Schneider, 2018).

3.2 Kompetenz- und Handlungsorientierung

Was aber bedeutet Handlungsfähigkeit im Kontext von Digitalisierung, welche Kompetenzen brauchen Kinder und welche können sie in der Primarstufe entwickeln? Handlung lässt sich grob charakterisieren als Prozess mit den Komponenten zielorientiertes (*vor-greifendes*) Planen, aktives (*ein-greifendes*) Durchführen und Distanz einnehmendes (*be-greifendes*) Reflektieren (Gervé, 2018, S. 177 f.). Erwächst daraus die wissensgestützte Fähigkeit, das Begriffene in neuen lebensweltlich und bildungsrelevanten Handlungssituationen für Planung, Durchführung oder Reflexion nutzen zu können und zu wollen, kann von Kompetenzentwicklung gesprochen werden. Eine *handlungsorientierte* Bildungsarbeit vor dem Hintergrund der Digitalisierung bedeutet demnach im Primarbereich, Lernumgebungen so zu gestalten, dass Kinder darin digitale Medien zum planvollen, aktiv-gestaltenden und reflektierten Arbeiten nutzen können. Denkbar wäre z. B. eine Gruppenarbeit, bei der mit Hilfe eines Tablets ein gemeinsam entwickelter und abgestimmter Plan für einen Trickfilm umgesetzt wird, der selbst erstellte visuelle und auditive Elemente in einen szenischen Ablauf bringt, zur distanzierenden und damit *be-greifbaren* und kommunizierbaren Darstellung eines konkreten Konflikts aus der Lebenswelt der Kinder samt einer möglichen Lösung nutzt und schließlich durch seine Vorführung zur gemeinschaftlichen Reflexion anregt. Ein *kompetenzorientiertes* Lehren und Lernen muss nach alters- bzw. entwicklungsgemäßen und situativ-lebensweltlichen oder bildungswirksamen Handlungsmöglichkeiten von Kindern im Alter von 6 bis 10 oder 12 Jahren als Ausgangs- und Zielperspektive suchen. Solche liegen sicher in den Bereichen spielen/"zocken", Unterhaltung, sich interessengeleitet informieren, kommunizieren und sich schützen vor Sucht, Funkstrahlung (diagnose:funk.org, 2017), Cyber-Mobbing oder -Grooming, Tracking, Manipulation (z.B. mit Fake-News oder gezielter Werbung), Datenmissbrauch oder Überwachung. Relevante Handlungsmöglichkeiten für Kinder bestehen aber auch im Bereich des (selbstgesteuerten) Lernens. Dazu gehören Fähigkeiten, etwas gezielt *wahrzunehmen* oder zu beobachten, Informationen zu sammeln, sich einen Sachverhalt oder eine Problemlösung erarbeiten zu können (gezielt auswählen, ordnen, dokumentieren), etwas Eigenes daraus zu *gestalten* und sich damit auszudrücken, Ergebnisse zu präsentieren, mitzuteilen, zu vergleichen, auszuhandeln und sich darüber zu verständigen, also zu *kommunizieren,* sowie effektiv üben und Gelerntes anwenden zu können (Gervé, 2009; 2017a). Der Forderung nach proaktiv handelnder Auseinandersetzung mit digitalen Medien entspricht der Begriff des kompetenten „Prosumers", wie er von Schmeinck (2013) im Zusammenhang mit der mediengestalterischen Arbeit mit digitalen Geomedien verwendet wird.

3.3 Digitale Medien in der Primarstufe

Die Rezeption und Interpretation vorliegender Studien wie KIM (2016), Bitkom (2014; 2015), ICILS (2014) werden sowohl von Verfechtern „digitalen Lernens" wie auch von Gegnern des frühen digitalen Medieneinsatzes angeführt (u.a. Lankau, 2017, S. 120 ff.), um das vermeintlich generalisierbar hohe Ausmaß an privater und schulischer Nutzung digitaler Medien zu belegen und daraus den je eigenen schulischen Auftrag abzuleiten. Dabei wird selten differenziert nach Altersgruppe und Schulart. Die meisten Angaben beziehen sich auf Kinder und Jugendliche, fassen nicht selten größere Altersgruppen zwischen 6 und 18 Jahren zusammen und beziehen sich schul- und unterrichtsbezogen meist auf die Sekundarstufe (so auch Wirkungsstudien wie Herzig, 2014), obwohl gerade ab einem Alter von 11-12 Jahren große Veränderungen in der Mediennutzung festzustellen sind. Rückschlüsse und Aussagen über die Primarstufe sind daher nicht selten fragwürdig und beim genaueren Hinsehen zeigt sich vor allem ein äußerst heterogenes Bild. Demnach werden bislang digitale Medien in den Grundschulen in Deutschland nicht flächendeckend intensiv eingesetzt (Eikelmann, 2014; 2016). Grundschullehrer*innen nutzen Notebooks mit Beamer oder Interactive Whiteboards vor allem zu Demonstrationszwecken (Filme, Präsentationen), PCs und Tablets werden in Deutsch und Mathematik zum Schreiben oder Üben eingesetzt, im

Sachunterricht zuweilen zur Recherche über Kindersuchmaschinen, insgesamt weniger zur kreativen Arbeit, wie beispielsweise mit Apps wie BookCreator zur Dokumentation von Arbeitsergebnissen in multimedialen Büchern oder PuppetPals zur Erstellung von Trickfilmen im Deutsch- oder Fremdsprachenunterricht. Recht verbreitet sind Internetplattformen zur Leseunterstützung wie Antolin, weniger bekannt wohl Wikis wie kidipedia (Peschel, 2010) zur kommunikativen Erstellung eigener Wissensdatenbanken und Erfahrungsdokumentationen, im Kommen sind vielleicht informatisch ausgerichtete Bildungsangebote wie Caliope oder Lego-Wedo. Neben diesen Praktiken des Lehrens und Lernens *mit* digitalen Medien weisen Internetführerscheine o.ä. auf das vor allem in höheren Klassen für bedeutsamer gehaltene und dennoch wenig explizite Lernen *über* digitale Medien hin, wobei das Lernen hier oft auf einer funktional ausgerichteten Nutzungsebene bleibt und die Ansprüche einer reflexiv-kritischen Medienpädagogik kaum erreicht werden (Irion, 2016, S. 21). Hier zeigen sich noch größere Unsicherheiten bezüglich angemessener Ziele, geeigneter Inhalte und Methoden als beim Einsatz digitaler Medien zur Unterstützung traditioneller Lehr-Lernprozesse. Hoher Aufwand, technische Unzuverlässigkeit und fehlender Sofort-Support einerseits und zu wenig überzeugende Mehrwerterwartungen bzw. -erfahrungen sowie ein zuweilen als bedenklich wahrgenommener Medienkonsum vieler Kinder außerhalb der Schule stehen den Forderungen und Erwartungen von Politik und Wirtschaft gegenüber (Fecher et al., 2016). Ernst zu nehmende Warnungen aus Neurobiologie und Hirnforschung (Teuchert-Noodt, 2018; Spitzer, 2012) betonen die fesselnde und erfahrungsreduzierende Wirkung besonders von digitalen Bildschirmmedien auf Kinder und kontrastieren diese vermeintlich zwingend zu einer basal notwendigen sinnlich-haptischen Erschließung der Welt (Ladel, 2018, S. 3). Differenziert wird kaum nach Medienart, Inhalt, allgemein- und fachdidaktischem oder pädagogischem Kontext. Wird die für Bildung notwendige – und die Digitalisierung einschließende – Lebensweltorientierung und Anschlussfähigkeit schulischer Lehr-Lernprozesse über- bzw. unterbetont, kommt es zwischen Befürwortern und Gegnern eines Einsatzes digitaler Medien im Primarbereich zu einer wenig zielführenden Polarisierung. Den komplexen Ansprüchen und Herausforderungen, die sich aus den vielen und unterschiedlichen Phänomenen der Digitalisierung für die Arbeit im Primarbereich ergeben, kann nur eine differenzierte, situationsbezogene und bildungsorientierte Reflexion gerecht werden, einhergehend mit einer auf interdisziplinärer Forschung und Praxiserfahrung gegründeten Entwicklung von Konzepten und Lernumgebungen. Dabei ist die grundsätzliche Unterscheidung in ein Lernen *mit* digitalen Medien und ein Lernen *über* Artefakte und Phänomene der Digitalisierung ein wesentlicher Schritt. Für das Lernen *mit* digitalen Medien liegen Konzepte, Beispiele, Erfahrungs- und Forschungsberichte auch für den Primarbereich vor (Aufenanger, 2015;

Bastian & Aufenanger, 2017; Gervé, 2017a; Ladel, Knopf & Weinberger, 2018; Peschel, 2016; Peschel & Irion, 2016), die vielfach deutlich machen, dass erst ein entsprechender didaktischer Kontext als sinnstiftendes Netz von Zielen, Inhalten, Voraussetzungen und Methoden die Potenziale digital gestützter Lernumgebungen zum Tragen bringt. Solche Lernumgebungen zeichnen sich dabei durch die „Inklusion" (Peschel, 2016) digitaler Medien in analoge Erfahrungs- und Handlungszusammenhänge aus und schützen gleichzeitig vor ungewollter oder möglicherweise gefährlicher (digitaler) Mediendominanz. Die Forderung nach einem Lernen *über* digitale Medien oder weiter noch eine unterrichtliche Auseinandersetzung mit Phänomenen der Digitalisierung und ihrer Folgen für die persönliche Entwicklung und das Zusammenleben wird zwar ebenso erhoben (Irion, 2018; Gervé & Peschel, 2013), hierzu liegen jedoch bislang kaum konkretere Konzepte, Beispiele oder Forschungen vor, die über Ideensammlungen (z.B. Gervé, 2016a/b, 2017a/b) oder Ratgeber (z.B. BMFSFJ, 2018) hinausgehen, wobei hier an die Tradition der schon vordigitalen Medienpädagogik (Baacke, 1973) angeknüpft werden kann, die neben nutzungsbezogenen auch explizit kritisch-reflexive Kompetenzziele formuliert hat (Irion, 2016). Die Forderungen nach einer verstärkten informatischen Grundbildung (Diethelm & Brinda, 2018; GI, 2018) bringen in jüngster Zeit wichtige Impulse im Sinne der Aufklärung und kritischen Auseinandersetzung mit informatischen Systemen, stehen aber in dem Umfang ihres Anspruchs in Konkurrenz zu anderen Kompetenzzielen und Unterrichtsinhalten. Daher müssen sie in den Rahmen einer Generaldebatte um Ziele und Inhalte grundlegender Bildung im Primarbereich unter Berücksichtigung von zeitlichen, materiellen und personellen Ressourcen in ihrem fachlichen Anspruch in Frage gestellt werden.

4. Konsequenzen für die Bildungspraxis im Primarbereich – Fazit

Orientiert man sich an den vier „Grundlegungsaufgaben", die Einsiedler (2014, S. 229 ff.) für die Bildung im Primarbereich formuliert, so lassen sich daraus jeweils schlagwortartig Schlüsse für das Verhältnis von Bildung und Digitalisierung ziehen:

1. *Gemeinsame Bildung für alle* => Zugang zu digitalen Medien für alle und Möglichkeit der kritisch-reflexiven Auseinandersetzung mit Phänomenen der Digitalisierung durch offene individualisierte und gemeinschaftliche Unterrichtsformen.
2. *Gemeinsamer Grundstock* => Mindestkompetenzen und individualisierbare Konzepte für das Lernen mit digitalen Medien und über Digitalisierung, gleichzeitig aber eine Sicherung sinnlich-analoger Basiserfahrungen.

3. *Beginn der Allgemeinbildung* => Inklusion digitaler Medien in Lernumgebungen (a) zur „allseitigen Förderung" mit Verbindung zu basalen analogen Aneignungsformen, (b) Einführung in fachpropädeutische „Perspektiven des Weltverstehens" durch digital gestützte Informationsgewinnung, Verarbeitung, Dokumentation, Präsentation und kommunikative Evaluation sowie (c) Auseinandersetzung mit Implikationen und Folgen unterschiedlicher Phänomene der Digitalisierung als „allgemeine Probleme der Gegenwart" zur Anbahnung eines „vernetzten Denkens".

4. *Stärkung der Persönlichkeit* => Unterstützung eines „guten Starts" in die reflektierte und selbstbestimmte Nutzung digitaler Medien durch unterrichtliche Aufarbeitung, Begleitung und Erweiterung außerschulischer Erfahrungen.

Jeweils sind die situativen Voraussetzungen und Kompetenzen der Beteiligten (Lehrer*innen, Schüler*innen, Eltern, Schule und Gemeinde) zu berücksichtigen und auch hier die Ebenen Nutzung (Bedienung, Umgang, Sicherheit), Nutzen (didaktisch-methodische Rahmung) und Reflexion (Distanz, Kritik, Haltung, Schutz und alternative Handlungspotenziale) mit je eigenen Kompetenzen auf Seiten der Lehrenden wie der Lernenden zu unterscheiden.

Bildungsarbeit ist immer auch ein Spiegel gesellschaftlicher Entwicklungen. In Bezug auf die Digitalisierung vieler Lebensbereiche, die einhergeht mit Globalisierung, Pluralisierung und Virtualisierung, Ökonomisierung, Big-Data, Omnimetrie- und Computational-Thinking-Tendenzen und wachsender Verunsicherung mit Orientierungsverlusten kann Bildung einerseits bewahrendes, andererseits prospektiv-gestaltendes Korrektiv sein, muss aber auch Anpassung und Handlungsfähigkeit ermöglichen und im Primarbereich vorbereiten. Eine Diskussion um Ziele und Inhalte von Bildung und deren Priorisierung tut not. Wir stehen vielleicht unter dem Anspruch einer grundlegenden Bildung im Primarbereich und dem Eindruck der Explosion deklarativen und prozeduralen Wissens durch Digitalisierung unter besonderem Druck, aus Alternativen auszuwählen, in denen sich in der Realität längst die unzähligen Bildungsansprüche darstellen (Rechtschreiben *oder* naturwissenschaftliche *oder* informatische Grundbildung *oder* Demokratielernen, für ein *und* ist das inzwischen zu viel). Selbst mit dem Gedanken der Exemplarität (Klafki, 1992) kommen wir an die Grenzen, im Primarbereich auch wegen des für die Kinder entwicklungsbedingt nur begrenzt möglichen Transfers.

So ergibt sich als Aufgabe für die Bildungsarbeit im Primarbereich eine verstärkte gemeinsame Suche nach human geprägtem Sinn unter der Frage *wie wollen wir eigentlich (zusammen-)leben?* – wobei die Kinder hier in ihren Weltdeutungen als Partner ernst zu nehmen sind – und weniger die Anwendung ausgeklügelter Algorithmen, die Lernen vermeintlich effektiver vermess- und steuerbar machen. Digitale Artefakte gehören für eine grundlegende Bildung unter dieser Prämisse als Werkzeuge und Lerngegenstände in dem Maße in den Grundschulunterricht, in dem auch die kritische Auseinandersetzung mit den Phänomenen der Digitalisierung explizit stattfindet und der nötige Schutz der Kinder vor den Gefahren digitaler Technik und Systeme als gemeinsame Verpflichtung proaktiv angenommen wird. Digitalisierung darf im Bildungskontext nicht auf die Nutzung digitaler Medien reduziert werden, sondern muss als breites und komplexes Konzept mit vielen Artefakten, Phänomenen und sich wandelnden Herausforderungen begriffen werden. Vorrang behalten beim Lehren und Lernen *mit* digitalen Medien vor allem didaktische Überlegungen und Sinnzusammenhänge (Primat der Didaktik), beim Lernen *über* Phänomene der Digitalisierung das Ziel einer Erziehung zur Mündigkeit und für beide Perspektiven die pädagogische Verantwortung für Bildungs- und Entwicklungschancen und den Schutz der Kinder (Primat der Pädagogik).

Die Allgemeinheit und Dialektik dieses Fazits macht die großen pädagogischen und didaktischen Herausforderungen deutlich, die sich in der konkreten, situativ geprägten Bildungsarbeit im Primarbereich stellen und auf die die Lehrer*innenbildung wegen der „nahen" Zukunftsoffenheit und rasanten Entwicklung eben auch durch eine „ungebremste" Digitalisierung nur bedingt vorbereiten kann. So gilt es darüber nachzudenken, wo und wann wir die Grenze der Überforderung des Menschen und damit vielleicht die leichtfertige Abgabe der Denk- und Handlungshoheit an informatische Systeme erreichen. Und diese Grenze gilt es mit den je Betroffenen, also im Primarbereich zusammen mit den Kindern, im Sinne von Selbst- und Mitbestimmung in einem offenen, sachbezogenen Kommunikationsprozess auszuhandeln.

Literatur

Aufenanger, S. (2015). Tablets an Schulen – ein empirischer Einblick aus der Perspektive von Schülerinnen und Schüler. In K. Friederich, F. Siller & A. Treber (Hrsg.), smart und mobil - Digitale Kommunikation als Herausforderung für Bildung, Pädagogik und Politik (S. 63–77). Bielefeld: GMK.

Baacke, D. (1973). Kommunikation und Kompetenz – Grundlegung einer Didaktik der Kommunikation und ihrer Medien. München: Juventa.

Bastian, J. & Aufenanger, S. (2017). Tablets in Schule und Unterricht. Forschungsmethoden und -perspektiven zum Einsatz digitaler Medien. Wiesbaden: Springer VS.

Bieri, P. (2005). Wie wäre es gebildet zu sein? Vortrag PH Bern.

Bitkom (2015). Digitale Schule – vernetztes Lernen. Ergebnisse repräsentativer Schüler- und Lehrerbefragungen zum Einsatz digitaler Medien im Schulunterricht; Online: http://www.bitkom.org/Publikationen/2015/Studien/Digitale-SchulevernetztesLernen/BITKOM-Studie-Digitale-Schule-2015.pdf [ges. 10.8.2018].

Bitkom (Hrsg.) (2014). Jung und vernetzt. Kinder und Jugendliche in der digitalen Gesellschaft. Berlin.

BLIKK (2016). BLIKK Medien-Studie-2016: Erste Ergebnisse von 3 048 Kindern, Pressemitteilung vom 9. November 2016; Online: www.rfh-koeln.de/sites/rfh_koelnDE/ myzms/content/e380/e1184/e29466/e34095/e34098/20161121_BLIKK_Pressemitteilung_Aend_VJ_ger.pdf [ges. 10.8.2018].

BMBF (2016). Bildungsoffensive für die digitale Wissensgesellschaft. Strategie des Bundesministeriums für Bildung und Forschung. Online: https://www.bmbf.de/files/Bildungs-offensive_fuer_die_digitale_Wissensgesellschaft.pdf [ges. 10.8.2018].

BMFSFJ (2018). Gutes Aufwachsen mit Medien. https://www.bmfsfj.de/blob/96218/7a2bc766b8709cb142f66fcae917cc2e/ein-netz-fuer-kinder-gutes-aufwachsen-mit-medien-data.pdf [ges. 10.8.2018].

Dewey, J. (1994). Erziehung durch und für Erfahrung. Stuttgart: Klett-Cotta.

Diagnose:funk (2017). Mobilfunk, Risiken, Alternativen Einführung in die Auseinandersetzung um eine strahlende Technologie. Stuttgart. Online: http://www.diagnose:funk.org.

Diethelm, I. & Brinda, T. (2018). Stellungnahme zu den Veränderungsvorschlägen zu den „Ländergemeinsamen inhaltlichen Anforderungen für die Fachwissenschaften und Fachdidaktiken in der Lehrerbildung" (Fachstandards) der Kultusministerkonferenz auf Basis der KMK-Strategie zur „Bildung in der digitalen Welt". Online: https://fb-iad.gi.de/fileadmin/stellungnahmen/gi-fbiad-stellungnahme-kmk-anforderungen-lehrerbildung-digitalisierung.pdf [ges. 10.8.2018].

Drechsler, D. (2018). Digitale Sorglosigkeit – Risiken im Zeitalter der digitalen Transformation. In: T. Breyer-Mayländer (Hrsg.), Das Streben nach Autonomie. Reflexionen zum digitalen Wandel. Baden-Baden: Nomos, S. 31–66.

Eberl, U. (2016). Smarte Maschinen. Wie künstliche Intelligenz unser Leben verändert. München: Hanser.

Eikelmann, B. (2016). Eine Bilanz zur Integration digitaler Medien an Grundschulen in Deutschland aus international vergleichender Perspektive. In: M. Peschel & T. Irion (Hrsg.), Neue Medien in der Grundschule 2.0. Grundlagen - Konzepte - Perspektiven. Frankfurt/M.: Grundschulverband, S. 79–90.

Eikelmann, B., Lorenz, R., Vennemann, M., Gerick, J. & Bos, W. (2014). Grundschule in der digitalen Gesellschaft. Befunde aus den Schulleistungsstudien IGLU und TIMSS 2011. Münster: Waxmann.

Einsiedler, W. (2014). Grundlegende Bildung. In: W. Einsiedler, M. Götz, A. Hartinger, F. Heinzl, J. Kahlert & U. Sandfuchs (Hrsg.), Handbuch Grundschulpädagogik und Grundschuldidaktik. Bad Heilbrunn: Klinkhardt, S. 225–233.

Fecher, B.; Schulz, W., Preiß, K. & Schildhauer, T. (2016). Schlüsselressource Wissen. Lernen in einer digitalisierten Welt. Eine Studie des Alexander von Humboldt Institut für Internet und Gesellschaft im Auftrag des Bundesverband der deutschen Industrie (BDI) und der Internet Economy Foundation (IE.F). Berlin. Online: https://www.ie.foundation/ content/4-publications/hiig-bdi-ief-schluesselressource-wissen.pdf [ges. 10.8.18].

Gervé, F. & Mayer, J. (2018). Handlungsorientierung in Doppeldeckern: Forschungsbasierte Seminarentwicklung und Demokratielernen im Planspiel. In: U. Franz, H. Giest, A. Hartinger, A. Heinrich-Dönges & B. Reinhoffer (Hrsg.), Handeln im Sachunterricht (S. 191–198). Bad Heilbrunn: Klinkhardt.

Gervé, F. (2017b). "Die Insel" Multimedial zum eigenen Gesetzbuch. In M. Gloe & T. Oeftering (Hrsg.), Perspektiven auf Politikunterricht heute (S. 24–38). Baden-Baden: Nomos.

Gervé, F. (2017a). Welt erschließen: zum didaktischen Ort digitaler Medien im Sachunterricht. In: Haushalt in Bildung und Forschung, 6. Jg., H.2: Konsum in der digitalen Welt, S. 36–51.

Gervé, F. (2016a). Digitale Medien als Sache des Sachunterrichts. In: T. Irion & M. Peschel (Hrsg.), neue Medien in der Grundschule 2.0. Frankfurt/M.: GSV, S. 121–134.

Gervé, F. (2016b). ICT im Sachunterricht. Impulse für Forschung und Entwicklung. In M. Peschel (Hrsg.), Mediales Lernen. Beispiele für eine inklusive Mediendidaktik (S. 35–51). Baltmannsweiler: Schneider Hohengehren.

Gervé, F. (2009). Materialien für den Sachunterricht. In: Die Grundschulzeitschrift, 23. Jg., Heft 230, S. 34–38.

Gervé, F. & Peschel, M. (2013). Medien im Sachunterricht. In: E. Gläser & G. Schönknecht (Hrsg.), Sachunterricht in der Grundschule entwickeln - gestalten - reflektieren. Frankfurt/M.: GSV, S. 58–77.

Gesellschaft für Informatik GI (2016). Dagstuhl-Erklärung. Bildung in der digitalen vernetzten Welt. Berlin.

Gesellschaft für Informatik GI, Arbeitskreis „Bildungsstandards Informatik im Primarbereich" (2018). Kompetenzen für informatische Bildung im Primarbereich. http://ddi.uni-wuppertal.de/website/repoLinks/v63_Kompetenzen_Entwurfsfassung_2018-06-26.pdf [ges. 11.8.2018].

Göppel, R. (2010). Von der Bildung zur Kompetenz? – Realer Fortschritt oder bloßer Wechsel des Jargons? In: ders.: Pädagogik und Zeitgeist. Erziehungsmentalitäten und Erziehungsdiskurse im Wandel. Stuttgart: Kohlhammer, S. 236–252.

Grundschulverband GSV (2018). Digitale Mündigkeit beginnt in der Grundschule! Stellungnahme des grundschulverbands zum „DigitalPakt Schule" und zum KMK-Beschluss „Bildung in der digitalen Welt". http://grundschulverband.de/wp-content/uploads/ 2018/04/180424-Stellungnahme-GSV-DigitalPakt-Schule.pdf [ges. 11.8.2018].

Herzig, B. (2014). Wie wirksam sind digitale Medien im Unterricht? Gütersloh: Bertelsmann. Online: https://www.bertelsmann-stiftung.de/fileadmin/files/BSt/Publikationen/Graue Publikationen/Studie_IB_Wirksamkeit_digitale_Medien_im_Unterricht_2014.pdf [ges. 7.8.2018].

ICILS (2014). Computer- und informationsbezogene Kompetenzen von Schülerinnen und Schülern in der 8. Jahrgangsstufe im internationalen Vergleich. Münster: Waxmann.

Irion, T. (2018). Wozu digitale Medien in der Grundschule? Sollte das Thema Digitalisierung in der Grundschule tabuisiert werden? - In: Grundschule aktuell 142, S. 3–7. Online: http://www.pedocs.de/volltexte/2018/15574/pdf/Irion_2018_Wozu_digitale_Medien_in_der_Grundschule.pdf [ges. 7.8.2018].

Irion, T. (2016). Digitale Medienbildung in der Grundschule - Primarstufenspezifische und medienpädagogische Anforderungen. In: M. Peschel & T. Irion (Hrsg.), Neue Medien in der Grundschule 2.0. Grundlagen - Konzepte – Perspektiven (S. 16–32). Frankfurt/M.: GSV.

Irion, T.; Ruber, C. & Schneider, M. (2018). Grundschulbildung in der digitalen Welt. Grundlagen und Herausforderungen. In: S. Ladel, J, Knopf & A. Weinberger (Hrsg.), Digitalisierung und Bildung. Wiesbaden: Springer VS, S. 39–57.

Kahlert, J. (2016). Der Sachunterricht und seine Didaktik. Bad Heilbrunn: Klinkhardt.

Kammerl, R. & Irion, T. (2018). In der digitalen Welt. Digitalisierung und medienpädagogische Aufgaben der Schule. Grundschulzeitschrift, 307, S. 6–11.

Klafki, W. (1992). Allgemeinbildung in der Grundschule und der Bildungsauftrag des Sachunterrichts. Kiel: IPN.

KMK (2016). Bildung in der digitalen Welt. Strategie der Kultusministerkonferenz. Online: https://www.kmk.org/fileadmin/Dateien/pdf/PresseUndAktuelles/2016/Bil-dung_digitale_Welt_Webversion.pdf. [ges. 7.8.2018].

Köhnlein, W. (2012). Sachunterricht und Bildung. Bad Heilbrunn: Klinkhardt.

Lankau, R. (2017a). Kein Mensch lernt digital. Über den sinnvollen Einsatz neuer Medien im Unterricht. Weinheim und Basel: Beltz.

Lankau, R. (2017b). Lehren und Lernen im Zeichen der Digitalisierung. Über das Missverständnis von Medientechnik im Unterricht. In: Beruflicher Bildungsweg, 58 (3/4), S. 8–12. http://futur-iii.de/2017/05/19/lehren-und-lernen-im-zeichen-der-digitalisierung [ges. 10.8.18].

Ladel, S. (2018). Sinnvolle Kombination virtueller und physischer Materialien. In: S. Ladel, J. Knopf & A. Weinberger (Hrsg.), Digitalisierung und Bildung. Wiesbaden: Springer VS, S. 3–22.

Ladel, S., Knopf, J. & Weinberger, A. (Hrsg.) (2018). Digitalisierung und Bildung. Wiesbaden: Springer VS.

Medienpädagogischer Forschungsverbund Südwest mpfs (2017). KIM Studie 2016. Online: https://www.mpfs.de/fileadmin/files/Studien/KIM/2016/KIM_2016_Web-PDF.pdf [ges. 11.8.2018].

Peschel, M. & Irion, T. (Hrsg.) (2016). Neue Medien in der Grundschule 2.0. Grundlagen - Konzepte - Perspektiven. Frankfurt/M.: Grundschulverband.

Peschel, M. (Hrsg.) (2016). Mediales Lernen. Beispiele für eine inklusive Mediendidaktik. Baltmannsweiler: Schneider Hohengehren.

Schirra, S. & Peschel, M. (2016): Recherchieren, Dokumentieren und Präsentieren mit kidipedia im Zeitalter von Tablet & Co. In: M. Peschel & T. Irion (Hrsg.), Neue Medien in der Grundschule 2.0. Grundlagen - Konzepte - Perspektiven. Frankfurt/M.: Grundschulverband, S. 235–246.

Schmeinck, D. (2013). Elementare geographische Bildung in der Grundschule. Herausforderungen für den Sachunterricht. In: Grundschulmagazin, 3/2013, S. 7–10.

Spitzer, M. (2012). Digitale Demenz. Wie wir uns und unsere Kinder um den Verstand bringen. München: Droemer.

Teuchert-Noodt, G. (2018). Wohin führt uns die digitale Revolution? Erkenntnisse aus der Evolutions- und Hirnforschung. Vortrag Mai 2018, Offene Akademie Gelsenkirchen.

Bardo Herzig & Tilman-Mathies Klar

Digitale Modellierungen sozialer Räume

1. Digitalisierung von Lebensräumen

Unser alltäglicher Lebensraum ist durchdrungen von Digitalisierungen. Auf der Straße begegnen uns digitale Werbetafeln, mithilfe digitaler Messenger-Apps kommunizieren Menschen miteinander, Bahnhöfe werden mittels digitaler Systeme organisiert und An- und Abfahrtspläne werden ebenfalls digital präsentiert. Dass diese Digitalisierungen mittlerweile an einigen Stellen zu quasi definitorischen Bestandteilen geworden sind, wird insbesondere dann deutlich, wenn die digitalen Elemente ausfallen. Dies war z. B. der Fall, als im Mai 2017 mehrere Computersysteme durch das Schadprogramm „WannaCry" (vgl. z. B. zeit.de, 2017) angegriffen und blockiert wurden. Durch diese Hacker-Attacke standen Bahnhöfe, Firmen und Krankenhäuser still. Ein Bahnhof, an dem keine Züge mehr an- und abfahren können, verliert seinen ursprünglichen Charakter, es ist kein Bahnhof mehr, sondern nur noch eine Art Wartehalle. Der Raum als Bahnhof funktioniert nur noch, wenn die digitalen Systeme aktiv und funktionsfähig sind, sie sind wesentliche Bedingung um überhaupt die Aufgabe „Bahnhof" zu ermöglichen. Auch Wohnräume können durch digitale Erweiterungen zu „Smart Homes" werden. Dabei halten digitale Artefakte in Wohnräume Einzug, die möglichen Anwendungen sind vielfältig und komplex, z. B. kann das Licht automatisch und passend zur Tageszeit geregelt werden oder die Heizung heizt die Räume automatisch nur dann, wenn Bewohner im Haus sind. Ein wesentliches Merkmal dieser Systeme ist zudem ihre Vernetztheit, welche sich z. B. dadurch zeigt, dass die meisten Aktivitäten im Smart Home per Smartphone kontrolliert werden. Eine grundlegende Gemeinsamkeit dieser diversen Anwendungen ist, dass es sich bei allen um digitale Artefakte, d. h. um programmgesteuerte digitale Datenverarbeitungsmaschinen, handelt.

Dass unser Lebensraum heute mehr als beispielsweise ein physischer Raum mit ihn umgebenden Wänden ist, wird insbesondere am Beispiel von Smart Homes deutlich. Smart Homes sind digital vernetzt, sie verfügen über Sensoren und Aktuatoren, welche auf der Grundlage von Programmierungen im Haus aktiv werden. Diese, um digitale Artefakte erweiterten, Wohnräume besitzen eine andere Konstitution als nicht-digitalisierte Räume. Die digitalen Räume entfalten sich in den analogen Raum und es entsteht ein neuer, ein hybrider Raum. Ein Großteil der den Raum bestimmenden Dinge ist jedoch nicht sichtbar, z. B. sind die Sensorik, die Software oder die digitale

Vernetzung der unmittelbaren Erfahrung in der Regel nicht zugänglich. Damit ist ein reflektierter und erfahrungsbasierter Umgang mit diesen digitalen Aspekten, welche wesentliche Teile des Raumes geworden sind, schwierig.

Wir sehen in der Modellierung und Konstruktion digitaler Artefakte einen möglichen Zugang zum Verstehen der digitalisierten Lebenswelt. Der folgend beschriebene Ansatz zielt dabei nicht nur auf die isolierte Modellentwicklung und Konstruktion von digitalen Artefakten, sondern auch auf das Erkennen und Reflektieren der Eingebundenheit in und des Einflusses dieser Modelle auf unsere Lebensräume.

2. Einführungsbeispiel: Workshop Smart Home

Das im Folgenden beschriebene Lehr-Lernszenario wurde in Form eines Workshops durchgeführt, in dem eine Gruppe von Mädchen im Alter von 10-12 Jahren eigenständig digitale Artefakte für ein Smart Home entwickelt, konstruiert und erprobt hat. Ausgangspunkt des Workshops bilden Überlegungen der Mädchen zu der Frage, was sie an ihren Jugendzimmern zuhause besonders störe. Die Ergebnisse reichen vom Bedauern der wenigen gemeinsamen Zeit mit den Eltern über die Umständlichkeit der manuellen Raumverdunkelung bis hin zum Unmut über das unangekündigte Auftauchen von Familienmitgliedern im eigenen Zimmer.

Um einschätzen zu können, für welche der genannten Probleme technische digitale Lösungen infrage kommen, werden die Teilnehmerinnen in einem nächsten Schritt zunächst mit der zur Verfügung stehenden Technologie vertraut gemacht. Verschiedene Aktuatoren, Sensoren und Arduino-Mikrocontroller werden in ihren Funktionen vorgestellt, gleichzeitig bekommen die Mädchen eine Einführung in die Programmierung des Arduinos. Dies geschieht über eine Programmierumgebung, in der auch ohne die Kenntnis der Syntax einer Programmiersprache mit Hilfe von grafischen Programmierblöcken Programme erstellt werden können. Damit gewinnen die Jugendlichen eine erste Vorstellung von technischen Umsetzungsmöglichkeiten und können entscheiden, für welches Problem sich ein digitales Artefakt als Lösung anbietet. Von den Kindern wurden z. B. folgende Projekte erdacht und gewählt: „automatische Gardine", „Alarmanlage", „Kleiderauswahlhilfe" oder „automatische Innenbeleuchtung".

Auf dieser Basis werden im weiteren Verlauf Konzepte des jeweiligen digitalen Artefakts in unterschiedlichen Repräsentationsformen – z. B. als Skizze oder als Text – entworfen. Dabei geht es insbesondere auch darum, die Funktion der einzelnen technischen Elemente genau zu beschreiben und dann das Zusammenspiel der Funktionen, z. B. das Zusammenwirken von Helligkeitssensor, Mikrocontroller und Motor bei der Gardinensteuerung. In der Konstruktionsphase werden die einzelnen Komponenten zunächst einzeln auf ihre Funktion hin getestet, z. B. ein Helligkeitssensor, der je nach Lichteinfall an den Mikrocontroller verschiedene Messwerte liefert, die über die Programmierumgebung ausgegeben werden (vgl. Abb. 1). Im Sinne kleinerer Experimente werden dabei Erfahrungen gesammelt und ausgewertet.

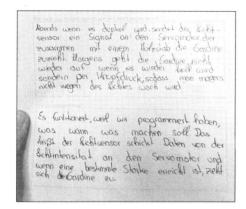 

Abbildung 1: Konzeptions- und Konstruktionsphase

Schließlich gilt es, das Zusammenspiel der einzelnen Komponenten des digitalen Artefakts in Form eines Algorithmus festzulegen. Auch dies erfolgt zunächst in schriftsprachlicher (Text-)Form, die dann so präzisiert wird, dass sie in ein Programm übersetzt werden kann. Während der Programmierung spielt die Reflexion ebenfalls eine zentrale Rolle. Fehlermeldungen der Programmierumgebung zwingen dazu, die einzelnen Programmierschritte zu den Ausgaben, die sie produzieren, in Bezug zu setzten, d. h. zu reflektieren. Insofern können Fehler im Verlauf des Codens, also des Formulierens von Anweisungen in der Programmiersprache, einen sehr produktiven Charakter im Hinblick auf den Lernprozess haben. Je nach Projektidee wird schließlich das digitale Artefakt installiert, d. h. z. B. im Fall der automatischen Gardine wird das digitale Artefakt (Lichtsensor, Mikrocontroller, Motor) mit einer Gardine und einer Seilsteuerung verbunden und erprobt (vgl. Abb. 2).

Abbildung 2: Erprobungsphase (am Beispiel der automatischen Gardine in einem Spielhaus)

Der Workshop endet mit einer Einschätzung zu der Frage, wie sich die konstruierten digitalen Artefakte auf die Lebensumwelt auswirken, was sie für die Menschen, die mit ihnen interagieren, bedeuten, und welche Veränderungen sozialer Praktiken gegebenenfalls damit verbunden sind.

Der hier exemplarisch skizzierte Workshop ermöglicht Jugendlichen, sich in handlungs- und erfahrungsorientierter Weise mit den in ihrer Lebensumwelt vorhandenen Phänomenen von Digitalisierung und Mediatisierung auseinanderzusetzen. Die konstruierten digitalen Artefakte stellen kleine Informatiksysteme dar, deren Kern Software ist, die von einer Rechenmaschine ausgeführt wird und über eine Schnittstelle – z. B. Sensoren oder Bildschirme – Interaktionen ermöglicht. Damit greifen digitale Artefakte in unsere Lebensräume ein und verändern sie physisch und in Bezug auf Bedeutungszuschreibungen und soziale Verhaltensweisen. Grundlage dieser Veränderungen sind die in den Artefakten implementierten Objekte und Prozesse, die sich mit der Ausführung der Software entfalten. Sie sind Ergebnisse von Gestaltungsprozessen, in denen Modelle entwickelt und so formalisiert werden, dass sie von einer Maschine verarbeitet werden können.

Für die Gestaltung von Lehr-Lernszenarien geht es hier insbesondere darum, Modellierungsprozesse und die Einflüsse von Software auf die Konzeption, das Wahrnehmen und Erleben von (Lebens-)Räumen ins Bewusstsein zu heben. Die theoretischen Grundlagen einer solchen Sichtweise werden im Folgenden entwickelt.

3. Das Digitale als wesentlicher Aspekt des sozialen Raumes

Im Alltagssprachgebrauch wird mit dem Begriff des Raumes häufig ein absoluter, feststehender materialistischer Raum bezeichnet. Diese euklidische Container-Auffassung von Raum mag in vielen Fällen auch angemessen und zielführend sein, insbesondere in der Diskussion um digitale Räume führt ein solches Begriffsverständnis jedoch an Grenzen. Die digitalen Artefakte bereichern und verändern den Raum. Ubiquität von digitalen Medien und deren Vernetzung lassen feste Raumgrenzen in den Hintergrund treten und lenken das Interesse auf die Frage, wie Menschen ihre sozialen Lebensräume unter dem Einfluss von Digitalisierung und Mediatisierung wahrnehmen und erleben und wie sich dies in ihren sozialen Praktiken ausdrückt.

Eine solche Perspektive hat Lefebvre (1991) ursprünglich im Kontext von Stadtplanung und Stadtforschung entwickelt, indem er den Raum als Ergebnis eines gesellschaftlichen Produktionsprozesses, als ein soziales Produkt auffasst. Dabei spielen wahrnehmbare materielle Aspekte des Raumes ebenso eine Rolle wie Prozesse der Planung und Konstruktion und nicht zuletzt der Aneignung und des Erlebens von Räumen. Erst die Beachtung aller drei Perspektiven und ihrer Verschränkung erlaubt eine vollständige Raumbeschreibung.

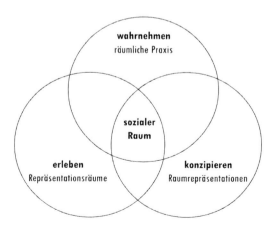

Abbildung 3: Aspekte des sozialen Raumes nach Lefebvre (vgl. 1991)

Den wahrnehmbaren Aspekt des Raumes nennt Lefebvre den physischen, materiell produzierten Raum. Damit werden sowohl dingliche Gegenstände als auch menschliche Handlungen bezeichnet, die sich als räumliche Praxis beobachten lassen (vgl. Schmid, 2005, S. 210 f.). Gegenstände und Prozesse des wahrnehmbaren Raumes sind auch Ausdruck historischer und kulturgeschichtlicher Entwicklungen, z. B. in Form von technischen oder architektonischen Entwicklungen oder in Form der Veränderung von Arbeitsprozessen. Der relativistische Raumbegriff legt dabei die Wahrnehmung nicht auf einen fixen Raum fest, sondern fokussiert auf die Aspekte, die im – den Einzelnen und die soziale Gemeinschaft – umgebenden Lebensraum wahrnehmbar sind. Mit dem Aspekt des konzipierten Raumes weist Lefebvre darauf hin, dass der produzierte Raum immer auch auf einer Konzeption beruht. Diese Konzeptionen werden durch sprachliche und diskursive Praktiken produziert. Hierzu zählen nicht nur wissenschaftliche Theorien, sondern auch „Karten und Pläne, oder auch Informationen durch Bilder oder Zeichen" (Schmid, 2005, S. 216). Sie sind Repräsentationen des Raumes. Ein architektonisches Gebäude beispielsweise wird mit Hilfe von Grundrissen, Gebäude- und Installationsplänen entworfen, wobei in die jeweiligen Planungen viele Erkenntnisse aus der Statik, der Bauphysik, der Energienutzung usw. eingehen. Die zentrale konzeptionelle Grundlage von digitalen Räumen stellt die Software dar, in der – in Form von Algorithmen – die Konzeption des durch die Software entfalteten digitalen Raumes festgelegt ist. Der gelebte Raum bezieht sich – als dritter Aspekt – auf das Erleben des Raumes, seine Symbolik und Bedeutung. Als sogenannter Raum der Repräsentation stellt er etwas dar, in ihm nimmt das Alltagsleben Gestalt an – er repräsentiert „gesellschaftliche" Werte, Traditionen und Träume – und nicht zuletzt auch kollektive Erfahrungen" (Schmid, 2005, S. 223). Dieser Aspekt betont, dass zur Produktion des Raumes auch seine Aneignung gehört, d. h. die individuelle und kollektive Zuschreibung von Bedeutungen und deren Widerspiegelung in sozialen Praktiken.

Gemeinsam produzieren die beschriebenen drei Modalitäten (räumliche Praxis, Raumrepräsentationen und Repräsentationsräume) den Raum. Wesentliches Moment der Raumproduktion ist die „Gleichzeitigkeit der drei Momente: Der Raum wird zugleich konzipiert, wahrgenommen und gelebt" (Schmid, 2005, S. 208).

Wenngleich der produzierte Raum immer durch alle drei Facetten gleichzeitig bestimmt wird, beginnt die Produktion des Raumes in der räumlichen Praxis. „Der Ausgangspunkt der Produktion des Raumes ist [...] die räumliche Praxis, der wahrgenommene und wahrnehmbare Raum, und damit die Sinne, der Körper" (Schmid, 2005, S. 226). Im skizzierten Workshop beginnen die Jugendlichen – ausgehend von beobachtbaren Dingen ihres Wohnraumes und damit verbundener (störender) sozialer Praktiken und Routinen – damit, über Veränderungsmöglichkeiten unter Nutzung von digitalen Technologien nachzudenken. Mit Hilfe von Ideenskizzen, ausformulierten Texten oder kleinen Konstruktionszeichnungen werden Lösungen für das jeweils bearbeitete Problem entwickelt. Diese Artefakte stellen im Lefebvreschen Sinne Pläne des konzipierten Raumes dar, in die neben Alltagswissen insbesondere auch das neu erworbene Wissen über digitale Technologien eingeht. Das fertiggestellte Artefakt schließlich verändert den Raum nicht nur im Sinne wahrnehmbarer Objekte, sondern hinsichtlich der Art und Weise, wie sich Menschen im digitalen bzw. digital angereicherten Raum verhalten. Dies betrifft zum Beispiel die Frage, wie sich die automatische Steuerung von Funktionen wie Beschattungsanlagen, Heizung oder Licht auf das Verhalten im Alltagsleben oder auf das Wohlbefinden auswirken und was dies möglicherweise für Konsequenzen im Hinblick auf das Verhältnis zur Technik hat. Konstruktion, Wahrnehmung und Erleben von digitalen Räumen lassen sich vor dem Hintergrund des Ansatzes von Lefebvre als wichtige Leitideen bei der Gestaltung von Lehr-Lernszenarien zur Auseinandersetzung mit digitalen Medien festhalten.

Wenn digitale Räume sich in unsere Lebensräume hinein entfalten, dann ist dies möglich, weil die Konstruktionspläne solcher digitalen Räume in der Software implementiert sind. Solche Pläne müssen zum einen spezifische formale Eigenschaften aufweisen, damit sie von einer Rechenmaschine automatisch verarbeitet werden können. Zum anderen sind sie Übersetzungen einer Idee, eines Prozesses in eine abstrakte Form, die nicht nur für einen singulären Fall, sondern als Modell auch für weitere Anwendungen bedeutsam ist. Die Konstruktion von digitalen Artefakten bzw. digitalen Medien kann daher auch als ein Modellbildungs- bzw. Modellierungsprozess verstanden werden.

4. Modellbildung und Modellierung

Mit der Konstruktion eines eigenen digitalen Artefaktes, wie im skizzierten Workshop beschrieben, durchlaufen die Jugendlichen einen Prozess, der von der Ideenfindung über die Konzeptionierung bis hin zur Implementation reicht. Aus informatischer Perspektive handelt es sich dabei um einen Modellierungsprozess, den Rolf (2003) in den Phasen der Formalisierung, Algorithmisierung und Maschinisierung beschreibt. Im Schritt der Formalisierung geht es darum, die Objekte oder Prozesse, die vom Computer verarbeitet werden sollen, in eine abstrakte Zeichenform zu bringen. Sinnstiftende Handlungen werden dabei zu routinisierten Operationen: „Die Beschreibung mittels Operationen ist der erste Schritt, um menschliche Handlungen durch technische Artefakte ersetzen zu können" (Rolf, 2003, S. 62). Im zweiten Schritt, der Algorithmisierung, wird präzise und detailliert beschrieben, wie einzelne Operationen ausgeführt werden sollen. „Mit dem Algorithmus werden Handlungen zu formal berechenbaren Verfahren" (Rolf, 2003, S. 62). Dies bedeutet, dass die ursprünglichen Objekte, Prozesse oder Handlungen nun soweit dekontextualisiert sind, dass sie als berechenbare Funktion darstellbar sind. Im letzten Schritt werden die Algorithmen schließlich mittels Programmierung implementiert, sodass sie auf der Maschinenebene ausgeführt werden können.

Das, was in diesem Modellierungsprozess in Form von Texten oder Skizzen in sukzessive abstrakterer Form bis hin zum implementierten Programm festgehalten wird, kann als das dem digitalen Artefakt zugrundeliegende Modell bezeichnet werden. In der Entwicklung von Anwendungen werden „[...] Anforderungen an Modelle von Anwendungssituationen formuliert [...], die in irgendeiner Weise von auf Zukunft bezogenen Vorstellungen ausgehend als Szenarien gedacht oder spezifiziert worden sind" (Mahr, 2009, S. 229).

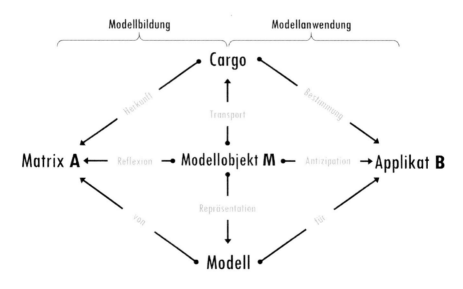

Abbildung 4: Modell des Modellseins (nach Mahr, 2015)

Die Bildung von Modellen und ihre Anwendung hat Mahr in seinem Ansatz „Modell vom Modellsein" ausgearbeitet. Nach diesem Ansatz wird ein Modell durch ein sogenanntes – physisch wahrnehmbares – Modellobjekt repräsentiert (vgl. Abb. 4). Grundsätzlich kann jedes Objekt als Modell aufgefasst werden, d. h. die Modelleigenschaft ist keine Objekteigenschaft, sondern sie wird einem Objekt als Entscheidung eines Beobachters zugeschrieben: „Die Frage ist deshalb nicht, ob etwas ein Modell ist, auch wenn man das vereinfachend so sagt, sondern, was man erkennt, wenn man es als Modell auffasst" (Mahr, 2015, S. 329). Dies bedeutet, dass das durch das Objekt repräsentierte Modell ein gedankliches Objekt ist.

Das Modellobjekt ist Ergebnis eines Konstruktionsprozesses, in dem ausgehend von einem Ausgangsobjekt A (einem Vorbild, einer Referenzgröße oder eine Menge von Anforderungen – der sogenannten Matrix) durch einen konstruktiven Akt (Fertigung, Auswahl, Abstraktion, Abbildung, ...) ein Ergebnisobjekt M (das Modellobjekt) entsteht (vgl. 2009, S. 236; vgl. Abb. 4). Das durch das Modellobjekt repräsentierte Modell ist damit Modell *von* etwas. Auf der anderen Seite ist aber das Modellobjekt auch Modell *für* etwas, d. h. es kann angewendet werden, indem das Modellobjekt zum Ausgangsobjekt für die Herstellung eines (neuen) Ergebnisobjektes wird (das Applikat B): „Mit der Anwendung eines Modells wird das Modellobjekt zur Referenzgröße für das Applikat des Modells d. h. für das, wofür es ein Modell ist, also für das, was an ihm beobachtet, was aus ihm abgeleitet oder was nach ihm gestaltet ist" (Mahr, 2015, S. 331).

Mit Bezug auf den skizzierten Workshop gehen die Jugendlichen von ihrem Wohnungsumfeld als Matrix aus und benennen störende Aspekte. Auf Basis technologischer Möglichkeiten konzipieren sie dann ein Modell für ein zu konstruierendes digitales Artefakt (z. B. eine automatische Gardine oder eine Alarmanlage), welches in Bezug auf die Störungspunkte Abhilfe schaffen soll. Die zunächst nur in den Köpfen der Jugendlichen existierende Modellidee wird im Verlaufe des Workshops auf verschiedene Art und Weise repräsentiert: Die textliche Verschriftlichung der Modellidee auf Papier, die Anfertigung einer Zeichnung bzw. Skizze, die Programmierung des Mikrocomputers oder das zusammengebaute digitale Artefakt sind jeweils verschiedene Repräsentationsformen – nach Mahr Modellobjekte – des gleichen Modells.

Alle im Workshop konstruierten Artefakte bestehen aus einem Sensor (welcher Eingaben ‚E' registriert), einem Mikrocontroller (welcher die Eingaben digital verarbeitet ‚V') und einem Aktuator (welche eine Ausgabe ‚A' generiert). Dieses altbekannte EVA-Prinzip liegt allen digitalen Artefakten zugrunde. Im Beispiel der automatischen Gardine registriert ein Sensor (‚E') Lichteinfall, sendet ein Signal an einen Mikrocomputer, der – basierend auf der Programmierung – das Signal weiterverarbeitet (‚V') und einen angeschlossenen Motor (Aktuator ‚A') ansteuert, der unter den programmierten Bedingungen die Gardine schließt oder öffnet.

Modelltheoretisch gesprochen, stellt das EVA-Prinzip den sogenannten Cargo des Modells dar. Damit bezeichnet Mahr das, was durch das Modellobjekt transportiert wird – das Modellhafte, das nicht nur für den Einzelfall zutrifft, sondern auch auf weitere Anwendungen übertragen werden kann. So ließe sich im vorliegenden Fall etwa durch die Variation von Sensoren und Aktuatoren sowie eine Anpassung der Algorithmen auch ein Parksensor für ein Fahrzeug, eine Alarmanlage oder eine Bewässerung für Pflanzen realisieren. Das Modellobjekt kann mit mehreren Cargos „aufgeladen" sein. Neben dem EVA-Prinzip kann im vorliegenden Beispiel auch der Prozess der Modellierung mit den Schritten der Formalisierung, der Algorithmisierung und der Implementation – als Cargo aufgefasst werden. Die Bestimmung des Cargos ist insbesondere aus pädagogischer Perspektive wichtig. Der vom Modellobjekt transportierte ‚Inhalt' des Modells macht auf den besonderen Bildungsgehalt aufmerksam, der in der Konstruktion des digitalen Artefakts – über den konkreten Anwendungsfall hinaus – liegt.

Das als digitales Medium konstruierte Artefakt lässt als Modellobjekt zwar die Sensoren, Aktuatoren und den Mikrocontroller erkennen, das Programm als solches ist von außen aber nicht wahrnehmbar, sondern muss über eine Schnittstelle, z. B. eine Programmieroberfläche, erst wieder sichtbar gemacht werden. Gleichzeitig wurde aber das Programm als ein Modellobjekt bezeichnet (das physisch wahrnehmbar ist). Dieser scheinbare Widerspruch löst sich auf, wenn man die Besonderheit des digitalen Mediums als semiotische Maschine berücksichtigt. Das, was vom Computer verarbeitet werden soll, wird – wie dargelegt – in Form eines Programms als – wahrnehmbarer – Text formuliert. Dieser Text wird vom Computer „interpretiert" und auf der Ebene der Maschine in elektrische Signale umgesetzt. Solche Signale sind letztlich kontextfrei und haben keine Bedeutung, da auf dieser Ebene nur Berechnungen durchgeführt werden (vgl. Herzig, 2012, S. 102 ff.). Der Computer „weiß" nicht, wofür solche Berechnungen stehen. Diese Kontextualisierung muss vom Menschen geleistet werden, z. B. durch Kommentierungen der Programme oder durch eine entsprechende Gestaltung der Benutzerschnittstellen (Interfaces). Gerade weil die Programme und Algorithmen auf der Ebene des Mediums nicht wahrnehmbar sind, ist es wichtig, dass Kinder und Jugendliche in spezifischen Lehr- und Lernsettings Zugänge zu den in den digitalen Medien implementierten programmierbaren Modellen entwickeln können.

Die raum- und modelltheoretischen Überlegungen machen deutlich, dass ein Verständnis dessen, was sich im Zuge zunehmender Digitalisierung in unseren Lebensräumen verändert, auf beide Perspektiven angewiesen ist. Modellierungsprozesse beziehen sich auf Modelle, die den Kern von digitalen Artefakten bilden. Diese Artefakte reichern unsere Lebensräume an und führen zu neuen Erfahrungsmöglichkeiten und neuen sozialen Praktiken. Umgekehrt nehmen aber auch Lebensräume Einfluss auf die Gestaltung von Modellen bzw. damit verbundenen digitalen Artefakten.

Ein wichtiges Ziel des skizzierten Lehr-Lernszenarios ist es, beide Perspektiven ins Bewusstsein der Jugendlichen zu heben und dabei didaktisch nicht auf eine Form der kognitiven Vermittlung zu setzen, sondern auf eine handlungs- und erfahrungsbasierte Auseinandersetzung. Diese Perspektive wird abschließend entfaltet.

5. Pädagogische Zugänge

Für die Gestaltung von Lehr-Lernsituationen lassen sich mit Bezug auf die diskutierten theoretischen Grundlagen einige Grundsätze ableiten. Dementsprechend sollte die Auseinandersetzung mit digitalen Medien bzw. den durch sie angereicherten oder produzierten Räumen

- vom wahrnehmbaren und erlebten Raum und den damit verbundenen Erfahrungen ausgehen,
- den digitalen Raum als gestalteten und produzierten Raum ins Bewusstsein heben und zur eigenen Gestaltung anregen,
- die eigenständige Konstruktion von digitalen Medien als Modellobjekte ermöglichen und die damit verbundenen Modellierungsschritte erfahrbar werden lassen,
- Möglichkeiten eröffnen, den digitalen Raum zu erleben und hinsichtlich der Bedeutung für die individuelle und gesellschaftliche Lebensführung einzuschätzen.

In der Sprache der Modelltheorie von Mahr formuliert, geht es insbesondere darum, den Cargo eines Modells als Bildungsinhalt zu erschließen. Didaktisch gesehen, wäre dies auch in Form der Vermittlung der wesentlichen Grundideen möglich. Der hier gewählte erfahrungsorientierte Zugang geht jedoch davon aus, dass Lernprozesse dann motivierter und nachhaltiger verlaufen, wenn sie von den Bedürfnissen und der Lebenssituation der Lernenden ausgehen und sowohl an vorhandene Erfahrungen anknüpfen als auch neue Erfahrungen ermöglichen (vgl. Tulodziecki, Herzig & Blömeke, 2017, S. 105 ff.). John Dewey sieht Erfahrungen mit zwei Eigenschaften verbunden – Kontinuität und Wechselwirkung. Kontinuität als allgemein gültiges Prinzip verweist zunächst darauf, dass Erfahrungen von vorausgehenden Erfahrungen beeinflusst sind und die Qualität der nachfolgenden Erfahrungen ebenfalls verändern (vgl. Dewey, 1963, S. 47). Das Prinzip der Wechselwirkung beschreibt die Erfahrung als eine wechselseitige Beziehung zwischen dem Individuum und seiner Umwelt, d. h. zwischen äußeren situativen Bedingungen und persönlichen Bedürfnissen, Wünschen und Fähigkeiten (vgl. Dewey, 1963, S. 55). Pädagogisch wertvoll und für die Entwicklung förderlich sind Erfahrungen dann, wenn sie „denkende" Erfahrungen sind, d. h. wenn nicht nur Routinen durchlaufen werden oder Reaktionen auf eine Situation hin erfolgen, sondern wenn „das absichtliche Bemühen, zwischen unserem Handeln und seinen Folgen die Beziehungen im einzelnen aufzudecken", stattfindet (Dewey, 1964, S. 195). Diese Art des Denkens ist ein Prozess der Reflexion, in dem Erfahrungen Bedeutungen zugeschrieben werden. Mit Bezug auf das Prinzip der Kontinuität schließen bedeutungsvolle Erfahrungen sukzessiv aneinander an und führen zum Aufbau und zur Erweiterung kognitiver Strukturen. So wirken Erfahrungen (als Folge von Handlungen) nicht nur auf die Umwelt, sondern auch (verändernd) auf das Individuum. Dies kann auch als ein handlungs- und kognitionsorientiertes Verständnis von Lernen und – mit Bezug auf die Bedeutung von Reflexion – als wichtige Bedingung von Bildung interpretiert werden (vgl. Tulodziecki, Herzig & Blömeke, 2017, S. 65 ff.).

Im skizzierten Workshop bilden Erfahrungen aus der Lebenswelt – der Matrix sensu Mahr und der räumlichen Praxis sensu Lefebvre – den Ausgangspunkt für die Konstruktion eigener Artefakte. In der Konzeption und Modellbildung sowie der Programmierung und Implementation tauschen sich die Jugendlichen untereinander aus und stellen ihre jeweiligen Arbeitsschritte zur Diskussion, d. h. die Entwürfe und Produkte werden reflektiert und in ihrer Bedeutung und ihrem Sinn erläutert. Die Konstruktion eigener Artefakte ist an vielen Stellen mit Situationen des Scheiterns oder der Überraschung verbunden, weil Geplantes nicht funktioniert oder sich anders verhält als erwartet. Auch solche Situationen sind höchst produktiv, weil die Handlungsunterbrechungen dazu zwingen, die Prozesse aus der Distanz zu betrachten und das eigene Handeln mit den beobachteten Folgen in Beziehung zu setzen, zu analysieren, Erklärungen zu finden und alternative Vorgehensweisen zu erproben.

Die Frage, wie sich digitale Artefakte auf die Veränderung der Lebensräume und der damit verbundenen sozialen Praktiken auswirken, stellt ebenfalls eine wichtige Erfahrung dar. Dies kann entweder dadurch geschehen, dass Artefakte selbst ausprobiert und in den Alltag integriert werden oder – wenn dies nicht möglich ist – Auswirkungen mindestens diskutiert werden. Auch dabei werden Handlungen, in diesem Fall die Entwicklung von digitalen Artefakten, und Handlungsfolgen, in diesem Fall Auswirkungen auf soziale Verhaltensweisen und das Erleben von Räumen, neuen Erfahrungsmöglichkeiten sowie Gefahrenpotenzialen, zueinander in Beziehung gesetzt – im Sinne Deweys also produktive Erfahrungen ermöglicht.

Literatur

Dewey, J. (1963). Reform des Erziehungsdenkens. Übersetzt von Werner Correl. Beltz.

Dewey, J. (1964). Demokratie und Erziehung. Braunschweig: Georg Westermann Verlag.

Herzig, B. (2012). Medienbildung: Grundlagen und Anwendungen. Handbuch Medienpädagogik. München: kopaed.

Lefebvre, H. (1991). The Production of Space. Übersetzt von Donald Nicholson-Smith. Malden, Mass.: Blackwell.

Mahr, B. (2009). „Die Informatik und die Logik der Modelle". Informatik-Spektrum 32, Nr. 3: S. 228–49.

Mahr, B. (2015). „Modelle und ihre Befragbarkeit Grundlagen einer allgemeinen Modelltheorie". Erwägen, Wissen, Ethik 26, Nr. 3: S. 329–342.

Rolf, A. (2003). „Interdisziplinäre Technikforschung und Informatik - ein Angebot für einen analytischen Orientierungsrahmen". TATuP – Zeitschrift für Technikfolgenabschätzung in Theorie und Praxis 12. Jahrgang, Nr. 3 / 4: S. 59–67.

Schmid, C. (2005). Stadt, Raum und Gesellschaft: Henri Lefebvre und die Theorie der Produktion des Raumes. Sozialgeographische Bibliothek 1. Stuttgart: Steiner.

Tulodziecki, G., Herzig, B. & Blömeke, S. (2017). Gestaltung von Unterricht: eine Einführung in die Didaktik. 3., überarbeitete und erweiterte Auflage. UTB Erziehungswissenschaft, Schulpädagogik, Allgemeine Didaktik 3311. Bad Heilbrunn: Verlag Julius Klinkhardt.

Zeit.de. WannaCry - Globale Ransomware-Attacke (2017). URL: www.zeit.de/thema/wannacry - abgerufen am 25.07.2018.

Julia Hense

Anleitung zum (Un-)glücklichsein — Fünf Thesen zur Einführung digitalen Lernens an Schulen

Abstract

Digitales Lernen ist en vogue. Das Thema ist sowohl aus der wissenschaftlichen als auch aus der bildungspolitischen und schulpraktischen Debatte nicht mehr wegzudenken. Je konkreter das Thema in den Schulalltag gebracht wird, desto deutlicher zeigt sich, welche Aspekte bei der Einführung digitalen Lernens zu berücksichtigen sind. Digitales Lernen ist weit mehr als der Einsatz technischer Hilfsmittel im Unterrichtsgeschehen. Wer die Thematik genau betrachtet bemerkt, dass es eigentlich um einen Wandel der Lehr-Lernkultur geht. Digitale Medien können helfen diesen zu befördern, vorausgesetzt die Einführung erfolgt konzeptionell durchdacht.

Einleitung

Unsere Gesellschaft ist digital. Nicht nur die Arbeitswelt ist mittlerweile vollständig von digitalen Technologien durchdrungen, auch unsere Alltagswelt funktioniert digital. Dabei ist es egal, ob es um die Organisation von Terminen und die (Alltags-)Kommunikation geht, oder um das Abrufen von Informationen, den Einkauf im Onlinehandel oder die Nutzung von Apps, die mit kleinen Funktionen das Leben erleichtern können. Dieser digitale Wandel macht auch vor unseren Bildungssystemen nicht Halt, auch wenn die Entwicklungen hier weit schleppender verlaufen als in allen anderen Lebensbereichen.

Auch jenseits der aktuellen bildungspolitischen Vorgaben ist das Digitale schon lange Bestandteil der Lebenswelt von Kindern und Jugendlichen (vgl. KIM-Studie, 2016; JIM-Studie, 2017). Die Welt, in der sie später leben werden, wird ebenfalls eine digitale sein. Das kann man kritisch sehen. Es lässt sich jedoch nicht umkehren. Umso wichtiger ist eine gute mediale (und digitale) Sozialisation von Kindern und Jugendlichen, die ihnen einen souveränen, aufgeklärten und auch kritischen Umgang mit Medien ermöglicht. Dies kann ein entscheidender Faktor im Hinblick auf die soziale Teilhabe der künftigen Generationen sein. Diskutiert wird dies z. B. unter dem Stichwort *media literacy* oder auch *Medienkompetenz* (vgl. BMFSJ, 2013).

Kinder und Jugendliche lernen gerne mit digitalen Medien, das hat ein groß angelegtes Befragungsprojekt der Bertelsmann Stiftung ergeben (vgl. Bertelsmann Stiftung, 2017a). Für den „Monitor Digitale Bildung" hat die Stiftung in ganz Deutschland Lehrende und Lernende in allen Bildungssektoren befragt. Es ging darum, verlässliche Daten zur Nutzung und zum pädagogischen Nutzen digitaler Medien im Unterrichtsgeschehen zu erheben und auszuwerten. Unter Schülern aller Altersstufen ist vor allem das Lernen mit Hilfe von Videos beliebt (vgl. ebd., S. 25 ff.). Dabei können auch die jüngeren Schüler schon differenzieren. Es ist keinesfalls so, dass Kinder und Jugendliche ausschließlich digital lernen möchten. Sie bevorzugen einen Mix aus analogen und digitalen Methoden und Tools. Und sogar Primarschüler suchen sich methodisch das Lernangebot aus, das ihnen am besten hilft, eine Aufgabe zu meistern – wenn man sie lässt. Das kann ein digitales Angebot sein, wie z. B. eine kindgerechte Suchmaschine wie Blinde Kuh oder ein Lernspiel wie Antolin oder Minecraft. Aber auch Grundschüler wählen gerne aus einem breiten Angebot (vgl. Bertelsmann Stiftung, 2017b, S. 17 f.). Die Sorge, digitale Lernmittel könnten andere Lernwege verdrängen und zur Vereinzelung und Kommunikationsverarmung führen, scheint also weniger berechtigt als bisher oft angenommen.

Der sichere Umgang mit digitalen Medien wird künftig mit darüber entscheiden, ob jemand einen guten beruflichen Einstieg schafft und an gesellschaftlichen Entwicklungen aktiv teilhaben wird, oder nicht. Eine große Hoffnung, die mit dem Einsatz digitaler Lernmittel einhergeht, ist die auf mehr Chancengerechtigkeit im Bildungssystem. Das Potenzial ist da: Nie zuvor waren die Voraussetzungen so gut, Kinder individuell zu fördern und ihnen auf sie zugeschnittene Lernangebote zu machen. Damit sich dieses Potenzial aber auch entfalten kann, sind einige Voraussetzungen zu erfüllen. Bisher ist das nicht der Fall.

Deutsche Schulen sind erschreckend wenig an die digitale Gesellschaft angebunden. Die Ergebnisse der Befragungen des „Monitor Digitale Bildung" für den Schulsektor haben gezeigt, dass nur etwa 37 Prozent der Lehrer an allgemeinbildenden Schulen mit dem vorhandenen WLAN zufrieden sind (vgl. Bertelsmann Stiftung, 2017a, S. 45 f.). Noch immer gibt es Schulen, die nicht ans Internet angebunden sind. Selbst die Schulen, die Zugriff auf WLAN und Geräte haben, haben keine administrative Unterstützung. Fast 60 Prozent der befragten Lehrer gaben an, dass ihre Schule keinerlei IT-Support hat. Auch der Kompetenzaufbau beim Lehrpersonal lässt zu wünschen übrig. 65 Prozent der Lehrer beklagen mangelnde Weiterbildungsmöglichkeiten (vgl. ebd., S. 35 f.).

Wenn digitale Lernmittel zum Einsatz kommen, geschieht das meist aus Überzeugung und durch das Engagement der einzelnen Lehrenden. Es ist also ein gutes Stück weit

Glückssache, ob ein Kind mit Hilfe digitaler Medien lernt und gefördert wird, oder eben nicht. Besonders fatal daran: 65 Prozent der Lehrer glauben daran, dass digitale Medien helfen, leistungsstarke Kinder weiter zu fördern. Aber nur 40 Prozent sehen dieses Potenzial auch für leistungsschwächere Kinder (vgl. ebd., S. 15 ff.). So zementiert sich ein bereits bestehendes Ungleichgewicht weiter. Schwächere Kinder erhalten gar nicht erst die Chance aufzuholen und werden weiterhin abgehängt werden, wenn hier nicht nachjustiert wird. Dabei sind gerade leistungsschwächere Kinder durch den Einsatz digitaler Lernmedien – vor allem wenn sie eigenständig damit arbeiten dürfen – gut zu motivieren (vgl. Bertelsmann Stiftung, 2017a, S. 28 f.).

Im internationalen Vergleich hinken wir nicht nur in Sachen digitale Medien im Unterricht generell, sondern auch in Bezug auf deren Nutzung zur individuellen Förderung deutlich hinterher – soweit, dass der Vorsprung kaum noch einzuholen ist. Deutschland liegt in Bezug auf die Qualität seiner Schulausstattung deutlich unter dem OECD-Durchschnitt (vgl. OECD, 2016, S. 70). Auch beim Einsatz digitaler Medien im Unterricht liegt Deutschland weit abgeschlagen auf einem der letzten Plätze im Vergleich zu allen anderen OECD-Nationen (vgl. ebd., S. 72). Im Vergleich dazu: Skandinavien, Australien und die Niederlande erreichen hier regelmäßig die besten Werte.

Gerade deshalb aber verbietet sich jedes Zögern und Zaudern. Auch wenn sich Veränderungen nur langsam werden durchsetzen können, werden Schulen noch immer allein gelassen in der Gestaltung des digitalen Lernens. Ihnen fehlt fachlich kompetente Begleitung, die ihnen auf dem Weg hilft, denn: Digitales Lernen ist weit mehr als der Einsatz technischer Hilfsmittel. Das Internet vernetzt Menschen auf der ganzen Welt und schafft in Sekundenschnelle Zugang zu einem Fundus an Wissen wie er der Menschheit noch nie zuvor zur Verfügung gestanden hat. Damit umgehen zu können erfordert und fördert gleichermaßen kreatives und vernetztes Denken – heute eine Kernkompetenz.

International wird diese Thematik seit einiger Zeit unter dem Begriff der *21st Century Skills* diskutiert (vgl. OECD, 2009). Gemeint ist damit, dass heutige Schüler auf ein Leben in einer sich ständig verändernden Welt vorbereitet werden müssen. Unter diesen Gegebenheiten ist es schwierig an einem starren, rein inhaltlich orientierten Gerüst von Lerninhalten festzuhalten. Freilich redet niemand davon, Lesen, Schreiben und Rechnen abzuschaffen. Künftig brauchen Kinder Methoden im Umgang mit Vielfalt, Veränderung und Differenz und die Fähigkeit, sich Inhalte sach- und situationsbezogen anzueignen und vernetzt zu denken. Diese Fähigkeiten muss Schule mit vermitteln. Dazu zählt Kreativität, Kommunikation, Kollaboration, Kritisches Denken (vgl. OECD, 2008) – alles Fähigkeiten, die durch das Internet gefordert und gefördert werden können.

Schulen müssen ihre Lernenden darauf vorbereiten, souverän in einer vernetzten und sehr agilen Welt zurechtzukommen und sie mitzugestalten. Das kann allerdings nur gelingen, wenn Schulen auch das Rüstzeug an die Hand bekommen, um den Kindern mitzugeben, was sie benötigen.

Institutionelle Veränderungsprozesse folgen ihren eigenen Gesetzmäßigkeiten. Dennoch lassen sich aus den Erfahrungen der Schulen im In- und Ausland, die sich bereits mit dem digitalen Wandel befasst haben, einige Themen und Herausforderungen herausfiltern, mit denen sich jede Schule beschäftigen muss, die digitale Lernmedien gezielt einsetzen und sich als Schule weiterentwickeln möchte.

> **Praxisbeispiel: Die Schule auf dem Süsteresch**
>
> Die im Niedersächsischen gelegene „Schule auf dem Süsteresch" hat 2016 den Deutschen Schulpreis für ihr innovatives Schulkonzept erhalten. Die Grundschule legt großen Wert auf eine offene Unterrichtsgestaltung und individuelle Fördermöglichkeiten. Dabei wechseln selbstbestimmte Freiarbeitsphasen mit klassischen Unterrichtsstunden und Workshopformaten. Digitale Medien bilden nicht den Kern der Schulstrategie, gehören aber selbstverständlich zum Alltag dazu und werden in den Unterricht integriert, wo sie helfen, individuelle Förderung zu ermöglichen. Die Kinder lernen so nicht nur den medienkompetenten Umgang mit der digitalen Welt, sondern auch angepasst an ihre Bedürfnisse.
>
> **Homepage**: http://suesteresch.de

Die folgenden Ausführungen beziehen sich auf eigene Beobachtungen im In- und Ausland, gestützt durch die gebündelten Erfahrungen australischer Schulen. Die Australier haben ihre Erfahrungen bei der Einführung digitalen Lernens und der Leitung von Schulen im digitalen Zeitalter in einem lesenswerten Buch (vgl. Lee & Gaffney, 2008) gebündelt. Vieles davon bezieht sich nicht auf systemische Aspekte und lässt sich deshalb gut auch in deutsche Verhältnisse denken. Wie in jedem Veränderungsprozess wurden dabei nicht nur Erfolge verzeichnet. Manch Anstrengung stellte sich im Nachhinein als Fehlschlag heraus.

Gerade der reformerprobte deutsche Schulsektor ist entsprechend oft zurückhaltend, wenn es um Veränderungsprozesse geht. Die beschriebenen Erfahrungen sollen deshalb einerseits ermutigen, sich auf den Weg zu machen und andererseits aufzeigen, welche Fallstricke lauern und wie sie sich vermeiden lassen. Und da Veränderungen mit einem Augenzwinkern weit weniger wehtun, kommen sie mit einem ebensolchen daher. Lesen Sie nun also, was Sie tun müssen, um digitales Lernen an Ihrer Schule scheitern zu lassen. Und was im Gegenzug hilfreich sein könnte.

Fünf Thesen zum Scheitern einer Einführung digitalen Lernens an Schulen

1. Schaffen Sie Technik in größerem Umfang an

Digitales Lernen hat immer eine gewisse technische Komponente, das lässt sich nicht vermeiden. Gleichzeitig ist dieser Part des digitalen Lernens leicht greifbar: Wir reden dabei immer über WLAN und über Endgeräte wie Smartphones, Tablets, Whiteboards etc. Entsprechend groß ist die Versuchung, sich zunächst auf die technische Ausstattung zu konzentrieren und erst dann über deren konkreten Einsatz und die notwendigen Schulungen des Lehrpersonals nachzudenken.

Immer wieder wird in der Praxis viel Geld in Technik investiert, die später nicht genutzt wird. Die Gründe dafür sind vielfältig und nicht immer hängen sie direkt mit den digitalen Medien zusammen. Manchmal geht es schon um bauliche Gegebenheiten, die niemand bedacht hat, wie z. B. wenn größere Geräte flexibel in verschiedenen Räumen eingesetzt werden sollen, aber kein Aufzug im Haus vorhanden ist.

Oft wird mit der breiten Anschaffung von Technik der Wunsch verbunden, wenn sie erst da wäre würde sie auch genutzt werden. Die Erfahrung zeigt, dass das nicht der Fall ist (vgl. Bertelsmann Stiftung, 2017a, S. 31 ff.). Denn nur weil ein Gerät vorhanden ist, ist der Anwendungsfall für den Nutzer damit nicht ausreichend transparent. Entsprechend wird es nicht eingesetzt. Es fehlt immer wieder an Kompetenzen der Lehrkräfte, um die Geräte auch wirklich breit zu nutzen (vgl. ebd., S. 35 f.). Und die Wartung der Technik wird bei der Anschaffung ebenfalls häufig unterschätzt. Wer einmal mit einer Klasse vor einem defekten Gerät gestanden hat, wird es sich künftig überlegen, in wie weit er sich auf die Technik verlassen will.

Eine weitere Variante ist die Anschaffung einer Fülle teurer Software zusätzlich zu den Geräten. Das führt zu einem Pluralismus, dem Lehrende und Lernende schnell nicht mehr Herr werden. Oft werden Programme angeschafft, die zwar interessant klingen, sich im Nachhinein aber als nicht tragfähig für die gewünschte Anwendung erweisen, mit dem Effekt, dass die Software nicht mehr eingesetzt wird. Zu viele unterschiedliche Programme überfordern. Dasselbe gilt allerdings auch für Lösungsversuche vom Typ *Eierlegende Wollmilchsau*.

Was wäre also besser?

Bevor Geräte in größerem Stil angeschafft werden, sollte es in der Schule einen Diskussionsprozess über deren Verwendung gegeben haben: Was wollen wir konkret mit welchen Geräten und welcher Software erreichen? Wer soll was damit tun und zu welchem Zweck? Hat die Schule schon ein Medienkonzept, kann man gut daran anknüpfen. Wichtig ist aber auch hier die Verständigung im Kollegium darüber, was das übergeordnete didaktische Ziel sein soll, das durch den Einsatz digitaler Medien erreicht werden soll. Geht es allein um den Einsatz im Unterricht? Oder ist auch ein Einsatz in der Organisation des Schulalltags denkbar? Welche datenschutzrechtlichen Aspekte sind zu berücksichtigen? Wo kann man hier Unterstützung finden? Im Zweifelsfall ist es der erfolgversprechendere Ansatz, mit einer kleinen Gruppe interessierter Lehrer (z. B. eines Fachbereichs) zu starten und digitale Geräte in einem Bereich mit einem konkreten Ziel einzusetzen. Sie werden sehen: Oft braucht es gar keine komplexe Technik und keine Fülle von Apps. Oft reichen ein paar gut ausgewählte Bausteine. Wichtig ist, einen ganz konkreten Anwendungsfall zu skizzieren, der allen Beteiligten klar sein sollte und den sie als wichtig einschätzen und teilen.

2. Überlassen sie konzeptionelle Fragen einer kleinen Gruppe „Nerds"

Immer wieder werden diejenigen Kollegen, die ohnehin schon digital affin sind, damit beauftragt, sich über digitales Lernen Gedanken zu machen. Das ist natürlich naheliegend, denn da kennt sich jemand schon aus. Problematisch ist daran, dass digital-affine Menschen oft bereits so tief in die Materie eingetaucht sind, dass sie komplexe Vorschläge machen, die von Menschen, die in technischen Dingen weniger bewandert sind, als zu schwierig angesehen werden.

Ein weiterer Nachteil in der Beauftragung eines Einzelnen „digital native" ist der, dass das Thema damit ausgelagert wird. Nicht selten verbindet sich damit sogar die Hoffnung, das Thema möge so an allen anderen vorbeigehen und sich quasi von selbst erledigen. Angesichts der mannigfaltigen Aufgaben, die Schule bewältigen soll, ist das sogar nachvollziehbar – nur leider nicht realistisch.

Eine digitale Strategie, die von Einzelnen erarbeitet wird, muss scheitern. Natürlich braucht es eine Gruppe von Leuten, die sich verantwortlich fühlt, Ideen entwickelt, vielleicht auch das Eine oder Andere im Unterricht testet. Es braucht aber einen strukturierten Prozess der Rückbindung des Entwickelten an alle Kolleginnen und Kollegen.

Was wäre also besser?

Digitales Lernen ist mehr als der Einsatz von Technik im Unterricht. Dahinter steht die Idee eines flexibleren, passgenaueren Lernens für alle. Diese Idee muss vermittelt werden. Dazu müssen alle im Kollegium einbezogen werden und sich einbringen können. Dazu gehört auch, Sorgen und Ängste zu hören und ernst zu nehmen. Im Gespräch mit dem gesamten Kollegium können dann Ideen und Konzepte für die eigene Schule entwickelt werden, so dass alle eine gemeinsame Idee davon haben, wohin die Reise gehen soll und mit welchem Ziel sie unternommen wird.

Ist das abschließend geklärt, kann man Teams bilden, die sich für bestimmte Themen vermehrt einsetzen, Ansätze ausprobieren und ihre Erfahrungen dann mit allen teilen. Dafür braucht es natürlich die Sicherheit, dass jeder im Kollegium sich mit Erfolgen aber auch mit etwaigen Misserfolgen gefahrlos zeigen kann. Es darf nicht um Schuldzuweisungen gehen. Im Mittelpunkt steht das gemeinsame Ziel, Lernen besser zu gestalten. Das bedeutet, auch ungewöhnliche Wege einmal auszuprobieren, immer vom Ziel aus zu denken und dazu z. B. auch die Schülerinnen und Schüler selbst einmal einzubeziehen und sie um Feedback für unterschiedliche Ansätze zu bitten.

3. Meiden Sie das Gespräch mit Schulträger, Förderverein und Eltern so lange wie es geht

Es ist durchaus nachvollziehbar, dass bei einem so großen Thema wie dem digitalen Wandel Schulleiter und Lehrer womöglich wenig Lust darauf verspüren, Schulexterne in Entwicklungsprozesse einzubeziehen: Es ist schon anspruchsvoll genug, das Kollegium auf eine gemeinsame Linie einzustimmen. Entsprechend oft werden externe Gremien, die lokale Politik und auch die Eltern bei dem Thema möglichst lange ausgeklammert.

Tatsächlich entsteht bei einer zu frühen Einbeziehung der fraglichen Parteien auch nicht selten die Situation, dass Ideen, die noch nicht voll ausgegoren sind, auseinandergenommen werden und schließlich ein fauler Kompromiss im Raum steht, mit dem eigentlich niemand zufrieden ist.

Die Erfahrung hat wohl jeder schon einmal gemacht und so werden externe Instanzen ausgeklammert – mit dem Effekt, dass sie vieles dann hinterher nicht mittragen wollen. Sie waren ja bei der Entwicklung nicht beteiligt. Und so verschwinden nicht selten gute Ideen und Konzeptskizzen in der Schublade. Gerade beim kontroversen Thema digitales Lernen kennt wohl jeder einen Flecken verbrannte Erde, den er künftig lieber meiden wird.

Was wäre also besser?

Suchen Sie frühzeitig das Gespräch. Teilen Sie Ihre Gedanken und Ideen mit allen Akteuren rund um den Schulbetrieb. So bekommen Sie ein Gespür dafür, wer sich als Verbündeter erweisen könnte und wer möglicherweise eine kritische Haltung hat. Gerade kritische Haltungen sollten Sie kennen und ernst nehmen.

Ernst nehmen bedeutet dabei nicht, sich jede Initiative nehmen zu lassen, sondern besser zu verstehen, welche Sorgen jemand bei dem Thema hat und wie sich diese Sorgen zerstreuen oder wenigstens adressieren lassen. Denn selbst, wenn Sie mit jemandem völlig konträrer Meinung sind, eines haben Sie gemeinsam und das ist der Konflikt. Und darauf lässt sich aufbauen.

Gerade Eltern sind beim Thema Digitales sehr aufmerksam. Viele haben Sorgen und Ängste. Nicht selten ist der Nachwuchs im Umgang mit der Technik virtuoser als die Eltern selbst. Das verunsichert und überfordert. Dies gilt es wahrzunehmen und dabei den Abbau von Ängsten zu unterstützen. Das geht vor allem dann, wenn Eltern sich einbezogen fühlen. Einbezogen bedeutet nicht, die Entscheidungshoheit vollständig abzugeben. Es bedeutet, Transparenz herzustellen und Eltern als Erziehungsberechtigte ernst zu nehmen.

4. Schaffen Sie Computerräume und belohnen sie nur gute Schülerinnen und Schüler mit digitalem Lernen

Jede Schule ist anders. Und jede Schule hat mit besonderen Herausforderungen zu kämpfen. Manchmal sind das bauliche Gegebenheiten, die sich nicht so einfach verändern lassen, manchmal sind es finanzielle Herausforderungen. Beides sind gute Gründe, warum sich in vielen Schulen noch die guten alten Computerräume finden, die zu einer Zeit eingerichtet wurden, in der ein Computer in den Haushalten noch selten war und in den Schulen maximal im Informatikunterricht eine Rolle spielte.

Um digitale Elemente in den Unterricht einzubauen, ist das natürlich nicht mehr zweckdienlich. Dennoch werden auch heute noch spezielle Computerräume eingerichtet. Die Lehrerinnen und Lehrer müssen dann Zeiten buchen und können digitale Elemente nicht ad hoc in den Unterricht einbauen. Manchmal gibt es in Klassen – häufig in Grundschulen, aber nicht nur – Computerecken, die die Schülerinnen und Schüler nutzen können, wenn sie z. B. schon mit einer Aufgabe fertig sind, während andere Kinder noch daran arbeiten.

Was auf den ersten Blick wie eine gute Idee aussieht, hat einen Haken: Auf diese Weise werden leistungsstarke Kinder mit der Arbeit am Computer belohnt. Leistungsschwächere Kinder bekommen womöglich nie, ganz sicher aber deutlich seltener, die Chance am Computer zu arbeiten. Auf diese Weise verstärkt sich ein Ausgrenzungseffekt, denn nicht selten sind das auch die Kinder, die aus sozial schwächeren Familien kommen, wo vielleicht kein Computer vorhanden ist und/ oder ihnen niemand zeigen kann, wie man damit umgeht. Das ist fatal und erstickt die Chance zu mehr gesellschaftlicher Teilhabe, die in der Digitalisierung des Lernens angelegt ist, im Keim.

Was wäre also besser?

Prüfen Sie, welches Medienkonzept Sie an Ihrer Schule etablieren können. Wenn nicht jedem Kind ein Gerät zur Verfügung gestellt werden kann, dann lässt sich auch mit dem Konzept „Bring Your Own Device (BYOD)" arbeiten, bei dem Kinder ihre eigenen Geräte nutzen. Viele Schulen haben damit inzwischen gute Erfahrungen gemacht. Kinder, deren Familien sich kein eigenes Gerät leisten können, können z. B. über den Förderverein unterstützt werden.

Digitales Lernen als Belohnung für gute Leistungen einzusetzen ist eine mögliche Variante, sollte jedoch nicht die einzige sein. Auch lernschwächere Kinder sollten mit digitalen Lernmitteln in Berührung kommen. Womöglich brauchen sie weniger Unterstützung, wenn sie regelmäßig damit arbeiten können, denn die digitalen Medien erlauben weit individuellere Lernsettings als der klassische Unterricht im Klassenzimmer. Das erfordert natürlich ein kritisches Hinterfragen des eigenen Lehrstils und des Lehr-Lernkonzepts der Schule.

5. Halten Sie den internen Austausch für überbewertet

Lehrerinnen und Lehrer sind häufig Einzelkämpfer. Sie stehen alleine vor der Klasse und erarbeiten sich ihre Materialien ganz allein. Teamteaching ist häufiger geworden aber auch aus Kapazitätsgründen nicht die Regel. Ein gemeinsames Arbeiten an Lehrmaterial und der rege Austausch von Ansätzen, die funktioniert haben – oder eben nicht –, das gibt es unter Lehrerinnen und Lehrern selten.

Wer fürchten muss, von Kolleginnen und Kollegen Kritik am eigenen Unterrichtsstil oder den eingesetzten Materialien zu ernten, der hat natürlich wenig Interesse daran, sich auszutauschen, Materialien zur Verfügung zu stellen und die Unterrichtsentwicklung voranzutreiben. Die Möglichkeiten der Arbeitserleichterung, die Teamwork bietet, bleiben so ungenutzt.

Was wäre also besser?

Die Digitalisierung bietet auch die Möglichkeit, lange gewachsene Kommunikationsstrukturen aufzubrechen und zu verbessern. Digitales Lernen bietet die Möglichkeit zur gemeinsamen Arbeit und zur Arbeitserleichterung aller.

Gute digitale Unterrichtsmaterialien gibt es inzwischen reichlich im Netz. Ebenso Werkzeuge, mit deren Hilfe sich Material anpassen lässt. Dank Open Educational Resources (OER) gibt es auch Material, das kostenlos verfügbar ist und sich mit Blick auf das Urheberrecht gefahrlos verwenden lässt.

Hier wäre es wichtig, Erfahrungen und hilfreiche Quellen zu teilen. So können Kolleginnen und Kollegen einmal gemachte Arbeit teilen und gemeinsam nutzen. Dafür braucht es natürlich ein Klima des Vertrauens und der gegenseitigen Offenheit, das auch von der Schulleitung unterstützt werden sollte.

Und wie geht es nun weiter?

Es zeigt sich also: Beim digitalen Lernen geht es um weit mehr als um den Einsatz von Technik generell oder die Eins-zu-eins-Übersetzung von didaktischen Settings und analogen Methoden in eine digitale Version. Es geht darum, eine Vision von guter Schule Wirklichkeit werden zu lassen. In so einer Vision ist die individuelle Förderung von Kindern mit Hilfe digitaler Mittel genauso wie mit analogen Mitteln möglich und gewünscht. Digitale Hilfsmittel werden aber eingesetzt, um das zu erreichen, was mit analogen Mitteln bisher nicht oder nur sehr aufwändig möglich ist: die Förderung aller Kinder nach ihren Möglichkeiten und ihrem Leistungsstand.

Lernprozesse zu digitalisieren, ist also bei weitem kein Selbstzweck. Es sollte immer zielgerichtet und auf Grundlage eines Konzepts erfolgen. Wie dieses Konzept im Detail aussieht wird von Schule zu Schule ganz verschieden sein. Hier müssen die Rahmenbedingungen ebenso berücksichtigt werden wie die zur Verfügung stehenden Ressourcen und etwaige gewachsene Strukturen, die es zu erhalten gilt.

Hilfreich ist hier möglicherweise der australische Ansatz, eine Vision einer guten Schule des 21. Jahrhunderts zu entwickeln. Dabei werden altbekannte Strukturen zu Gunsten einer individuellen Förderung umgebaut. Zeit und Ort des Unterrichts etwa werden entkoppelt. Strenge Stundenpläne, die für alle gelten, werden zu flexibleren Konstrukten weiterentwickelt, die sich individuell an die Bedürfnisse des Einzelnen anpassen lassen. Schulen werden mehr wie Netzwerke agieren, in denen sich die Kolleginnen und Kollegen gegenseitig austauschen und mehr im Team arbeiten. Unterricht findet sowohl im Klassenverband als auch im Einzelsetting statt, es gibt eigenständige Lernphasen mit Freiarbeit und Projekte, in denen Themen und Ausrichtung von den Schülerinnen und Schülern selbst bestimmt, und sie von den Lehrenden nur begleitet werden. Letztere übernehmen in diesem Kontext mehr die Funktion der Lernberatung und Navigation. Inhalte stellen sich die Schüler teils selbst zusammen, teils werden sie digital zur Verfügung gestellt. Im Austausch werden Ergebnisse, Fragen und Schwierigkeiten diskutiert (vgl. Lee & Gaffney, 2008, S. 21 ff.).

Zugegeben, aus deutscher Perspektive ist es ein kühner Vorschlag. Und dennoch geschieht genau dies bereits bei unseren niederländischen Nachbarn. Die kleine Stadt Roermond etwa, kann gleich auf mehrere Schulen verweisen, die mit verschiedenen Schulkonzepten experimentieren und arbeiten. Vieles, was oben beschrieben wurde, wird z. B. in der Synergieschool in Roermond bereits umgesetzt.

Praxisbeispiel: Die Synergieschool in Roermond

Die Synergieschool ist eine inklusive Reformschule im niederländischen Roermond. Kinder verschiedener Altersklassen lernen hier gemeinsam in offenen Klassenzimmern, mal allein, mal in der Gruppe, mal mit Tablet, mal ganz analog mit einem Buch. Die Kinder werden dabei immer wieder ganz individuell betreut. Feste Unterrichtszeiten und Stundenpläne, die für alle gleich sind, gibt es hier nicht. Die Kinder arbeiten mit hoher Selbständigkeit und Eigenverantwortung an eigenen Ideen und Projekten und werden durch die Lehrenden dabei begleitet. Die Organisation des Schulalltags wird über Tablets gesteuert, auf denen jedes Kind seinen eigenen Stundenplan hat, aber auch Hausaufgaben machen und mit Lernsoftware arbeiten kann.

Homepage: http://synergieschool.nl/

Gesamtgesellschaftlich ist die Debatte um digitales Lernen eine Reaktion auf die Umwälzungen, die durch die digitale Gesellschaft entstanden sind. Noch nie war Wissen so leicht verfügbar. Noch nie waren Menschen so sehr vernetzt. Das Internet hebelt alte Mechanismen aus und ist die stärkste „Waffe" in Sachen gesamtgesellschaftlicher Emanzipation und Empowerment, die es je gegeben hat. Wenn Menschen sich zunehmend auf Augenhöhe und in kooperativer Absicht austauschen, weil dies der Weg ist, um globale Probleme zu lösen, dann muss sich das auch in Bildungseinrichtungen niederschlagen, indem digitale Technologien und der Umgang damit nicht nur gelehrt, sondern ins Alltagsgeschehen integriert werden. Das bezieht auch die Organisation des Lernens an sich mit ein und damit auch die Art und Weise wie gelernt wird.

Was Schulen konkret tun können, um dieser Vision eines gemeinsamen Lernens und einer guten Schule näher zu kommen, habe ich in diesem Beitrag skizziert. Eine gute Vision einer „digitalen Schule" gibt es bereits. Jetzt geht es darum, diese Anstrengung gemeinsam zu unternehmen, um sie Wirklichkeit werden zu lassen. Dazu brauchen Schulen Unterstützung, sie können diesen Weg nicht alleine gehen. Beispiele guter Praxis gibt es im europäischen Raum genügend, um sich inspirieren zu lassen. Den richtigen Zeitpunkt dafür wird es wohl nie geben. Die Bedingungen werden nie perfekt sein, um den digitalen Wandel zu gestalten und anzugehen. Sicher ist die deutsche Zurückhaltung in Bezug auf Innovationen bisweilen auch hilfreich, etwa um sich nicht in fixe Ideen zu verrennen. Doch im Hinblick auf den aktuellen Stand der Debatten kann wohl angenommen werden, dass unsere Skepsis uns inzwischen mehr bremst als unterstützt. Deshalb sollten wir losgehen, ganz im Sinne der Idee der Schwarmintelligenz: Gemeinsam können wir Großes schaffen, wenn jeder ein kleines Puzzleteil beisteuert.

Literatur

Bertelsmann Stiftung (Hrsg.) (2017). Monitor Digitale Bildung. Digitales Lernen an Grundschulen. Online: http://www.bertelsmann-stiftung.de/fileadmin/files/BSt/ Publikationen/GrauePublikationen/BST_DigiMonitor_Grundschulen.pdf [Stand: 29.05.2018].

Bertelsmann Stiftung (Hrsg.) (2017a). Monitor Digitale Bildung. Die Schulen im digitalen Zeitalter. Online: http://www.bertelsmann-stiftung.de/fileadmin/files/BSt/Publikationen/ GrauePublikationen/BSt_MDB3_Schulen_web.pdf [Stand: 29.05.2018].

Bundesministerium für Familie, Senioren, Frauen und Jugend (Hrsg.) (2013). Medienkompetenzförderung für Kinder und Jugendliche. Eine Bestandsaufnahme. Online: https://www.bmfsfj.de/blob/94296/9ba82610849b8d50ee3117286f96ee56/ medienkompetenzfoerderug-fuer-kinder-und-jugendliche-data.pdf [Stand: 29.05.2018].

Lee & Gaffney (2008): leading a digital school. Acer Press, Victoria.

Medienpädagogischer Forschungsverbund Südwest (2016). KIM-Studie 2016. Kindheit, Internet, Medien. Online: https://www.mpfs.de/fileadmin/files/Studien/KIM/2016/ KIM_2016_Web-PDF.pdf [Stand: 29.05.2018].

Medienpädagogischer Forschungsverbund Südwest (2017). JIM-Studie 2017. Jugend, Information, (Multi-)Media. Online: https://www.mpfs.de/fileadmin/files/ Studien/JIM/2017/ JIM_2017.pdf [Stand: 29.05.2018].

Organisation for Economic Co-operation and Development (Hrsg.) (2016). Innovating Education and Educating for Innovation: The Power of Digital Technologies and Skills. Online: http://www.oecd.org/education/ceri/GEIS2016-Background-document.pdf [Stand: 29.05.2018].

Organisation for Economic Co-operation and Development (Hrsg.) (2009). 21st Century Skills and Competences for New Millennium Learners in OECD Countries. Online: https://www.oecd-ilibrary.org/docserver/218525261154.pdf?expires=1527597675&id=id&accname=guest&checksum=5B70BBD837128D3CE61C5F7007C9C0C0 [Stand: 29.05.2018].

Organisation for Economic Co-operation and Development (Hrsg.) (2008). 21 St Century Skills: How can you prepare students for the new Global Economy? Online: https://www.oecd.org/site/educeri21st/40756908.pdf [Stand: 29.05.2018].

Klaus Zierer & Jonas Tögel

Digitale Bildung – Möglichkeiten und Grenzen

Betrachtet man die Artikel in DIE ZEIT, die in der letzten Zeit erschienen sind und sich mit „Digitalisierung" beschäftigen, so wird deutlich: Das Thema ist nicht nur brandaktuell, es wird auch sehr kontrovers diskutiert. Befürworter sowie Gegner verteidigen vehement ihren Standpunkt, ein Konsens ist bis jetzt nicht gefunden. Damit einher geht auch gewisse Orientierungslosigkeit: einerseits fordert zum Beispiel die Politik nachdrücklich eine stärkere Umsetzung von Digitalisierung auch in der Bildung. So erwähnt die Koalition aus CDU/ CSU und SPD das Wort „digital" 290 mal in ihrem Vertrag – im Koalitionsvertrag aus dem Jahr 2005 war das Wort „Internet" nur viermal vertreten, „Digitalisierung" nicht vorhanden (Kühl, 2018). Sie stellt auch weitreichende finanzielle Mittel zur Stärkung von Digitalisierung zur Verfügung. Gleichzeitig sprechen sich Politiker wie die Staatsministerin für Digitalisierung, Dorothee Bär, offensiv für mehr digitale Medien im Schulalltag aus. In einem Interview forderte Frau Bär vor kurzem, allen Kindern und Jugendlichen – neben Sportschuhen und einem Pausenbrot – ein Tablet in die Hand zu drücken (z. B. ZDF Nachrichten, 01.04.2018).

Wissenschaftler wie Hartmut Hirsch-Kreinsen werben dafür, als Gesellschaft den Wandel durch den Einzug neuer Medien bewusst zu gestalten (Hirsch-Kreinsen, 2018). Dafür, so die Befürworter, muss natürlich auch die Schule reagieren, indem Digitalbildung den Unterricht großflächig durchdringt, um die Lernenden auf die radikal veränderte Welt vorzubereiten (Hirsch-Kreinsen, 2018), so der Wirtschaftswissenschaftler.

Auf der anderen Seite erkennen immer mehr Menschen die Gefahren der fortschreitenden Digitalisierung. Simon Sinek beschreibt das Grundproblem der „Millennials", also der jungen Menschen ab Jahrgang 1984, die mit der Digitalisierung aufgewachsen sind: durch die ständige Flucht in die digitale Welt fehle ihnen die Fähigkeit, tiefgehende, bedeutsame Beziehungen zu anderen Menschen aufzubauen – alles sei heute oberflächlich und auf Spaß ausgerichtet. Bei Problemen wenden sich die Millennials sofort an digitale Geräte. Außerdem führe der „Kick" von Facebook-Likes oder WhatsApp-Nachrichten zu einem Suchtverhalten, ähnlich einer Drogensucht (Sinek, 2016).

Manfred Spitzer sieht Tablets und Smartphones als ähnlich schädlich wie Alkohol an und prophezeit gar die „Digitale Demenz". Er versucht, das damit verbundene Schreckensszenario in eine biographische Reihenfolge zu bringen. Hier die Graphik aus seinem Buch „Digitale Demenz":

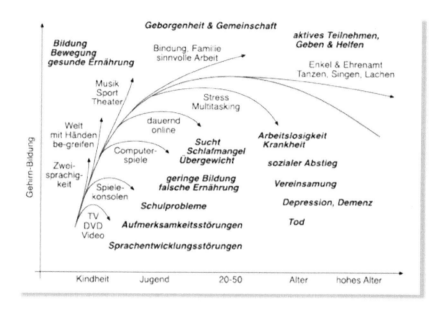

Abbildung 1: Risiken der Digitalisierung für die Gehirn-Bildung
von der Kindheit bis ins hohe Erwachsenenalter (Spitzer, 2014, S. 298)

Andere sehen die soziologischen Gefahren von Digitalisierung, die zur Kontrolle und Herrschaft über den Menschen durch ihre totale Transparenz führen kann (Lobe, 2017), man denke nur an das GPS im Smartphone oder der Smartwatch. Das heißt, sowohl was die Gesellschaft als auch was den Bereich der Bildung anbelangt stehen sich Thesen wie „Kinder sind heute Digital Natives" und „Hard- und Software sind heute revolutionär" mit Antithesen wie „Digitalisierung ist schädlich" oder „Digitalisierung ist ungesund" als Extrempositionen gegenüber (Zierer, 2018). Oft wird die Diskussion dabei emotional und polemisch geführt, wie wir an Frau Bärs Forderung sehen. Angesichts der Aktualität des Themas ist das zwar durchaus verständlich, es taugt aber nicht zur wissenschaftlichen Auseinandersetzung. Als Bildungsforscher ist es mir daher wichtig, die Vor- und Nachteile von Digitalisierung mit Hilfe gesicherter empirischer Befunde zu beleuchten, abzuwägen und so zu evidenzbasierten Schlussfolgerungen zu kommen. Dabei ist zunächst das Grundverständnis von Bildung zu klären, also welchen Bildungsbegriff ich meinen Betrachtungen zugrunde lege. Im Anschluss daran werden relevante Ergebnisse der Hattie-Studie im Bereich der Digitalisierung besprochen. Um die Herausforderung der damit verbundenen Schlussfolgerungen bewältigen zu können, wird im nächsten Schritt das Arbeitsmodell SAMR, welches vier Ebenen einer Digitalisierung beschreibt, erläutert, bevor ich zu einem abschließenden Fazit gelange.

Erziehungsauftrag und Medienbildung: Lernen 4.0

Digitalisierung ist zu einem festen Bestandteil der Lebenswelt auch von Kindern und Jugendlichen geworden. Daraus ergibt sich die Forderung, pädagogisch darauf zu reagieren. Eine umfassende Medienbildung – bestehend aus Medienkunde, Mediennutzung, Mediengestaltung und Medienkritik (z. B. Baacke, 1996) – muss das Ziel sein. So kann die Pädagogik ihrer Aufgabe, aktiv und bewusst auf die Lebenswelt einzuwirken, gerecht werden.

Um in dem Spannungsfeld zwischen Reproduktion und Innovation (vgl. Fend, 2008), das sich dabei ergibt, die Orientierung zu behalten, ist es wichtig, eine pädagogische Grundvorstellung zu haben und diese offenzulegen. Dafür bietet sich der Bildungsbegriff an, hier beispielhaft am Bildungs- und Erziehungsauftrag im Artikel 131 der Bayerischen Verfassung formuliert. Dort heißt es in Absatz 1: „Die Schulen haben nicht nur die Aufgabe, Wissen und Können zu vermitteln, sondern auch Herz und Charakter zu bilden."

Das humanistische Bildungsverständnis, welches sich in dieser Formulierung widerspiegelt, geht von einer Bildung aus, die sich am Menschen orientiert. Es geht um das Menschsein und Menschwerden, ein Vorgang, der nie abgeschlossen ist, denn: der Mensch steht immerzu vor der Herausforderung, der zu sein, der er ist.

Diesem Ziel ist auch eine Digitalisierung verpflichtet, die daher immer eine dienende Funktion einnimmt: Sinn und Zweck einer Digitalisierung ist, den Menschen in seinem Bildungsprozess zu unterstützen.

Für das digitale Lernen, beispielsweise durch Informationsaustausch im Internet oder das Lernen mithilfe von Tablets, ergeben sich dabei einige Besonderheiten. Um diese beschreiben zu können, bietet sich eine Analogie zur Struktur des WorldWideWeb an, welche in die Versionen 1.0 bis 4.0 unterteilt ist (vgl. Spivack, 2018; Wheeler, 2018; Zierer, 2018):

Abbildung 2: Lernen 4.0 (Zierer, 2018, S. 36)

Ähnlich wie das Web 4.0 ist das Lernen 4.0 durch eine ausgeprägte soziale und kognitive Vernetzung gekennzeichnet. Digitales Lernen strebt das Ziel an, ein Lernen 4.0 zu sein, jedoch ist darauf hinzuweisen, dass nicht jedes digitale Lernen ein Lernen 4.0 ist und auch traditionelle Lernformen in diesen Bereich vordringen können (vgl. Zierer, 2018).

Einfluss neuer Medien auf schulische Leistungen

Wie aber lässt sich die Qualität von digitalem Lernen einschätzen? Dazu gibt es gerade im erziehungswissenschaftlichen Kontext eine Vielzahl an Studien. Einzeln ist diese Menge nicht mehr zu bewältigen, so dass die Studien zu Metaanalysen zusammengefasst werden. Diese lassen sich wiederum in einer Synthese zusammenführen. Wichtige Arbeit auf diesem Bereich hat John Hattie mit seiner Studie „Visible Learning" geleistet. Im Folgenden soll „Visible Learning" in seinen Kernaussagen vorgestellt und die wichtigsten Kernbotschaften im Hinblick auf digitales Lernen erläutert werden.

Grundlagen von „Visible Learning"

Wir leiden derzeit nicht an einem Mangel an Studien und den damit verbundenen Erkenntnissen, vielmehr stehen wir vor einer sehr großen Anzahl an unterschiedlichen Forschungsergebnissen. Mit „Visible Learning" wurde der Versuch unternommen, nach 15-jähriger Recherche- und Interpretationsleistung von John Hattie (Hattie et al., 2013; Hattie & Zierer, 2017) eine möglichst große Zahl an Daten zusammenzufassen und auszuwerten. Das Ergebnis ist der größte Datensatz der empirischen Bildungsforschung mit inzwischen 1.400 Metaanalysen und einem Ranking von 250 Faktoren, welche evidenzbasierte Antworten auf die Frage „Was wirkt am besten?" geben. Da nahezu alles, was in Schule und Unterricht passiert, zu einer Steigerung der schulischen Leistung führt, wurde der Nullpunkt anders gesetzt. Die Effektstärke d=0,4 ist der Durchschnitt aller erhobenen Effektstärken und es wird argumentiert, dass unser Anspruch sein sollte, besser als der Durchschnitt zu sein. Eine überzeugende Argumentation, wie ich finde.

Ergebnisse im Hinblick auf digitales Lernen

Die Zunahme von anfänglich 138 auf nunmehr 250 Faktoren stellt uns vor die Herausforderung, den breiten Fundus, den es inzwischen auch innerhalb von „Visible Learning" gibt, übersichtlich und handhabbar zu machen.

Bezogen auf die Technik ergibt sich folgendes Bild:

Faktor	Effektstärke
Clicker	0,22
Computerunterstützung im Unterricht	0,47
Einsatz von PowerPoint	0,26
Laptop-Einzelnutzung	0,16
(Neue) Medien	0,22
Nutzung von Taschenrechnern	0,27
Online Lernen	0,29
Smartphones	0,37
Webbasiertes Lernen	0,18

Abbildung 3: Auswahl Effektstärken „digitales Lernen"

Es ist eines der hartnäckigsten Argumente in der Diskussion über Möglichkeiten und Grenzen einer Digitalisierung im Bildungsbereich, dass es nur eine Frage der Zeit ist, bis die Technik Lernen revolutioniere. Ein Blick auf die Effektstärken der Tabelle zeigt deutlich, dass dies kein Automatismus ist. Gerade die jüngsten Errungenschaften digitalen Lernens, wie „Laptop-Einzelnutzung" oder „Webbasiertes Lernen" zeigen geringe Effekte für den Lernerfolg.

Die Ergebnisse zum Einfluss der Digitalisierung in den einzelnen Altersstufen sowie den Fächern zeigen ebenso geringe Zusammenhänge zur Lernleistung. Daher ist davon auszugehen, dass ein anderer Aspekt entscheidend ist. Nämlich die Frage, wie es der Lehrperson gelingt, digitales Lernen in den Unterricht zu integrieren. Ein vertiefter Blick in eine Auswahl an Faktoren und die dazugehörigen Primärstudien kann diese Quintessenz untermauern.

Webbasiertes Lernen

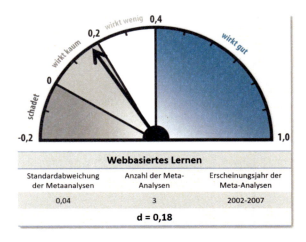

Abbildung 4: Faktor „Webbasiertes Lernen" (Eigene Darstellung)

Dieser Faktor fasst alle Verfahren zusammen, bei denen das Internet als Medium genutzt wird. Auf den ersten Blick ergibt die Synthese der drei Metaanalysen eine geringe Effektstärke von 0,18. Jedoch sind die Ergebnisse innerhalb der Studien heterogen, das heißt: Webbasiertes Lernen kann hohe Effektstärken erzielen. Entscheidend ist oft die Qualität der Software. Wenn die Programmierer, häufig ohne pädagogische Ausbildung, in ihrer Arbeit in einem multiprofessionellen Team unterstützt werden, kann das helfen, die Lernwirksamkeit zu erhöhen.

Smartphones

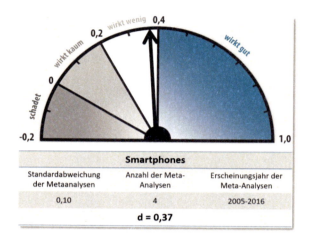

Abbildung 5: Faktor „Smartphones" (Eigene Darstellung)

Als das Massenmedium schlechthin ist das Smartphone auch im Unterricht gut erforscht. Die Synthese der Metastudien zeigt eine unterdurchschnittliche Effektstärke von 0,37. Es gibt durchaus Chancen im Einsatz von Smartphones, sofern sie helfen, zusätzliche Informationen zu gewinnen. Das kann beispielsweise durch das Einholen von Feedback der Fall sein (vgl. Wisniewski et al., 2017). Dieses Feedback kann von der Lehrperson aufgegriffen und im Unterricht genutzt werden. Auf der anderen Seite gibt es auch Grenzen von Smartphones, wie die Studie „Brain Drain" darlegt (vgl. Ward et al., 2017): Alleine die Anwesenheit von Smartphones führt zu einer verringerten Aufmerksamkeit und dadurch zu geringeren Leistungen.

Die Nutzung von Smartphones kann also nicht nur lernförderlich sein, sie kann auch lernhinderlich werden und wird damit zu einem zentralen Thema der Medienbildung.

Programmierte Instruktion

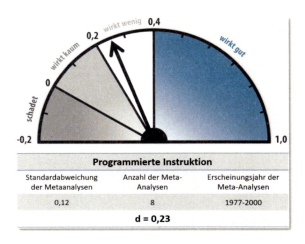

Abbildung 6: Faktor „Programmierte Instruktion" (Eigene Darstellung)

Der Faktor „Programmierte Instruktion" umfasst die Unterrichtskonzepte, die das Ziel haben, den Lernstoff in eine Abfolge zu bringen, welche der Lernende je nach Leistungsstand der Reihe nach durchläuft. Dabei wird immer häufiger auf spezielle Soft- und Hardware zurückgegriffen. Die Effektstärke liegt im Durchschnitt bei 0,23 und damit unterhalb der relevanten Schwelle von 0,4. Wichtig im Kontext einer Digitalisierung im Bildungsbereich ist die Einsicht, dass die menschliche Kommunikation nicht durch programmierte Instruktion ersetzt werden kann. Der zwischenmenschliche Dialog und Austausch und die daraus entstehende Kooperation sind wichtige Phasen für das Lernen, die auch durch technische Mittel nicht überflüssig werden.

Schlussfolgerung: Lernen bleibt Lernen

Was kann man als Schlussfolgerung aus diesen empirischen Ergebnissen ziehen? Fasst man alle für die Digitalisierung relevanten Faktoren zusammen, ergibt sich eine durchschnittliche Gesamteffektstärke von 0,33. Der Einfluss der digitalen Revolution bleibt im Unterricht also hinter den Erwartungen zurück. Die Gründe dafür lassen sich wie folgt zusammenfassen:

Das Bereitstellen oder die Nutzung digitaler Medien alleine reicht nicht, um ihr mögliches Potenzial auszuschöpfen. Oftmals werden sie nur als Ersatz für traditionelle Medien genutzt. Wenn Digitalisierung im Unterricht kein Selbstzweck ist, sondern sich am Lernenden orientiert und dabei Gespräche über den eigenen Lernprozess initiiert, kann der Schritt vom Informationsträger hin zur Informationsverarbeitung möglich werden.

Das bedeutet nicht, dass Lernen dadurch automatisch leicht von der Hand geht, wenn nur die Technik stimmt. Ganz im Gegenteil: Lernen hat immer etwas mit Anstrengung zu tun. Mit dem Austesten von Grenzen und der eigenen Kraft, um trotz Fehlern, trotz Um- und Irrwegen letztlich zum Ziel zu gelangen. Bildung hat immer mit Veränderungen zu tun und sie zeigt sich in der Beantwortung der Frage: Was habe ich aus meinem Leben gemacht (vgl. Zierer, 2016)?

Das bedeutet auch, dass wir darauf achten müssen, uns nicht durch Digitalisierung ‚zu Tode zu amüsieren' (Postman, 1985). Gute Unterhaltung alleine erfordert keine Anstrengung, setzt nichts voraus und bleibt unverbindlich.

Guter Unterricht tut genau das Gegenteil: Er setzt Herausforderungen, fordert Einsatz und basiert auf gegenseitigen Rechten und Pflichten von Lernenden und Lehrpersonen (Hattie & Zierer, 2017). Das gilt auch heute noch, unabhängig davon, ob das Lernen in digitaler oder analoger Lernumgebung stattfindet. Die Lernenden brauchen klare Ziele, eine strukturierte Lernumgebung mit sinnvollen Übungsphasen sowie eine warmherzige, vertrauensvolle Lehrer-Schüler-Beziehung.

Dafür wiederum braucht es leidenschaftliche, professionelle Lehrkräfte. Ob eine Digitalisierung im Primar- und Sekundarbereich erfolgreich ist, hängt also insbesondere von den Lehrkräften ab.

Ein Modell zur Orientierung

Was kann nun die Lehrperson, die solch große Verantwortung trägt, im konkreten Fall und mit Blick auf die jeweilige Klassensituation tun? Bei der Beantwortung dieser Frage kann ein Arbeitsmodell helfen (Flechsig, 1996), welches sich an der Schnittstelle von Praxisbeschreibungen und Kategorialmodellen bewegt und durch eine praktische Theorie bzw. theoretische Praxis gekennzeichnet ist. Das heißt, es versucht, erkenntnistheoretisch begründete und empirisch fundierte Orientierungshilfen zu geben. Im Kontext der Digitalisierung ist vor allem das SAMR-Modell von Ruben C. Puentedura zu nennen (Puentedura, 2017; Wilke, 2018; Zierer, 2018).

Vom Informationsträger zur Informationsverarbeitung

Das SAMR-Modell unterscheidet vier Ebenen einer Digitalisierung. Interessant ist vor allem der Übergang von der zweiten zur dritten Ebene. Dort findet ein Wechsel vom Informationsträger hin zur Informationsverarbeitung statt. Übertragen auf John Hattie kann man auf Ebene eins und zwei unterdurchschnittliche Effektstärken erwarten, ab Ebene drei sind Effekte von d>0,4 erreichbar.

Abbildung 7: Möglichkeitsräume einer Digitalisierung (vgl. Zierer, 2018, S. 75)

Auf die Digitalisierung bezogen heißt das: Je besser es der Lehrperson gelingt, neue Medien einzusetzen, so dass sich eine Neugestaltung oder Neubelegung von Aufgaben ergibt, desto positivere Auswirkungen auf den Lernerfolg lassen sich erwarten.

Interessant ist die Verbindung des SAMR-Modells und des Konzepts von Lernen 4.0. Das Lernen 4.0, gekennzeichnet durch einen hohen Grad an kognitiver sowie sozialer Vernetzung, fällt zusammen mit der Stufe der Neubelegung.

Wichtig ist: Diese Stufe ist sowohl in digitalem als auch analogem Unterricht zu erreichen. Wenn es die Digitalisierung schafft, einen hohen Grad an kognitiver und sozialer Vernetzung herzustellen, dann kann sie in diesen Bereich vordringen.

Der Ort schulischer Bildung ist also nicht die Methode. Der Ort schulischer Bildung ist die Interaktion zwischen Menschen. Methoden können diese Interaktion unterstützen, optimieren, fördern. Sie können sie aber nicht ersetzen. Insofern gilt im Hinblick auf Unterrichtsmethoden: Entscheidend ist, ob sie helfen, die Interaktion zwischen Menschen zu ermöglichen, Lernen und Lehren positiv zu beeinflussen und letztendlich zur Zielerreichung zu führen. Haben die eingesetzten Methoden hierzu keinen Beitrag geleistet, waren sie aus didaktischer Sicht die falsche Wahl.

In gleicher Weise gilt das Gesagte für eine Digitalisierung im Bildungsbereich. Die Frage, ist digitales Lernen oder nicht-digitales Lernen besser, führt in die Irre. Digitalisierung ist kein Selbstzweck und darf es auch nicht sein. Vielmehr ist ihr Zweck darin zu sehen, Interaktionen zwischen Menschen zu ermöglichen und Lehr-Lern-Prozesse positiv zu beeinflussen. Überall dort, wo das Digitale das Soziale ersetzt, wo das Digitale die Herausforderung des Lernens nimmt, wo das Digitale Menschen voneinander trennt, anstatt sie zueinander zu führen, wo Tippen an die Stelle des Sprechens tritt, hat es diesen Zweck verfehlt.

Lehrerprofessionalität als entscheidender Faktor

„Denn es ist zuletzt doch nur der Geist, der jede Technik lebendig macht."

Johann Wolfgang von Goethe

Schon Goethe erkannte vor 200 Jahren, dass es letztlich um den Menschen geht. Auch bei digitaler Bildung gilt: Jede Technik braucht immer den Menschen, um Wirkung erzeugen zu können. Und was brauchen Menschen, um genau diese Effekte mithilfe einer Digitalisierung erzielen zu können? Im Folgenden soll dieser Frage nachgegangen werden.

Kennzeichen von Lehrerprofessionalität: Kompetenz und Haltung

Es zählt zu den hartnäckigsten Mythen in der erziehungswissenschaftlichen Diskussion, dass eine erfolgreiche Lehrperson jene ist, die besonders viel Fachwissen besitzt. Die ganze universitäre Lehrerbildung basiert auf dieser Annahme und gibt dem Fachstudium dementsprechend den größten Raum. Und wann immer über Reformen in der Lehrerbildung diskutiert wird, hat der Ruf nach mehr Fachkompetenz einen festen Platz. So auch in Zeiten einer Digitalisierung: Wir brauchen Lehrpersonen, die Experten im Umgang mit neuen Medien sind. So wichtig dieser Umgang ist, er wird nicht ausreichen, ja für sich alleine betrachtet nicht einmal entscheidend sein. Dies lässt sich mithilfe des Faktors „Fachkompetenz" verdeutlichen. Denn sie kommt in „Visible Learning" nicht über eine Effektstärke von 0,11 hinaus und liefert somit fast einen Nulleffekt auf die Leistung der Schülerinnen und Schüler.

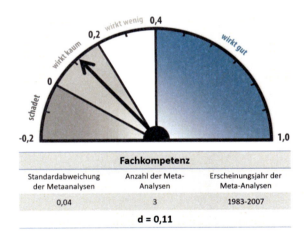

Abbildung 8: Faktor „Fachkompetenz" (Eigene Darstellung)

Wie lässt sich dieses Ergebnis verstehen? Geht man vom Unterricht als einer Interaktion zwischen Schülerinnen und Schülern sowie der Lehrperson aus, die sich im Stoff begegnen, ist eine Erklärung dafür schnell gefunden: Wir alle kennen Menschen, die ungeheuer viel wissen, es aber nicht erklären können. Ihnen fehlt es an didaktischer Kompetenz. Und wir alle kennen Menschen, die ungeheuer viel wissen, aber so unnahbar sind, dass sie keinen Bezug zum Gegenüber aufbauen können. Diesen mangelt es an pädagogischer Kompetenz. Insofern reicht Fachkompetenz alleine nicht aus, um erfolgreich unterrichten zu können. Sie muss flankiert werden von didaktischer und pädagogischer Kompetenz – und erst in dieser Trias kann sie wirksam werden. Der Ruf nach mehr Fachkompetenz ist damit hinfällig – was nicht heißen soll, dass sie unnötig wäre. Aber: Wir brauchen nicht ein Mehr an Fachkompetenz, sondern einen Unterricht, der das bereits existierende hohe Maß an Fachkompetenz zum Leben erweckt. Und dafür ist didaktische und pädagogische Kompetenz entscheidend.

So überzeugend diese Überlegungen auch sein mögen: Selbst die Trias aus Fachkompetenz, didaktischer Kompetenz und pädagogischer Kompetenz reicht nicht aus, um erfolgreich zu unterrichten. Vielmehr wissen wir nicht erst seit heute, dass es gerade in pädagogischen Kontexten nicht so sehr darauf ankommt, was wir machen, sondern auch und vor allem darauf, wie und warum wir etwas machen. Insofern ist nicht die Kompetenz in Form von Wissen und Können ausschlaggebend, sondern die Haltung in Form von Wollen und Werten – und Letztere bestimmt, ob Erstere zum Einsatz kommt.

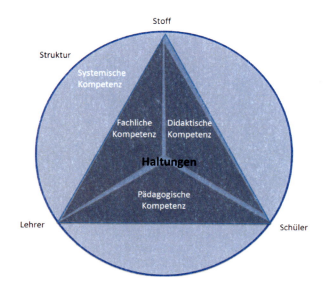

Abbildung 9: Erweitertes Didaktisches Dreieck (Zierer, 2018, S. 98)

Aber um welche Haltungen geht es? Welche sind gefordert, um Digitalisierung im Besonderen und pädagogische Interaktionen im Allgemeinen wirksam werden zu lassen?

1. Erfolgreiche Lehrpersonen reden über Lernen, nicht über Lehren und beginnen und enden ihre pädagogischen und didaktischen Überlegungen beim Lernenden. Digitalisierung im Unterricht bedeutet nicht, ein Lernprogramm für alle Lernenden in gleicher Weise einzusetzen. Digitalisierung im Unterricht bedeutet vielmehr, das Vorwissen und die Vorerfahrungen der Lernenden zu erheben und jene digitalen Verfahren einzusetzen, die darauf aufbauend eine größtmögliche Passung bewirken.
2. Erfolgreiche Lehrpersonen setzen Herausforderungen und gestalten Lernprozesse weder zu leicht noch zu schwer. Digitalisierung im Unterricht bedeutet nicht, Lernprozesse möglichst leicht (oder gar möglichst schwer) zu machen. Digitalisierung im Unterricht bedeutet vielmehr, mithilfe digitaler Verfahren eine Passung zwischen Vorwissen und Anforderungsniveau herzustellen und Lernen möglichst herausfordernd zu machen.
3. Erfolgreiche Lehrpersonen sehen Lernen als harte Arbeit und ermöglichen vielfältige, regelmäßige und herausfordernde Phasen der Übung. Digitalisierung im Unterricht bedeutet nicht, Lernen ausschließlich in die Hände der Lernenden zu verlagern. Digitalisierung im Unterricht bedeutet vielmehr, Möglichkeiten zu eröffnen, um bewusst zu lernen.
4. Erfolgreiche Lehrpersonen sehen Unterricht als Interaktion, die auf Wertschätzung beruht, und investieren insofern in den Aufbau positiver Beziehungen. Digitalisierung im Unterricht bedeutet nicht, das soziale Gefüge durch neue Medien zu ersetzen und womöglich sogar die Lehrperson überflüssig zu machen. Digitalisierung im Unterricht bedeutet vielmehr, neue Medien anzuwenden, um neue Formen der Interaktion, des Gespräches und der Zusammenarbeit in Lehr-Lern-Prozesse zu integrieren.
5. Erfolgreiche Lehrpersonen sehen Unterricht nicht als Einbahnstraße, sondern als Dialog. Digitalisierung im Unterricht bedeutet nicht, das gesprochene Wort durch digitalen Austausch zu ersetzen. Digitalisierung im Unterricht bedeutet vielmehr, das gesprochene Wort im Unterricht durch vorausgehenden und nachfolgenden digitalen Austausch in seiner Tiefe und Nachhaltigkeit positiv zu beeinflussen.
6. Erfolgreiche Lehrpersonen informieren Lernende und Eltern über die Sprache der Bildung. Digitalisierung im Unterricht bedeutet nicht, dass Lehrpersonen neue Medien uneingeschränkt preisen. Digitalisierung im Unterricht bedeutet vielmehr,

dass Lehrpersonen den Umgang mit neuen Medien kritisch-konstruktiv kommentieren, auf Möglichkeiten, Grenzen und Gefahren hinweisen.
7. Erfolgreiche Lehrpersonen sehen sich als Veränderungsagenten und setzen Methoden nicht um der Methoden willen ein, sondern immer vor dem Hintergrund der Lernsituation. Digitalisierung im Unterricht bedeutet nicht, neue Medien einzusetzen, weil sie gerade en vogue sind. Digitalisierung im Unterricht bedeutet vielmehr, in Abwägung der Möglichkeiten und der Bedürfnisse auf Seiten der Lernenden, neue Medien nur dann und immer dann einzusetzen, wenn sie die beste Wahl sind.
8. Erfolgreiche Lehrpersonen geben und fordern Rückmeldung, weil Feedback für sie nicht nur ein wichtiges Instrument ist, sondern eine Grunddimension von Unterricht. Digitalisierung im Unterricht bedeutet nicht, alle bisherigen Verfahren der Rückmeldung abzulösen und nur noch digital Rückmeldung einzuholen. Digitalisierung im Unterricht bedeutet vielmehr, den Mehrwert neuer Medien im Vergleich zu traditionellen Medien zu nutzen und im Kontext von Feedback jene Verfahren in den Unterricht mit aufzunehmen, die sonst aufgrund von Zeitaufwand und fehlender Kompetenz nicht möglich wären.
9. Erfolgreiche Lehrpersonen sehen Schülerleistungen als Rückmeldung für sich, über sich und bringen sowohl den Lernerfolg als auch Fehler im Lernprozess immer in Verbindung mit ihrem Denken und Tun. Digitalisierung im Unterricht bedeutet nicht, den Austausch über Fehler im Lernprozess in die Hand der Technik zu geben. Digitalisierung im Unterricht bedeutet vielmehr, Fehler im Lernen mithilfe neuer Medien sichtbar zu machen, um darauf aufbauend in einen intensiven Austausch über Lehr-Lern-Prozesse zu kommen.
10. Erfolgreiche Lehrpersonen arbeiten zusammen. Digitalisierung im Unterricht bedeutet nicht, dass neue Medien den Austausch zwischen Lehrpersonen verringern oder sogar ersetzen sollen. Digitalisierung im Unterricht bedeutet, dass neue Medien neue Formen des Austausches und der Kooperation zwischen Lehrpersonen initiieren sollen.

Digitalisierung ist Teil einer zukunftsfähigen Schule. Sie ist aber nicht der Heilsbringer für alle pädagogischen Herausforderungen. Es gilt nach wie vor das humanistische Bildungsideal, welches den Menschen als Wert an sich begreift und folglich ins Zentrum stellt. Der Ort der Bildung in Lehr-Lern-Prozessen ist in der Begegnung von Mensch zu Mensch zu sehen. Schulische Bildung bleibt im Wesentlichen eine Frage der gelingenden Interaktion zwischen Menschen. Technik kann diese Interaktion unterstützen, sie ist aber dem Menschen unterzuordnen. Lehreraus- und Fortbildung im Kontext einer

Digitalisierung muss die dargelegten Grundsätze aufgreifen und einen Beitrag zu einer entsprechenden Professionalisierung leisten. Denn „Digitalisierungs-Weltmeister", wie von Dorothee Bär angestrebt, wird man im Bildungsbereich mit einer technischen Aufrüstung der Schulen alleine nicht werden können. Erst wenn der Fokus wieder auf das Lernen an sich und auf eine Professionalisierung der Lehrpersonen gelegt wird, wenn digitale Medien den Lernprozess unterstützend in den Unterricht integriert werden und eine lebhafte Lehrer-Schüler-Interaktion fördern, dann können Erfolge eintreten.

Literatur

Baacke, D. (1996). Medienkompetenz – Begrifflichkeit und sozialer Wandel. In: A. von Rein (Hrsg.), Medienkompetenz als Schlüsselbegriff. Bad Heilbrunn Obb.: Klinkhardt (Theorie und Praxis der Erwachsenenbildung), S. 112–124.

Fend, H. (2008). Neue Theorie der Schule. Einführung in das Verstehen von Bildungssystemen. 2., durchges. Aufl. Wiesbaden: VS Verl. für Sozialwiss (Lehrbuch).

Flechsig, K.-H. (1996). Kleines Handbuch didaktischer Modelle. S.L.: Manager Seminare Verl.

Hattie, J., Beywl, W. & Zierer, K. (2013). Lernen sichtbar machen. Baltmannsweiler: Schneider Verlag Hohengehren GmbH. Online verfügbar unter http://www.vlb.de/GetBlob.aspx?strDisposition=a&strIsbn=9783834011909.

Hattie, J. & Zierer, K. (2017). Kenne deinen Einfluss! "Visible Learning" für die Unterrichtspraxis. 2. Auflage. Baltmannsweiler: Schneider Verlag Hohengehren GmbH.

Hirsch-Kreinsen, H. (2018). So schlimm wird es nicht. Die Digitalisierung führt zu Arbeitslosigkeit und Populismus, schrieb Benedikt Frey in der ZEIT. Zu kurz gedacht., 14.02.2018. Online verfügbar unter https://www.zeit.de/2018/08/digitalisierung-auswirkungen-arbeitswelt-nutzen.

Kühl, E. (2018). Die große Koalition ist noch nicht drin. Vom Neuland ins Digitalland? Im Koalitionsvertrag versprechen CDU, CSU und SPD schnelles Internet, vernetzte Schulen und sogar olympischen E-Sport. Ein Realitätscheck, 08.02.2018. Online verfügbar unter https://www.zeit.de/digital/internet/2018-02/digitalisierung-grosse-koalition-internet-koalitionsvertrag, zuletzt geprüft am 18.06.2018.

Lobe, A. (2017). Die Informatik der Herrschaft. Mit der Digitalisierung hält ein radikaler Materialismus Einzug ins Denken. Der Körper wird zur Maschine, die man steuern und programmieren kann., 27.12.2017. Online verfügbar unter https://www.zeit.de/2018/01/digitalisierung-gehirn-koerper-krankheiten-kriminalitaet, zuletzt geprüft am 18.06.2018.

Postman, N. (1985). Wir amüsieren uns zu Tode. Urteilsbildung im Zeitalter der Unterhaltungsindustrie. Frankfurt a.M.: Fischer.

Puentedura, R. C. (2017). How to Apply the SAMR Model with Ruben Puentedura. Online verfügbar unter https://www.youtube.com/watch?v=ZQTx2UQQvbU.

Sinek, S. (2016). Simon Sinek on Millennials in the Workplace. Online verfügbar unter https://www.youtube.com/watch?v=hER0Qp6QJNU, zuletzt aktualisiert am 19.06.2018.

Spitzer, M. (2014). Digitale Demenz. Wie wir uns und unsere Kinder um den Verstand bringen. München: Droemer. Online verfügbar unter http://deposit.d-nb.de/cgi-bin/dokserv?id=4034441&prov=M&dok_var=1&dok_ext=htm.

Spivack, N. (2018). Online verfügbar unter www.novispivack.com, zuletzt geprüft am 21.06.2018.

Ward, A. F., Duke, K., Gneezy, A. & Bos, M. W. (2017). Brain Drain. The Mere Presence of One's Own Smartphone Reduces Available Cognitive Capacity. In: Journal of the Association for Consumer Research 2 (2), S. 140–154. DOI: 10.1086/691462.

Wheeler, S. (2018). Web x.0 and beyond. Online verfügbar unter http://www.steve-wheeler.co.uk/2010/07/web-x0-and-beyond.html, zuletzt aktualisiert am 21.06.2018.

Wilke, A. (2018). Das SAMR Modell von Puentedura. Online verfügbar unter http://homepages.uni-paderborn.de/wilke/blog/2016/01/06/SAMR-Puentedura-deutsch/, zuletzt aktualisiert am 22.06.2018.

Wisniewski, B., Zierer, K. & Hattie, J. (2017). Visible Feedback. Ein Leitfaden für erfolgreiches Unterrichtsfeedback. Baltmannsweiler: Schneider Verlag Hohengehren GmbH.

ZDF Nachrichten (2018). Dorothee Bärs Pläne - "Wir wollen Digital-Weltmeister werden!". Online verfügbar unter https://www.zdf.de/nachrichten/heute/dorothee-baer-schueler-brauchen-tablet-sportsachen-schulbrot-100.html, zuletzt geprüft am 25.06.2018.

Zierer, K. (2016). Conditio Humana. Eine Einführung in pädagogisches Denken und Handeln. 4. überarbeitete Auflage. Baltmannsweiler: Schneider Verlag Hohengehren GmbH.

Zierer, K. (2018). Lernen 4.0. Pädagogik vor Technik: Möglichkeiten und Grenzen einer Digitalisierung im Bildungsbereich. 2. erweiterte Auflage. Baltmannsweiler: Schneider Verlag Hohengehren GmbH.

Digitale Bildung in der Hochschule

Ulf-Daniel Ehlers & Sarah Kellermann

Future Learning – Future University

1. Einleitung

Die Zukunft der Hochschule spannt sich wie ein Horizont. Luhmann (Luhmann, 1976) beschreibt, dass in allen sozialen Systemen Erwartungen gebildet werden, die maßgeblich dafür sind, wie sich das System, auch die Hochschule, in seinen Operationen auf die Zukunft ausrichtet. Daher ist es wichtig, für die Zukunft der Hochschule auch die Situation innerhalb der Hochschule und die Erwartungen ihrer Akteure mit einzubeziehen. Niklas Luhmann (ebd.) unterscheidet in diesem Zusammenhang zwei Aspekte, nämlich *gegenwärtige Zukünfte* – also Projektionen, etwa in Gestalt von Utopien – und *zukünftige Gegenwart* in Gestalt von technologischen Orientierungen, kausalen oder stochastischen Verbindungen zukünftiger Ereignisse. Diese Skizze versteht sich eher als ein Beitrag einer zukünftigen Gegenwart. Die Hochschule der Zukunft wird sich in Organisationsstruktur und Arbeitsweise ändern müssen, will sie den geänderten Rahmenbedingungen einer Gesellschaft Rechnung tragen, in der akademischen Bildung die normalbiografische Erfahrung der Mehrheit einer Alterskohorte ist. Der Megatrend der gesellschaftlichen Entwicklung hin zu einer Bildungsgesellschaft mit all ihren Erscheinungsformen wird durch einen zweiten gesamtgesellschaftlichen Megatrend verstärkt, den der Digitalisierung. In beiden Entwicklungen sind eine Reihe von Ursache-Wirkungsbündeln enthalten, die in ihren Auswirkungen starken Einfluss auf die Entwicklung der Hochschule der Zukunft nehmen. Universitäre Bildung war immer begehrt, aber nie so offen zugänglich wie derzeit. War die erste Hochschulausbildung im Bologna des 11. Jahrhunderts noch sehr auf die gesellschaftlichen Eliten ausgerichtet und hoch selektiv im Zugang für nur sehr privilegierte Zielgruppen, so ist durch die Bedarfe der industrialisierten Gesellschaft ausgelöst, ein wahrer Feldzug der Massenhochschulen eingetreten. Hochschulbildung zu erlangen wird heute zur Normalbiografie und Standarderfahrung (OECD, 2016). Auch in Deutschland studieren mittlerweile mehr als 50 % einer Alterskohorte. Die Quote der Studienberechtigten stieg 2012 bundesweit auf 53,5 % (zu Akademisierungstrends siehe auch Alesi & Teichler, 2013), die der Studienanfänger/innen auf 54,6 % und der Studienabsolventen auf 30 % (Dräger & Ziegele, 2014). Schofer und Meyer (Schofer & Meyer, 2005) zeigen anhand hochschulstatistischer Auswertungen, dass die Hochschulexpansion spätestens seit der Mitte des 20. Jahrhunderts ein in allen fortgeschrittenen Ländern der Erde beschleunigt auftretender Prozess ist, der jedoch mit unterschiedlicher Geschwindigkeit verläuft. Die durchaus bedenkenswerten kritischen Interventionen zum

„Akademisierungswahn" sind demnach wichtige Reflexionsmomente, die jedoch am Faktum der stetig zunehmenden Bildungspartizipation nichts ändern (werden). Mit einer Hochschulpartizipationsrate deutlich oberhalb der 50%-Marke wird man somit überall rechnen müssen (vgl. Teichler, 2014; Baethge et al., 2014). Die Bedeutung von Bildungsbeteiligung als „Ermöglicher" am kulturellen, sozialen und ökonomischen Kapital (Bourdieu, 1982) teilhaben zu können, steigt damit stetig weiter an. Der in der Pädagogik und Soziologie zunehmend stärker diskutierte Begriff der Bildungsgesellschaft (Mayer, 2000) ist hierfür kennzeichnend. Damit ist sie paradoxerweise nicht nur eine wichtige Option, sondern stellt auch zunehmend ein Risiko dar, sollte eine entsprechende Bildungsbeteiligung nicht stattfinden (können) (Beck, 1986). Option und Zwang liegen damit eng beieinander.

Doch wie können diese Reformgedanken praktisch im Hochschulalltag aufgenommen werden? Wie kann sich Hochschullehre verändern? So, dass den geänderten Zielgruppen, den geänderten Bedingungen Rechnung getragen wird? An deutschen Hochschulen setzt sich zunehmend eine neue Methode der Hochschullehre durch. Unter dem Namen „Inverted Classroom" hält sie Einzug und verändert die didaktischen Vorgehensweisen im Studium. Der vorliegende Beitrag beschreibt zunächst die sich wandelnden Bedingungen der Hochschullehre und plädiert für neue Lernkonzepte. Dann wird das Konzept des Inverted Classroom und Forschungsergebnisse dazu vorgestellt. Im darauffolgenden Abschnitt wird ein Fallbeispiel für die praktische Anwendung von Inverted Classroom beschrieben.

2. Zeit für neue Lernkonzepte

Ein wichtiger Änderungswind weht seit einiger Zeit aus Richtung der Digitalisierung auf die Hochschulen zu. Es ist kein von der oben beschriebenen Entwicklung zur Bildungsgesellschaft getrennt stehender Faktor, sondern beflügelt diesen eher noch. Die Digitalisierung führt zu Entgrenzungsprozessen akademischer Bildung und ihrer Organisation, die auf alle Bereiche der Hochschule einen Einfluss hat:

Das für ein akademisches Studium notwendige Wissen wird zunehmend frei digital zugänglich und von einer spezifischen akademischen Institution und ihren Akteuren abgekoppelt verfügbar. Die Koppelung von Wissenszugang und Institutionszugehörigkeit löst sich mehr und mehr auf. So ist bspw. ein ‚Patchworkstudium' mit unterschiedlichen akademischen Lehrveranstaltungen an unterschiedlichen Institutionen prinzipiell denkbar und wird auch zunehmend realisiert.

Wissensvermittlungsprozesse verlieren ihre Raum- und Zeitgebundenheit und Studium kann neu und unabhängig von Seminarräumen und Präsenzveranstaltungen organisiert werden.

Die Generierung neuen Wissens über Forschungsprozesse ist heute ohne digitale Medien und durch sie unterstützte Prozesse nicht mehr denkbar. Auch für die Interaktion zwischen Lehrenden und Lernenden, sowohl bei der Lehre als auch bei der Organisation des Studiums, werden zunehmend digitale Medien genutzt.

Forschende, Lehrende und Studierende treten über digitale Medien zunehmend auch in einen globalen Austausch und Studium, Lehre und Forschung internationalisieren sich.

Die hier genannten Punkte stellen nur eine kleine Auswahl von Aspekten dar, die durch Digitalisierung in der Hochschule der Zukunft beeinflusst werden. Die Tatsache, dass mehr und mehr Universitäten Konzeptionen zur Digitalisierung in ihre Strategiebildungsprozesse aufnehmen, trägt dieser Entwicklung Rechnung und ist gleichzeitig Ausdruck davon (Hochschulforum Digitalsierung, 2016). Die steigende Individualisierung von akademischen Bildungsprozessen und die Vielfalt von Ansprüchen, Zielen und Methoden des Studierens wird durch die Unterstützung der Lehre und des Studiums mit digitalen Medien im oben beschriebenen Sinne erst möglich. Die Digitalisierung wirkt wie ein „Ermöglicher" der Anforderungen, die gesteigerte Bildungsbeteiligung mit sich bringt. Die Digitalisierung der Hochschulbildung als Technisierung zu verstehen, wäre verkürzt und falsch. In ihrem Kern stehen Aspekte wie der freie Zugang zu Wissen, Wissensressourcen, entgrenzten Kommunikationsmöglichkeiten und Vernetzung. Es stellt sich die Frage, wie Bildungsprozesse aussehen müssen, wenn sie eben nicht mehr auf dem schon eingeübten Hierarchiegefälle der Lehrenden als den Wissenstragenden einerseits und den Studierenden als den Wissensempfangenden andererseits ruhen kann. Vielmehr scheint das alte Ideal der Gemeinschaft der Studierenden und Lehrenden mit dem Ziel, innovative Ansätze durch Diskurs hervorzubringen, nun wieder aufzuscheinen – im gemeinsamen Diskurs Problemszenarien zu entwickeln und zu bearbeiten. Das didaktische Modell des Inverted Classrooms bietet diese Möglichkeiten. Daher stellen wir es in den Mittelpunkt unseres Beitrags.

3. Der Inverted Classroom

Eine Möglichkeit, um den oben beschriebenen neuen Anforderungen an eine Studierendenzentrierte Lehre nachzukommen, ist das Konzept des Inverted Classrooms. Die Lernenden eignen sich dabei die von den Lehrenden digital zur Verfügung gestellten Inhalte eigenständig an – meist von zuhause aus. Die Präsenzveranstaltungen werden dann zur gemeinsamen Vertiefung des Gelernten genutzt. In diesem Modell sind also grundlegende Elemente der universitären Lehre verändert: Während Studierende oft passiv und rezipierend dem Vortrag der Lehrenden während einer Präsenzveranstaltung folgen und danach zuhause oder in separaten Veranstaltungen noch Übungsaufgaben zu den vermittelten Inhalten bearbeiten, ist im Modell des Inverted Classrooms eher ein aktivierendes didaktisches Design für die Präsenzveranstaltungen gegeben. Mit viel Interaktion, Fragen und Diskussionen der Studierenden untereinander und zwischen Lehrenden und Studierenden. Das vorwiegend rezeptive Verhalten während einer Frontalveranstaltung, welches oft zu einem Absinken der Aufmerksamkeit führt, wird durch interaktive und aktivierende Methoden zur Vertiefung des bereits Gelernten ersetzt. Dabei wird auch dem in traditionellen Vorlesungen vorherrschenden Problem der Heterogenität entgegengewirkt, dass die einen sich langweilen, während andere überfordert sind. Abbildung 1 zeigt, wie der Inverted Classroom aufgebaut ist. Durch das „Umdrehen" (Invertieren) der Lernaktivitäten können die Nachteile der „transferorientierten Lehre" vermieden werden: Die Inhaltsvermittlung findet nicht mehr vor Ort an der Hochschule statt. Die Studierenden erarbeiten sich die Inhalte asynchron, ortsunabhängig, individuell, selbstgesteuert und im eigenen Lerntempo anhand von digitalen Lernmaterialien. Oft sind dies Videos, Screencasts, Podcasts oder digitale Skripte. Die Präsenzzeiten an der Hochschule werden dann zur gemeinsamen, interaktiven Vertiefung genutzt, z. B. durch Diskussionen, gemeinsame Aufgabenbearbeitung und Gruppenarbeiten.

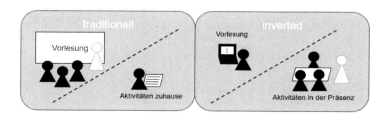

Abbildung 1: Struktur des Inverted Classroom (Eigene Darstellung)

Der Inverted Classroom etabliert sich mehr und mehr auch an deutschen Hochschulen. Dabei wird dessen Lernwirksamkeit diskutiert (Kim et al., 2014; Mattis, 2015). Als wesentlicher Vorteil wird die Möglichkeit gesehen, dass die Lernenden sich die Inhalte im eigenen Tempo aneignen können. Materialien, wie bspw. Videos oder Podcasts können beliebig lange angesehen bzw. angehört werden. Lernende werden auch dazu angeregt, zu recherchieren, wenn sie vertiefende Informationen benötigen. In den Präsenzveranstaltungen hat der Lehrende dann mehr Zeit für vertiefende Diskussionen oder die praktische Anwendung. Insgesamt kann er/sie verstärkt auf die Bedürfnisse der Lernenden eingehen (Roach, 2014). Demgegenüber stehen vor allem organisatorische Nachteile: So ist der Aufwand der Vorbereitung zumindest beim ersten Mal für die Lehrenden hoch, da das Material zusammengestellt oder hergestellt werden muss (im Fall von eigenen Videos bzw. Audios) (Gilboy et al., 2014). Nachfragen der Lernenden sind nicht unmittelbar möglich, sondern können im direkten Gespräch möglicherweise erst am Präsenztermin erläutert werden (Lai & Hwang, 2016). Im Fall von als geringer empfundener Verbindlichkeit in der Lerngruppe, kann es sein, dass sich nur ein Teil der Gruppe angemessen vorbereitet. Dies kann für die Präsenzveranstaltung dazu führen, dass die Vorkenntnisse der Studierenden unterschiedlich ausgeprägt sind (Hao, 2016). Ergebnisse der Forschung zum Inverted Classroom lassen jedoch darauf schließen, dass dessen Akzeptanz durch die Lernenden im prüfungsorientierten Bildungskontext der Hochschule gegeben ist (Lai & Hwang, 2016; Mattis, 2015). Allerdings sind die Forschungsergebnisse im Hinblick auf die Effektivität bislang uneinheitlich (Hao, 2016).

4. Transformation der Lehre am Fall einer Vorlesung zum Change Management

Im Folgenden wird beschrieben, wie das didaktische Konzept des Inverted Classrooms auf eine Lehrveranstaltung angewendet werden kann. Als Beispiel wird auf den konkreten Fall des Kurses Change Management im Sommersemester 2018 an der Dualen Hochschule Karlsruhe eingegangen. Der Kurs umfasste 31 Studierende im sechsten Semester eines Bachelorstudiengangs Wirtschaftsinformatik.

4.1 Ablauf

Wie eingangs erläutert, wird durch das Inverted Classroom-Konzept die traditionelle Vorgehensweise bei der Lehre verkehrt: Die Inhaltsvermittlung, welche normalerweise in der Präsenz stattfindet, wird in eine erste Selbststudienphase ausgelagert (vgl. Abbildung 2). Studierende erhalten hier beispielsweise ein erstes Einführungsvideo zur Thematik der Veranstaltung. Die inhaltliche Aufbereitung von zu vermittelnden Lerninhalten in Form eines Videos hat unter anderem den Vorteil, dass sich Studierende dieses so oft sie möchten und in ihrem eigenen Tempo ansehen können (vgl. Kim et al., 2014; Lage, Platt & Treglia, 2000). Die Präsenzphase (PP) dient dann nicht mehr der Inhaltsvermittlung – dies wurde ja bereits in der vorgelagerten Selbststudienphase (SSP) erreicht – sondern der Auseinandersetzung mit den erlernten Inhalten oder praktischen Übungen (vgl. Schäfer, 2012). In dieser Diskussions- und Übungsphase profitieren die Kursteilnehmer/-innen von der Präsenz der Dozenten, die nun nicht mehr vornehmlich die Rolle der Wissensvermittler, sondern vielmehr die von *Lernbegleitern* bekleiden. Als Lernbegleiter vereinen sie einerseits die Funktion eines Moderators, der den Diskurs und die Übungen bei Präsenzveranstaltungen plant und lenkt sowie andererseits die Funktion eines Fachexperten, der als „erfahrener und kompetenter Helfer jederzeit verfügbar [ist] und [...] über schwierige Stellen hinweghelfen [kann]." (Schäfer, 2012, S. 4). Letztere Teilrolle beinhaltet ebenso die Möglichkeit, unmittelbares und individuelles Feedback zu geben (vgl. Kim et al., 2014).

Die Präsenzphasen wurden als Blocktage organisiert, um ausreichend Zeit für praktische Übungen, Diskussionen und Vertiefungen zur Verfügung zu haben. Diese schlossen sich jeweils inhaltlich an eine ihnen vorgelagerte Selbststudienphase an (vgl. Abbildung 2).

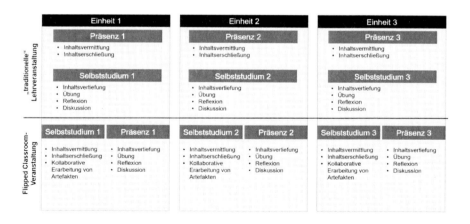

Abbildung 2: Ablaufvergleich einer „traditionellen" mit einer Inverted Classroom-Veranstaltung (Eigene Darstellung in Anlehnung an Schäfer (2012, S. 4))

4.2 Lernartefakte

Für den vorliegenden Fall wurden von den Studierenden insgesamt zehn Lernartefakte als Prüfungsleistungen (PL) erstellt (vgl. Abbildung 3). Bei der Konzeption der unterschiedlichen PLs ist darauf zu achten, dass die Gruppenleistungen einen geringeren Anteil an der Gesamtpunktzahl ausmachen als die Individualleistungen.[31] Die zu erstellenden Artefakte sind außerdem so zu wählen, dass sie ein möglichst breites Spektrum unterschiedlicher Kompetenzziele trainieren.

Im hier erläuterten Beispiel verfassten die Studierenden als erste Prüfungsleistung einen Mikroartikel[32] (vgl. Abbildung 3, PL1) zu einem theoretischen Modell des Change Managements. Die inhaltliche Zweiteilung des Formats erlaubt es einerseits, den Lerninhalt in Form der wichtigsten Kernpunkte deskriptiv wiederzugeben („Thema" und „Story"; Training der Fachkompetenz) sowie andererseits, über persönliche „Lernergebnisse", „Folgerungen" für das künftige Handeln und mögliche „Anschlussfragen" zu reflektieren (Training der Selbstkompetenz).

Jüngsten Forschungsergebnissen zufolge wird Kreativität von Organisationen als wichtige Personalkompetenz bei Studierenden gesehen (vgl. Ehlers, 2018[33]). Die Anfertigung einer Informations-Grafik zu einem abstrakten Thema hilft nicht nur dabei, einen Überblick über komplexe Zusammenhänge zu erhalten, sondern regt Studierende gleichermaßen dazu an, kreativ zu werden (vgl. Abbildung 3, PL2).

Bei den Prüfungsleistungen 3 und 7 (vgl. Abbildung 3) handelte es sich im Change-Management-Kurs um sog. Peer Reviews. Diese *fördern nicht nur die Fachkompetenz der Studierenden, indem sie sich mit für das Kursthema relevanten Inhalten auseinandersetzen, sondern trainieren gleichzeitig ihre Feedback-Fähigkeiten (Sozialkompetenz)*. Reinmann und Kollegen (2010) betonen, dass Peer Reviews „intensive Lernmöglichkeiten [bieten]. Dies tun sie aber nur, wenn das Peer Review *zyklisch* ist und

---

[31] Dies sollte sichergestellt werden, damit die am Ende vergebene Note die erbrachten Leistungen des einzelnen Studierenden adäquat repräsentiert. In Gruppenleistungen kann es zu einer asymmetrischen Arbeitsverteilung unter den Gruppenmitgliedern kommen, weshalb sich ein stärker gewichteter Anteil an Individualleistungen empfiehlt, um ein realistisches Bild des Einzelbeitrags zu erhalten. Soll dennoch verstärkt Gruppenarbeit eingesetzt werden, kann es zielführend sein, einen zusätzlichen Bewertungsmechanismus eines „Studierende-bewerten-Studierende"-Ansatzes innerhalb der Gruppe einzusetzen.

[32] Vgl. Willke (2009).

[33] Bislang unveröffentlichte Studie zu „Future Skills".

die Chance besteht, sowohl vor als auch nach Fertigstellung eines Wissensprodukts Feedback zu erhalten und diskutieren zu können." (Reinmann, Sippel & Spannagel, 2010, S. 10; *Hervorheb. im Original*). Um Studierende dazu zu motivieren, sich den Peer Review zu ihrer Leistung anzusehen, kann als zusätzliche Leistung ein Rückkopplungsmechanismus in Form eines Kommentars eingebaut werden (vgl. Abbildung 3, PL4 & PL8). Damit wird auch der obigen Forderung von Reinmann und Kollegen Rechnung getragen (2010, S. 10).

Ein Podcast vermittelt einerseits Fachinhalte und dient andererseits der Förderung von Zuhörfertigkeiten der Lernenden (vgl. Schmidt, 2014, S. 62). Das alternative Informationsaufbereitungsformat wird bislang vor allem in dem Sinne für Lehrzwecke genutzt, als dass Dozierende einen Podcast zu einem bestimmten Thema präsentieren. Für die hier besprochene Veranstaltung, wurden hingegen die Studierenden gebeten, sich bspw. mit dem Thema „Kommunikation im Change-Management" zu befassen und hierzu ein Skript für einen Podcast sowie den produzierten Podcast einzureichen (vgl. PL 5 & PL 6, Abb. 3). Hinsichtlich des Formats dürfen Studierende hier ihrer Kreativität freien Lauf lassen; damit die relevanten Aspekte zum jeweiligen Thema abgedeckt werden können, sollte den Studierenden aber eine Literaturauswahl zur Verfügung gestellt werden. Im Rahmen des Kurses Change Management fertigten Studierende in fünf Gruppen Podcasts à 3-5 Minuten an. Der sich anschließende Peer Review (vgl. PL7) zeigte, dass Studierende aus anderen Gruppen dieses alternative Format der Wissensaufbereitung schätzten; so schrieb eine Studentin: „Hier sehe ich den großen Vorteil eines Podcasts in der Wissensvermittlung: die Lernerfahrung ist individueller und visuelle Reizüberflutung können [sic!] umgangen werden." Fietze (2009), der in seiner Studie Podcasting als Lehrformat an der Universität Flensburg evaluierte, fand heraus, dass Studierende Podcasts vor allem deshalb als positiv empfinden, da sie Lehrinhalte so oft wiederholen können, wie sie es wünschen. Zudem „wird [der Podcast] als eine Möglichkeit angesehen, sich den Lernstoff der Veranstaltung besser und wirksamer aneignen zu können" (Fietze, 2009, S. 151).

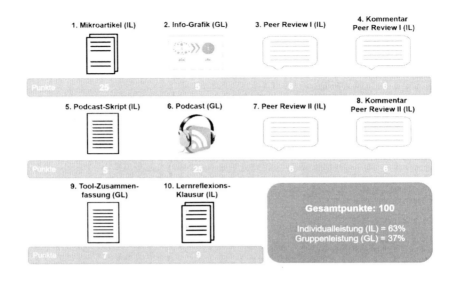

Abbildung 3: Überblick über die Lernartefakte (Eigene Darstellung)

Bei der neunten Prüfungsleistung handelte es sich um ein einseitiges Dokument zu im Change Management eingesetzten Verfahren, welches von Studierenden auf der Basis vorgegebener Literatur erstellt und um ein selbsterdachtes oder -erfahrenes Beispiel erweitert werden sollte. Bergeler (2007) betont, dass durch die Auseinandersetzung des Studierenden mit einer Lernmaterie in Schriftform, Lernprozesse angeregt werden, die vorhandenes Wissen erweitern, es ordnen und mit neuem Wissen verknüpfen (S. 16). Als besonders positiv stellt er außerdem heraus, dass es sich bei der Textproduktion um einen Problemlöseprozess handele. Da Studierende sich zusätzliches Wissen einholen, sollten sie ihre bisherigen Kenntnisse nicht als für das Schreiben ausreichend einschätzen (vgl. Bergeler, 2007, S. 16).

Am Ende eines Semesters tritt aufgrund der hohen Anzahl an Klausuren, die in kurzer Zeit von Studierenden geschrieben werden, häufig das in der Literatur als „Bulimie-

Lernen"[34] bezeichnete Problem auf (vgl. Metzger & Schulmeister, 2011, S. 75 f.). Dieses Risiko kann allerdings reduziert werden, indem ihnen die Möglichkeit geboten wird, die abschließende Klausur (vgl. Abb. 3, PL10) – die bislang noch in vielen Curricula als verpflichtend gilt – in Form eines (Selbst-)Reflexionsberichts zu schreiben. So können Studierende ihre Lernergebnisse selbst im Hinblick auf die Lernziele hin auswerten und hieraus gleichermaßen Rückschlüsse auf ihre eigene Lernstrategie und potenziell nötige Anpassungsmaßnahmen ziehen (vgl. Stock & Riebenbauer, 2014, S. 15). Nachfolgend wird das mögliche Vorgehen bei der Gestaltung eines Kurses mittels Inverted Classroom-Konzepts im Detail beschrieben.

4.3 Selbststudienphase 1

Dem Inverted Classroom-Konzept entsprechend, erhielten Studierende vor der ersten PP eine online zu bearbeitende SSP. Diese sollte ihnen zusammen mit einem ausführlichen Lernpfadplan im Voraus zur Verfügung gestellt werden.

Der erste Block dieser SSP1 beinhaltete für den hier besprochenen Kurs ein Video der Kursdozenten, in dem Studierende einen ersten Überblick über das Thema Change Management erhielten und ihnen ferner der Ablauf und die Organisation des Kurses erläutert wurden.

Der zweite Teil der SSP bestand aus einem Selbsttest. Dieser bat die Studierenden, ihre Fähigkeiten als Change Manager/-in anhand von zwanzig Statements einzuschätzen („Leading Positive Change" (Whetten & Cameron, 2011, S. 534–535)). Zum Ende der Veranstaltung sollte dieser Test nochmals durchgeführt werden, um die Studierenden zur Reflexion über ihre eigene Entwicklung und ihre im Rahmen des Kurses gesteigerten Change-Management-Fähigkeiten anzuregen.

Drittens umfasste diese erste SSP eine Fallstudie in Form eines YouTube-Videos, das im Moodle-Raum verlinkt wurde. Anschließend konnten Studierende ihren persönlichen Lernfortschritt mit Hilfe eines kurzen Wissensquizzes (zehn Multiple-, bzw. Single-Choice-Fragen) überprüfen. Zum Schluss wurden die Teilnehmer/innen in Gruppen eingeteilt (mithilfe eines Dokumentes zur Gruppenzuteilung) und jeweils einem sogenannten „Tool" (Werkzeug, wie bspw. Gap Analyse, Stakeholder Mapping, etc.) des Change Managements zugeordnet. Für jedes Tool erhielten die Studierenden einen

---

[34] Bulimie-Lernen: „Lernende lernen ohne eigene Motivation isolierte Fakten auswendig, um sie bei Bedarf zu reproduzieren (und ggf. gleich wieder zu vergessen)" (Römer-Nossek, Peschl & Zimmermann, 2011, S. 6).

kurzen Text und die Aufgabe, innerhalb ihrer Gruppe ein einseitiges Übersichtsdokument für ihr Tool zu erarbeiten, welches sie in den nächsten Präsenzveranstaltungen vorstellen würden (vgl. PL9, Abb. 3). Dank der verschiedenen Bausteine und unterschiedlichen Formen der Wissenserarbeitung können verschiedene, wesentliche Kompetenzen trainiert werden. Tabelle 1 beschreibt die Kompetenzziele der SSP1.

Tabelle 1: Lernmaterialien der SSP1, ihre Funktion und einhergehende Kompetenzziele (Eigene Darstellung)

Lernmaterial	Funktion	Kompetenzziele
Video	Einführung in das Kursthema durch ein thematisches Video	Fachkompetenz[35]
Selbsttest	Ermittlung von/ Reflexion über die eigenen Change-Kompetenzen	Personalkompetenz[36]
Fallstudien-Video mit Wissensquiz	Kennenlernen eines Praxisbeispiels für Change Management und Sicherung der Kerninhalte	Fach- und Methodenkompetenz[37]
Gruppenarbeit zu Tools des Change Managements	Tools inhaltlich kennenlernen und wichtigste Informationen in der Gruppe zusammentragen	Methoden- und Sozialkompetenz[38]

---

[35] Fachkompetenz umfasst das Verstehen wissenschaftlicher Theorien und Modelle, deren Beschreibung und Darstellung sowie die Fähigkeit, Modelle miteinander zu vergleichen. Zudem bedeutet Fachkompetenz, dass Studierende die praktische Anwendbarkeit für ihre berufliche Praxis einschätzen können.

[36] Unter Personalkompetenzen werden folgende Kompetenzen verstanden: die Fähigkeit zu Rollenwechseln und -anpassungen je nach Situation, Selbstreflexionskompetenzen, Lernkompetenz, Kritikfähigkeit und Nutzung der vorgetragenen Kritik zur eigenen Weiterentwicklung, Offenheit und Motivation für Neues sowie Selbstständigkeits- und Selbstorganisationskompetenzen.

[37] Methodenkompetenz umfasst Kenntnisse und das Verstehen relevanter Methoden sowie die Kompetenz diese Methoden entsprechend ihrer Stärken und Schwächen in der Handlungspraxis einsetzen zu können.

[38] Sozialkompetenzen beinhalten Argumentations- und Dialogkompetenzen, Problemlösekompetenzen sowie die Fähigkeit zur gewinnbringenden Teamarbeit.

4.4 Präsenzsitzung 1

In der ersten Präsenzsitzung konnte dank der vorgelagerten Wissensvermittlung zügig mit der studierendenaktiven Bearbeitung begonnen werden. So wurden Studierende nach einem kurzen Willkommen gebeten, sich in Kleingruppen über ihre bisherigen Praxiserfahrungen mit Change-Vorhaben auszutauschen, um einen persönlichen Bezug zu schaffen und die Relevanz des Kursthemas in der Praxis zu fokussieren (siehe für einen detaillierten Überblick Abbildung 4). Hierbei sollten sie sich v. a. auf Aspekte konzentrieren, die ihrer Ansicht nach zu einem Scheitern geführt hatten. Auf Moderationskarten sammelte der Kurs die Aspekte des Scheiterns, diskutierte diese im Plenum und verkehrte sie anschließend in das positive Gegenteil (Frage: „Was hätte stattdessen geschehen müssen, um ein erfolgreiches Projekt durchführen zu können?"). Diese Aspekte wurden in der Folge zu Gütekriterien für Change Management weiterentwickelt (vgl. Schritt 1, Abb. 4).

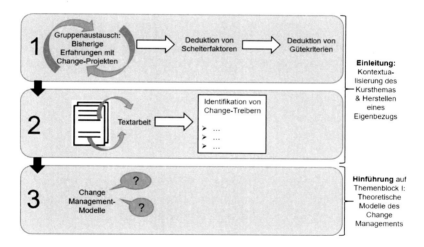

Abbildung 4: Ablauf der ersten Präsenzveranstaltung (Eigene Darstellung)

Nach der Herstellung eines Eigenbezugs zum Thema sollte der Kurs lernen, welche Prozesse und Phänomene organisationalen Wandel überhaupt anstoßen und welche Konsequenzen sich hieraus für Organisationen ergeben (vgl. Schritt 2, Abb. 4). Hierfür erhielt der in Gruppen aufgeteilte Kurs Textfragmente aus transkribierten Interviews einer aktuellen Studie zum Thema „Drivers of Change" (Ehlers, 2018[39]), welche er auf Treiber und Konsequenzen hin untersuchte. Diese sammelte der Kurs im Anschluss auf einer virtuellen, life-collaboration Plattform.

Nachdem die Rahmenbedingungen für Wandelprozesse geklärt waren, sollten die Studierenden an den nächsten Themenblock – Theoretische Modelle des Change Managements – herangeführt werden. Dazu wurde folgendes Szenario genutzt: In einer Organisation gelte es, eine Changekonzeption auszuwählen. Mehrere Modelle stünden zur Auswahl und der Change Manager müsse sich nun Fragen überlegen, die ihm bei der Auswahl des besten Modells helfen könnten. Fragen wurden anschließend im Plenum gesammelt, diskutiert und auf der Online-Plattform Moodle veröffentlicht, um sie in der nächsten Präsenzsitzung nutzen zu können. Zum Abschluss präsentierte der Dozent ein Video, welches den Ablauf der nächsten SSP illustrierte und gab den Studierenden Raum für Fragen zu den einzelnen Elementen. In Tabelle 2 ist festgehalten, welche Elemente aus der Präsenzsitzung welche Kompetenzziele unterstützen.

Tabelle 2: Lernmaterialien der PP1, ihre Funktion und Kompetenzziele (Eigene Darstellung)

Lernmaterial	Funktion	Kompetenzziele
Gruppenaustausch zu Erfahrungen mit Scheitern in Change-Projekten	Eigenbezug zum Thema Change Management herstellen und Sensibilisierung für die häufigsten Scheiter-Faktoren	Fach- und Sozialkompetenz
Ableitung von Gütekriterien in der Gruppe	Aus den eigenen Erfahrungen heraus, bestimmen, welche Faktoren für einen erfolgreichen Wandel zentral sind	Fach- und Sozialkompetenz
Textarbeit zur Identifikation von Treibern & Konsequenzen des Wandels	Treiber und Konsequenzen des Wandels eigenständig herausarbeiten und kennenlernen	Fach- und Methodenkompetenz

---

[39] Bislang unveröffentlicht.

Reflexion über Qualitäts-kriterien theoretischer Change Modelle	Metareflexion über theoretische Modelle zur thematischen Sensibilisierung	Fachkompetenz

4.5 Selbststudienphase 2

Wie schon in der ersten SSP, begann auch die zweite SSP mit einer thematischen Video-Einführung des Kursdozenten, dieses Mal zu theoretischen Modellen des Change Managements. Der Kurs wurde für den weiteren Verlauf in fünf Gruppen eingeteilt, wobei innerhalb jeder Gruppe einem/-r Teilnehmer/-in die Rolle des „Editors" zukam, die übrigen bekleideten die Rolle von „Autoren". Jeder Gruppe war ein wissenschaftliches Modell des Change Managements zugeordnet, zu welchem ein Artikel in Moodle eingestellt wurde. Des Weiteren erhielten die Studierenden ein Anleitungs-Dokument sowie das bereits aus der Präsenz bekannte Video, welches den Ablauf der SSP2 visualisiert.

Soll sichergestellt werden, dass Studierende sich in der SSP eingehend mit einem Inhalt, beispielsweise einem theoretischen Modell auseinandersetzen, kann das Format des Mikroartikels gewählt werden, wie es in Kapitel 4.2 ausführlicher erläutert wurde. Sollte das Format unter den Kursteilnehmern nicht bekannt sein – was auch auf den vorliegenden Fall zutraf – können im Vorfeld Materialien auf der Online-Lernplattform zur Verfügung gestellt werden, welche die Methode beschreiben. Zudem ist es hilfreich, Studierenden ein konkretes Beispiel anzubieten.

Alle Kursteilnehmer/-innen, welche die Rolle eines Autors bzw. einer Autorin innehatten, sollten bis zu einem durch die Dozenten festgelegten Zeitpunkt einen Mikroartikel zu ihrem Modell verfassen. Anschließend teilten sie ihre Ergebnisse mit dem/-r Gruppen-Editor/-in und reichten den Artikel zudem als formale Prüfungsleistung bei den Dozenten ein. Die Aufgabe des Editors bzw. der Editorin bestand nun darin, die jeweils fünf Artikel seiner/ihrer Gruppenmitglieder in einen Gruppen-Mikroartikel zusammenzufassen und dabei ggf. vorhandene Unstimmigkeiten zu bereinigen. Auch der Gruppen-Mikroartikel wurde als Prüfungsleistung abgegeben. Da wissenschaftliche Modelle häufig komplex erscheinen, können grafische Visualisierungen Studierenden dabei helfen, die wichtigsten Aspekte des Modells prägnant zusammenzufassen und in kreativer Art und Weise darzustellen. Studierende wurden deshalb gebeten, zu dem von Ihnen gelesenen Text eine Informationsgrafik anzufertigen, die sie als

Prüfungsleistung einreichen. Ferner sollten sich die Studierenden mit den erarbeiteten Materialien so auf die nächste Präsenzphase vorbereiten, dass sie ihr Modell in fünf bis maximal zehn Minuten in einer Kleingruppe präsentieren können würden.

Um sicherzustellen, dass sich die Kursteilnehmer/-innen nicht nur mit den eigenen Modellen befassen, können Peer Review-Verfahren genutzt werden. Hierfür stellten die Gruppen ihre fertigen Gruppen-Mikroartikel und Info-Grafiken auf der Online-Plattform ein, sodass diese für alle Kursteilnehmer/-innen einsehbar waren. Als Leitfaden sollte Studierenden mitgegeben werden, dass sie sich inhaltlich v. a. auf das beschriebene Modell beziehen, Bezüge zum „eigenen" Modell herstellen, Gemeinsamkeiten und Unterschiede herausarbeiten oder sich mit den Lernergebnissen, Anschlussfragen oder Folgerungen der anderen Gruppe auseinandersetzen sollten. Nach dem Verfassen aller Peer Reviews, wurde jeder Studierende darum gebeten, sich einen der Peer Reviews auszusuchen und diesen zu kommentieren. Bemerkenswert war hierbei, dass viele der Studierenden sich dafür entschieden, auf denjenigen Peer Review zu reagieren, der sich mit der von ihnen angefertigten Grafik, bzw. dem von ihnen verfassten Gruppen-Mikroartikel befasste. Ein Teilnehmer schrieb beispielsweise: „Ich selbst war der Editor des Textes und möchte mich als Erstes für die konstruktive Kritik bei Person XY bedanken. Um ehrlich zu sein, fiel es mir nicht immer leicht, eine klare Trennung zwischen den Lernergebnissen sowie den Folgerungen zu definieren und deshalb sind die Punkte auch teilweise eher allgemein gehalten."

Zwei Ziele der Peer Review-Methode bestehen nach Brandt (2007) darin, die aktive und passive Kritikfähigkeit zu trainieren. Wie obiges Beispiel illustriert, konnten diese Ziele durch den Einsatz des doppelten Peer Review-Verfahrens unterstützt werden. Zudem geht hieraus hervor, dass der Kommentator nochmals über die Ursache reflektiert, welche die Kritik ausgelöst hat, was wiederum die Reflexionskompetenz (Personalkompetenz) fördert.

4.6 Präsenzsitzung 2

Ziel der zweiten Präsenzsitzung war es, die Studierenden nochmals über die Modelle des Change Managements ins Gespräch zu bringen. Daher wurden drei voneinander unabhängige Expertenkonferenzen abgehalten (vgl. Schritt 1, Abb. 5). Zusammengesetzt waren diese Expertenrunden aus je zwei bis drei Experten[40] zu einem Modell, sodass drei zehn- bis elfköpfige Gruppen entstanden, in denen jedes Modell durch mindestens zwei Experten repräsentiert wurde (in Abb. 5 sind die unterschiedlichen Gruppen durch fünf verschiedene Farben gekennzeichnet). Die anschließende „Konferenz" wurde dann in fünf Runden abgehalten – eine Runde pro Modell – und verlief so, dass die Modellexperten zunächst ihr Modell vorstellten. Nach jeder Vorstellung schloss sich eine Fragerunde an und die Teilnehmer/-innen diskutierten zudem die in der letzten Präsenzsitzung erarbeiteten Fragen an Change Management-Modelle, um später ihr Change Management-Gewinnermodell nominieren zu können. Wer in der jeweiligen Runde kein Experte bzw. keine Expertin war, hatte die Aufgabe eines Moderators/einer Moderatorin, eines Schriftführers/einer Schriftführerin oder erhielt einen von sechs Denkhüten (vgl. „Six Thinking Hats" nach De Bono (1985)). Hierbei stellte sich heraus, dass einige der mit den jeweiligen Hüten verknüpften Haltungen besser geeignet waren, um über die Modelle zu diskutieren, als andere. Die Studierenden, die die Hüte nach jeder Runde weitergaben, berichteten anschließend, dass es ihnen leichtgefallen sei, eine analytische Haltung (weißer Hut) oder eine kritische Haltung (schwarzer Hut) dem Modell gegenüber einzunehmen, es hingegen schwerfiel, sich in optimistischer (gelber Hut) oder emotionaler (roter Hut) Weise zum Modell zu äußern.

---

[40] Als Experte bzw. Expertin eines Modells galten diejenigen, die ihre Mikroartikel zum jeweiligen Modell verfasst hatten.

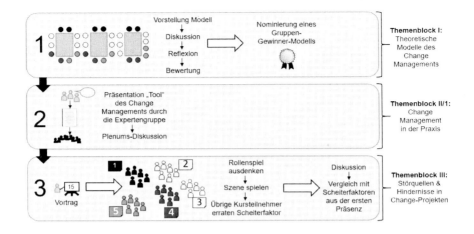

Abbildung 5: Ablauf der zweiten Präsenzveranstaltung (Eigene Darstellung)

Im Anschluss an die Konferenz-Phase stimmten die Gruppen für ihr „Gewinner-Modell" ab. Hierfür wurde der Link zu einer zuvor angelegten Online-Abstimmung im Moodle-Raum geteilt. Die Kursdozenten baten die Gruppen nach ihrer Abstimmung, kurz zu erläutern, weshalb sie das ein oder das andere Modell favorisierten und welches Modell ihrer Meinung nach den am wenigsten hilfreichen Ansatz zur Beschreibung organisationalen Wandels lieferte.

Anschließend stellten die ersten drei Gruppen ihr jeweiliges Tool zum Change Management aus der SSP1 vor (PL5) (vgl. Schritt 2, Abb. 5). Die Präsentation beinhaltete die Beschreibung des Tools sowie die Vorstellung eines kurzen Beispiels. Die Zuhörer hatten anschließend die Möglichkeit, Fragen zu stellen; die Kursdozenten nahmen Ergänzungen vor, wo dies zweckdienlich war. Zudem regten sie die Studierenden dazu an, das jeweilige Tool in den Kontext des Gewinner-Change Modells zu setzen und zu überlegen, wo im Modell der Einsatz dieses Tools sinnhaft wäre.

Nach dieser intensiven Diskussionsphase wurde es den Studierenden freigestellt, ob sie sich mit einer Fallstudie, die nochmals auf eines der Change Modelle Bezug nahm, oder mit weiteren Faktoren, die zum Scheitern eines Change Projekts führen können, beschäftigen wollten. Der Kurs entschied sich für Letzteres. Im Anschluss an eine kurze Präsentation der „15 Tipps für Festentschlossene – Wie man Change-Projekte scheitern lässt" (Forchhammer & Straub, 2017, S. 194–203) durch die Kursdozenten, erhielten die in fünf Gruppen eingeteilten Studierenden je einen zufällig ausgewählten „Tipp" (vgl. Schritt 3, Abb. 5). Diesen sollten sie in Form eines zwei- bis dreiminütigen Rollenspiels dem Kurs präsentieren. Nach einer zehnminütigen Vorbereitungsphase spielten die Gruppen ihre kurzen Szenen der Reihe nach vor, wobei das Publikum dazu angehalten war, den dargestellten Tipp schnellstmöglich zu erkennen und per Zwischenruf zu nennen. Zum Abschluss konnten die Kursteilnehmer/-innen ihre eigenen Erfahrungen mit den „Tipps" im Kurs teilen.

Auch vor der dritten SSP erhielt der Kurs ein kurzes Briefing darüber, welche Aufgaben ihn erwarten würden.

4.7 Selbststudienphase 3

Neben den theoretischen Modellen des Change Managements bestand der zweite inhaltliche Schwerpunkt des Kurses in Gestaltungsaspekten für Change Projekte und damit darin, welche Elemente innerhalb einer Organisation in einem Change-Prozess in welcherlei Art und Weise gestaltet werden sollten, um ein erfolgreiches Wandelvorhaben zu unterstützen. Zunächst erhielten die Studierenden wieder ein kurzes thematisches Intro-Video des Kursdozenten sowie ein Übersichtsdokument über die Inhalte, Aufgaben und Einreichungsfristen.

Dieses Mal sollten ein Podcast-Skript sowie der realisierte Podcast als Prüfungsleistungen eingereicht werden. Ähnlich wie in der vorigen SSP, wurden die Studierenden wieder in fünf Gruppen eingeteilt. Jede Gruppe befasste sich vordergründig mit einem Gestaltungsaspekt, zu welchem ihr eine Literaturauswahl an die Hand gegeben wurde. Auch dieses Mal gab es pro Gruppe zwei verschiedene Rollen: Alle bis auf ein Gruppenmitglied schlüpften in die Rolle von Drehbuch-Autoren und -Autorinnen, eine/-r erhielt die Funktion des Gruppen-Directors. Aufgabe der Drehbuch-Autoren und -Autorinnen war es, bis zu einem festgelegten Zeitpunkt, alle ihrer Gruppe zugeordneten Texte zu lesen und die für sie fünf zentralen Punkte daraus zu exzerpieren (PL6). Ferner sollten sie einen Vorschlag unterbreiten, wie sich das Thema in Form eines Podcasts aufbereiten ließe. Als einzige Auflagen erhielten die Studierenden für diese Aufgabe Deadlines sowie eine Vorgabe zum Umfang; bezüglich der Inszenierung im Podcast konnten sie hingegen kreativ sein. Die Aufgabe des Gruppen-Directors bestand dann darin – ähnlich wie die Aufgabe des Editors bzw. der Editorin aus SSP2 – die Drehbuch-Skripte seiner Gruppenmitglieder zu lesen und die für die Gruppe insgesamt wichtigsten Punkte in einem Director's Cut-Skript zusammenzufassen (PL6). Zudem sollte der Director aus den eingereichten Vorschlägen zum Format des anzufertigenden Podcasts eines auswählen. Im Anschluss produzierten die Gruppen ihren jeweiligen Podcast nach Vorgabe des Director's Cut-Skripts (PL7). Dieses Skript sollten sie zur nächsten Präsenzveranstaltung mitbringen und sich darauf vorbereiten, es in fünf bis zehn Minuten in einer Kleingruppe präsentieren zu können.

Da sich das zuvor eingesetzte doppelte Peer Review-Verfahren in der SSP2 bewährte, wurden Studierende in dieser SSP nochmals gebeten, sowohl einen Peer Review zu einem Podcast einer anderen Gruppe (PL8) als auch einen Kommentar zu einem Peer Review (PL9) zu verfassen.

4.8 Präsenzsitzung 3

Die dritte Präsenzsitzung startete damit, dass die drei verbleibenden Tools, die in der SSP1 erarbeitet worden waren, im Plenum vorgestellt und gemeinsam reflektiert wurden (vgl. Schritt 1, Abb. 6).

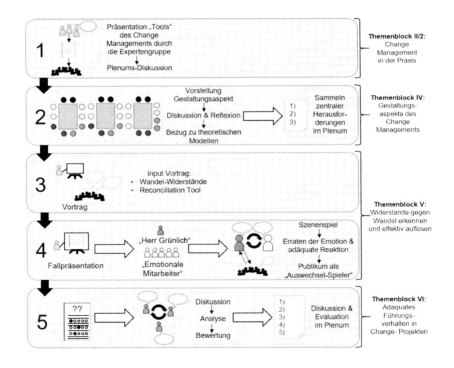

Abbildung 6: Ablauf der dritten Präsenzveranstaltung (Eigene Darstellung)

Anschließend formierten sich nochmals drei Gruppentische, die sich über die fünf verschiedenen Gestaltungsaspekte des Change Managements austauschten. Ähnlich wie beim letzten Mal stellten zunächst die zwei bis drei Experten bzw. Expertinnen ihren Gestaltungsaspekt vor, während die übrigen Gruppenmitglieder die Rolle eines Moderators/einer Moderatorin oder eines Schriftführers/einer Schriftführerin übernahmen. Die Denkhüte-Methode wurde dieses Mal nicht wiederverwendet (siehe Erläuterungen hierfür oben). Um nochmals Bezug auf die Modelle des Change Managements zu nehmen, erhielt jede Gruppe zudem fünf Karten auf die der Name je eines Modells geschrieben war. Nach jeder Vorstellung eines Gestaltungsaspekts wurde eine der verdeckten Modellkarten gezogen und diskutiert, wie sich dieser Gestaltungsaspekt auf das Modell beziehen ließe. Im Anschluss starteten die Kursdozenten eine Gruppendiskussion zu den Gestaltungsaspekten (vgl. Schritt 2, Abb. 6).

Im nächsten Veranstaltungsblock lieferten die Kursdozenten einen Input-Vortrag zu Widerständen gegen Wandel in der Organisation und präsentierten das Reconciliation-Tool als Ansatz, unterschiedliche Interessen zu integrieren (vgl. Schritt 3, Abb. 6).

Nach der thematischen Einführung, sollten sich die Studierenden selbst in die Lage eines mit derlei Widerständen konfrontierten Change Managers versetzen (vgl. Schritt 4, Abb. 6). Hierfür wurden sie gebeten, sich in folgendes Change-Szenario hineinzuversetzen:

Jüngste Studien haben ergeben, dass die Farbe Grün die Produktivität von Mitarbeitern um 39 % steigert. Herr Grünlich ist der Chef der P&E AG (Productivity & Efficiency AG) und begeistert von dieser einfachen und verheißungsvollen Möglichkeit, die Produktivität seines Unternehmens steigern zu können. Daher hat er auf der letzten Firmenkonferenz verkündet, dass ab dem Folgejahr jeder Mitarbeiter in einem grünen Büro arbeiten soll - grüne Wände, grüne Laptops, grüner Boden, eventuell auch grünes Licht, sind für Herrn Grünlich denkbar. Schon während des Vortrags hat Herr Grünlich unterschiedliche Reaktionen unter seinen Mitarbeitern wahrgenommen. Als guter Change-Manager ist es für Herrn Grünlich selbstverständlich, sich die Meinungen seiner Mitarbeiter zum geplanten Change-Projekt anzuhören. Er bittet deshalb fünf seiner Abteilungsleiter um ein persönliches Gespräch.

Im Anschluss an die Fallklärung wird wie folgt vorgegangen: Unter den Studierenden werden sechs Freiwillige gesucht und mit verschiedenen Rollen bedacht: Eine/r der Studierenden schlüpft in die Rolle von Herrn Grünlich, die anderen fünf erhalten jeweils Karten mit unterschiedlichen emotionalen Reaktionen (Benennung und kurze, stichpunktartige Beschreibung) auf das Change-Vorhaben (z. B. Wut, Depression, Akzeptanz, ...), welche nur sie allein kennen. Während der Darbietung besteht die Aufgabe des Publikums darin, die Reaktion des Mitarbeiters/der Mitarbeiterin zu identifizieren und dann aktiv in die Szene einzugreifen, indem ein/e einzelne/r Herrn Grünlich auf die Schulter tippt und dessen Rolle einnimmt, um adäquat auf die Reaktion einzugehen.

Nachdem einige Studierende im vorangegangenen Rollenspiel schon als Change Manager/-innen aktiv geworden waren, stellte sich der Kurs im Folgenden die Frage, welche Fähigkeiten ein Change Manager bzw. eine Change Managerin außer der zuvor trainierten sozialen Intelligenz besitzen müsste, um positiven Wandel herbeizuführen. Hierfür kann beispielsweise Machiavellis MACH IV-Fragebogen eingesetzt werden. Zunächst wurden die Studierenden aufgefordert, diesen Fragebogen für sich selbst auszufüllen (Selbsteinschätzung) und ihn danach mit Hilfe des zur Verfügung gestellten Scoring Keys auszuwerten (Whetten & Cameron, 2007, S. 536–537, 587–588). Um die Reflexion der Studierenden weiterhin anzuregen, diskutierten sie außerdem in Dreiergruppen über folgende Fragen: „Was ist gutes Führungsverhalten in Change Prozessen? Überlegen Sie, ob Sie die gemessenen Eigenschaften des MACH IV sinnvoll finden, um gute Change-Manager-Kompetenzen zu messen. Fallen Ihnen hierfür Beispiele oder Gegenbeispiele ein? Welche Konzepte verbergen sich Ihrer Meinung nach hinter diesen Statements?" Danach wurde der Kurs gebeten, seine fünf Kernkompetenzen eines guten Change Managers bzw. einer guten Change Managerin zu benennen (vgl. Schritt 5, Abb. 6).

Als Abschluss zur gesamten Veranstaltung stellte der Kursdozent noch einmal die wichtigsten Inhalte der Vorlesung in einem Kurzvortrag zusammen. Zudem wurde ein Ausblick auf die Klausur (PL10) gegeben. Bei dieser handelt es sich um eine Reflexion der Lernergebnisse. Die Studierenden wurden darauf hingewiesen, dass sie zur Vorbereitung beispielsweise den Selbsteinschätzungstest aus der SSP1 nochmals ausfüllen könnten, um ihren persönlichen Fortschritt zu überprüfen.

5. Lessons Learned

In diesem Abschnitt sollen die wichtigsten Lernergebnisse der Inverted Classroom-Methode, wie sie oben beschrieben wurde, kurz erläutert werden.

5.1 Der Faktor Zeit kann nicht überschätzt werden

In seinem Beitrag über Inverted Classrooms schreibt Sams (2012): „Die wohl größte Herausforderung bei der Umsetzung des *Inverted Classroom* ist die Aufgabe der Videoerzeugung." (Sams, 2012, S. 19; Hervorheb. im Original). Dieser Einschätzung können die Autoren nicht zustimmen. Die Erzeugung des Videomaterials war zwar zeitaufwendig, aber was den Produktionsprozess an sich betraf (Aufnahme, Überspielen und Bearbeitung des Materials am PC sowie den Upload auf die Video-Plattform „Vimeo" (https://vimeo.com/)), ergaben sich keine großen Schwierigkeiten. Viele auftretende Fragen konnten schnell durch Internet-Recherchen und YouTube-Tutorials (beispielsweise für die Video-Bearbeitungssoftware „Camtasia") geklärt werden. Sollte eine große Herausforderung des Inverted Classroom, wie er hier zum Einsatz kam, benannt werden, würde es sich um den Faktor Zeit handeln: Wie oben dargestellt, wurden unterschiedliche Gruppenarbeitsformate in der Präsenz verwendet, für welche Materialien angefertigt werden mussten. Neben der Vorbereitung der Präsenz, entfiel der Großteil der Präparationszeit jedoch auf die SSPs und die in den SSPs erarbeiteten PLs. O'Flaherty und Phillips, die 2015 Ergebnisse von 28 Studien der Inverted Classroom-Methode analysierten, kamen zu einem ähnlichen Ergebnis:

„Designing and implementing off-loaded content such as development of lectures, readings and quiz test banks (Ferreri & O'Connor, 2013; Hoffmann, 2014) requires thoughtful planning and preparatory work. For example there is a need to [...] develop new resources (Mason, Schuman & Cook, 2013)" (O'Flaherty & Phillips, 2015, S. 88).

Von der Videoanfertigung, deren digitaler Bearbeitung, über die Auswahl und Bereitstellung von Lernmaterialien, bis hin zur Redaktion von Anleitungstexten/ -videos und der Bereitstellung eines individuellen Feedbacks – all diese Prozesse benötigen ein hohes Maß an Vorbereitung, Planung und vor allem Zeit. Jedoch zeigte sich, dass sich die Zeit, beispielsweise zum Verfassen einer detaillierten Anleitung, schnell „amortisiert", da die Beantwortung individueller Nachfragen in der Regel mehr Zeit in Anspruch nahm.

5.2 Doppeltes Feedback erhöht den Lernerfolg

Wie bereits angesprochen, entfiel ein gewichtiger Teil des Zeitaufwands von Seiten der Kursdozenten darauf, Studierenden ein möglichst individuelles Feedback zur Verfügung zu stellen. Bei der Korrektur der eingereichten Mikro- und Gruppen-Mikroartikel fiel beispielsweise auf, dass es eine Reihe von „Common Mistakes" gab. Um den Studierenden hier ein allgemeines Feedback zu geben, fertigten die Kurs-Dozenten daher einen zehnminütigen foliengestützten Vortrag für die nächste Präsenz an, der diese Punkte kurz aufgriff und Anregungen zu Verbesserungen gab. Zudem erhielt jede/-r Studierende ein individuelles Feedback zum eingereichten Artikel in Schriftform. Dieses doppelte Feedback, einerseits vonseiten der Peers (vgl. PL3 und PL4) und andererseits vonseiten der Kursdozenten, erfüllt zwei unterschiedliche, die Gesamtqualität des Lernprozesses steigernde Funktionen: Das Feedback der Kursdozenten garantiert vor allem die inhaltliche Richtigkeit. Das Peer-Feedback hingegen, stellt unter anderem sicher, dass sich die Studierenden auch mit den Beiträgen ihrer Kommilitonen auseinandersetzen und sich so gleichzeitig der Qualität ihrer eigenen Leistung bewusstwerden (vgl. Bauer et al., 2009). Zudem befördern Peer Review-Verfahren ein motivierendes Arbeitsklima, in welchem sich die Studierenden gegenseitig antreiben (vgl. Bauer et al., 2009). Wie das Zitat aus dem Kommentar zum Peer Review zeigt (siehe Kapitel 4.5), regt Feedback die Selbstreflexion der Studierenden an.

5.3 Anregen von Reflexionsprozessen zur Festigung der Lernergebnisse

Nachdem sich Studierende eine erste Wissensbasis in der SSP angeeignet haben, betont Himpsl-Gutermann, dass es daran anschließend wichtig sei, Reflexionsprozesse anzuregen, um Wissenstransformation und Wissenserweiterung zu ermöglichen (Himpsl-Gutermann, 2017). Diese sieht er als Voraussetzung dafür, sich über seine eigenen Fähigkeiten bewusst zu werden (metakognitive Ebene) sowie dafür, sein Praxiswissen zu erweitern und zu transformieren (Himpsl-Gutermann, 2017, S. 106). Diesem Appell folgend, wurde darauf Wert gelegt, in den PPs sowie den SSPs kontinuierlich Elemente einzubauen, welche die Reflexion der Studierenden über die Lernthematik sowie über sich selbst anregen sollten. Das Format des „Mikroartikels" erwies sich hierbei als zweckdienliches Instrument, da es die Lernenden dazu befördert, die Lernmaterie zu hinterfragen und sie darüber hinaus, für sich und seine Handlungs- und Berufspraxis zu kontextualisieren. In den PPs war es für die Studierenden zudem hilfreich, sich im Diskurs in Kleingruppen oder dem Plenum darüber auszutauschen, welche Erfahrungen sie bereits mit Wandelprozessen gemacht hatten und wie und ob sich die erlernten Inhalte auf die Praxis übertragen ließen. Eigenbezüge herzustellen, kann sich motivationsfördernd auswirken (Krapp, 1993) und ist daher gleichermaßen erstrebenswert für Lernende und Lehrende.

5.4 Den Studierenden die Methode des Inverted Classroom erläutern

Wildt (2007) betont, dass sich mit dem Inverted Classroom-Ansatz ein „Shift from teaching to learning" ereignet. Jedoch kann dieser vonseiten der Studierenden negativ aufgefasst werden: „The introduction of a Flipped Classroom approach required clear expectations to be given to students to reduce their frustrations regarding the time taken to do the pre-class activities (Mason, Schuman & Cook, 2013), with some students critical that they had to take responsibility for their own learning outside of

F2F contact time (Gannod, Burge & Helmick, 2007)" (O'Flaherty & Phillips, 2015, S. 89).

Auch aus den Erfahrungen der Autoren heraus, ist es unabdingbar, den Studierenden ein entsprechendes Briefing mit auf den Weg in eine Vorlesung zu geben, die Gebrauch von der Inverted Classroom-Methode macht. Unterstützt werden könnte eine solche Erklärung mit Hilfe der Formulierung von Bergmann und Sams (2012): „[Inverted Classroom means] redirecting attention away from the teacher and putting attention on the learner and the learning" (S. 11). Dies macht den Studierenden klar, dass von ihnen mehr Eigeninitiative und Selbststeuerung verlangt werden, gleichzeitig erhalten sie hierdurch aber auch mehr Freiheit. Zudem muss kommuniziert werden, wie sich im Inverted Classroom die Rolle der Dozierenden verändert. Diese werden nicht von ihren Lehrpflichten entbunden, sondern fungieren als Moderatoren/Lernbegleiter und sollten jederzeit und gerade während der SSPs erreich- und ansprechbar sein, damit die Studierenden sich im Zweifelsfall rückversichern können.

5.5 Sensibilität, wann Dozenten unterstützend tätig werden müssen

Zuletzt erfordert das Inverted Classroom-Konzept auf Seiten der Dozierenden ein hohes Maß an Sensibilität dafür, wann die Studierenden Input oder besondere Hilfestellungen benötigen. Als Faust-Regel erweist es sich hierbei als sachdienlich, auf die von Anderson und Krathwohl (2001) entworfene Lerntaxonomie zurückzugreifen (vgl. Abbildung 7). Diese beschreibt eine 4x6-feldrige Matrix aus kognitiven Prozess- und Wissensdimensionen. Baumgartner (2008) betont, dass je mehr kognitiver Aufwand mit der jeweiligen Wissensdimension verbunden ist (d.h., je weiter rechts in der Matrix eine Lerntätigkeit angesiedelt ist), desto höher ist der Bedarf an Unterstützung durch den Lehrenden (S. 14). Für den Kurs Change Management wurde daher darauf geachtet, stets – sowohl in den PPs als auch den SSPs – Unterstützung zu leisten und ein „Offenes Ohr" für Aufgaben zu haben, bei denen die Analyse, Bewertung oder gar Erzeugung von Inhalten im Vordergrund standen. Zudem war es hier hilfreich, mit Beispielen und sehr detaillierten Leitfäden zu arbeiten, um den Studierenden eine bessere Vorstellung davon zu ermöglichen, was genau von ihnen erwartet wurde. So wurde beispielsweise für die Aufgabe zur Verfassung des Mikroartikels darauf geachtet, den Studierenden einen Überblick darüber zu geben, woraus die einzelnen Abschnitte bestehen, bzw. welche Inhalte erwartet wurden sowie ein Beispiel gegeben, wie ein solcher Mikroartikel aussehen könnte. Hierbei sollte darauf geachtet werden, dass das Beispiel sich auf einen mit dem Lernkontext vergleichbaren Inhalt bezieht.

WISSENSDIMENSIONEN	KOGNITIVE PROZESSDIMENSIONEN					
	1. Erinnern	2. Verstehen	3. Anwenden	4. Analysieren	5. Bewerten	6. Erzeugen
A. Faktenwissen						
B. Konzeptionelles Wissen						
C. Prozedurales Wissen						
D. Metakognitives Wissen						

Abbildung 7: Lernzieltaxonomie nach Anderson & Krathwohl (2001). Entnommen aus Baumgartner (2011, S. 41)

Ausblick

Die Zukunft der Hochschule spannt sich wie ein Horizont. So haben wir diese Kapitel begonnen. Der Horizont des Inverted Classroom-Konzepts ist noch nicht vollständig ausgelotet. Eher scheint es so, als würde der Ansatz erst gerade am Horizont erscheinen und aufgehen. Auf Basis unserer Erfahrungen schlagen wir vor, noch dezidierte Forschungsaktivitäten zu diesem Konzept durchzuführen. Dabei sollten folgende Fragen im Mittelpunkt stehen:

Wie können Studierende bei den zunehmend ausgeweiteten Selbststudienphasen am besten motivational unterstützt werden?

Wie können Workload und Lernzeit angemessen in den Selbststudienphasen geplant und eingeschätzt werden?

Wie können kollaborative Gruppenarbeitsphasen so gestaltet werden, dass man das Problem der Arbeitsaufteilung vermeidet und es zu wirklicher Zusammenarbeit kommt?

Wie können Lehrmaterialentwicklung und Masterytesting in geeigneter Weise durchgeführt, konzipiert und produziert werden?

Wir sind der festen Überzeugung, dass Hochschullehre sich verändern muss, damit den geänderten Zielgruppen und den geänderten Bedingungen Rechnung getragen wird. Die „Inverted Classroom" Methode kann hier sicher ein Baustein sein.

Literatur

Alesi, B. & Teichler, U. (2013). Akademisierung von Bildung und Beruf – ein kontroverser Diskurs in Deutschland. In E. Severin & U. Teichler, Akademisierung der Berufswelt? Bielefeld: Bertelsmann (S. 13–39).

Anderson, L. W. & Krathwohl, D. R. (2001). A taxonomy for Learning, Teaching and Assessing: A Revision of Bloom's Taxonomy of Educational Objectives. New York: Addison Wesley Longman (S. 137–175).

Baethge, M., Kerst, C., Leszczensky, M. & Wieck, M. (2014). Zur neuen Konstellation zwischen Hochschulbildung und Berufsausbildung. In Forum Hochschule 3.

Bauer, C., Figl, K., Derntl, M., Beran, P. P. & Kabicher, S. (2009). Der Einsatz von Online-Peer-Reviews als kollaborative Lernform. 9. Internationale Tagung Wirtschaftsinformatik (S. 421–430).

Baumgartner, P. (2008). Blended Learning Arrangements. In U. Beck, W. Sommer, & F. Siepmann (Hrsg.), Jahrbuch E-Learning & Wissensmanagement. Karlsruhe: KKA (S. 10–17).

Baumgartner, P. (2011). Taxonomie von Unterrichtsmethoden. Ein Plädoyer für didaktische Vielfalt. Münster: Waxmann.

Beck, U. (1986). Risikogesellschaft. Frankfurt am Main: Suhrkamp.

Bergeler, E. (2007). Schreiben als Lernmethode im Physikunterricht. Plus Lucis, 3 (S. 16–18) Abgerufen am 02.07.2018 von http://pluslucis.univie.ac.at/PlusLucis/073/s16_18. pdf.

Bergmann, J. & Sams, A. (2012). Flip your classroom: Reach every student in every class every day. Washington DC: ISTE.

Bourdieu, P. (1982). Die feinen Unterschiede. Kritik der gesellschaftlichen Urteilskraft. Frankfurt am Main: Suhrkamp.

Brandt, T. (2007). Sozialer Kontext der Evaluation. In R. Stockmann (Hrsg.), Handbuch zur Evaluation. Eine praktische Handlungsanleitung. Münster: Waxmann (S. 164–194).

De Bono, E. (2017). Six thinking hats. London: Penguin.

Dräger, J. & Ziegele, F. (2014). Hochschulbildung wird zum Normalfall. Abgerufen am 30.07.2018 von: https://www.che.de/downloads/Hochschulbildung_wird_zum_Normalfall_2014.pdf

Ferreri, S. P. & O'Connor, S. K. (2013). Instructional design and assessment. Redesign of a large lecture course into a small-group learning course. American Journal of Pharmaceutical Education, 77(1), S. 1–9.

Fietze, S. (2009). Podcasting in der Hochschullehre. Eine Evaluation an der Universität Flensburg. In A. Schwill & N. Apostolopoulos (Hrsg.), Lernen im Digitalen Zeitalter. Dokumentation der Pre-Conference zur DeLFI2009 – Die 7. E-Learning Fachtagung Informatik. Berlin (S. 151–159).

Forchhammer, L. S. & Straub, W. G. (2017). Verändern. Change Praxis für Einsteiger und Führungskräfte. Gmund: Comteammedia.

Gannod, G. C., Burge, J. E. & Helmick, M. T. (2008, May). Using the inverted classroom to teach software engineering. In Proceedings of the 30th international conference on Software engineering (S. 777–786). ACM.

Gilboy, M.B., Heinrichs, S. & Pazzaglia, G. (2014). Enhancing Student Engagement Using the Inverted Classroom. Journal of Nutrition Education and Behavior, 47(1), S. 109–114.

Hao, Y. (2016). Middle school students' flipped learning readiness in foreign language classrooms: Exploring its relationship with personal characteristics and individual circumstances. Computers in Human Behavior, 59, S. 295–303.

Himpsl-Gutermann, K. (2017). Selbstlernphasen und E-Learning. In Armborst-Weihs, K., Böckelmann, C., & Halbeis, W. (Hgg.) Selbstbestimmt lernen – Selbstlernarrangements gestalten. Innovationen für Studiengänge und Lehrveranstaltungen mit kostbarer Präsenzzeit. Münster: Waxmann (S. 103–116).

Hochschulforum Digitalisierung (2016). The Digital Turn – Hochschulbildung im digitalen Zeitalter. Arbeitspapier Nr. 27. Berlin: Hochschulforum Digitalisierung.

Hoffmann, S. (2014). Beyond the Inverted Classroom: Redesigning a research methods course for e^3 instruction. Contemporary Issues in Education Research, 7(1), S. 51–62.

Kim, M. K., Kim, S. M., Khera, O. & Getman, J. (2014). The Experience of Three Inverted Classrooms in an Urban University: an Exploration of Design Principles. The Internet and Higher Education, 22 (S. 37–50).

Krapp, A. (1993). Die Psychologie der Lernmotivation. Zeitschrift für Pädagogik, 39(2), S. 187–206.

Lage, M. J., Platt, G. J. & Treglia, M. (2000). Inverting the Classroom: A Gateway to Creating an Inclusive Learning Environment. The Journal of Economic Education, 31(1) (S. 30–43).

Lai, C.-L. & Hwang, G.-J. (2016). A self-regulated Inverted Classroom approach to improving students' learning performance in a mathematics course. Computers & Education, 100, S. 126–140.

Luhmann, N. (1976). The future cannot begin. Temporal structures in modern society. Social Research, S. 130–152.

Mason, G., Shuman, T. & Cook, K. (2013). Comparing the effectiveness of an inverted classroom to a traditional classroom in an upper-division engineering course. IEEE Transactions on Education, 56(4), S. 430–435.

Mattis, K.V. (2015). Inverted Classroom Versus Traditional Textbook Instruction: Assessing Accuracy and Mental Effort at Different Levels of Mathematical Complexity. Tech Know Learn, 20, S. 231–248.

Mayer, K. U. (2000). Die Bildungsgesellschaft. Aufstieg durch Bildung. In A. Pongs, In welcher Gesellschaft leben wir eigentlich? Gesellschafts-konzepte im Vergleich 2 (S. 193–218). München: Dilemma-Verlag.

Metzger, C. & Schulmeister, R. (2011). Die tatsächliche Workload im Bachelorstudium. Eine empirische Untersuchung durch Zeitbudget-Analysen. In Nickel, S. (Hg.) Der Bologna-Prozess aus Sicht der Hochschulforschung. Analysen und Impulse für die Praxis (S. 68–78).

O'Flaherty, J. & Phillips, C. (2015). The use of Inverted Classrooms in higher education: A scoping review. The Internet and Higher Education, 25, S. 85–95.

OECD. (2016). Bildung auf einen Blick. (OECD, Hrsg.), Paris: OECD.

Reinmann, G., Sippel, S. & Spannagel, C. (2010). Peer Review für Forschen und Lernen. Funktionen, Formen, Entwicklungschancen und die Rolle der digitalen Medien. Digitale Medien für Lehre und Forschung, S. 218–229.

Roach, T. (2014). Student perceptions toward flipped learning: New methods to increase interaction and active learning in economics. International Review of Economics Education, 17, S. 74–84.

Römmer-Nossek, B., Peschl, M. F. & Zimmermann, E. (2011). Kognitionswissenschaft. Ihre Perspektive auf Lernen und Lehren mit Technologien. In M. Ebner & S. Schön (Hrsg.), Lehrbuch für Lernen und Lehren mit Technologien (S. 1–14). Berlin: Epubli.

Sams, A. (2012). Der „Flipped" Classroom. In Das Inverted Classroom Model. Begleitband zur ersten deutschen ICM-Konferenz (S. 12–23). München: Oldenbourg Verlag.

Schäfer, A. M. (2012). Das Inverted Classroom Model. In Das Inverted Classroom Model. Begleitband zur ersten deutschen ICM-Konferenz (S. 3–11). München: Oldenbourg Verlag.

Schmidt, C. (2014). Podcasts in pädagogischen Kontexten. Einsatzmöglichkeiten und effektive didaktische Ausgestaltung innovativer Audiomedien. Hamburg: Diplomica.

Schofer, E. & Meyer, J. (2005). The World-Wide Expansion of Higher Education. Center on Democracy, Development, and The Rule of Law Stanford Institute on International Studies, Stanford.

Stock, M. & Riebenbauer, E. (2014). Wegweiser durch das Thema der (Selbst-)Reflexion. Institut für Wirtschaftspädagogik, Universität Graz. Abgerufen am 02.07.2018 von https://static.uni-graz.at/fileadmin/sowi-institute/Wirtschaftspaedagogik/Neuigkeiten/Wegweiser_durch_die_Reflexion_Kr%C3%A4mer_Strassegger.pdf

Teichler, U. (2014). Opportunities and problems of comparative higher education research: The daily life of research. Higher Education, 67(4), S. 393–408.

Whetten, D. & Cameron, K. (Hrsg.), (2007). 10. Leading Positive Change. In Developing Management Skills (S. 533–589). Boston: Prentice Hall.

Wildt, J. (2007). The shift from teaching to learning [Vortrag]. Abgerufen am 30.07.2018 von http://www.egon-spiegel.de/fileadmin/user_upload/documents/Theologie/Spiegel/Tagungen_Kongresse/Wildt.pdf

Willke, H. (2009). Der MikroArtikel als Instrument des Wissensmanagements. In Werkstattbuch Familienzentrum (S. 97–108). Wiesbaden: VS Verlag für Sozialwissenschaften.

Peter J. Weber

Digitale Bildung in der Hochschule – Konvergente Entwicklungen in den Lehr-Lern-Formaten

Einleitung

Als Papst Alexander VI. mit der Bulle „Eximiae devotionis" im Jahr 1493 die neuentdeckten Länder und ihre Bevölkerung dem spanischen Königspaar zuschlug, wurde die physische Welt „per Papier" in religiöser, staatlicher und wirtschaftlicher Sicht in zwei Hälften geteilt. Diese Hälften wurden zwar über die Jahrhunderte verdeckt und überlagert, aber dennoch wurde mit ihnen eine „neue Realität" geschaffen, die bis heute wirkt. Mit der Digitalisierung entstanden nicht nur zwei Hälften unserer Welt, sondern die physische Lebenswelt wurde um eine digitale ergänzt. Mit dem Entstehen der neuen digitalen Realität (Baudrillard, 2002, S. 37 ff.) entstehen zugleich Übergänge zwischen der physischen und digitalen Realität durch das Internet of Things (IoT), in dem digitale in physische Prozesse steuernd eingreifen – unabhängig von Ort und Zeit.

Die physische Trennung der Welt durch ein Papier hatte ebenso eine bedeutende Wirkung wie die digitale Transformation heute. Doch ist der digitalen Transformation ein disruptiver Charakter eigen, sie löst also bestehende Dinge auf. Im Kontext von Bildung verschwinden durch digitale Technologien teilweise analoge Lernmittel wie Kreidetafeln und Lehr-Lern-Formate wie Präsenzvorlesungen oder werden zumindest nachhaltig verändert. An ihre Stelle treten neue digitale Formen wie z. B. das Lernen kleinster Informationseinheiten per App oder die Veränderung einer Präsenzvorlesung zu einem „inverted classroom". Parallel verändert die Digitalisierung in Form von disruptiven Technologien die Wertschöpfungsketten in Unternehmen (vgl. Cole, 2015) – aber auch von Bildungseinrichtungen – wenn z. B. eine generelle Lernfähigkeit bedeutender wird als spezifisches Wissen. Die neuen digitalen Lehr-Lern-Formate werden dabei selbst als digitale Technologie verstanden (vgl. Christensen, 2011, xxix, S. 180 ff.), so dass auch Lehr-Lern-Kontexte nicht nur an Hochschulen einer tiefgreifenden Veränderung unterliegen.

Es lösen sich nicht nur Lehr-Lern-Formate auf, sondern auch althergebrachte Hoheiten von Deutungsmustern in unserer Gesellschaft, da es in einem bottom-up-getriebenen Prozess der Digitalisierung nicht vorhersehbar ist, wohin sich Bildungseinrichtungen wie Hochschulen und Universitäten entwickeln sollen oder müssen. Staatliche Hochschulen und Universitäten verändern sich mithin rapide, private Einrichtungen nehmen mit vielfältigsten Bildungsangeboten an Anzahl zu und beide Organisationen verlieren in vielen Themen z. B. durch Massive Open Online Courses (MOOCs), Nanodegrees oder generell durch Open Educational Resources (OER) als Institutionen zumindest einen Teil ihrer Legitimation. Nicht umsonst stellt das „Hochschulforum Digitalisierung" in Deutschland bereits in der ersten These in seinem Diskussionspapier zur Hochschulbildung fest, dass es die digitale Hochschule nicht gibt und die Digitalisierung einen weiteren, umfassenden Differenzierungsprozess im Hochschulsystem anstößt (Hochschulforum Digitalisierung, 2015, S. 7). Dieser Differenzierungsprozess ist als disruptiv zu bezeichnen, denn er löst eine papierbasierte Studierendenverwaltung auf, erweitert das Non-Profit-Geschäftsmodell Hochschule bzw. Universität in den Profitbereich, flexibilisiert Lernen im Hinblick auf Ort und Zeit und individualisiert es zugleich und verändert dabei massiv die Rolle von Lehrenden, Services und Forschung auch im Hinblick auf ihr Selbstverständnis (vgl. Hochschulforum Digitalisierung, 2016 zu den Feldern des „digital turn").

Die erste Projektphase des Hochschulforums Digitalisierung 2014-2016 mit mehr als 70 Expertinnen und Experten zeigt mit den Ergebnissen zu sechs Themengruppen einzelne Bereiche der digitalen Transformation zwar gut auf. Dies geschieht jedoch im Kern aus der Perspektive von Präsenzhochschulen, die ihre Lehr-Lern-Prozesse bis zur Hochschulgovernance durch die Digitalisierung verändern. Damit wird das disruptive Moment der „Entgrenzung und der zeitlichen De-linearisierung von Lehr-Lern-Formaten" nicht hinreichend gewürdigt und vor allem in seiner Wirkung unterschätzt. Sarah Guri-Rosenblit von „The Open University of Israel" schrieb schon vor fast zehn Jahren und an eine alte Diskussion zur „Dual Mode University" anknüpfend (vgl. Weber & Werner, 2007, S. 125 ff. zur dual mode university), in der Encyclopedia of Distance Learning hingegen (2009, S. 727):

> *"In spite of the visible differences between the various models of distance teaching at university level, there is a common trend of blending boundaries between distance and campus universities that took place in the last decade all over the world. Institutions that traditionally offered solely conventional instruction are now becoming distance education providers."*

Das „Blending" von Fern- und Präsenzhochschulen wird in dem vorliegenden Beitrag als „Konvergenz der Lehr-Lern-Formate" postuliert, was als eigentliche Disruption durch digitale Technologien verstanden werden kann. In der internationalen Diskussion geht es hierbei nicht nur um didaktische Zusammenhänge, sondern auch um eine bildungsökonomische Perspektive, in der beim Einzug von digitalen Bildungstechnologien die dabei entstehenden Kosten ebenso wahrgenommen werden. Unter Berücksichtigung dieser kommen Keegan und Rumble schon 1992 zu der Einschätzung, dass u. a. eine „Dual Mode University", also ein gleichzeitiges Angebot von Präsenz- und Fern-Lehr-Lern-Formaten, eine technisch, didaktisch und ökonomisch günstige Lösung für die Organisation von Lernprozessen sein könnte, da sie eine effiziente und effektive Zuschneidung von Lehr-Lern-Angeboten an die Bedarfe einer großen Lernerschaft ermöglicht.

Rückblickend auf die Verbreitung digitaler Bildungstechnologien seit der Einführung des World Wide Web ist nicht mehr die Frage nach der digitalen Bildung zu stellen, sondern das aktuelle didaktische und ökonomische Erkenntnisinteresse liegt in der Art der Mischung der analogen und digitalen Bildungstechnologien, auch als Wegbereiter einer effizienten und effektiven Re-Analogisierung von digitaler Bildung in der Hochschule („Vintage-Lehr-Lern-Formate"). Vergleichbar mit anderen technologischen Entwicklungen, die zunächst ‚alles, was möglich ist', umsetzen, so erhalten Face-to-Face-Formate mit der stark vorangetriebenen Digitalisierung z. B. bei stark kommunikativ orientierten Inhalten eine Renaissance.

Zunächst wird hier auf den – in der deutschsprachigen öffentlichen Wissenschaft geradezu systematisch – negligierten Zusammenhang zwischen digitaler Multi- und Telemedialität eingegangen, um daraus die zentralen Entwicklungspunkte digitaler Bildung in der Hochschule auszumachen. Dies geschieht weniger in der lapidaren Betrachtung modernster technischer Möglichkeiten, die z. B. das zentrale analoge Lehr-Lern-Medium der Wachs- und Kreidetafel zu einem interaktiven oder kollaborativen Whiteboard entwickelte, als vielmehr in der Suche nach einer Antwort auf die Frage, inwieweit digitalisierte Lehr-Lern-Formate inkl. ihrer gesamten Organisation eine assimilierende oder integrierende Funktion auf traditionelle Formate ausüben – also ob die Referentiale der digitalen Bildungswirklichkeit selbst schon eine Simulation einer virtuellen Realität sind (vgl. Baudrillard, 1978; Weber, 2005).

Die Wurzeln der Konvergenz

Das oben angeführte Beispiel von der Wachs- und Kreidetafel bis zum interaktiven oder kollaborativen Whiteboard illustriert sehr deutlich, dass die Digitalisierung von Medien zum ortsunabhängigen Einsatz ein Element des Konvergenzprozesses von

Lehr-Lern-Formaten darstellt. Noch deutlicher wird dies, wenn man die aus dem Präsenzformat kommenden didaktischen Lösungen des „flipped classrooms" und „inverted classrooms" heranzieht. Ausgehend von der didaktischen Frage, wie man die reine Informationsvermittlung aus der „kostbaren" Zeit der Präsenzveranstaltung verlagern kann, um Raum für einen gemeinsamen Wissensaufbau in Präsenz zu erhalten, kommt man sehr schnell zu dem Schluss, dass ein flipped classroom aufgrund seiner fehlenden Begleitungskomponenten beim Bereitstellen von Materialien z. B. auf einem Lern-Management-System wie Moodle oder Ilias, an seine Grenzen stößt. Nur die synchrone oder asynchrone Begleitung durch automatisierte Mechanismen wie „assignments", „missions" usw. bis hin zur Begleitung durch einen Lehrenden als „Tutor", „Facilitator" usw. kann zu einer Mehrwertentfaltung dieses digitalen Lehr-Lern-Formates führen (vgl. Großkurth & Handke, 2016; Zeaiter & Handke, 2017 zum inverted classroom). Damit entstehen ganz automatisch Schnittstellen zwischen Präsenz- und Fernstudienformaten, für die die Einschätzung Arnolds (zitiert nach Demmer, 2016) erweitert Gültigkeit besitzt:

> „Der ganze Fernunterricht marschiert in die falsche Richtung. Wir unterliegen der Illusion, dass der bloße Inhalt von Lehrmaterialien – ob live oder digital zugänglich gemacht – auf geheimnisvolle Weise eine bildende Wirkung zu entfalten vermag."

Diese Schnittstellen entstehen durch den Einsatz digitaler Technologien in Lehr-Lern-Formaten, bei denen Lernen mit Hilfe digitaler Medien stattfindet. Reinmann-Rothmeier (2003, S. 32 f.) trifft in Anlehnung an Back, Seufert und Kramhöller (1998) eine Unterscheidung zwischen „e-learning by distributing", „e-learning by interacting" und „e-learning by collaborating" (vgl. Weber & Werner, 2007):

- e-learning by distributing: Die Funktion der Distribution von Information wird angesprochen, bei der Lernende Informationen selbstgesteuert aufnehmen, verarbeiten und umsetzen.
- e-learning by interacting: Lerner interagieren mit dem System, das möglichst Rückmeldungen gibt. Somit wird diese Definition auch als Lernen durch Feedback bezeichnet. Im Rahmen dieser Sichtweise können auch Lehrende in Form von Teletutoren zum Einsatz kommen.
- e-learning by collaborating: Die digitalen Medien haben die Funktion, kollaborative Arbeitsprozesse zwischen den Lernenden in einer Lernumgebung

anzustoßen – also mehr als der o. g. reine Vermittlungsprozess durch das kollaborative Whiteboard.

Diese Unterscheidung in drei Formen generiert aus Sicht einer an Präsenzlehre orientierten Hochschuldidaktik Chancen, dass diese Didaktik eine Orts- und Zeitunabhängigkeit der Lehr-Lern-Formate in die orts- und zeitgebundene Präsenzlehre einbringt – unabhängig davon, ob die Lehr-Lern-Formate in einem formalen Setting oder als OER angeboten werden. Damit wird die erwachsenenpädagogische Fernlehrediskussion für einen Vergleich der Konzeptualisierungen von digitalen Lehr-Lern-Formaten, wie z. B. des genannten inverted classrooms interessant, die drei Formen von technologiebasierten Lehr-Lern-Formen unterscheidet.

In Anlehnung an Bloh und Lehmann (2002), die die internationale Fernstudiendebatte im Hinblick auf eine von ihnen anvisierte Online-Pädagogik rezipieren, sind diese drei Formen so zu charakterisieren (vgl. Weber & Werner, 2007):

- Telelehre: Ausgehend von der Fernstudiendidaktik, in der Präsenzsituationen übertragen werden müssen, steht hier der Transmissions- und Disseminationsgedanke der Lehrsituation im Mittelpunkt.
- Computerunterstützte Lehr-Lern-Systeme: Ähnlich der zweiten Form bei Reinmann-Rothmeier geht dieses Individualisierungs- und Substitutionsmodell davon aus, dass Lernende z. B. durch Web Based Training Informationen aufnehmen, verarbeiten und umsetzen.
- Online-Lehr-Lern-Netzwerke: Analog zu Reinmann-Rothmeier steht bei der dritten und letzten Form der Gedanke einer Umgebung im Mittelpunkt, die Kommunikation und Kooperation sowie Kollaboration zwischen den Lernenden ermöglicht.

Diesen beiden Sichtweisen aus Medien- und Fernstudiendidaktik ist gemein, dass sie die Relation zwischen Medium und Person in Lernkontexten zur Typisierung heranziehen – zwar von unterschiedlichen Ausgangspunkten, aber mit konvergenten Ergebnissen:

- Die Mediendidaktik fragt zunächst, wie Information multimedial mit neuen Medien instruktional aufbereitet werden kann, damit Wissen im Sinne einer kognitivistischen Lernspirale beim Lerner erzeugt wird (vgl. Stadtfeld, 2004). In

- der Erweiterung eines inverted classrooms werden die in interaktiven Lernsettings isolierten Lerner in einem Lernraum zur gemeinsamen Konstruktion von Wissen zusammengebracht – dieser ist wie im Fernstudium zunächst orts- und zeitunabhängig.
- Denn im Kontext der Fernstudiendidaktik sind Lerner im Lernsetting – mit Ausnahme der face-to-face Präsenzveranstaltungen – physisch voneinander getrennt. Die multi- und telemediale Aufbereitung, also die Gestaltung des Lehr-Lern-Formates mit digitalen Technologien, führt im Ergebnis dazu, dass keine Trennschärfe zwischen digitalen Fern- und Präsenz-Lehr-Lern-Formaten existiert.
- Gleichwohl bleiben Spezifika bei der Digitalisierung eines Präsenz-Lehr-Lern-Formates oder eines Fern-Lehr-Lern-Formates bestehen, wenn wir z. B. an die moderne Gestaltung von Seminarräumen als „Co-Learning-Areas" denken. Letztlich bleibt dies aber auch nur eine Frage der Perspektive, wenn man berücksichtigt, dass physische Präsenzphasen eines Fernstudiums auch mit digitalen Bildungstechnologien angereichert werden können (vgl. u. a. Schön, Ebner & Schön, 2016).

Gerade mit dem letztgenannten Punkt wird deutlich, dass der Begriff „blended" schon vor der Digitalisierung bestand, auch wenn er nicht für das Fernstudienformat verwendet wurde, das immer eine „Mischung" aus Fern- und Präsenzstudium war. Heute kristallisieren sich neue Formen des hybriden Lernens mit mehr oder weniger multimedialen Elementen heraus. Deren didaktische Realisierung macht eine Verknüpfung von mediendidaktischer und fernstudiendidaktischer Forschung erforderlich, denn letztlich liegt der eingangs erwähnte disruptive Charakter der digitalen Bildungstechnologien in deren auflösenden Wirkung von reinen Präsenz- und Fern-Lehr-Lern-Formaten. Systematisch lässt sich die Disruption bei der Gestaltung digitaler Lehr-Lern-Angebote mit der einer klaren Trennung zwischen den Informations- und Kommunikationskomponenten fassen, die je nach den Anforderungen des didaktischen Feldes in unterschiedlicher Art und Intensität umzusetzen sind. Die Fernstudiendidaktik hat sich schon Anfang der 90er Jahre z. B. am Institute for Educational Technology (IET) der Open University mit Fragen der Kommunikationsmedien beschäftigt (Mason, 1994; Kaye, 1992). Diese Beschäftigung erfolgte daran, dass die Kommunikation zwischen Lehrenden und Lernenden aufgrund der räumlichen Trennung übertragen werden muss. Ebenso früh setzt die mit amerikanischer, australischer, britischer und kanadischer Beteiligung geführte Diskussion um die Betreuung von Studierenden ein (z. B. Thorpe, 1992; Keegan, 1996; Moore & Kearsley, 1996).

Überblickt man die fernstudiendidaktische Diskussion anhand der Zeitschrift „Open University" lassen sich drei Schwerpunkte erkennen, die mit digitalen Bildungstechnologien (vgl. Kerres, 2018) in das Blickfeld rücken:

- Die Begriffe kollaborativ und kooperativ implizieren zwei unterschiedliche Gestaltungsmöglichkeiten von Online-Lehr-Lern-Netzwerken in Verknüpfung mit dem Präsenzlernen aufgrund der unterschiedlichen Akzentuierung des Wissensaufbaus. Pallof und Pratt (1999) arbeiten z. B. genaue Anforderungen an kollaborative Settings schon früh in der Diskussion heraus, in denen die Wissensteilung über geteilte Lernziele in den Mittelpunkt gerückt wird.
- Bei telemedialen instruktionalen wie auch konstruktivistischen Lernprozessen erhalten Lehrende als Lernberater, Tutor, Moderator, Facilitator oder Coach eine zentrale Position. Diese Rolle als E-Betreuer wird oftmals aus Kostengründen vernachlässigt. Denn diese elektronischen Betreuer benötigen besondere Kompetenzen als Online-Tutoren (vgl. z. B. Bernath, 2002; Wilbers, 2004; Schön, 2016, S. 47 ff.), die zum Teil medienspezifisch, zum Teil aber auch generell an die räumliche Trennung von Betreuenden und Lernenden gebunden sind.
- Im heuristischen Lern(software)modell nach Baumgartner/Payr (1994) stellt das Vorwissensniveau – und zwar bezogen auf das Fachwissen wie auch die Medienkompetenz – des Lerners eine wichtige Größe für den Lernprozess dar, da das Vorwissen die Gestaltung des Lernsettings determiniert. Fernstudiendidaktische Forschungen im Kontext heterogener Lerngruppen der Open University (z. B. Downing & Chim, 2004) und Forschungen im deutschsprachigen Raum (z. B. Bremer, 2001) problematisieren, dass auch Lernpräferenzen oder Lernstile oder die Reflexion über eigene Lernstrategien Einflussgrößen beim Online-Lernen darstellen können.

Die zentralen Elemente einer digitalen Lernkultur begründen sich demnach stark durch den Fern-Lern-Modus (vgl. Schön, 2016):

- Hybridität (Verzahnung Online- mit Präsenzlernen),
- Veränderung der Rolle der „Aktiven" (Lehrende und Lernende) und
- die damit verbundenen lernorganisatorischen Veränderungen.

Hiermit entsteht eine Lernkultur im Wechselspiel zwischen Online- und Präsenzmodus, bei der Lernort und -raum für Lernende in den Online-Formen auseinanderfallen und Betreuer Kompetenzen erweitern oder entwickeln müssen.

In der digitalen Bildung stecken demnach aus mediendidaktischer, lerntheoretischer und technokratisch-ökonomischer Sicht Potenziale, die strukturelle Veränderungen für Lernkultur und Bildungsorganisationen implizieren. Für moderne Lernformen spielt u. a. die Technisierung unter dem Schlagwort Digitalisierung eine zentrale Rolle. Dennoch zeigt die aktuelle Hochschullandschaft, dass digitale Bildung keine „Stand-Alone-Lösung" ist, sondern es einer intelligenten Verzahnung mit traditionellen Lernumgebungen bedarf, so dass computerunterstützte Lernformen – so die These – nur durch die Einbindung von Kommunikationsstrukturen und die Anbindung an traditionelle Lernstrukturen ihre Mehrwerte entfalten können, wie es die Entwicklung vom flipped zum inverted classroom aus Sicht der Präsenzlehre beispielsweise zeigt (vgl. Engel, Heinz & Sonntag, 2017). Aktuelle Entwicklungen deuten auf eine Verschränkung zwischen tele- und multimedialen Formaten hin, was je nach Betrachtungsebene (s. u.) unter den Begriffen „hybrid" oder „blended" gefasst wird.

Zweifelsohne kann man aufgrund der Zunahme von digitalen Bildungsformaten von einer digitalen Transformation oder wie Clayton M. Christensen von einer disruptiven Entwicklung sprechen, wenn die etablierte Technologie „classroom and campus-based-instruction" durch die disruptive Technologie „distance education, typically enabled by the Internet", zu denen „custom-assembled, modular digital textbooks" gehören, ergänzt wird (Christensen, 2011, S. XXIX). Dies bedeutet für Hochschulen, dass alle Bereiche der Bildungs-Wertschöpfungskette von der Akquise über den aktiven Lebenszyklus des eingeschriebenen Studierenden bis zur Alumnibetreuung oder der Einbindung in weitere Programme (lebensbegleitendes Lernen) davon betroffen sind. Die Qualität der digitalen Bildung an Hochschulen hängt dann von drei zentralen Faktoren ab:

- Primordial für die Schaffung einer qualitativ hochwertigen Bildung ist die systematische Unterscheidung bei der Digitalisierung von Präsenz- und Fern-Lehr-Lern-Formaten in die tele- und multimedialen Aspekte der Digitalisierung.
- Da auch im Bildungsbereich die Digitalisierung das Individuum in den Mittelpunkt rückt – oder dies auch erst ermöglicht (vgl. Cole, 2015 zum „bottom-up-Prozess in volks- und betriebswirtschaftlicher Betrachtung), ist der Grad der Digitalisierung stark von deren Kompetenzen, Vorwissen und Deutungsmustern abhängig – letztlich adressiert dies die Akzeptanz der gemischten Lehr-

Lern-Formate (vgl. Weber & Werner, 2007 zu einem Akzeptanzmodell der Einführung von E-Learning-Formaten in die Präsenzlehre).
- Im Hinblick auf die systematische Digitalisierung von Bildungsangeboten einer Hochschule spielt vor dem Hintergrund des Bologna-Prozesses letztlich die Unterscheidung in die Ebenen
    o der Lehrveranstaltung,
    o des Moduls und
    o des Studiengangs
  eine wichtige Rolle bei der erfolgreichen Einführung.

Dieser Ebenenbetrachtung widmet sich der folgende Abschnitt, da diese Ebenen letztlich die Basis für die Strategie der Umsetzung der Digitalisierung in Programmen einer gesamten Hochschule sind. Diese Umsetzung basiert dann nicht auf einer „blinden" Digitalisierung in dem Sinn, dass „alles", was bildungstechnologisch möglich ist, auch umgesetzt wird. Vielmehr wird in Abhängigkeit von der Zielgruppe, den Inhalten und der didaktischen Methode eine sinnvolle digitale Bildung entworfen. Innerhalb dieses „magischen Dreiecks" von Zielgruppe, Inhalt und Methode der Programmentwicklung werden sich hybride und Blended-Formate z. B. auch mit neuen Formen von Prüfungsordnungen, Studienmodellen usw. entwickeln lassen.

Die Architektur digitaler Hochschulbildung – hybrid und/oder blended

In der Perspektive der Konvergenz von Fern- und Präsenz-Lehr-Lern-Formaten steht in erster Linie der o. g. telemediale Aspekt der Digitalisierung im Fokus, gleichwohl damit zugleich auch die Digitalisierung durch multimediale Elemente einhergeht. Ein aktuelles Beispiel ist die Digitalisierung von analogen Klausuren, die in ihrer Form als E-Klausuren eine physische Präsenz wie bei einer papierbasierten Klausur benötigen. Geht man hingegen noch einen Schritt zur Online-Klausur, dann wird die E-Klausur zeit- und ortsunabhängig, solange eine „sichere Umgebung" für den Klausurschreibenden hergestellt werden kann (vgl. Ullah, Xiao & Barker, 2016). Das ERASMUS+-Projekt „Online Proctoring for Remote Examination" zeigt bezüglich der Umsetzung einen heterogenen Stand an Hochschulen in der Europäischen Union auf (vgl. OP4RE, 2017). Dieses Beispiel zeigt zugleich auch, dass die Digitalisierung zu neuen Formen des „Public-Private-Partnerships" führt, wenn z. B. das For-Profit-Unternehmen ProctorExam zusammen mit Hochschulen Lösungen für Probleme mit zeit- und ortsunabhängigen Prüfungen sucht – und dies über europäische Bildungsprogramme gefördert wird.

Die digitale Architektur einer Hochschule – die Forschung wird hier ausgeklammert – bezieht sich mithin auf die Digitalisierung

- des Interessentenmanagements bis zur Immatrikulation,
- der Lehr-Lern- inkl. der dazugehörigen Prüfungs-Formate,
- des Lehrsupports und Services,
- von Verwaltungsabläufen bis hin zu Alumninetzwerken sowie
- der Kompetenzen von Lehrenden und Lernenden.

Bei allen Digitalisierungen über das Add-On- oder More-Quality-Modell (dual mode) bis zum Mixed-Mode-Modell (vgl. Koring, 1997), wird auf ein grundlegendes Prinzip der Fern-Lehr-Lern-Formate zurückgegriffen: Unabhängigkeit von Zeit und Raum – und damit auch der Organisationsstrukturen (vgl. Sloep, 1996). Da der Digitalisierung von Hochschulverwaltungsstrukturen z. B. im Hinblick auf physische Gremien wie Senat, Fachbereiche usw. oder aber auch durch Gesetze im Hinblick auf eine digitale Studentenakte (bisher noch) Grenzen gesetzt sind, entfaltet der oben eingeführte Begriff der Konvergenz in erster Linie seine Wirkung im Hinblick auf den zweiten Punkt der Lehr-Lern- inkl. der dazugehörigen Prüfungs-Formate.

Digitale Hochschulbildung bezieht sich dann zunächst auf die Digitalisierung von Lehr-Lern-Formen innerhalb eines Studiengangs, die ihre Wirkung auf den Ebenen eines Moduls, einer Lerneinheit und einer Lernveranstaltung entfalten kann. Ausgehend von diesen Ebenen kann der Begriff der Hybridisierung auf die Ebene der Module innerhalb eines Studiengangs bezogen werden. Ein Studiengang ist dann als hybrid zu bezeichnen, wenn er unabhängig von der Akkreditierung als Präsenz- oder Fernstudiengang gesamte Module in beiden Modi vorhält, also keine Mischung der Lehr-Lern-Formate in den Modulen stattfindet (vgl. oben Mixed-Modell nach Koring). Dies bedeutet gleichzeitig, dass Prüfungen entsprechend des Modus mit dem Modul verbunden sind, z. B., dass Prüfungen der Online-Module nicht im „Kohortenzwang" des Präsenzmodus abgelegt werden müssen.

Damit ist zugleich eine der zentralen Herausforderungen einer Hybridisierung angesprochen, wenn sie neben der Orts- die Zeitunabhängigkeit didaktisch so weit „treibt", dass heute übliche Vollzeit- und Teilzeitstudienverlaufspläne in ihrer starren Abfolge bis zur Ausnahme von „weichen individuellen Studienverlaufsplänen" aufgelöst werden, um Studierenden je nach Lernverlauf und Kompetenzentwicklung, aber auch nach Abhängigkeit ihrer sich wandelnden Lebensumstände (Beruf, Nebenerwerbszwang usw.), einen eigenständigen Studienverlauf zu ermöglichen (vgl. z. B. Hochschule Fresenius online plus GmbH, 2018). Diese Hybridisierung wäre allerdings nicht ohne einen weiteren Aspekt der Digitalisierung von Hochschulbildung möglich (vgl. Greller & Hoppe, 2017): den Learning Analytics. Diese digitalen Daten zum eigenen Lernfortschritt bieten letztlich die Grundlage für selbstgesteuertes Management des eigenen Lernweges und zur Betreuung durch den Dozierenden, dessen wissensvermittelnde Rolle zumindest in den Online-Modulen minimiert wird.

Folgende Hybridmodelle sind in Hinblick auf einen Studiengang denkbar:
- Voll-Hybrid: Alle Module liegen im Präsenz- und Online-Format vor und sind auch so akkreditiert. Die Definition von Lernpfaden kann die Akkreditierung als Präsenz- oder Fernstudiengang bestimmen.
- Teil-Hybrid: Die Module liegen in einem bestimmten Ausmaß ausschließlich jeweils in einem der beiden Formate vor, es besteht mithin keine Wahlmöglichkeit zwischen Modulen nach ihrem Format. Die Prüfungsbedingungen müssen dem jeweiligen Format folgen.

Bisher traten in der Betrachtung vollständig digitalisierte Module entweder im Präsenz- oder Online-Format auf, was einen Studiengang zu einem Hybrid werden lässt. Der Begriff des „blended" zielt auf die darunterliegenden Ebenen der Lerneinheiten und/oder Lernveranstaltungen. Er findet sich in den beiden Varianten des „Blended Learning" oder „Blended Online Learnings" (vgl. Weber & Werner, 2007, S. 27 ff.). Dem letzteren Begriff liegt wie beim inverted classroom der Gedanke zu Grunde, dass auch online immer asynchrone (z. B. missions, Boards usw.) und/ oder synchrone Kommunikationsmöglichkeiten (z. B. Webinare, virtuelle Projektmeetings usw.) bestehen – hier steht mithin Lernen in Form eines kooperativen oder kollaborativen Settings, in Anlehnung an die Online-Lehr-Lern-Netzwerke des E-Learnings, im Mittelpunkt.

Ein Studiengang kann dann als „Blended-Studiengang" bezeichnet werden, wenn er innerhalb seiner Module Lerneinheiten und/oder Lernveranstaltungen enthält, die digitalisiert wurden. Folgende Praxisbeispiele der Digitalisierung innerhalb eines Moduls mögen dies illustrieren:

- Blended Learning: Die Materialien einer bestimmten Lerneinheit werden mithilfe eines Content-Management-Systems zur Verfügung gestellt. Eine Vorlesung wird hierzu z. B. aufgezeichnet und als E-Lecture zur Verfügung gestellt.
- Blended Online Learning: Die Materialien einer bestimmten Lerneinheit werden auf einem Learning-Management-System zur Verfügung gestellt, das zugleich eine Einbettung in eine Lernfortschrittskontrolle, eine tutorielle Begleitung usw. ermöglicht. Z. B. wird ein Seminar als Webinar gehalten und die Prüfung als Präsentation online abgenommen.

Ein Studiengang ist mithin als blended zu bezeichnen, wenn er unabhängig von der Akkreditierung als Präsenz- oder Fernstudiengang Lerneinheiten und/oder Lernveranstaltungen in Teilen als Präsenz und Online vorhält. Ein Blended-Studiengang ist aus Akkreditierungssicht als Präsenz- oder Fernstudiengang denkbar, je nachdem welche Elemente (vgl. oben hybrid) die Überhand haben. Aus Sicht der Präsenzlehre ist der eher didaktisch inspirierte Ansatz mit der Konzeption des inverted classrooms zu verbinden, mit dem – vereinfacht zusammengefasst – auf Lehrveranstaltungsebene durch die Externalisierung der reinen Informationsvermittlung in ein digitalisiertes Setting die physische Präsenzzeit zur Zeit des gemeinsamen Wissensaufbaus durch kommunikative Auseinandersetzung mit einem Thema aufgewertet wird, was dann einem Blended-Präsenztypus entspricht.

Von einem Konvergenzprozess ist in dieser Perspektive dann zu sprechen, wenn

- Präsenzlehre durch digitale telemediale Elemente wie z. B. durch den inverted classroom oder durch den Ersatz kompletter Online-Module angereichert werden und
- umgekehrt Fernlehre durch die Digitalisierung ihrer analogen Formate wie z. B. durch Studienbriefe oder synchrone Webinare.

sich in Richtung Online-Lehr-Lern-Modus bewegen. Beiden Lehr-Lern-Formaten ist dann eine Online Distance Education gemein, die weder dem einen noch dem anderen traditionellen Modell zuzurechnen ist. Beide Formate kennen zudem eine Digitalisierung z. B. durch die multimediale Ausstattung von Seminarräumen, virtuellen Wikis usw.

Für die Akkreditierung von Studiengängen bedeutet dies, dass rein nach der Quantität ein Studiengang z. B. dann als Fernstudiengang akkreditiert werden müsste, wenn der Workload zu mehr als 50 % in einem Online-Distance-Education-Modus angeboten wird, beziehungsweise sich von den Studierenden in dieser Form zusammengestellt werden kann. Auch wenn der deutsche Wissenschaftsrat noch keine expliziten Regelungen zur Akkreditierung von hybriden oder Blended-Formaten verfasst hat, so zeigt er in seinem Positionspapier im Jahr 2017 die weitreichende strukturelle Bedeutung von Blended Learning für Präsenzhochschulen auf (Wissenschaftsrat, 2017, S. 27):

„Befasst man sich mit der Digitalisierung aus strategischer Perspektive bzw. aus Sicht der Institution, sollte die Frage jedoch weniger lauten: Wie hilft die Digitalisierung bei der Verbesserung einer spezifischen Lehrveranstaltung? als vielmehr: Wie kann die Qualität von Studium und Lehre an einer Hochschule insgesamt mit Hilfe digitaler Medien und Technologien verbessert werden, welche neuen Herausforderungen für die Lehre erzeugt der Einsatz digitaler Technologien, welche didaktischen Probleme können mit diesen Hilfsmitteln gelöst werden? Digitale Plattformen mögen beispielsweise weniger Glanz ausstrahlen als aufwändig produzierte Online-Kurse, aber sie können die Hochschulen dabei unterstützen, Lehre als Gemeinschaftsaufgabe wahrzunehmen."

Denkt man jedoch diese Einschätzung konsequent weiter, so wird sich der Wissenschaftsrat sehr schnell um Akkreditierungsregeln für Programme (Programmakkreditierung) und Hochschulen (institutionelle Akkreditierung und Systemakkreditierung) kümmern müssen, da sich diese strukturell in eine Richtung entwickeln, für die die bisherigen Akkreditierungsregeln nicht gemacht wurden. So stehen beispielsweise mit der durch die Digitalisierung möglichen Flexibilisierung die Definition der Studierbarkeit oder auch der professoralen Quote, die sich in Präsenz- und Fernstudium unterschiedlich berechnet, auf dem Prüfstand. Hält eine Hochschule Studiengänge in hybrider und/oder Blended-Form vor, dann wäre diese Hochschule bezogen auf dieses Angebot als „Dual Mode University" zwar zu verstehen, doch zugleich müsste deren Hochschulförmigkeit definiert werden. Eine der zentralen Herausforderungen wird dabei der akademischen Personalentwicklung von Professoren und Dozenten zukommen, da diese ihre didaktische Kompetenz auf zwei Formate erweitern müssen, die mit dem „getrennten Unterrichten" an einer Präsenz- und Fernhochschule bisher nicht zwingend in einer Person gefordert waren – und dies wäre ein wesentlicher Aspekt der vom Wissenschaftsrat geforderten Verbesserung der Qualität der Lehr-Lern-Formate und deren Umsetzung.

Ausblick

Die Ausführungen dieses Artikels setzten an zwei Prämissen an: Die Digitalisierung der Hochschulbildung ist ein irreversibler Prozess und sie wird dort ihre positive Wirkung erzielen, wo sie auf internationalen Erkenntnissen der Lehr-Lern-Forschung der letzten Jahrzehnte aufbaut – also nach einem sinnvollen Einsatz digitaler Lernformate fragt. Die durch die Digitalisierung beschleunigte Konvergenz der Lehr-Lern-Formate von bisherigen „single mode Hochschulen" wird diese Konvergenz strukturell in zwei Formen treiben, wie es die folgende Abbildung zeigt.

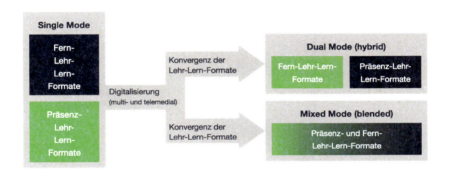

Abbildung 1: Konvergenz der Lehr-Lern-Formate und ihre strukturellen Folgen
(Quelle: Eigene Darstellung)

Auch wenn aufgrund der Durchdringung jeglicher Hochschulbildung durch die Digitalisierung systematisch gesehen auch eine rein digitale Hochschule als single mode möglich und akkreditierbar ist, wird zudem eine „Re-Analogisierung" zu „Vintage-Lehr-Lern-Formaten" entlang der vom Wissenschaftsrat aufgeworfenen Qualitätsfrage einsetzen, ähnlich wie zu den Entwicklungen „Internationalisierung-Regionalisierung" und „Globalisierung und Lokalisierung" (vgl. Weber, 2016). Digitale Bildung in den dual und mixed-mode Hochschulen wird sich sehr schnell in den kommenden Jahren anhand von fünf Strömungen entwickeln:

1. Aufgrund der Zunahme flexibler Hybrid- und Blended-Studienmodelle wird es zu einer Auflösung von der formalistischen Kategorisierung in Voll- und Teilzeitstudienmodelle kommen, da diese nicht mehr den Studienrealitäten entsprechen.
2. Die modernen Formate erfordern eine massive Professionalisierung aller Lehrenden für diese Formate und zugleich eine Revision des Selbstverständnisses als Lehrender, dessen Rolle sich in verschiedenen Kompetenzbereichen verändert, indem er u. a. stärker zum Lernbegleiter, Facilitator usw. (vgl. Weber & Werner, 2007, S. 22) wird.
3. In kurzer Zeit wird die Trias „Artificial Intelligence, Machine Learning and Deep Learning" eine zunehmende Bedeutung für Lehr-Lern-Formate erhalten. Was mit intelligenten tutoriellen Computersystemen begonnen hat, wird sich stärker auch auf die Vermittlung von Inhalten ausweiten.
4. Auch die digitale Bildung an Hochschulen unterliegt der Verbindung zwischen Digitalisierung und Ökonomisierung, wobei Erstere nur eine Spezialform der Technisierung ist (vgl. Weber, 2002). Die Folge wird die Auflösung unentgeltlicher Bildungsformate ab dem Masterniveau (konsekutiv oder weiterbildend) sein – mithin eine Konvergenzbewegung von öffentlicher und privater Hochschulbildung.
5. Global wird eine Bildungsschere aufgehen, die eine Vielzahl von freien Angeboten ohne Abschluss und Angeboten gegen hohe Bezahlung, deren Zertifikat hohe Relevanz für den Arbeitsmarkt haben, beinhaltet. Damit verbunden ist die Zunahme der „Atomisierung" von Bildung in Nanodegrees usw.

Keine technologische Entwicklung, auch die Digitalisierung, ist per se positiv, wenn man sie nicht aktiv gestaltet. Der hier beschriebene Konvergenzprozess macht aus Sicht des Autors viele positive Entwicklungen möglich, da er statische und ausgrenzende Mono-Modelle der Hochschulbildung nachhaltig reformieren kann, die viele Studierwilligen und -fähigen aufgrund persönlicher Lebens- und Arbeitsumstände ausgrenzt. Diese digitale Bildungsreform gilt es weder Technikern noch Ökonomen alleine zu überlassen.

Literatur

Back, A., Seufert, S. & Kramhöller, S. (1998). Technology enabled Management Education: Die Lernumgebung MBE Genius im Bereich Executive Study an der Universität St. Gallen. IO Management, Jg. 21, Heft 3, S. 36–42.

Baumgartner, P. & Payr, S. (1994). Lernen mit Software. Innsbruck: Österreichischer Studienverlag.

Bernath, U. (Hrsg.) (2002). Online-Tutorien. Oldenburg: BIS.

Baudrillard, J. (1978). Agonie des Realen. Berlin: Merve.

Baudrillard, J. (2002). Passwörter. Berlin: Merve.

Bloh, E. & Lehmann, B. (2002). Online-Pädagogik – der dritte Weg? Präliminarien zur neuen Domäne der Online-(Lehr)-Netzwerke. In B. Lehmann & E. Bloh (Hrsg.), Online-Pädagogik (S. 11–128). Hohengehren: Schneider.

Bremer, C. (2001). Virtuelles Lernen in Gruppen: Rollenspiele und Online- Diskussionen und die Bedeutung von Lerntypen. In Scheuermann, F. (Hrsg.), Campus 2000, Lernen in neuen Organisationsformen (S. 135–148). Münster: Waxmann.

Christensen, C. M. (2011). The innovator's dilemma. New York: HarperBusiness.

Cole, T. (2015). Digitale Transformation. München: Vahlen.

Demmer, S. (2016). Lehre im Wandel. Verfügbar unter: http://www.sueddeutsche.de/karriere/bildung-lehre-im-wandel-1.3054987 (28.05.2018).

Downing, K. J. & Chim, T. M. (2004). Learning Style and online learning. In International Council for Open and Distance Education (ed.), Lifelong Learning in the networked world (o. S). Hong Kong: The Open University, CD-Publikation.

Engel, M., Heinz, M. & Sonntag, R. (2017). Flexibilizing and Customizing Education using Inverted Classroom Model. Information Systems Management, 34 (4), S. 378–389.

Greller, W. & Hoppe, U. (2017). Learning Analytics: Implications for Higher Education Zeitschrift für Hochschulentwicklung Jg. 12, S. 1. Graz: Forum neue Medien.

Großkurth, E. H. & Handke, J. (Hrsg.) (2016). Inverted Classroom and Beyond: Lehren und Lernen im 21. Jahrhundert. Baden-Baden: Tectum Wissenschaftsverlag.

Hochschulforum Digitalisierung (2015). Diskussionspapier – 20 Thesen zur Digitalisierung der Hochschulbildung. Arbeitspapier Nr. 14. Berlin: Hochschulforum Digitalisierung.

Hochschulforum Digitalisierung (2016). The Digital Turn – Hochschulbildung im digitalen Zeitalter. Arbeitspapier Nr. 27. Berlin: Hochschulforum Digitalisierung.

Keegan, D. (1996). Foundations of distance education (3. Aufl.). London/New York: Routledge.

Keegan, D. & Rumble, G. (1992). The competitive vulnerability of distance teaching universities. Open Learning Vol. 7, No. 2, p. 31–45.

Kerres, M. (2018). Mediendidaktik: Konzeption und Entwicklung digitaler Lernangebote. Berlin: De Gruyter.

Koring, B. (1997). Lernen und Wissenschaft im Internet. Bad Heilbrunn: Klinkhardt.

Mason, R. (1994). Using Communications Media in Open and Flexible Learning. London: Kogan Page.

Moore, M. G. & Kearsley, G. (1996). Distance education. A systems view. Belmont: Wadsworth.

Hochschule Fresenius online plus GmbH (2018): Flexibel studieren. Verfügbar unter: https://www.onlineplus.de/fernstudium/flexibel-studieren/ (28.05.2018).

Online Proctoring for Remote Examination (OP4RE) (2017). Start Report. A report on the current state of online proctoring practices in higher education within the EU and an outlook for OP4RE activities. Verfügbar unter: https://www.proctorexam.com/wp-content/uploads/2017/07/Start-ReportOP4RE-extended.pdf (28.05.2018).

Palloff, R. M. & Pratt, K. (1999). Building Learning Communities in Cyberspace. Effective Strategies for the Online Classroom. San Francisco: The Jossey-Bass.

Reinmann-Rothmeier, G. (2003). Didaktische Innovation durch Blended Learning. Bern: Huber.

Schön, S., Ebner, M. & Schön, M. (2016). Verschmelzung von digitalen und analogen Lehr- und Lernformaten. Arbeitspapier Nr. 25. Berlin: Hochschulforum Digitalisierung.

Sloep, P. B. (1996). Running a Virtual Classroom: Progress and Problems. In M. Bergler (Hrsg.), Didaktik des Fernstudiums aus erwachsenenpädagogischer Sicht (S. 156–160). Tübingen: DIFF.

Stadtfeld, P. (2004). Allgemeine Didaktik und Neue Medien. Bad Heilbrunn: Klinckhardt.

Thorpe, M. (1992). Counselling and research: a necessary partnership. Open Learning Vol. 7, No. 2, p. 56–58.

Ullah, A., Xiao, H. & Barker, T. (2016). A classification of threats to remote online examinations. Information Technology, Electronics and Mobile Communication Conference (IEMCON), 2016 IEEE 7th Annual, p. 1–7.

Weber, P. J. (2002). Technisierung und Marktorientierung von Bildung in Europa. In I. Lohmann & R. Rilling (Hrsg.), Die verkaufte Bildung. Kritik und Kontroversen zur Kommerzialisierung von Schule, Weiterbildung, Erziehung und Wissenschaft (S. 29–44). Opladen: Leske + Budrich.

Weber, P. J. (2005). E- Learning – die missverstandene Lernkultur. In Zeitschrift für Pädagogik. 51. Jg., Heft 1/2005, S. 45–60.

Weber, P. J. (2016). Internationalisierung als profilgebendes Element für Hochschulen. In D. Schultze-Seehof & J. M. Winterberg (Hrsg.), Herausforderung Management (S. 22–30). Heidelberg: Heidelberger Hochschulverlag.

Weber, P. J. & Werner, S. (2007²). Online Lernen in der Aus- und Weiterbildung. Ein Modell. Hamburg: Krämer.

Wilbers, K. (2004). Kommentar zum Konzept des „tele-Tutor-Training der tele-akademie der FH Furtwangen. In K. Bett, J. Wedekind, & P. Zentel (Hrsg.), Medienkompetenz für die Hochschule. Medien in der Wissenschaft; Band 28 (S. 171–176). Münster: Waxmann.

Wissenschaftsrat (2017). Strategien für die Hochschullehre. Positionspapier (6190–17).

Zeaiter, S. & Handke, J. (2017). Inverted Classroom - The Next Stage: Lehren und Lernen im 21. Jahrhundert. Baden-Baden: Tectum Wissenschaftsverlag.

Patricia Arnold

Studium und Lehre im digitalen Wandel – Ein Streifzug durch Innovationen und Herausforderungen

Abstract

Der Beitrag beleuchtet die aktuellen Entwicklungen von Studium und Lehre unter den Bedingungen von Digitalisierung und Mediatisierung unserer Lebenswelten in der Gesellschaft. Es werden Entwicklungslinien bei der Einbeziehung digitaler Medien in Studium und Lehre nachgezeichnet, das damit verbundene Bildungsverständnis beleuchtet, Ergebnisse aktueller Studien referiert sowie anhand dreier exemplarischer Innovationen im Kontext von Hochschulbildung im digitalen Wandel neu entstehende Möglichkeiten mit ihren Herausforderungen aufgezeigt. Als Messlatte zur Einschätzung der gegenwärtigen Lage wird die von Brown & Duguid (1996) eingeführte Unterscheidung genutzt, ob digitale Technologien primär unter einer Transport- oder unter einer Gemeinschaftsperspektive eingesetzt werden.

1 Einleitung

Der digitale Wandel in Gesellschaft und Arbeitswelt wird zunehmend zum strategischen Zukunftsthema für Hochschulen. Die Digitalisierung wird als wesentlicher Treiber für die Hochschule der Zukunft gesehen (z. B. Ehlers, 2018). In der Hochschulforschung wird von der „digitale[n] Transformation der Hochschule" (Strobel & Welpe, 2017) gesprochen; das Hochschulforum Digitalisierung verwendet für seinen Endbericht zur Digitalisierung an Hochschulen plakativ die Überschrift „The Digital Turn" (Hochschulforum Digitalisierung, 2016). Das Bundesministerium für Bildung und Forschung gibt mit der AHEAD-Studie („(A) Higher Education Digital- Internationales Horizon-Scanning/ Trendanalyse zur digitalen Hochschulbildung") eine Trendstudie zur Zukunft der Hochschulen in Auftrag[41]. Die Absichtserklärung, im Rahmen der Digitalisierung an den Hochschulen „mehr Online-Lernangebote und digitale Inhalte" entstehen zu lassen und eine Öffnung der Institution Hochschule bis hin zu „Nano-Degrees"

---

[41] https://ahead.tugraz.at/

zu fördern, findet sich im aktuellen Koalitionsvertrag der Bundesregierung (Bundesregierung Deutschland, 2018, S. 40). Das Thema „Studium und Lehre im digitalen Wandel" ist also zum Mainstream geworden und hat den engen Kreis der „E-Learning" Akteure, die sich bereits seit mehr als 20 Jahren für Innovationen in Studium und Lehre mit Hilfe von digitalen Medien einsetzen, längst verlassen.

Gleichzeitig weist ein weiterer internationaler Trendreport zur Digitalisierung in der Hochschulbildung, der Horizon Higher Education Report 2018 (Adams Becker et al., 2018), in seiner Analyse der Hindernisse und Probleme bei der Nutzung von digitalen Technologien an Hochschulen die neue Rolle der Lehrenden als sogenanntes „wicked problem" aus – als ein Problem, das nicht nur nicht leicht zu lösen ist, sondern darüber hinaus noch nicht einmal klar konturiert ist und als Problem verstanden wird. Wo stehen wir also aktuell? Inwieweit ist „[d]er mediatisierte Lebenswandel. Permanently online, permanently connected" (Vorderer et al., 2015) in Studium und Lehre an Hochschulen integriert und fließt in die Gestaltung innovativer Lern- und Lehrsettings ein? Inwieweit führt der digitale Wandel zu einer *Transformation* der Hochschulen – und welche Implikationen hat die zunehmende Digitalisierung für das vorwiegende Bildungsverständnis für Studium und Lehre? Inwieweit öffnen sich die Hochschulen durch digitalisierte Studien- und Lehrangebote für weitere Zielgruppen? Inwieweit leisten Hochschulen einen Beitrag dazu, das nachhaltige Entwicklungsziel der Agenda 2030 im Bereich Bildung „[i]nklusive, gerechte und hochwertige Bildung gewährleisten und Möglichkeiten des lebenslangen Lernens für alle [zu] fördern" (Bundesministerium für wirtschaftliche Zusammenarbeit und Entwicklung, 2017, S. 8)?

Der vorliegende Beitrag widmet sich diesem Fragenkomplex. Er zeichnet Entwicklungslinien bei der Einbeziehung digitaler Medien in Studium und Lehre nach und versucht den gegenwärtigen Stand einzuschätzen. Die skizzierten Fragen dienen dabei zur Orientierung der Erörterung; sie erschöpfend zu beantworten würde den Rahmen sprengen. Als ein Fundament der Einschätzung dient eine Messlatte, die die Organisationsforscher John Seely Brown und Paul Duguid bereits im Jahr 1996 für die Bewertung der Nutzung von digitalen Medien in Studium und Lehre formuliert haben: Werden mit den digitalen Medien lediglich Distributionsmodalitäten geändert und ggf. verbessert (*„Transportperspektive"*), wird keine grundlegende Innovation in der Hochschulbildung erreicht. Fördert die Einbeziehung digitaler Technologien hingegen den Zugang zu Expertengemeinschaften oder lässt diese neu entstehen (*„Gemeinschaftsperspektive"*), können erhebliche Innovationspotenziale in der Hochschulbildung realisiert werden (Brown & Duguid, 1996).

Im Einzelnen ist der Beitrag wie folgt strukturiert: Es werden zunächst einige Begriffsklärungen vorgenommen und grundlegende Ausgangspositionen für den Argumentationsgang beschrieben (Kap. 2). Im Anschluss werden verschiedene Phasen des digitalen Wandels von Studium und Lehre in einem Rückblick über die vergangenen ca. 20 Jahre dargelegt und zentrale Ergebnisse von aktuellen Studien zum gegenwärtigen Stand des digitalen Wandels von Studium und Lehre in Deutschland und international referiert (Kap.3). In einem exemplarischen Streifzug anhand von drei Innovationen in Studium und Lehre wird das bislang Beschriebene konkretisiert. Die Beispiele werden mit ihren Herausforderungen vorgestellt und in Bezug auf die realisierten Innovationsdimensionen analysiert (Kap. 4). Eine abschließende Zusammenfassung und ein Ausblick runden diesen Beitrag ab (Kap. 5).

2 Begriffsklärungen und rahmende Vorbemerkungen
2.1 Studium und Lehre im digitalen Wandel – oder E-Learning?

Der Fachdiskurs zum digitalen Wandel in Studium und Lehre war lange Jahre mit dem Begriff *E-Learning* verbunden (z. B. Arnold et al., 2018). Zahlreiche Hochschulen richteten E-Learning Support Services als unterstützende Einheiten ein (u. a. Apostolopoulos, Grote & Hoffmann, 2010). Auf Hochschulleitungsebene wurden „E-Learning Strategien" entwickelt, um die Einführung von Lern- und Lehrsettings mit digitalen Medien systematisch voranzubringen (Seufert et al., 2015). E-Learning wurde dabei breit definiert als Oberbegriff für alle Lern- und Lehrsettings, die wesentlich digitale Medien nutzen und umfasste auch die Kombination aus digital unterstützen Lern- und Präsenzphasen, in denen Lernende und Lehrende an einem gemeinsamen Ort zusammen kamen (letztere Mischung wird dann häufig auch als Blended Learning bezeichnet).

Im Zuge der Digitalisierung der Gesellschaft und der Mediatisierung der Lebenswelten aller beteiligten Hochschulakteure beginnt der Begriff E-Learning seit geraumer Zeit an Substanz zu verlieren. Digitale Medien sind so allgegenwärtig und damit auch in Lern- und Lehrsettings vorhanden, dass eine besondere Hervorhebung nicht mehr angebracht erscheint. Die E-Learning Support Services als unterstützende Einheiten gehen in hochschuldidaktischen Zentren auf. E-Learning Strategien werden in umfassendere Digitalisierungsstrategien eingebettet, die den Einfluss der Digitalisierung auf Forschung und Verwaltung genauso in den Blick nehmen wie den auf die Lehre und das Studium. Kritik am Begriff E-Learning kam bereits früher auf und wurde von Bachmann, Bertschinger und Miluska (2009) pointiert in einem Beitrag mit dem Titel

„E-Learning adé - tut Scheiden weh?" dargelegt. Zwei Kritiksträge sind dabei zu unterscheiden: Der Begriff schien erstens die Existenz einer besonderen Lernform als „elektronisches Lernen" zu unterstellen und zweitens ein „besseres" Lernen zu suggerieren als in Lern- und Lehrsettings, die ohne digitale Medien als konstitutive Bestandteile auskamen. Beide Annahmen ließen sich empirisch nicht belegen. Noch dazu würde ein Begriff mit diesen Konnotationen den Dialog mit dem Teil der Lehrenden erschweren, der abwartend und kritisch auf die neuen Möglichkeiten schaut.

Eine ähnliche Auflösung wie der Begriff E-Learning erlebt gegenwärtig auch die Frage nach dem *Mehrwert* digitaler Medien in Lern- und Lehrsettings. Gehörte es mit dem Aufkommen digitaler Medien für Lern- und Lehrzwecke dazu, den *Mehrwert* des Einsatzes auszuweisen – ggf. auch vor dem erlebten oder vermuteten *Mehraufwand* für die Lehrende – werden gegenwärtig digitale Technologien in Studium und Lehre einfach als eine von zahlreichen Gestaltungsdimensionen gesehen, für die es methodisch-didaktisch begründete Entscheidungen zu fällen gilt (Mayrberger, 2016).

In diesem Beitrag wird deswegen ebenfalls nicht mehr von E-Learning oder dem Mehrwert digitaler Medien in Lern- und Lehrsettings gesprochen, sondern Studium und Lehre unter den Bedingungen von Digitalisierung und Mediatisierung breit betrachtet. Die Einbeziehung der unterschiedlichsten digitalen Technologien in Studium und Lehre wird als zunehmend komplexe Gestaltungsaufgabe gesehen (vgl. auch Arnold, 2018).

2.2 Wirkung von digitalen Medien auf den Lernerfolg?

Was weiß man heute zur Wirkung von digitalen Medien auf den Lernerfolg im Unterschied zu Lern- und Lehrsettings ohne digitale Medien? Die Auswertung zahlreicher Studien hat als knappe, aber prägnante Antwort auf diese Frage „no significant difference" (Russell, 2001) ergeben – empirisch sind also keine signifikanten Unterschiede nachweisbar. Auch Untersuchungen jüngeren Datums bringen keine anderen Ergebnisse. Eher erscheint die Frage bereits falsch gestellt: Digitalen Medien an sich eine inhärente Wirkung auf den Lernerfolg zuzuschreiben, unabhängig von der Vielzahl der sie umgebenden Einsatzparameter, offenbart einen Technikdeterminismus, dem im Übrigen alle methodisch-didaktischen Erkenntnisse widersprechen würden: „Die Wirkung und Wirksamkeit digitaler Medien in der Bildung liegt […] nicht *in* den Medien […] selbst; die Wirkungszusammenhänge und Interdependenzen zwischen den Medien und dem Lernen sind deutlich komplexer" (Kerres, 2017, o. S.). Lernerfolg hängt vom zugrunde gelegten didaktischen Konzept, den einzelnen Gestaltungsoptionen und den Rahmenbedingungen ab und wird in letzter Konsequenz von den Lernenden selbst hergestellt (vgl. auch Zimmer & Psaralidis, 2000). Auch das Hochschulforum Digitalisierung weist in seinem Abschlussbericht zu Studium und Lehre unter den Bedingungen der Digitalisierung Lern- und Lehrsettings mit digitalen Medien nicht grundsätzlich als besser, sondern in erster Linie als anders aus (Hochschulforum Digitalisierung, 2016, S. 23).

In diesem Beitrag soll es daher nicht um einzelne digitale Medien für Lern- und Lehrsettings (wie z. B. Lehrvideos, Audience Response Systeme oder Augmented Reality Anwendungen) gehen. Vielmehr sollen solche Lehr- und Lernsettings mit digitalen Medien im Mittelpunkt stehen, die geeignet sind, die Bandbreite möglicher Innovationen in der Hochschulbildung aufzuzeigen.

2.3 Bildungsverständnis

Der Fachdiskurs zu Studium und Lehre im digitalen Wandel war lange vom Leitbegriff des *Lernens* geprägt, u. a. auch durch den Einfluss der angloamerikanischen Begrifflichkeiten wie E-Learning, Online Learning, Distance Learning etc. Welches Bildungsverständnis mit den jeweiligen Begrifflichkeiten verbunden war, wurde selten explizit angegeben.

Dieser Beitrag beleuchtet Lehre und Studium im digitalen Wandel unter Rückgriff auf den subjektwissenschaftlichen Begriff des Lernens von Holzkamp (1993, S. 187 ff.), der mit seinem „expansiven Lernen" leicht Anschluss an den Diskurs um Bildung gewinnt z. B. an den Bildungsbegriff von Klafki (1985, S. 17 ff.; vgl. allgemein Faulstich & Zeuner, 1999 oder speziell bezogen auf Lernen mit digitalen Medien Arnold et al., 2018, S. 26 ff.). Expansives Lernen wird dabei verstanden als Lernen, dass vor dem Hintergrund subjektiv erfahrener Kompetenzdefizite erfolgt und mit dem das Subjekt anstrebt, seine Handlungsfähigkeit in seinen Weltbezügen zu erweitern.

In Bezug auf den digitalen Wandel im Hochschulbereich stellt sich die Frage, ob digitale Medien so genutzt werden, dass weiterhin Bildungsprozesse in diesem expansiven Sinne ermöglicht werden. Allert (2018, S. 16) weist auf die Gefahr hin, dass durch die Digitalisierung auch der Hochschulsektor in der Gefahr steht, Logiken der Formalisierung, der Algorithmisierung und letztlich der Automatisierung zu übernehmen, die ob ihrer geschlossenen Modelle gerade keine Bildungsprozesse ermöglichen: „Hochschulen als selbstorganisierte, demokratische Bildungseinrichtungen müssen eigene Visionen für Digitalisierung und Datafizierung entwickeln, damit Logiken der Daten- und der Plattformökonomie nicht in ihre Strukturen einziehen". Für Bildungsprozesse braucht es prinzipiell offene, experimentelle, neue Regeln und Praktiken zulassende und erzeugende Lern- und Lehrsettings: „Bildung bedeutet, [...], neue soziotechnische Formen zu erzeugen, sich eine unbestimmte Situation zunutze zu machen, um neue Handlungs- und Erfahrungsmöglichkeiten in Interaktion mit anderen zu explorieren und sich der Unsicherheit über den Ausgang der Ereignisse gewahr zu sein" (Allert, 2018, S. 19). Prinzipiell können digitale Technologien sowohl für offene, kreativitätsfördernde Lern- und Lehrsettings im Sinne des hier skizzierten Bildungsverständnisses eingesetzt werden als auch für geschlossenere, auf der Basis von Algorithmen, die diese Bildungsprozesse erschweren.

In ähnliche Richtung haben die Organisationsforscher Brown & Duguid bereits 1996 argumentiert, als die ersten digitalen Technologien in Studium und Lehre einzogen: Sie beschreiben, wie digitale Technologien unter einer *Transportperspektive* dafür genutzt werden können, Lerninhalte effizienter an größere Gruppen von Lernenden zu verteilen, oder aber, unter einer *Gemeinschaftsperspektive,* prinzipiell ergebnisoffen, die Zugehörigkeit zu Expertengemeinschaften zu fördern bzw. eben solche neu entstehen zu lassen. Die letztere *Gemeinschaftsperspektive* ist es, unter der digitale Technologien zu neuen Bildungschancen beitragen können. In neu entstehenden sozialen Kontexten können gemeinschaftlich innovative soziale Praktiken entwickelt werden. Der Einsatz von digitalen Medien unter einer *Transportperspektive* hingegen riskiert, Bildungschancen im Sinne des expansiven Lernens durch mediale Objektivierungen (Zimmer, 2001) zu vergeben.

Bei dem Streifzug durch Innovationen mit digitalen Medien in der Hochschullehre in Kapitel 3 sollen die vorgestellten Beispiele daher in Hinblick auf ihre Innovationsdimension unter eben dieser *Gemeinschaftsperspektive* beleuchtet werden.

3 Entwicklungslinien und aktuelle Studien

3.1 Entwicklungslinien

Will man die vergangenen 20 Jahre der Veränderungen in Studium und Lehre durch den digitalen Wandel skizzieren, lohnt ein Blick auf den Medida-Prix, der in den Jahren 2000 - 2012 von der Gesellschaft für Medien in der Wissenschaft vergeben wurde (Baumgartner & Bauer, 2009): In der ersten Veränderungsphase überwogen *Produktinnovationen* im Sinne neuer mediendidaktischer Konzepte. Entsprechend wurden in den ersten Jahren der Preisverleihung die erfolgversprechendsten Konzepte dieser Art prämiert. Als man die mangelnde Nachhaltigkeit zahlreicher dieser Produktinnovationen bemerkte (ausführlich dokumentiert und analysiert bei Haug & Wedekind,

2009), rückten die komplexen Veränderungsprozesse an den Hochschulen als *Prozessinnovationen* in den Blick, die die Verwendung digitaler Medien in Studium und Lehre erst nachhaltig zum Erfolg bringen konnten (Euler & Seufert, 2005). Entsprechend führte der Medida-Prix neben der Kategorie der mediendidaktischen Konzepte zusätzlich die Einreichungskategorie „Hochschulentwicklung durch digitale Medien" ein. Prägend für diese Entwicklungsphase war eine vielfache Orientierung am „St. Gallen Modell zur nachhaltigen Verankerung von E-Learning Innovationen" (Euler & Seufert, 2005) mit den zentralen Handlungsfeldern Strategie, Didaktik, Technologie, Organisation, Ökonomie und Kultur, ganz im Sinne des organisationalen Veränderungsmanagements.

Eine dritte Entwicklungsphase könnte man als *Öffnung des Bildungsraums Hochschule* bezeichnen. Die zunehmende Verbreitung freier Bildungsressourcen (Open Educational Resources, kurz OER) einerseits und der verbesserte Zugang zu Hochschulen für nicht-traditionelle Studierende durch internetbasierte, orts- und zeitflexible Studiengänge andererseits leiteten diese Phase ein, die sich im Medida-Prix ebenfalls durch eine weitere Preiskategorie, die der „[F]reie[n] Bildungsressourcen" widerspiegelte. Insbesondere die Idee, Lernmaterialien gemeinschaftlich zu erstellen und weiter zu entwickeln, auch und gerade über Organisationsgrenzen einer Hochschule hinaus, lies einen „[O]ffene[n] Bildungsraum Hochschule" (Zauchner et al., 2008) entstehen. Mit der Euphorie um Massive Open Online Courses (MOOCs) ab ca. 2011 entstand hier eine weitere Schubwirkung für die Öffnung.

Alle drei Entwicklungsphasen markieren eher wechselnde Schwerpunktsetzungen in ihrer zeitlichen Entwicklung als trennscharfe Innovationsdimensionen. In den jeweiligen Umsetzungen an Hochschulen waren und sind die Übergänge zudem fließend und die unterschiedlichen Schwerpunkte zum Teil eng verbunden. Die Entwicklungsphase der Öffnung der Hochschulen durch digitale Medien hält bis heute an; sie wird durch postdigitale Strömungen ergänzt, die das Unterscheidungskriterium digital oder analog für obsolet erklären (Kulle et al., 2015). Hinzu kommen Entwicklungen der „Entflechtung und Neubündelung" (Agarwal, 2016) von klassischen Hochschulleistungen wie z. B. in Form von „Nano-Degrees", die bereits als Desiderat Eingang in den aktuellen Koalitionsvertrag in Deutschland (Bundesregierung Deutschland, 2018, S. 40) gefunden haben.

3.2 Aktuelle Studien

Betrachtet man eine Reihe von Studien zum aktuellen Stand der Entwicklungen an Hochschulen in Zeiten des digitalen Wandels, wird deutlich, dass die häufig angekündigten radikalen Umwälzungen an Hochschulen (z. B. „anrollende Lawine" Barber, Donnely & Rizvi, 2013, S. 1 zitiert nach Orr, 2018, S. 30), bislang ausgeblieben ist. Die Ergebnisse verschiedener Untersuchungen zeigen eher ein ernüchterndes Bild einer nur langsam fortschreitenden Ausweitung der Einbeziehung digitaler Medien in Studium und Lehre.

Hochschulbildung im digitalen Zeitalter (Hochschulforum Digitalisierung 2016)

Das Hochschulforum Digitalisierung, getragen vom Centrum für Hochschulentwicklung, der Hochschulrektorenkonferenz und dem Stifterverband für die deutsche Wissenschaft, hat mit Hilfe von ca. 70 Expertinnen und Experten in den Jahren 2014 - 2016 die Entwicklungen und Erfahrungen zu Studium und Lehre im digitalen Wandel ausführlich erhoben und unter sechs verschiedenen Themenschwerpunkten ((1) Neue Geschäftsmodelle, Technologien & Lebenslanges Lernen, (2) Internationalisierung & Marketingstrategien, (3) Change Management & Organisationsentwicklung, (4) Innovationen in Lern- & Prüfungsszenarien, (5) Curriculum Design & Qualitätsentwicklung, (6) Governance & Policies) ausgewertet (Hochschulforum Digitalisierung 2016). Für die verschiedenen Themenschwerpunkte wurden Gestaltungsoptionen aufgezeigt, Herausforderungen identifiziert und konkrete Handlungsempfehlungen gegeben.

Bei der Einschätzung der gegenwärtigen Lage wird unaufgeregt resümiert: „Bei der Kernaufgabe Hochschullehre rückt die weitreichende Integration digitaler Medien und Technologien erst allmählich in den Bereich der Normalität" (ebd., 8). Einige Hochschulen implementieren Supportstellen und Förderprogramme und schaffen so die Rahmenbedingungen für digital unterstützte Innovationen in Studium und Lehre, „[a]llerdings sind diese ‚Reallabore' des digitalen Wandels heute sowohl innerhalb der Institution als auch bundesweit immer noch die Ausnahme" (ebd, 8).

Monitor digitaler Bildung (Bertelsmann Stiftung, 2017)

Die Bertelsmann Stiftung hat in einer repräsentativen Online-Befragung mit ergänzenden Leitfadeninterviews untersucht, wie die verschiedenen Hochschulakteure (Studierende, Lehrende, Hochschulleitungen und Verwaltungsmitarbeitende), welche Technologien an der Hochschule nutzen und welche Erfahrungen sie damit gemacht haben (Bertelsmann Stiftung, 2017). Auch die fünf zentralen Ergebnisse dieser Studie belegen eine eher langsame Integration digitaler Medien in Studium und Lehre. Insbesondere widerlegen sie auch die häufig geäußerte Annahme, Studierende seien die Treiber der Digitalisierung an Hochschulen (ebd., S. 6–7):

1. Trotz häufig guter Ausstattung werden didaktische Potenziale oft nicht genutzt („*Ausstattung gut – Didaktik ausbaubar*"; ebd., S. 14).
2. Während Hochschulleitungen und Mitarbeitende der Verwaltung im Einbezug von digitalen Medien in Studium und Lehre eine Lösung für hochschulische Engpässe und Probleme sehen, bleiben Lehrende häufig in einer abwartend-skeptischen Haltung.
3. Innerhalb der Entscheidungsträger und der Verwaltungsmitarbeitenden von Hochschulen gibt es zwei klar getrennte, in etwa gleich große Fraktionen von Befürwortenden und Ablehnenden der digital unterstützten Studienangebote und Lehrformen.
4. Studierende sind nicht die Treiber der Digitalisierung in Studium und Lehre ("*Sie nutzen die digitalen Angebote, die Lehrende ihnen machen – oder eben auch nicht*"; ebd., S. 6).
5. Lehrende sind insgesamt zurückhaltend, was die Verwendung von OER angeht. Sie haben eine eher ambivalente Grundhaltung zu OER und vermissen Sicherheit in Rechts- und Qualitätsfragen.

Lernen mit digitalen Medien aus Studierendenperspektive (Persike & Friedrich, 2016)

Eine Sonderauswertung aus dem CHE Hochschulranking, bei der mehr als 27.000 Studierende aus 11 Fachbereichen und 153 Hochschulen befragt wurden, ergab ebenfalls, dass Studierende nicht wie vielfach angenommen komplett digital-affin studieren und von daher den Wandel von Studium und Lehre im digitalen Zeitalter aktiv voranbringen. Es scheint vielmehr so zu sein, dass eine Mediennutzung im außerhochschulischen Bereich kaum auf das Studium übertragen wird. Als zentrale Ergebnisse definiert die Studie vier Typen von Studierenden nach dem Grad ihrer Nutzung digitaler Medien für das Studium: „PDF-Nutzende", „E-Prüfungsteilnehmende", „Videokonsumierende" und „digitale Allrounder". Letztere Gruppe, die man oft mit dem von Prensky (2001) geprägten Begriff der „digital natives" assoziiert, macht nur ca. ein Fünftel aller befragten Studierenden aus. Mehr als die Hälfte der Studierenden nutzen im Wesentlichen digital zur Verfügung gestellte Texte und Präsentationen oder nehmen an digitalen Prüfungsformaten teil. Die Studienautoren fassen treffend zusammen: „Der Begriff ‚Digital Native' erscheint auf Grundlage dieser Auswertung bedeutungslos" (Persike & Friedrich, 2016, S. 7).

OOFAT-Studie (Orr, Weller & Farrow, 2018)

Eine internationale Studie „Models for online, open, flexible and technology enhanced higher education across the world (OOFAT; Orr, Weller & Farrow, 2018) hat 69 Hochschulen weltweit, darunter viele Fernuniversitäten, zu den Veränderungen ihrer Studien- und Lehrangebote durch digitale Medien befragt. Auch hier spricht das Ergebnis nicht für einen radikalen Wandel an den Hochschulen: Viele der untersuchten Hochschulen setzen digitale Medien in geringem Umfang ein, die Nutzung ist eher selten in komplette Digitalisierungsstrategien eingebettet und erfolgt kaum mit neuesten Technologien. Es gibt zwar zahlreiche Leuchtturmprojekte an den Hochschulen, aber von einem flächendeckenden Wandel kann nicht die Rede sein.

Horizon Report 2018 Higher Education Edition (Adams Becker et al., 2018)

Der Horizon Report 2018 Higher Education Edition ist ein Trendreport zu Studium und Lehre im digitalen Wandel. Es werden für drei Zeithorizonte (kurz-, mittel- und langfristig bzw. 1 Jahr, 2-3 Jahre oder 4-5 Jahre) zukünftige Entwicklungen identifiziert, die die Einbeziehung digitaler Technologien in Studium und Lehre fördern (wie z. B. eine neue Gestaltung von Lernräumen) oder die Verbreitung ausgewählter Lern- und Lehrsettings mit digitalen Medien betreffen (z. B. Makerspaces). Diese Trends sind zwar für eine Prognose der zukünftigen Entwicklung interessant, aber nur begrenzt hilfreich für die Einschätzung der gegenwärtigen Situation. Anders verhält es sich mit dem dritten Teil des Reports, der Herausforderungen identifiziert, mit denen die Gestaltung von Studium und Lehre im digitalen Wandel gegenwärtig konfrontiert ist. Diese sind nach dem Grad ihrer Komplexität in drei Klassen geteilt. Während die Herausforderungen, authentische Lernumgebungen zu gestalten und die „data literacy" zu fördern als klar zu erkennen und auch lösbar erscheinen, sind die Herausforderungen der mittleren Kategorie, Studium und Lehre an die Zukunft der Arbeitswelt, auch in organisatorischer Hinsicht, anzupassen sowie „digital equity", soziale Gerechtigkeit in Bezug auf Digitalisierung, zu fördern zwar klar konturiert, aber es ist schon deutlich schwieriger, Lösungen zu erkennen. In Bezug auf wirtschaftliche und politische Zwänge sowie die neue Rolle der Lehrenden im digitalen Wandel seien noch nicht einmal die Herausforderungen klar definierbar und noch weniger Lösungen in Sicht ("wicked problems"). Gerade der letztgenannte Punkt, die Rolle der Lehrenden, verweist darauf, dass wir in der Hochschulbildung noch ein gutes Stück von einer vollständigen Integration der Digitalisierung in personale und organisationale Strukturen entfernt sind. Viele Lehrende erleben die Veränderungen der Anforderungen an sie und ihr Selbstverständnis als verunsichernd. Dazu kommt, dass Lern- und Lehrsettings mit digitalen Medien viel öfter als solche ohne digitale Medien in arbeitsteilig operierenden Teams unterschiedlicher Berufsgruppen erstellt werden (Arnold et al., 2018, 282 ff.). Auch für eine solche Zusammenarbeit müssen sich erst Regeln und Praktiken herausbilden.

4 Studium und Lehre im digitalen Wandel – ausgewählte Beispiele

Auch wenn die aufgeführten Studien zeigen, dass sich Studium und Lehre durch den digitalen Wandel nicht radikal und flächendeckend verändert haben, sind dennoch zahlreiche richtungsweisende Innovationen entstanden – wie sehen diese konkret aus? Eine Vielfalt internationaler Beispiele findet sich unter https://virtuallyinspired.org/, innerhalb Deutschlands baut das Informationsportal e-teaching.org mit der Digital Learning Map ein systematisches Verzeichnis von Innovationen mit digitalen Medien in Studium und Lehre auf[42].

Nachfolgend werden exemplarisch drei Innovationen beschrieben, die die Möglichkeiten des digitalen Wandels auf unterschiedlichen Ebenen beleuchten. Die Auswahl wurde dabei mit Blick auf eine immer stärkere Öffnung des Bildungsraums Hochschule getroffen: (1) Zunächst wird das Blended Learning Studienangebot BA Soziale Arbeit (*BASA-online*) vorgestellt, in dem diverse mediendidaktische Konzepte neue Lern- und Lehrsettings ermöglichen. (2) Makerspaces wie der *SLUB Makerspace* der Sächsischen Landesbibliothek– Staats- und Universitätsbibliothek Dresden zeigen die Veränderungen auch zugehöriger Hochschuleinheiten wie der Bibliotheken auf. (3) *OERu*, als Beispiel für ein Bildungsangebot im Bereich der Open Educational Resources, in dem Nano-Degrees erworben werden können, steht für ein Hochschulbildungsangebot jenseits und quer zu traditionellen Hochschulen.

---

[42] https://www.e-teaching.org/praxis/digital-learning-map-2020

Für jedes der Beispiele werden Eckdaten, Innovationsdimensionen mit Blick auf die *Gemeinschaftsperspektive* im Sinne Brown & Duguids (1996) und Herausforderungen vorgestellt bzw. herausgearbeitet.

4.1 Blended Learning Studiengang BA Soziale Arbeit (BASA-online)

Eckdaten: Der Studiengang BA Soziale Arbeit (BASA-online) wird in einem bundesweiten Hochschulverbund an sieben verschiedenen Hochschulen im Blended Learning Format angeboten: ca. 75 % der Studienzeit findet internetbasiert statt, die restlichen 25 % in Präsenzphasen an den Hochschulen vor Ort. Zielgruppe sind Studierende, die über einschlägige Berufserfahrung im sozialen Sektor verfügen, aber noch keinen Studienabschluss in der Sozialen Arbeit erworben haben. Entsprechend wird eine enge Verbindung von Studium und Praxis der Sozialen Arbeit angestrebt. Zentrales Studienmaterial wird im Hochschulverbund gemeinsam in Form von multimedial aufbereiteten Basistexten entwickelt und je nach Standort und Lehrenden durch spezifische weitere Lernressourcen ergänzt. Rückgrat der internetbasierten Studienphasen bildet das Learning Management System OLAT, in dem die Bearbeitung und Diskussion der Lerninhalte überwiegend zeitversetzt und schriftlich in Foren erfolgt. Grundlegendes pädagogisches Konzept ist das Lerncoaching, d. h. eine kontinuierliche und personalisierte Begleitung der Studierenden bei der Erschließung der Lerninhalte durch die Lehrenden. Ergänzt werden die internetbasierten Studienphasen durch Videokonferenzen, spielebasierte Ansätze, kollaboratives Arbeiten mit Wikis oder andere mediendidaktische Konzepte je nach Lehrenden und Hochschulstandort (ausführlich siehe Arnold, Griesehop & Füssenhäuser, 2018).

An der Hochschule München wird in einem Modul zudem eine internetbasierte Plattform für kollegiale Beratungsprozesse[43] sowie für E-Portfolios die spezialisierte Software Mahara eingesetzt. Die internetbasierte kollegiale Beratung wird zur eigenständigen Diskussion herausfordernder Praxisfälle nach dem Ansatz des Heilsbronner Modells der kollegialen Beratung (Spangler, 2012) genutzt (ausführlich Arnold & Schindler, 2018). Um diese Prozesse von Bewertung zu entlasten und den Studierenden

---

[43] https://www.kokom.net

gleichzeitig die Möglichkeit zu geben, ihren persönlichen Professionalisierungsprozess durch das Studium zu reflektieren, besteht die Modulprüfung in der Erstellung eines E-Portfolios (im Detail Arnold & Kumar, 2014).

Innovationsdimensionen: Digitale Technologien werden in diesem Beispiel auf verschiedenen Ebenen unter einer *Gemeinschaftsperspektive* eingesetzt. Grundlegend erhalten durch dieses weitgehend zeit- und ortsunabhängige Studienformat Berufstätige im sozialen Sektor Zugang zur Hochschule und können berufsbegleitend studieren. Darüber hinaus ist der methodisch-didaktische Ansatz des Lerncoachings auch auf die Entstehung einer Lerngemeinschaft unter den Studierenden ausgerichtet. So erfolgt die Aneignung der Lerninhalte oft unter Einbeziehung der unterschiedlichen beruflichen Erfahrungen der Studierenden in gemeinschaftlicher Diskussion in den Foren des Learning Management Systems OLAT. Häufig werden Ergebnisse der Lernprozesse als Leistungsnachweise nicht klassisch zur Bewertung bei den Lehrenden eingereicht, sondern fließen als Lernressourcen *für alle* durch kursinterne Veröffentlichung auf OLAT in den Studienprozess ein.

Eine weitere Gemeinschaftsdimension entsteht durch die Falldiskussionen im Rahmen der kollegialen Beratung auf einer dafür spezialisierten Plattform. Diese steht den Studierenden auch nach Studienabschluss zur Verfügung – und bereits während des Studiums können die Studierenden andere Nutzende der Plattform in ihre Fallberatungen mit einbeziehen. Die Grenzen von Studium/Hochschule und (zukünftiger) Berufstätigkeit verwischen hier also. Gleichzeitig tragen die Studierenden ihre Erfahrungen auch in ihre Organisationen, sodass durch dieses mediendidaktische Format auch ein Wissenstransfer in den sozialen Sektor stattfindet (vgl. Evaluationsergebnisse in Arnold & Schindler, 2018). Digitale Medien schaffen in diesem Beispiel Anschlüsse und Vernetzung zwischen Hochschule(n), beruflicher Weiterbildung und dem Praxisfeld des sozialen Sektors. *Produkt*innovationen wie die angeführten mediendidaktischen Konzepte und die *Prozess*innovation der Bereitstellung des Studienangebots in einem Hochschulverbund wirken dabei eng mit dem Ziel der *Öffnung* der Hochschulbildung zusammen.

Herausforderungen: Gerade in internetbasierten Studiengängen der Sozialen Arbeit wird befürchtet, dass Studieninhalte standardisiert ohne Anpassung auf lokale Besonderheiten vermittelt werden und keine Kontextualisierung stattfindet (Askeland & Payne, 2007). Diese Gefahr wird im hier beschriebenen Studiengang durch die Ergänzungen des Lernmaterials durch die individuellen Lehrenden, den Ansatz des Lerncoachings und der Förderung einer Lerngemeinschaft unter den Studierenden (und

Lehrenden) reduziert. Werden die jeweiligen beruflichen Erfahrungen der Studierenden in Diskussionsforen oder in kollegialen Fallberatungsgruppen eingebracht, erfolgt automatisch eine Kontextualisierung der Lerninhalte.

Eine bislang ungelöste Herausforderung besteht hingegen in der Vielzahl der genutzten digitalen Technologien. Zusätzlich zu dem Learning Management System als Standard werden beispielsweise an der Hochschule München Videokonferenzsysteme, die Plattform kokom.net und die E-Portfolio Software Mahara genutzt. Die Vielzahl von Plattformen und Werkzeugen wird häufig von den Studierenden kritisiert (vgl. auch Arnold et al., 2012); teilweise gibt es auch Kritik an der Benutzerfreundlichkeit und der optischen Anmutung, „look & feel" (Arnold & Schindler, 2018). Die Plattformen werden zwar anhand dieser Kritik kontinuierlich weiterentwickelt, aber der Wettlauf mit kommerziellen Plattformen, die Fragen des Datenschutzes nicht prioritär berücksichtigen und mit einer ganz anderen Marktmacht ausgestattet sind, ist vermutlich nicht zu gewinnen.

4.2 Makerspace der Sächsischen Landesbibliothek – Staats- und Universitätsbibliothek Dresden (SLUB)

Eckdaten: Der Makerspace der Sächsischen Landesbibliothek – Staats- und Universitätsbibliothek Dresden (SLUB) ist einer der ersten Makerspaces im Kontext von Hochschulen in Deutschland. Die Grundidee der „Makerbewegung" ist, sich in einem kollaborativen Prozess digitaler Fertigungstechnologien wie 3D-Druckern, Laser-Cuttern oder CNC-Fräsen zu bedienen, um innovative und kreative Problemlösungen herzustellen: „Im Fokus stehen die gemeinschaftliche, kreative Entwicklung und Realisierung innovativer Ideen [...] und deren Umsetzung in öffentlich zugänglichen Werkstätten" (Mietzner & Lahr, 2017, S. 24). Zusätzlich existiert eine umfassende Online-Gemeinschaft, in der Wissen, Ideen und Tipps rund um das „making" ausgetauscht werden (Mietzner & Lahr ,2017, S. 24).

Der SLUB Makerspace ist dahingehend besonders, als eine wissenschaftliche *Bibliothek* hier die Errichtung eines Makerspaces initiiert hat und damit in Deutschland die erste wissenschaftliche Bibliothek war, die das Konzept der Makerspaces aufgegriffen hat: „Die Verknüpfung von Bibliothek und neuartigen Technologien bietet interessante Chancen für neue Kooperationen und Aktionsfelder. Im Fokus der kreativen Arbeit im Makerspace stehen Wissensvermittlung und Austausch. Nutzer können von

Nutzern lernen und vorhandenes Know-How miteinander teilen" (SLUB Website[44]). Die Initiatoren argumentieren detailliert, warum sie gerade in Bibliotheken einen passenden Ort der Verankerung sehen: „Bibliotheken, Orte der Wissensgenerierung, also so zu entwickeln, dass ihre Benutzer in die Lage versetzt werden, mit den Entwicklungen Schritt zu halten und durch Learning by Doing Methodenkompetenz aufzubauen, ist folgerichtig. Wissen manifestiert sich im digitalen Zeitalter längst nicht mehr nur in Büchern bzw. Texten; vielmehr gewinnt es mit Modellbau und Rapid Prototyping, mit 3D-Visualisierung oder digitalen Ton- und Filmobjekten vielfältige neue Ausdrucksformen" (Tiepmar et al., 2018, S. 70).

Der SLUB Makerspace verfügt über zahlreiche Großgeräte für die digital unterstützte, gemeinschaftliche und kreative Fertigung: 3D-Kunststoffdrucker, Laser- und Styroporcutter sowie ergänzende Kleingeräte wie herkömmliche Werkzeuge und entsprechende Software und Rechnerarbeitsplätze. Der Makerspace ist für alle Universitätsangehörigen sowie für interessierte Privatpersonen aus Dresden und Umgebung zugänglich und lebt von der Vernetzung der TU Dresden, zahlreichen weiteren Forschungsinstitutionen, der regionalen „Makerszene" und anderen Partnern der Kreativwirtschaft. Zur zukunftsfähigen Weiterentwicklung sowie zur Gemeinschaftsbildung finden regelmäßige Austauschtreffen statt („MeetUps").

Im Makerspace finden ebenso reguläre Lehrveranstaltungen statt wie offene, nicht vorab strukturierte Werkstattphasen für alle Interessierten. Für die Schulung zur Bedienung der Großgeräte wird ein Blended Learning Konzept entwickelt, das die Wissensstände vor der Präsenzschulung im Makerspace selbst angleichen und die Vor-Ort-Schulungen entlasten soll (Tiepmar et al., 2018, S. 78).

Innovationsdimensionen: Innerhalb der Organisation Hochschule bewirkt der SLUB Makerspace, dass sich die klassische Rolle einer Hochschulbibliothek als Dienstleister von Lehre und Forschung ändert: Die Bibliothek wird durch den Makerspace aktiv in die Lehre mit einbezogen und wird zu einem weiteren Lernort neben herkömmlichen Seminarräumen. Der SLUB Makerspace leistet dadurch einen Beitrag zur Weiterentwicklung des Selbstverständnisses als moderne wissenschaftliche Bibliothek.

---

[44] https://www.slub-dresden.de/service/faqs/makerspace/antwort/was-bedeutet-der-slogan-wissen-kommt-von-machen/

Die digitalen Technologien im Makerspace werden eingesetzt, um kreative Gemeinschaften zu fördern. Formales und informelles Lernen werden hier im „making" beiläufig verbunden. Die Umsetzung verläuft ggf. in sehr gemischt zusammengesetzten Personengruppen und Teams. Durch den SLUB-Makerspace entsteht so eine Gemeinschaft, die traditionelle Fach- und Sektorengrenzen aufhebt. In vielen umgesetzten Projekten arbeiten Menschen mit unterschiedlichem Hintergrund interdisziplinär zusammen. Die Grenzen zwischen Studierenden, Lehrenden und Mitarbeitenden der Hochschule einerseits und der interessierten Öffentlichkeit andererseits verwischen – die Universität öffnet sich zur Gesellschaft hin und wird für breitere Zielgruppen zugänglich.

Herausforderungen: Die Herausforderungen im SLUB Makerspace wie in vielen anderen Makerspaces im Hochschulkontext sind häufig nicht spezifisch mit der digitalen Technologie verknüpft: Makerspaces benötigen Personal zur Betreuung und Raum – beides stellt in Hochschulen häufig ein knappes Gut dar. Wenn das Konzept wie beim SLUB Makerspace erfolgreich ist, wachsen die Nutzerzahlen und das Betreuungspersonal wird knapp ebenso wie der Raum an sich. Angedacht werden hier derzeit wiederum digitale Lösungen wie die Automatisierung einer Vielzahl der organisatorischen Prozesse. Die notwendige Weiterbildung von Personal und Nutzenden soll durch digitale Lernressourcen im Blended Learning Format, auch unter Einbeziehung von OER, effizient gestaltet werden. Zunächst einmal müssen aber auch hier die für alle notwendigen Strukturen geschaffen und die digitalen Lernressourcen entwickelt werden – und das Veränderungstempo mit Blick auf die digitalen Fertigungstechnologien ist rasant.

4.3 Open Educational Resources und Microcredentials am Beispiel von OERu

Eckdaten: Open Education Resource universitas (OERu) steht für eine Gemeinschaft von Lehrenden und Wissenschaftler/-innen, die sich der Idee der freien Bildungsressourcen verschrieben haben und mit Hilfe dieser Ressourcen weltweit zu mehr Bildungsgerechtigkeit im Hochschulbereich beitragen wollen. OERu ist ein weltweites Netzwerk unterschiedlicher Hochschulen und anderer akademischer Einrichtungen, koordiniert durch die Non-Profit-Organisation OER Foundation. Die Netzwerkpartner eint die Zielsetzung, mit Hilfe von OER den Zugang zu Hochschulbildung zu verbessern und mit einem spezifischen Geschäftsmodell auf der Basis von OER zusammenzuarbeiten[45].

Was genau sind Freie Bildungsressourcen oder Open Educational Resources (OER)? Die UNESCO definiert das Konzept wie folgt:

> „Lehr-, Lern- und Forschungsressourcen in Form jeden Mediums, digital oder anderweitig, die gemeinfrei sind oder unter einer offenen Lizenz veröffentlicht wurden, welche den kostenlosen Zugang sowie die kostenlose Nutzung, Bearbeitung und Weiterverbreitung durch Andere ohne oder mit geringfügigen Einschränkungen erlaubt. Das Prinzip der offenen Lizensierung bewegt sich innerhalb des bestehenden Rahmens des Urheberrechts, wie er durch einschlägige internationale Abkommen festgelegt ist, und respektiert die Urheberschaft an einem Werk" (Deutsche UNESCO-Kommission, 2013, S. 31).

Der Horizon Report 2018 prognostiziert die Verbreitung von OER im Hochschulbereich und ihre Integration in den Mainstream als Zukunftstrend in 3-5 Jahren (Adams Becker et al., 2018, S. 14 f.). Das Konzept von OER ist eng mit der Idee von mehr Bildungsgerechtigkeit verbunden, weil Zugang zu Bildung, hier speziell zur Hochschulbildung, durch kostenfreie, online verfügbare Studienmaterialien erleichtert wird. OER sind dabei vielgestaltig. Sie umfassen komplette Kurse, einzelne Kursmaterialien, Videos, Tests, Lernplattformen und weitere Lernressourcen, die mit offenen Lizenzen versehen sind. In der Regel können sie an lokale Lehrkontexte angepasst werden. Studieninteressierte, die bislang aufgrund von geographischen oder finanziellen Gründen (insbesondere in Ländern mit hohen Studiengebühren) kein Studium aufnehmen konnten, können diese Materialien kostenfrei nutzen.

Verstärkte Aufmerksamkeit haben OER durch die Bereitstellung großer offener Online Kurse (Massive Open Online Courses; MOOCs) gefunden, auch wenn MOOCs sehr häufig nicht die strengen Kriterien der OER Definition erfüllen (zum Verhältnis von OER und MOOCs vgl. auch Arnold et al., 2018, S. 255).

Was ist nun das Besondere des Netzwerks OERu? OERu geht über die Sammlung und die Bereitstellung von OER wie andere OER Repositorien hinaus. OERu bietet kom-

---

[45] https://oeru.org/about-oeru/

plette Kurse bestehend aus OER-Materialien an, mit einer Betreuung der Studierenden durch Freiwillige. Für alle Kurse bietet OERu die Option an, Prüfungen abzulegen und damit auf ein Studienprogramm anrechenbare Leistungspunkte von einer der akademisch anerkannten Partnerinstitutionen zu erwerben. Dieses optionale Angebot erfolgt gegen eine – in der Regel gegenüber klassischen Studiengebühren deutlich reduzierte – Gebühr. In diesem Sinne nutzt OERu ein Freemium-Geschäftsmodell: Basisdienste werden kostenfrei angeboten, Premiumdienste wie Prüfungen und Zertifizierung von Studienleistungen sind kostenpflichtig.

Die aus OER zusammengestellten Kurse sind dabei in der Regel überschaubare Kurseinheiten, die sich in 2-4 Wochen studieren lassen. Die zu erwerbenden Leistungspunkte, die dann in akademischen Programmen anerkannt werden können, werden als Mikrocredentials bezeichnet. Die Partnerhochschulen von OERu haben gemeinsame Richtlinien zur gegenseitigen Anerkennung dieser im Rahmen von OERu erworbenen Leistungspunkte vereinbart, sodass es prinzipiell möglich ist, einen kompletten akademischen Abschluss über OERu Kurse oder Teile davon als Nanodegree zu erwerben.

OERu wurde im Jahr 2011 gegründet und seit seiner Entstehung von der William and Flora Hewlett Foundation unterstützt, ist aber seit der Gründung auf Nachhaltigkeit ausgelegt. Das Geschäftsmodell besteht darin, dass die teilnehmenden Hochschulen einen Mitgliedsbeitrag bezahlen und sich verpflichten, zwei Kursangebote aus OER zusammenzustellen und für diese eine Zertifizierung in Form von Mikrocredentials anzubieten. Die jeweilige Hochschule kann die Höhe der Gebühren für eine Zertifizierung dabei frei festlegen. Die teilnehmenden Hochschulen erwerben so ein einkommenserzeugendes, ergänzendes Geschäftsmodell zu ihrem sonstigen Kerngeschäft und darüber hinaus die Möglichkeit, sich im OER Bereich zu profilieren und gesellschaftliche Verantwortung für mehr Bildungsgerechtigkeit im Hochschulsektor zu übernehmen.

Innovationsdimensionen: Der Ansatz von OERu vereint Produkt- und Prozessinnovationen und trägt zu einer offeneren Hochschulbildung bei. Betreute, überschaubare Kurseinheiten mit der Option des Erwerbs von anrechenbaren Leistungspunkten online auf der Basis von OER kostenfrei bereitzustellen, ist zunächst eine Produktinnovation. Gleichzeitig ist diese eingebunden in die Prozessinnovationen des Angebots in einem Verbund von Hochschulen und anderen akademischen Einrichtungen, eines Einkommen generierenden Geschäftsmodells und den Zuschnitt der überschaubaren Kurseinheiten sowie dem Angebot der Mikrocredentials.

Der Gemeinschaftsaspekt wird einerseits durch das Zusammenführen von OER Befürwortenden realisiert, die sich aus philanthropischen Gründen für mehr Bildungsgerechtigkeit einsetzen wollen, und andererseits durch eine neu entstehende weltweite Vernetzung von Organisationen, Lehrenden und Studierenden auf der Basis der OER-Idee, die klassische organisationale Grenzen von Fachbereichen, Hochschulen bis hin zu nationalen Hochschulsystemen überschreitet.

Herausforderungen: Die Nutzung und Verbreitung von OER im Hochschulbereich hat grundsätzlich eine Vielzahl von Hürden zu überwinden. Insbesondere Lehrende im deutschsprachigen Hochschulsystem sehen in der Nutzung nicht selbstentwickelter Materialien einen Einschnitt in die Freiheit ihrer Lehre und ihrer Autonomie. Es fehlen geeignete Anreizsysteme und Motivationsstrukturen. Außerdem ist die Qualitätssicherung von OER bislang ein noch nicht gelöstes Problem (Deimann, Neumann & Muuß-Merholz, 2015, S. 44 ff.).

Aus Sicht der Studierenden stellen vor allem die Auffindbarkeit von OER und die fehlende Anerkennung einen Engpass bei Nutzung und Verbreitung dar. Aus Sicht der Hochschulen fehlen oft tragfähige Geschäftsmodelle, da die Bereitstellung und Aufbereitung von OER, z. B. zu kompletten Studieneinheiten, Kosten erzeugen, auch wenn die OER-Materialien an sich kostenfrei sind.

Die Hürde der Auffindbarkeit und der fehlenden Anerkennung umgeht das System der OERu geschickt, weil es die Materialien einerseits in didaktisch durchdachte Kurse bündelt, noch dazu in der Regel in kleinere überschaubare Kurse, und andererseits die Zertifizierung erbrachter Studienleistungen inkl. Anerkennung ermöglicht, wenn auch Letzteres nur gegen eine Gebühr.

Grundlegende Herausforderung bleibt die Frage, ob das durchdachte Geschäftsmodell langfristig trägt und nachhaltig ist. Auffallend ist, dass keine deutschsprachige Hochschule bei OERu Partner ist – und es auch keinen Verbund deutschsprachiger Hochschulen mit ähnlichem Modell gibt. Die oben genannten grundsätzlichen Herausforderungen bei OER wie fehlende Anreizsysteme und Akzeptanz in puncto Qualität scheint auch das Modell der OERu noch nicht umfassend zu lösen.

5 Fazit

Dieser Beitrag widmete sich unterschiedlich akzentuierten Fragen in Bezug auf den digitalen Wandel von Studium und Lehre. Zum einen wurde eingeschätzt, inwieweit eine grundlegende Änderung an Hochschulen im Sinne eines „digital turn" oder einer

„Transformation" von Hochschulen eingetreten ist. Zum anderen wurden die Implikationen des digitalen Wandels an Hochschulen für das vorwiegende Bildungsverständnis beleuchtet. Weiterhin wurde der Frage nachgegangen, inwieweit sich die Hochschulen mit Hilfe des digitalen Wandels für nicht-traditionelle Zielgruppen öffnen und einen Beitrag zum Entwicklungsziel der Agenda 2030 im Bereich Bildung leisten. Als zentrale Messlatte für die Bewertung der Veränderungen wurde dabei in Anlehnung an Brown & Duguid (1996) erörtert, ob den Innovationen eine Transport- oder eine Gemeinschaftsperspektive zugrunde gelegt wurde. Was haben das Nachzeichnen der Entwicklungslinien von Studium und Lehre im digitalen Wandel, der Blick auf aktuelle Studien und der „Streifzug" durch ausgewählte Beispiele von Innovationen in der Hochschulbildung mit Hilfe von digitalen Medien ergeben?

Deutlich wurde, dass die Veränderungen in der Fläche der Hochschullandschaft gegenwärtig nicht als „Turn" oder „Transformation der Hochschule" zu bezeichnen sind. Stattdessen konnte zwar eine Vielfalt von Innovationen in Studium und Lehre im Sinne von Leuchtturmprojekten festgestellt werden, die aber oft einzeln und unverbunden erfolgen und selten in ein strategisches Gesamtkonzept einer Hochschule eingebunden sind.

Der Blick auf das zugrunde gelegte Bildungsverständnis im digitalen Wandel zeigte, dass hier die Entwicklung noch offen ist und von der konkreten Gestaltung der beteiligten Akteure abhängt. Der digitale Wandel, mit einem Fokus auf Messbarkeit, Standardisierung und Datenanalysen, kann Spielräume für kreatives und expansives Lernen im Sinne Holzkamps (1993) einschränken, gleichwohl können bei entsprechender Gestaltung durchaus offene, auf expansives Lernen ausgelegte neue Bildungsräume, wie z. B. in den Makerspaces, entstehen.

Der Streifzug ließ erkennen, dass es bereits einige Innovationen an oder im Umfeld von Hochschulen gibt, die die von Brown & Duguid (1996) geforderte Gemeinschaftsperspektive für die Einbeziehung digitaler Medien in unterschiedlichen Dimensionen erfüllen. Sie bringen aber auch ihre je eigenen Herausforderungen mit sich, für die kreative Lösungen in der Zukunft gefunden werden müssen.

Studium und Lehre im digitalen Wandel als Beitrag zur Erreichung der Agenda 2030 weiter zu entwickeln, bleibt daher eine komplexe Gestaltungsaufgabe für alle beteiligten Akteure – Lehrende, Studierende, Hochschulleitende und andere Mitarbeitende. Den Lehrenden scheint dabei eine entscheidende – und veränderte Rolle – zuzukommen, die es in weiterer Forschung genauer zu betrachten gilt.

Literatur

Adams Becker, S., Brown, M., Dahlstrom, E., Davis, A., DePaul, K., Diaz, V. & Pomerantz, J. (2018). Horizon Report 2018 Higher Education Edition. Hrsg. von EDUCAUSE. https://www.learntechlib.org/p/184633/ (15.09.2018).

Allert, H. (2018). Kritische Bestandsaufnahme: Bildungsverständnis und Digitalisierung. Synergie. Fachmagazin für Digitalisierung in der Lehre, 2018 (6), S. 16–19.

Agarwal, A. (2016). Where higher education is headed in the 21st century: Unbundling the clock, curriculum and credential. https://blogs.timesofindia.indiatimes.com/toi-edit-page/where-higher-education-is-headed-in-the-21st-century-unbundling-the-clock-curriculum-and-credential/ (15.09.2018).

Arnold, P. (2018). Bildung 4.0? Lehren und Lernen mit digitalen Medien als komplexe Gestaltungsaufgabe. In: P. Hammerschmidt, J. Sagebiel, B. Hill & A. Beranek (Hrsg.), Big Data, Facebook, Twitter & Co. und Soziale Arbeit. Weinheim: Beltz Juventa, S. 118–134.

Arnold, P., Griesehop, H. R. & Füssenhäuser, C. (Hrsg.), (2018). Profilierung Sozialer Arbeit online. Innovative Studienformate und Qualifizierungswege. Wiesbaden: Springer VS

Arnold, P., Kilian, L., Thillosen, A. & Zimmer, G. (2018). Handbuch E-Learning. Lehren und Lernen mit digitalen Medien. 5. erw., und aktual. Aufl., Stuttgart: UTB.

Arnold, P. & Kumar, S. (2014). E-Portfolios - fostering systematic reflection in social work education'. In: Zaphiris, P. and Ioannou, A. (Eds.) Lecture Notes in Computer Science. Learning and Collaboration Technologies. Technology-Rich Environments for Learning and Collaboration Technologies. Heraklion: Springer, S. 351–362.

Arnold, P. & Schindler, W. (2018). Kollegiale Beratung online als Brücke zwischen Studium und Praxis der Sozialen Arbeit. In: Arnold, Patricia; Griesehop, Hedwig Rosa; Füssenhäuser, Cornelia (Hg.) (2018): Profilierung Sozialer Arbeit online. Innovative Studienformate und Qualifizierungswege. Wiesbaden: Springer VS, S. 301–321.

Arnold, P., Smith, J. & Trayner, Beverly (2012). The Challenge of Introducing "One More Tool": A Community of Practice Perspective on Networked Learning. In: Dirckinck-Holmfeld, Lone; Hodgson, Vivien & McConnell, Davis (Eds): Exploring the Theory, Pedagogy and Practice of Networked Learning, New York: Spinger, S. 123–139.

Apostolopoulos, N., Grote, B. & Hoffmann, H. (2010). E-Learning Support-Einrichtungen: Auslaufmodelle oder integrative Antriebskräfte? In: S. Mandel, M. Rutishauser, E. Seiler Schiedt (Hrsg.), Digitale Medien für Lehre und Forschung, Reihe: Medien in der Wissenschaft, 2, Waxmann, Münster, S. 83–94.

Askeland, G. A. & Payne, M. (2007). Distance education and international social work education. European Journal of Social Work, 10(2), S. 161–174.

Bachmann, G., Bertschinger, A. & Miluska, J. (2009). E-Learning ade- tut Scheiden weh? In: N. Apostolopolous, H. Hoffmann, V. Mansmann und A. Schwill (Hrsg.), E-Learning 2009. Lernen im digitalen Zeitalter. Berlin: Waxmann, S. 118–128.

Baumgartner, P. & Bauer, R. (2009). 10 Jahre mediendidaktischer Hochschulpreis: Eine kritische Bilanz. In: U. Dittler, J. Krameritsch, N. Nistor, C. Schwarz, A.Thillosen. (Hrsg.), E-Learning: Eine Zwischenbilanz. Kritischer Rückblick als Basis eines Aufbruchs. (Medien in der Wissenschaft, Bd. 50). Münster u.a.: Waxmann, S. 39–54.

Bertelsmann Stiftung (Hrsg.) (2017). Monitor Digitale Bildung. Die Hochschulen im digitalen Zeitalter. DOI 10.11586/2017014, https://www.bertelsmann-stiftung.de/de/publikationen/publikation/did/monitor-digitale-bildung-2/ (15.09.2018).

Brown, J. S. & Duguid, P. (1996). Universities in the Digital Age. In: Change: The Magazine of Higher Learning, 28. Jg., H. 4, S. 10–19.

Bundesministerium für wirtschaftliche Zusammenarbeit und Entwicklung (2017). Der Zukunftsvertrag für die Welt. Die Agenda 2030 für nachhaltige Entwicklung. Berlin: Bundesregierung.

Bundesregierung Deutschland (2018). Ein neuer Aufbruch für Europa. Eine neue Dynamik für Deutschland. Ein neuer Zusammenhalt für unser Land. Koalitionsvertrag zwischen CDU, CSU und SPD 19. Legislaturperiode https://www.bundesregierung.de/Content/DE/_Anlagen/2018/03/2018-03-14-koalitionsvertrag.pdf;jsessionid=E690600B10714FA1E27BEBDB173FD6F7.s7t2?__blob=publicationFile&v=6 (15.09.2018).

Deimann, M., Neumann, J. & Muuß-Merholz, J. (2015). Whitepaper Open Educational Resources (OER) an Hochschulen in Deutschland. Bestandsaufnahme und Potenziale. https://open-educational-resources.de/materialien/oer-whitepaper/oer-whitepaper-hochschule/ (15.09.2018).

Deutsche UNESCO-Kommission (2013). Was sind Open Educational Resources? Und andere häufig gestellte Fragen zu OER. Bonn: Deutsche UNESCO-Kommission.

Ehlers, U.-D. (2018). Die Hochschule der Zukunft: Versuch einer Skizze. In: U. Dittler, C. Kreidl (Hrsg.), Hochschule der Zukunft. Beiträge zur zukunftsorientierten Gestaltung von Hochschulen. 2018 Wiesbaden: Springer VS.

Faulstich, P. & Zeuner, C. (1999). Erwachsenenbildung. Eine handlungsorientierte Einführung in Theorie, Didaktik und Adressaten. Weinheim, München (Juventa).

Haug, S. & Wedekind, J. (2009). „Adresse nicht gefunden" – Auf den digitalen Spuren der E-Teaching-Förderprojekte. In: U. Dittler, J. Krameritsch, N. Nistor, C. Schwarz & A. Thillosen (Hrsg.), E-Learning: Eine Zwischenbilanz. Kritischer Rückblick als Basis eines Aufbruchs. Münster u.a.: Waxmann 2009, S. 19–37.

Hochschulforum Digitalisierung (2016). The Digital Turn – Hochschulbildung im digitalen Zeitalter. Arbeitspapier Nr. 27. Berlin: Hochschulforum Digitalisierung.

Holzkamp, K. (1993). Lernen. Subjektwissenschaftliche Grundlegung. Frankfurt: Campus.

Kerres, M. (2017). Digitale Bildungsrevolution? Ein Plädoyer für die Gestaltung des digitalen Wandels. https://ec.europa.eu/epale/de/blog/digitale-bildungsrevolution-ein-plaedoyer-fuer-die-gestaltung-des-digitalen-wandels

Klafki, W. (1985). Neue Studien zur Bildungstheorie und Didaktik. Weinheim: Juventa.

Kulle, D., Lund, C., Schmidt, O. & Ziegenhagen, D. (2015). Welcome to Post-Digital Culture: A Short Introduction.Post-digital culture, http://www.post-digital-culture.org. (15.09.2018).

Mayrberger, K. (2016). Digitalisierung von Lehre und Lernen...oder warum die Frage nach einem Mehrwert von E-Learning obsolet geworden ist. In: HRK nexus (Hrsg.), Digitale Lehrformen für ein studierendenzentriertes und kompetenzorientiertes Studium. Tagungsband. Berlin, 16./17.06.2016. Hochschulrektorenkonferenz Projekt nexus, S. 35–45.

Mietzner, D. & Lahr, M. (2017). Think, Make, Share. Die Rolle von Makerspaces an Hochschulen. Synergie. Fachmagazin für Digitalisierung in der Lehre, 2017 (4), S. 24–27.

Orr, D. (2018). Die AHEAD Trendanalyse zur digitalen Hochschulbildung in Deutschland 2030. Synergie. Fachmagazin für Digitalisierung in der Lehre, 2018 (6), S. 60–63.

Orr, D., Weller, M. & Farrow, R. (2018). Models for online, open, flexible and technology-enhanced higher education across the globe – a comparative analysis. Oslo: International Council for Open and Distance Education (ICDE). https://oofat.oerhub.net/OOFAT/. (15.09.2018)

Persike, M. & Friedrich, J.-D. (2016): Lernen mit digitalen Medien aus Studierendenperspektive. Arbeitspapier Nr. 17, 2016, Berlin: Hochschulforum Digitalisierung.

Prensky, M. (2001). Digital Natives, Digital Immigrants. In: On the Horizon NCB University Press, 9(5), p. 1–6.

Russell, T. (2001). The no significant difference phenomenon: a comparative research annotated bibliography on technology for distance education: as reported in 355 research reports, summaries and papers. Carolina: Raleigh.

Seufert, S., Ebner, M., Kopp, M. & Schlass, B. (2015). Editorial: E-Learning-Strategien für die Hochschullehre. Zeitschrift für Hochschulentwicklung 10(2), https://www.zfhe.at/index.php/zfhe/article/view/843 (15.09.2018).

Spangler, G. (2012) Kollegiale Beratung. 2. Aufl. Nürnberg: mabase.

Strobel, M. & Welpe, I. M. (2017). Digitale Transformation der Hochschule. Strategisches Management und Organisationsentwicklung für digitale Innovation in Forschung, Lehre und Verwaltung. Präsentation auf der 2. Jahrestagung der Gesellschaft für Hochschulforschung, Hannover, 31. März 2017. https://www.gfhf.net/wp-content/uploads/2016/07/0107_Strobel_Welpe-Digitale-Transformation-der-Hochschule.pdf (15.09.2018).

Tiepmar, J., Mittelbach, J., Kaiser, M., Dobeleit, D., Schwanse, P., Fröhner, U. & Jähne, M. (2018). Wissen kommt von Machen. Zukunftsgestaltung in wissenschaftlichen Bibliotheken im Zeitalter der Digitalisierung. BIBLIOTHEK 42 (2018) Nr. 1, S. 69–82.

Vorderer, P., Klimmt, C., Rieger, D., Baumann, E., Hefner, D., Knop, K., Brew-Sam, N., Mata, J., von Pape, T., Quandt, T., Reich, S., Reinecke, L., Trepte, S., Sonnentag, S. & Wessler, H. (2015). Der mediatisierte Lebenswandel: Permanently online, permanently connected. Publizistik, 60, 259-276. https://dx.doi.org/10.1007/s11616-015-0239-3(15.09.2018).

Zauchner, S., Baumgartner, P., Blaschitz, E. & Weissenbäck, A. (2008). Offener Bildungsraum Hochschule: Freiheiten und Notwendigkeiten. Münster: Waxmann.

Zimmer, G. (2001). Ausblick: Perspektiven der Entwicklung der telematischen Lernkultur. In P. Arnold (Hrsg.), Didaktik und Methodik telematischen Lehrens und Lernens. Lernräume, Lernszenarien, Lernmedien. State-of-the-Art und Handreichung. Unter Mitarbeit von Larissa Rogner und Anne Thillosen. Mit Hinweisen für die Entwicklung der telematischen Lernkultur von Gerhard Zimmer. Münster: Waxmann (Medien in der Wissenschaft. 17), S. 126–146.

Zimmer, G. & Psaralidis, E. (2000): "Der Lernerfolg bestimmt die Qualität einer Lernsoftware!". Evaluation von Lernerfolg als logische Rekonstruktion von Handlungen. In: S.-O. Tergan, A. Lottmann, P. Schenkel (Hrsg.), Evaluation von Bildungssoftware. Nürnberg: Bildung und Wissenschaft, S. 262–303.

Gabi Reinmann

Digitalisierung und hochschuldidaktische Weiterbildung: Eine Kritik

Zusammenfassung

Digitalisierung als Herausforderung für die Hochschullehre und damit auch für die hochschuldidaktische Weiterbildung zu sehen, ist die gängige Argumentationsfigur. Ich möchte mit diesem Beitrag die Gegenfrage stellen, ob nicht umgekehrt akademisches Lehren und Lernen und deren Gestaltung – also folglich auch die Hochschuldidaktik – die Digitalisierung herausfordern sollten. Die Fragerichtung ist nicht unerheblich, denn sie impliziert, wer das Sagen hat: Technik oder Bildung. Meine Kernthese ist, dass gerade die hochschuldidaktische Weiterbildung, die sich an Multiplikatoren digital unterstützten Lehrens und Lernens richtet, die Verantwortung hat, die sogenannte digitale Transformation mitzugestalten, anstatt ihr den Nimbus eines unausweichlichen Sachzwangs zu verleihen. Mitgestalten wiederum kann nicht heißen, Lehrende eindimensional für den digitalen Wandel „fit" zu machen. Der Beitrag versucht zu zeigen, dass neben der viel beschworenen digitalen Kompetenz mehr Reflexivität, man könnte auch sagen, *Digital Scholarship of Teaching,* gepaart mit einer Art Digitalfolgenabschätzung und digitaler Aufklärung notwendig sind. Es wird exemplarisch und auf der Basis eigener Erfahrungen gezeigt, was das für die hochschuldidaktische Weiterbildung bedeutet und weshalb eine kritische Haltung angebracht sein kann. Es werden Vorschläge formuliert, wie sich Didaktik und Digitalisierung in ein mehrdimensionales Verhältnis setzen lassen.

1. Digitalisierung der Hochschullehre

Unter dem Stichwort „Digitalisierung der Hochschullehre" hat es in den vergangenen Jahren geradezu eine Renaissance der E-Learning-Bewegung gegeben, die zwischen Mitte der 1990er Jahre und Mitte 2000 das Nachdenken über Hochschullehre am Leben gehalten, sich anschließend aber aus dem Fokus der didaktischen Aufmerksamkeit heraus bewegt hat (vgl. Baumgartner & Bauer, 2009; Bachmann, Bertschinger & Miluška, 2009). Heute hat die Digitalisierung als Begriff das „E" beim Lehren und Lernen verdrängt – mit dem Versprechen, damit eine weitere Perspektive im Vergleich zu Bezeichnungen wie E-Learning oder E-Teaching einzunehmen – wenn auch gerne gepaart mit dem Hinweis, dass man die „alten" Begriffe trotzdem als Chiffre für die Digitalisierung der Bildung betrachten könne (Kerres, 2016).

In der Tat eignet sich der Begriff der Digitalisierung für umfassende Diagnosen und Prognosen gleichermaßen – auch im Zusammenhang mit der Hochschullehre. Dahinter steckt in der Regel folgende Auffassung: Es ist eine große digitale Transformation im Gange, welche die Gesellschaft geradezu überrollt (Brynjolfsson & McAfee, 2014). Wirtschaft, Politik und natürlich auch Bildung müssten darauf reagieren, sich darauf einstellen, gerüstet sein, mitmachen, dabei sein – das Vokabular klingt wahlweise nach Vorbereitung auf Naturkatastrophen oder Einschwingen auf Megapartys (z. B. Hochschulforum Digitalisierung, 2015; Dräger & Müller-Eiselt, 2015; DINI, 2018). Wer zögert, ablehnt oder gar kritisiert, gilt als naiv und innovationsfeindlich – jedenfalls nicht ernst zu nehmen. Das ist inzwischen auch an unseren Hochschulen so, obschon da die Beharrungskräfte noch etwas größer sind. Diesen Umstand habe ich selbst während der ersten Welle der Digitalisierung um die Jahrtausendwende bedauert; heute bin ich dankbar dafür. Warum das so ist, möchte ich im Folgenden darlegen.

1.1 Veränderungen und Ambivalenzen

Natürlich ist kaum in Zweifel zu ziehen, dass sich unsere Welt bereits verändert hat: Wir sind sozusagen mitten drin im digitalen Wandel. Beyes, Metelmann und Pias (2017) bringen es in einem aktuellen Buch zur digitalen Kultur prägnant auf den Punkt. Ich zitiere die Autoren mit einer längeren Passage, weil diese aus meiner Sicht den Kern dessen trifft, was aktuell passiert, und das, so die Autoren, lasse sich „nicht trennen vom Aufstieg der Plattformen wie Facebook, YouTube, Airbnb, Uber oder Instagram, mit denen Interaktion und Zusammenarbeit, Mobilität und Konsum, Bildung und Vergnügen, Protest und Profit neue Formen angenommen haben. Und sie geht einher mit neuen Praktiken der Selbstpräsentation, des Kuratierens des eigenen Profils in sozialen Netzwerken, der Selbstvermessung und Selbstverbesserung bis in den Schlaf und bis hin zum ´Quantified Self´, das seine Körperströme kontinuierlich aufzeichnet und veröffentlicht, transparent und vergleichbar macht. Gleichzeitig hat beispielsweise die Snowden/ NSA-Affäre ein Ausmaß datenbasierter Intransparenz, Geheimhaltung und Macht vor Augen geführt, das auf eine neue Qualität datenbasierter Überwachung, Kontrolle und Manipulation verweist" (Beyes et al., 2017, S. 5 f.). Nun könnte man vielleicht auf den Gedanken kommen, dass dieses Szenario von der akademischen Hochschulbildung weit weg ist. Man lese aber beispielsweise nur den jährlichen Horizon Report für den Bereich Higher Education (Adams Becker, Cummins, Davis, Freeman, Hall Giesinger & Ananthanarayanan, 2017), um feststellen zu können:

All diese Entwicklungen streben – kräftig unterstützt durch Wirtschaft und Politik – auch an die Hochschulen, inklusive aller fatalen Nebenfolgen.

Nun mag man eine solche Diagnose sogleich wieder als zu pessimistisch einschätzen und sich fragen, ob sich der digitalen Transformation nicht auch viel Positives für unsere Hochschulen abgewinnen lässt. Wir profitieren immerhin von digitalen Büchern und Zeitschriften, von offen zugänglicher Information, von digitalen Werkzeugen zur Erfassung und Verarbeitung großer Datenmengen, von schnellen Kommunikationswegen und unzähligen hilfreichen Tools, um z. B. persönliche Quellen, Korrespondenzen und Netzwerke zu organisieren. In der Lehre können wir Hörsäle und Seminarräume mit digitalen Umgebungen ergänzen. In diese können wir Vermittlungstätigkeiten verlegen und die Präsenz für Wertvolleres verwenden. Wir können komplexe Sachverhalte multimedial darstellen oder interaktiv machen. Wir könnten, würde man es finanzieren wollen, an allen naturwissenschaftlichen Fakultäten virtuelle Labore haben und auf diese Weise mehr Übungsmöglichkeiten bieten. Wir könnten, hätten wir dazu die Überzeugungskraft, alle Studierenden mit eigenen Webspaces ausstatten, auf denen sie ihre Studienergebnisse sammeln etc. Unter den wissenschaftlichen Publikationen der letzten Jahre (wie auch unter denen während der ersten Digitalisierungswelle im Bildungssektor) finden sich zahlreiche gute Beispiele, fundierte theoretische Einordnungen und einige empirische Befunde (z. B. Kergel & Heidkamp, 2016; Pfau, Baetge, Bedenlier, Kramer & Stöter, 2016; Weich, Othmer & Zickwolf, 2018). Auch für die Praxis der Hochschullehre (z. B. Horz & Schulze-Vorberg, 2017) dürfte gelten: Jeder, der sich auch nur halbwegs die Mühe macht, sich von denen, die hier Erfahrung haben, zeigen zu lassen, was alles möglich ist und wäre, wird nicht leugnen wollen und können, dass die Digitalisierung ganz hervorragende Seiten hat.

Um an dieser Stelle meine eigene Erfahrung beizusteuern: Ich erprobe selbst digitale Medien seit mehr als zwanzig Jahren, nutze diverse Plattformen, mache Audios und Screencasts und verwende viele Online-Werkzeuge, auf die ich nur mehr ungern verzichten würde – auch in der Lehre nicht. Mit anderen Worten: Ich gehe nicht auf Distanz zum Digitalen, ich bin mittendrin, so wie die meisten der Hochschullehrenden, ob sie es wollen oder nicht, mittendrin sind in einem Wandel mit Oberflächen- und Tiefenstruktur. An der Oberfläche können wir die Veränderungen unmittelbar sehen und bewusst bewerten: technische Systeme und Werkzeuge, die in die Lehre drängen oder gedrängt werden, denen man die genannten positiven Seiten abgewinnen kann oder eben auch nicht. Es sind die Potenziale der sichtbaren digitalen Technologien, die Lehren und Lernen besser, ab und zu auch effizienter oder einfach nur angenehmer machen. In der Tiefe aber sind weitere Veränderungen wirksam: vor allem Algorithmisierung und Personalisierung, Vermessung und datenbasierte Verbesserung (vgl. Mau, 2017; Pörksen, 2018). Latent und lange unsichtbar beeinflussen solche Prozesse unser Handeln und Denken in der Lehre scheinbar unmerklich, aber nachhaltig. Und deswegen wächst meine Skepsis, regt sich in mir eine gewisse Unruhe und Sorge um das, was akademische Bildung ausmacht.

Einerseits wäre es fatal, zu ignorieren oder gar zu leugnen, dass wir bereits mitten in großen gesellschaftlichen Veränderungen sind, an denen digitale Technologien einen immensen Anteil haben. Konsequenterweise ist dann auch zu fragen, was die Digitalisierung für die Hochschullehre ebenso wie für die Weiterbildung der Lehrenden bedeutet. Andererseits aber stimme ich dem Soziologen Stefan Kühl (2017) zu, wenn er dafür plädiert, die permanente Neuigkeitsdramatisierung nicht mitzumachen und stattdessen einen Blick für historische Entwicklungen zu behalten. Ein Plädoyer für das Innehalten wird gar nicht mal so selten formuliert – von Soziologen, Pädagogen, Kultur- und kritischen Naturwissenschaftlern. Das aber würde heißen, Hochschullehre und hochschuldidaktische Weiterbildung nicht reflexhaft zum Digitalisierungskandidaten zu machen, sondern durchaus zu zögern und zu fragen: Was ist für uns akademische Bildung in einer Gesellschaft, die sich im digitalen Wandel befindet? Was bedeutet das für die Didaktik und ihr Verhältnis zur Digitalisierung? Wer fordert gerade wen heraus? Die Technik die Bildung? Oder sollten wir das nicht besser umdrehen?

1.2 Begriffe und Ideale

Um Antworten auf diese Frage näherzukommen, gilt es, zunächst einmal ein paar Begriffe zu klären: Didaktik – das ist die Lehre vom Lehren und Lernen, von den Zielen, Inhalten, Methoden wie auch Medien des Lehrens und Lernens, von deren Voraussetzungen und normativen Rahmungen (Hericks, 2008; Zierer, 2012). Hochschuldidaktik verstehe ich als eine Form der Allgemeinen Didaktik, die aus meiner Sicht gleichzeitig eine Wissenschaftsdidaktik zu sein hat und zwingend die Kooperation mit den Fachwissenschaften braucht (Reinmann, 2015). Das heißt: Hochschuldidaktik ist weder der verlängerte Arm einer Didaktik, wie man sie aus der Schule kennt, noch die Gehilfin des Qualitätsmanagements an Hochschulen, auch wenn das Hochschulleitungen mitunter gerne so hätten. Darüber hinaus ist Didaktik auch kein Reparaturbetrieb für politische Fehlleistungen. Wer das erwartet, wird, wie schon in den 1970er Jahren, ganz gewaltig enttäuscht werden (Huber, 1983). Als allgemeine wie auch spezifische Wissenschaftsdidaktik hat Hochschuldidaktik ein *Ideal*: Sie will der Bildung dienen ebenso wie der Wissenschaft; Bildung durch Wissenschaft ist ihre regulative Idee (vgl. Brinckmann, Garcia, Gruschka, Lehnhardt & zur Lippe, 2001). Ich meine, das ist weder eine verstaubte Auffassung noch eine wirklichkeitsfremde Vorstellung. Selbst der Wissenschaftsrat (2015) hat vor wenigen Jahren deutlich gemacht, dass jedes akademische Studium keinesfalls nur mit Blick auf Arbeitsmarktrelevanz zu konzipieren ist; vielmehr seien Arbeitsmarktvorbereitung, Fachwissenschaftlichkeit und Persönlichkeitsbildung in eine Balance zu bringen.

Nun kann man ein solches Verständnis von Hochschuldidaktik auch leicht missverstehen. Wenn man die Wissenschaft in dieser Form ins Zentrum stellt, liegt eine altbekannte Argumentation nahe, nämlich: Ein guter Wissenschaftler macht auch gute Lehre; es reichen die Leidenschaft für die Disziplin und die fachliche Expertise, um Studierende zu begeistern, ihnen etwas beizubringen, sie zu wissenschaftlichem Denken und Handeln zu befähigen (z. B. Mittelstraß, 1996). Wer die Hochschullehre von innen kennt, weiß, dass das nicht stimmt. Man ahnt aber wohl auch, dass etwas mit der Erwartung nicht stimmen kann, gute Lehre ließe sich über alle Disziplinen hinweg homogen definieren und dann anordnen. Es wird nicht reichen, darauf zu setzen, dass die Lehr-Lernforschung evidenzbasierte Regeln für die Hochschullehre liefert (Schneider & Mustafić, 2016), Lehrstrategien und Lehrverfassungen ein Garant für gute Lehre werden (Wissenschaftsrat, 2017) oder Lehrende ihre didaktischen Entscheidungen gar an dafür eingerichtete Servicezentren oder Stabsstellen delegieren. Hochschuldidaktische bzw. wissenschaftsdidaktische Weiterbildung für den einzelnen Lehrenden hat also – auch im Zusammenhang mit der Digitalisierung – ihre Berechtigung und ist notwendig. Die Frage ist, wie man diese konzipiert und umsetzt, und welche besonderen Herausforderungen sich angesichts der Digitalisierung auftun. Wie kann und soll man wissenschaftsdidaktische Weiterbildung vor dem Hintergrund der aktuellen Bedingungen gestalten?

1.3 Zwischenfazit

An dieser Stelle lässt sich festhalten: Erstens befinden wir uns bereits mitten in einem digital angestoßenen Wandel, der unser aller Informations- und Kommunikationsverhalten wie auch die Forschung längst beeinflusst hat. Zweitens bieten digitale Technologien nicht erst seit gestern, sondern seit Jahrzehnten durchaus Vorzüge, die sich in Forschung und Lehre sinnvoll nutzen oder begründet ablehnen lassen, jedenfalls solange man sie begreifen und testen kann. Es sind aber auch drittens immense Prozesse der Algorithmisierung im Gange, deren Ausmaß nur allmählich erkennbar wird, weil sie latent vonstattengehen: an Hochschulen noch verhalten, aber wohl nicht mehr unvorstellbar. Viertens versuchen Hochschulleitungen und Politik vermehrt, zentral in die Hochschullehre ihrer Fakultäten einzugreifen – mit Anreizen und Wettbewerben, Lehr- und Digitalisierungsstrategien. Vor diesem Hintergrund fällt es mir schwer, auch nur ein einziges überzeugendes Argument für die lauter werdenden Stimmen zu finden, die einfach nur danach rufen, die Hochschullehre zu digitalisieren und die Lehrenden für den digitalen Wandel „fit" zu machen. Das erscheint mir auf der einen Seite geradezu darwinistisch und auf der anderen Seite auch wieder entwaffnend durchschaubar in der Zielsetzung, Lehrende und Studierende an eine digitale Welt – vor allem digitale Arbeits- und Konsumwelt – schlichtweg anzupassen. Genau das aber hat ja nun weder etwas mit Wissenschaft zu tun noch mit Bildung. Was folgt daraus? Und was bedeutet das für die Gestaltung wissenschaftsdidaktischer Weiterbildung im Zuge des digitalen Wandels?

2. Das Verhältnis der Digitalisierung zur didaktischen Weiterbildung

Es sollte aus den bisherigen Ausführungen klar geworden sein: Wir brauchen Weiterbildung für Hochschullehrende; die digitale Transformation ist hier ein wichtiger, aber sicher nicht der einzige Anlass. Lehrende, so kann man wohl fordern, sollten sich über das Digitale informieren und dazu austauschen; sie sollten das Digitale ausprobieren und analysieren; sie sollten das Digitale reflektieren und den Diskurs darüber suchen – und all das kann weiterbildend sein.

2.1 Das Digitale als Thema

Fragt man Lehrende nach ihren Vorstellungen und Erfahrungen, wenn es um didaktische Weiterbildung an der Universität geht, haben wohl die meisten Präsenz-Veranstaltungen unterschiedlicher Couleur vor Augen – auch beim Thema Digitalisierung. Fast jede Hochschule macht ihren Lehrenden heute Weiterbildungsangebote zur Digitalisierung mit praktischen Handreichungen und Informationsveranstaltungen, Vorträgen und Vortragsreihen, Workshops und Zertifikatsprogrammen. Damit ist bereits *eine* wichtige Beziehung zwischen Digitalisierung und didaktischer Weiterbildung genannt: das Digitale als Thema.

Sieht man sich auf den Web-Seiten der Weiterbildungsangebote an unseren Hochschulen um, ist rasch zu erkennen, dass sich die Digitalisierungsthemen für die Lehre in der Regel zwischen einzelnen digitalen Werkzeugen und sogenannten digitalen Lehrformaten bewegen. Da gibt es Klassiker, die wiederkehrend sind, und Trends, die wechseln. Einst drehte sich (fast) alles um Learning Management Systeme und E-Assessment, hoch im Kurs standen einmal Wikis, Blogs und Podcasts, gefolgt von virtuellen Welten wie Second Life. Furore machten vor einigen Jahren *Massiv Open Online Courses*, MOOCs also; „trendy" (Bücker et al., 2017) sind nach wie vor *Flipped Classrooms* und *Open Educational Resources* und natürlich *Learning Analytics* usw. Themen, welche die Folgen der Digitalisierung sowohl kritisch als auch breiter beleuchten, sind nur ab und zu dabei (Schulmeister & Loviscach, 2017) – abgesehen vielleicht von juristischen Fragen etwa zu Urheberrecht und Datenschutz. Und doch bräuchten wir genau die natürlich auch: Es gibt viele offene Fragen zur Digitalisierung der Lehre. Ein paar Beispiele: Wie verändert der Einsatz digitaler Technologien wissenschaftlich relevante Tätigkeiten und welchen Einfluss hat das auf die Lehre? Ich denke da z. B. daran, wie wir recherchieren, Daten erheben und auswerten, dokumentieren, kommunizieren und publizieren und was wir diesbezüglich von unseren Studierenden erwarten und warum. In welchem Verhältnis steht der Einsatz digitaler Technologien in der Lehre zu zentralen Bedürfnissen von Hochschulen, Daten etwa zu Evaluationszwecken zu erfassen? Es wäre schon wichtig, dass wir uns hier fragen, was mit diesen Daten geschieht und wem das am Ende alles nutzen kann[46]. Welchen Einfluss üben digitale Infrastrukturen und damit gekoppelte formale Anforderungen auf didaktische Entscheidungen aus? Eine solche Frage stellt sich z. B. beim Einsatz von E-Assessments. Das wäre ein Beispiel, bei dem der Zusammenhang erst auf den zweiten Blick klar wird: Man denke nur an das im Grundsatz vernünftige didaktische Prinzip des *Constructive Alignment*. Es besagt, vereinfacht formuliert, dass Ziele, Lehr-Lernaktivitäten und Prüfungen möglichst gut aufeinander abzustimmen sind (Reinmann, 2018a). Wenn nun der Fokus auf neuen Technologien zum digitalen Prüfen liegt, ein neues Prüfungsformat konzipiert wird, das sich an den technischen Möglichkeiten orientiert, und dann Ziele und Lehr-Lernaktivitäten damit in Einklang gebracht werden, dann bestimmt die Technik ganz erheblich die didaktischen Entscheidungen.

2.2 Das Digitale als Methode

Der Gedanke liegt natürlich nahe, dass man Lehrenden die Digital-Themen in der didaktischen Weiterbildung gleich auf digitalem Wege nahebringen müsste und das heißt: Wer etwas über Blogs lernen will, der bloggt am besten, und wer wissen will,

---

[46] Ein aktueller Band von Harris-Huemmert, Pohlenz & Mitterauer (2018) beschäftigt sich mit dieser Thematik.

wie virtuelle Welten funktionieren, macht sich direkt in einer virtuellen Welt kundig. Inhalte zu MOOCs lassen sich selbstredend in einem MOOC erarbeiten und das Potenzial des *Flipped Classroom*-Konzepts kann man in einer umgedrehten Weiterbildung gleich selbst erleben. In all diesen Fällen hat man einen doppelten Effekt: Man erfährt etwas über das jeweilige Thema und lernt obendrein die Perspektive derer kennen, die am Ende auch die Adressaten sind. Interessanterweise wird aber genau das nicht so häufig gemacht, wie man wohl meinen könnte: Nicht selten bleiben die Weiterbildungsformate die gleichen, ganz egal um welche Themen es sich handelt. Man hat es hier also mit einer zweiten, sehr wichtigen und eher unterbelichteten, Beziehung zwischen Digitalisierung und didaktischer Weiterbildung zu tun: das Digitale als Methode.

Die eben genannten Beispiele für digitale Weiterbildung zur Digitalisierung in der Hochschullehre sind theoretisch betrachtet naheliegend und vielversprechend. Warum sie nicht die Regel sind, lässt sich nur vermuten – zumindest sind mir keine empirischen Erkenntnisse hierzu bekannt. Vielleicht mangelt es den Hochschuldidaktikern am eigenen praktischen Können, sodass sie an der Umsetzung scheitern? Vielleicht glauben Hochschuldidaktiker selbst nicht an die Langlebigkeit der digitalen Technologien, die den Aufwand für digitale Formate rechtfertigen würde? Vielleicht haben Hochschuldidaktiker die Erfahrung gemacht, dass nur klassische Weiterbildungsformate auf Resonanz stoßen? Alle genannten Gründe werfen freilich ein trauriges Bild auf Hochschullehre und didaktische Weiterbildung gleichermaßen. Meine Einschätzung ist: Wenn man Digitalisierungsthemen in die didaktische Weiterbildung aufnimmt, dann sollte man auch den Inhalt zur Methode machen – und zwar in jeder Hinsicht. Nur so nämlich werden die Stärken und Chancen erlebbar und gleichzeitig Nebenfolgen transparent: die nicht intendierten ebenso wie die bisher nur nicht durchschauten. Wissenschaftsdidaktische Weiterbildung wäre dann experimentell, würde Erfahrungen ermöglichen und zur Reflexion einladen.

2.3 Das Digitale als kulturelle Praxis

Nun kann man den Blick an dieser Stelle durchaus noch weiten, nämlich von der Hochschullehre auf die Forschung und den Alltag von Wissenschaftlern. Ich habe anfangs behauptet, dass wir mit unseren Informations- und Kommunikationsgewohnheiten, mit digitalen Literaturbeständen und Computersimulationen, mit der Sammlung, Verknüpfung und Manipulation von Daten zu Forschungszwecken und den daran geknüpften Hardware- und Software-Infrastrukturen alle schon mittendrin seien im digitalen Wandel. Jeder möge nur einmal für sich prüfen, wie er oder sie Forschungsprojekte leitet, wissenschaftliche Ergebnisse sucht und findet, wissenschaftliche Kontakte knüpft, Daten analysiert, Texte schreibt etc., und was sich so alles in den letzten zehn oder gar 20 Jahren verändert hat: Wo haben sich Denken und Handeln bereits an digitale Umgebungen, an deren Vorzüge und Erschwernisse, angepasst? Ich meine, man könnte bezugnehmend auf diesen Aspekt des Digitalen eine dritte Beziehung zwischen Digitalisierung und didaktischer Weiterbildung aufmachen: das Digitale als kulturelle Praxis.

Mit Blick auf das Thema dieses Textes könnte man sich zwar fragen, was kulturelle Praxis denn nun mit Weiterbildung zu tun hat. Und in der Tat: Denkt man sich das Digitale als kulturelle Praxis, sprengt das den üblichen Rahmen didaktischer Weiterbildung. Es geht dann nicht um Informationsmaterial oder Handreichungen, nicht um Vorträge oder Workshops. Digitale Formate, die den Inhalt zur Methode machen, gehen schon ein wenig in Richtung digitale Kultur. Doch ich meine mit dem Digitalen als kulturelle bzw. wissenschaftskulturelle Praxis (vgl. Allert & Richter, 2016) noch etwas anderes. Und dieses Andere hat viel mit den besonderen Umständen des Lehrens und Lernens im Kontext der wissenschaftlichen Forschung zu tun.

3. Wissenschaftskulturelle Besonderheiten für die didaktische Weiterbildung

In der Doppelrolle als Wissenschaftler und Lehrende können sich forschende Hochschullehrerinnen und -lehrer dem Digitalen prinzipiell mit einer forschenden Haltung nähern – so wie sich diese mit der Hochschullehre generell nicht nur aus einer praktisch wirksamen Pflicht heraus beschäftigen können und sollten, sondern *auch* als *Scholars* (vgl. Reinmann, 2018b). Ich beziehe mich hier auf *Scholarship of Teaching* als einem hochschuldidaktischen Ansatz, der in den USA seit den 1990er Jahren verfolgt wird, wenn auch in sehr verschiedenen Varianten (Huber & Hutchings, 2005; McKenney, 2007)[47]. Diesem Ansatz zufolge befassen sich Hochschullehrende forschend und wissenschaftlich reflektierend in ihren Fachwissenschaften mit der eigenen Lehre, machen ihre Erkenntnisse öffentlich bekannt, suchen den Erfahrungsaustausch und tragen zur kritischen Diskussion der Hochschullehre bei. Die Begriffe *Scholar* und *Scholarship* lassen sich nicht sinnvoll ins Deutsche übersetzen. Hilfreich ist eine Abgrenzung zu den Begriffen Exzellenz und Expertise in der Lehre – ein Vorschlag der

---

[47] Für einen deutschen Überblick siehe Huber (2014).

Bildungswissenschaftlerin Carolin Kreber (2002), den ich aufgreife, weil er sich eignet, um verschiedene Zwecke wissenschaftsdidaktischer Weiterbildung zu unterscheiden – im Zusammenhang mit dem Digitalen allemal – und für die wissenschaftskulturellen Besonderheiten sensibilisieren kann, mit denen sich hochschuldidaktische Weiterbildung konfrontiert sieht.

3.1 Digitale Exzellenz

Exzellenz in der Lehre versucht man für gewöhnlich festzustellen, indem man Evaluationen oder Wettbewerbe durchführt. Der exzellent Lehrende, so Kreber (2002), zeigt eine herausragende Leistung, erweist sich als wirksam und erarbeitet sich das durch eigene Lehrerfahrung. Sichtbar werden diese Lehrenden heutzutage etwa als HochschullehrerInnen des Jahres, als LehrpreisträgerInnen der Stiftungen, als GewinnerInnen von Lehr-Wettbewerben, als ausgewählte Fellows für Lehrexzellenz-Netzwerke usw. Ich habe den Eindruck, dass ein Großteil didaktischer Weiterbildung zu Digitalisierungsthemen zunächst einmal diese Form von Lehrexzellenz im Blick hat: Lehre, die irgendwie was hermacht, die ankommt, die sich unterscheidet, die sich letztlich auch vermarkten lässt – in der Presse, auf Video-Plattformen, bei Tagungen, in Imagekampagnen. Das muss nicht schlecht sein – nirgendwo steht, dass man nicht auch ein bisschen Show machen darf an unseren Hochschulen. Zu bedenken ist allerdings, dass das Konzept der Exzellenz inzwischen unhinterfragter Bestandteil von Leitbildern und Entwicklungsstrategien an Hochschulen ist und über die Verteilung finanzieller Ressourcen auch handfeste Effekte auf Lehrende und ihre Lehre hat (Bröckling & Peter, 2017, S. 284). Eine digitale Exzellenz in diesem Sinne reicht aus wissenschaftsdidaktischer Sicht entsprechend nicht aus.

3.2 Digitale Expertise

Kreber (2002) sieht die nächste Stufe in der *Expertise*. Expertise in der Lehre geht in ihrem Konzept über die Exzellenz hinaus: Lehrexperten sind unter dieser Perspektive ebenfalls exzellent Lehrende und entsprechend wirksam, aber nicht alle exzellent Lehrenden sind Experten. Expertise hat laut Kreber (2002), wer sich selbst reflektiert und Problemlösewissen aufbaut, wer also fähig ist, auch künftige Lehrsituationen zu bewältigen, und das Bedürfnis hat, das eigene Wissen und Können zur Lehre weiter auszubauen. Diese Darstellung entspricht auch den gängigen Kompetenzdefinitionen, sodass Lehrexpertise bzw. digitale Expertise gegebenenfalls auch als Lehrkompetenz bzw. digitale Kompetenz bezeichnet werden könnte. Solche Experten dürfte es unter den Lehrenden an allen Hochschulen geben: Im Zusammenhang mit der Digitalisierung sind es wohl diejenigen, die man gerne zu Rate zieht, wenn man selbst nicht mehr weiter weiß, die Fakultäten oder Fachbereiche zum Thema Lehre und Digitalisierung in diverse Gremien entsenden, die aber leider nicht selten mehr im Hintergrund bleiben als die GewinnerInnen von Wettbewerben, welche die Exzellenz ausstrahlen. In der wissenschaftsdidaktischen Weiterbildung müsste man wohl Expertise im hier skizzierten Sinne anstreben, also: didaktische Handlungsfähigkeit und Selbstreflexion – gerade gegenüber schnelllebigen und keineswegs immer angemessenen Digitalisierungsansprüchen. Digitale Expertise aber wird man wohl nur erreichen, wenn man das Digitale in der Weiterbildung nicht nur zum Inhalt, sondern auch zur Methode macht – sofern dies genügt.

3.3 *Digital Scholarship*

Nach Kreber (2002) gibt es noch eine weitere Stufe: *Scholarship*. *Scholarship* unterscheidet sich in ihrem Konzept von Exzellenz und Expertise dadurch, dass das Wissen um die Lehre geteilt und weiterentwickelt wird und zwar so, dass es von anderen geprüft werden kann. Um dieses Wissen zu schaffen, ist die persönliche Lehrerfahrung nur *eine* von vielen Quellen. Dazu kommen die Erfahrungen von Peers, bestehende wissenschaftliche Theorien und Befunde, eigene Analysen und systematische Reflexionen zur Lehre in den Fachwissenschaften. *Scholars* sind demnach exzellent lehrende Experten, die ihre Expertise mit einer forschenden Haltung erweitern und zudem öffentlich machen, deutlich mehr über Lehre wissen als andere und dieses Wissen via Peer-Review validieren. Man wird es mit der üblichen wissenschaftsdidaktischen Weiterbildung nicht erreichen können, alle Lehrenden in diesem Sinne zu *Scholars* zu machen. Wir würden aber gut daran tun, alles daran zu setzen, offene und kritische Fragen zur Digitalisierung und zu ihrem Verhältnis zur Lehre forschend und wissenschaftlich reflektierend zu behandeln – und zwar nicht nur durch Hochschuldidaktiker, sondern eben auch durch Fachwissenschaftler. *Scholarship of Teaching* bzw. *Digital Scholarship* mag anspruchsvoll klingen, als anzustrebendes Ideal aber dürfte es einer forschenden Bildungseinrichtung durchaus angemessen sein, sich in diese Richtung zu bewegen. Das setzt jedoch ein anderes Verständnis von Weiterbildung voraus und bringt Aspekte ins Spiel, die weiter oben bereits als wissenschaftskulturelle Praxis (auch im Kontext des Digitalen) angesprochen worden sind.

4. Gestaltung der Weiterbildung zur Digitalisierung

An der Stelle ein kurzer Rückblick auf die bisherigen Ausführungen: Ich habe zum einen drei Beziehungen zwischen Digitalisierung und didaktischer Weiterbildung herausgearbeitet, nämlich das Digitale als *Thema* der didaktischen Weiterbildung, als *Methode* der didaktischen Weiterbildung und als wissenschaftskulturelle *Praxis*, die über die übliche Weiterbildung hinausgeht. An dem Gedanken der Kultur anknüpfend, habe ich zum anderen das Konzept *Scholarship of Teaching* eingeführt. Zum besseren Verständnis von *Scholarship* wurden die Begriffe *Expertise* und *Exzellenz* eingeführt, die in der Lehr- und Forschungskultur an Hochschulen eine je unterschiedliche Rolle spielen. Hält man sich diese Unterscheidungen vor Augen, wird deutlich: Wissenschaftsdidaktische Weiterbildung und ihr Verhältnis zum Digitalen ist theoretisch höchst komplex. Dennoch stellt sich natürlich die ganz praktische Frage, wie die wissenschaftsdidaktische Weiterbildung zur Digitalisierung konkret gestaltet werden kann. Es sind letztlich auch ganz typische Faktoren, die bei der Konzeption und Umsetzung berücksichtigt werden wollen: Wer initiiert die Weiterbildung und wer wird angesprochen (Akteure)? Welche Formen von Lernen werden wie ermöglicht und gefordert (Aktivitäten)? Wieviel Zeit beansprucht die Weiterbildung und wo findet sie statt (Zeit und Ort)? Ich kann an dieser Stelle nur exemplarisch darlegen, was bei der Gestaltung wissenschaftsdidaktischer Weiterbildung zur Digitalisierung alles zu entscheiden ist.

4.1 Akteure

Wer wissenschaftsdidaktische Weiterbildung zur Digitalisierung initiiert, erscheint mir ausgesprochen wichtig. Typische Initiatoren direkt an den Universitäten sind zentrale Einrichtungen für Hochschuldidaktik oder Digitalisierung und damit letztlich auch Hochschulleitungen, im besten Fall unterstützt von Fakultäten. Bisweilen sind es Fakultäten und Fachbereiche selbst, und zwar allein oder unterstützt durch zentrale Einrichtungen. Immer häufiger treten darüber hinaus Stiftungen und Verbände, die Länder und der Bund als Initiatoren auf – man denke nur an die zahlreichen Initiativen für die Lehre wie den Qualitätspakt Lehre. Jeder der genannten Initiatoren hat in der Regel eigene Ziele und eine eigene Agenda und genau dies sollte man im Auge behalten, wenn es um ein politisch und wirtschaftlich so brisantes Thema wie den digitalen Wandel geht. Zu wünschen wäre daher auch, dass Wissenschaftler selbst zu Initiatoren für wissenschaftsdidaktische Weiterbildung werden, dass der Bedarf aus der Sache heraus formuliert wird – aus Gründen der Wissenschaft und der Bildung.

Wer mit wissenschaftsdidaktischer Weiterbildung zur Digitalisierung angesprochen wird, dürfte ebenfalls nicht ganz unerheblich sein. Didaktische Weiterbildungsangebote können sich an Hochschullehrende aller Statusgruppen und Erfahrungsstufen wenden und dann – im besten Fall – die Diversität produktiv nutzen. Allerdings ist genau das in der Regel leichter gesagt als getan. Didaktische Weiterbildung hat daher mitunter auch spezielle Zielgruppen im Fokus: etwa nur Hochschulleitungen und DekanInnen bzw. WissenschaftlerInnen mit Leitungsaufgaben im Kontext Lehre; oder Hochschullehrende in der Qualifizierungsphase, von Doktoranden über Habilitanden bis zu JuniorprofessorInnen oder ausschließlich etablierte ProfessorInnen, die für didaktische Weiterbildung besonders schwer zu erreichen sind, oder Lehrbeauftragte, die einen schwierigen Status haben, heterogen und mitunter gar wissenschaftsfern tätig sind. Darüber nachzudenken, ist deswegen relevant, weil die Motive und Erfahrungen der genannten Gruppen von Lehrenden deutlich variieren: Wer etwa noch an seiner Hochschulkarriere arbeiten muss, hat meist andere Ziele als ProfessorInnen, die im letzten Drittel ihrer Dienstzeit stehen; Wissenschaftler mit Leitungsaufgaben haben andere Fragen als die, die ausschließlich die eigene Lehre vor Augen haben usw.

4.2 Aktivitäten

Die wohl entscheidendste Frage dürfte sein, welche Aktivitäten die wissenschaftsdidaktische Weiterbildung zur Digitalisierung von der Zielgruppe fordert. Werden sich die Teilnehmenden einfach nur informieren und Beispiele aus der digitalen Lehre kennenlernen? Werden sie sich mit anderen austauschen oder auch digital vernetzen? Werden sie selbst etwas ausprobieren, was sich digital nennt, sei es in Präsenz, sei es im Anschluss nur für sich? Werden sie etwas lesen und tiefer einsteigen in einzelne Digital-Themen und -Fragen? Werden sie in Präsenz oder digital etwas einbringen und präsentieren oder sich gar mit anderen vergleichen? Werden sie eher dezentral etwas erarbeiten mit Unterstützung, also in Coaching- und Mentoring-Beziehungen? Werden sie selbst die eigene digital unterstützte Lehre beforschen und ihre Erkenntnisse mit anderen teilen? Werden sie den digitalen Wandel in der Lehre kritisch diskutieren, sei es einmalig, sei es wiederholt? Das alles sind nur Beispiele für mögliche Lern- und Lehrformen für die hochschuldidaktische Weiterbildung zur Digitalisierung; sie ließen sich fortsetzen. Im Prinzip lassen sich alle hochschuldidaktisch gut begründeten Lehr-Lernmethoden auch in der Weiterbildung zur Digitalisierung einsetzen – wie weiter oben ausgeführt vorzugsweise unter Nutzung digitaler Medien selbst.

4.3 Zeit und Ort

Es liegt auf der Hand, dass auch die verfügbare Zeit entscheidend dafür ist, welche und wie viele Aktivitäten zum Zuge kommen. Der zeitliche Umfang und die zeitliche Verteilung wissenschaftsdidaktischer Weiterbildung zur Digitalisierung sind vor diesem Hintergrund ausgesprochen wichtig. Ein oder zwei Stunden lassen kaum mehr als Vorträge und andere Formen der Information zu. Für Austausch und Diskurs braucht man wohl schon etwas mehr Zeit. Wer das Digitale zur Methode machen will, profitiert natürlich davon, wenn mehr als ein paar Stunden zur Verfügung stehen. Mehrere Tage am Stück oder ein auf einen längeren Zeitraum verteilter Kurs bieten vielfältige didaktische Weiterbildungschancen, aber das schränkt natürlich wieder die ansprechbaren Zielgruppen ein. Zertifikatsprogramme bis hin zu eigenen Masterstudiengängen (z. B. Reinmann & Schmohl, 2018) machen auch Forschungstätigkeiten möglich, das heißt: Längerfristige Weiterbildungsangebote können die Stufe vom Experten zum *Scholar* gut erreichen. Umgekehrt aber heißt das nicht, dass ein Ansatz wie *Digital Scholarship of Teaching* zwingend solch aufwändige Weiterbildungsformate traditioneller Art erfordert. Im Gegenteil: Eine forschende Haltung zur Lehre wäre ja genuiner Teil einer wissenschaftskulturellen Praxis zum Digitalen im Sinne einer anders verstandenen Form von didaktischer Weiterbildung.

Wer schließlich von Zeit redet, muss auch den Ort für wissenschaftsdidaktische Weiterbildung zur Digitalisierung bedenken. Und dieser letzte Hinweis zu den Gestaltungsmöglichkeiten kann die didaktische Phantasie ganz vielfältig beflügeln: Da gibt es nämlich nicht nur den physischen Raum, sondern eben auch die digitalen Räume und alle denkbaren Kombinationen. Man kann sich in zentralen Räumen der Universität zusammenfinden wie auch in eigenen Räumen von Fachwissenschaftlern; man kann dies am Campus tun und außerhalb, in Räumen für Bildung oder solchen für Forschung usw. Auch Orte haben ihre Vorzüge und Beschränkungen.

5. Prinzipien für die Weiterbildung und ihr Verhältnis zu Digitalisierung

Wie so oft trifft man bei komplexen Themen wie der Digitalisierung auf Dualismen, die in kürzester Zeit eine Eigendynamik entwickeln (Macfarlane, 2015): Befürwortung und Ablehnung, Euphorie und Skepsis, missionarischer Eifer und dogmatische Kritik, Utopien und Dystopien. Dualismen dieser Art, so meine ich, können *keine* Richtschnur für die Hochschullehre sein: für die Wissenschaftsdidaktik nicht und für wissenschaftsdidaktische Weiterbildung auch nicht. Selber schwanke ich bei meinen Beobachtungen und eigenen Erfahrungen zwischen Freude und Entsetzen: Freude über die didaktische Kreativität, die digitale Technologien früher wie heute anregen, und

Entsetzen über die Bildungsfeindlichkeit so mancher 4.0-Ideen. Ich schwanke zwischen positiver Erwartung an eine gestärkte Wissenschaftsdidaktik *auch* dank zahlreicher Initiativen in der Lehre und großer Sorge vor einer umfassenden Instrumentalisierung von Bildung und Didaktik für außerwissenschaftliche Zwecke.

Vor diesem Hintergrund möchte ich abschließend *drei Prinzipien* für die wissenschaftsdidaktische Weiterbildung und ihr Verhältnis zur Digitalisierung formulieren. Es fasst das, was ich hier ausgeführt habe, in gewisser Weise auch zusammen. Ich orientiere mich dabei an den Merkmalen von Bildung, wie sie der Bildungstheoretiker Wolfgang Klafki (2007) formuliert hat, nämlich Selbstbestimmung, Mitbestimmung und Solidarität. Es mag ungewöhnlich wirken, personale Bildungsziele im Zusammenhang mit Prinzipien für die Wissenschaftsdidaktik zu verwenden. Ich möchte es analog verstanden wissen und mache die darin zum Ausdruck kommenden Motive für Bildung zum Maßstab für die Weiterbildung.

Wie also kann *Selbstbestimmung* Eingang in die wissenschaftsdidaktische Weiterbildung und ihr Verhältnis zur Digitalisierung finden? Wissenschaftsdidaktik hat sich zunächst einmal auf den Zweck akademischer Bildung zu konzentrieren und von da aus didaktische Entscheidungen zu treffen – direkt für die Hochschullehre wie auch für die didaktische Weiterbildung von Lehrenden. Mit der Frage nach dem Zweck akademischer Bildung ist immer auch die Frage nach dem Zweck von Universitäten generell verbunden. Didaktische Weiterbildung darf also genau *nicht* scheinbare Sachzwänge fraglos akzeptieren und einer Anpassungslogik folgen, die selbst wieder Anpassung produziert: angepasste Absolventen via Hochschullehre und angepasste Lehrende via didaktischer Weiterbildung. Im Zusammenhang mit der Digitalisierung scheint mir das ganz besonders wichtig zu sein. Das Digitale als Gegenstand und Methode in der Weiterbildung hat die Wissenschaftsdidaktik selbstbestimmt zu behandeln.

Dazu braucht sie einen eigenen Standpunkt und eigene – wissenschaftliche – Wertvorstellungen. Wie sieht es sodann mit der *Mitbestimmung* im Verhältnis von wissenschaftsdidaktischer Weiterbildung und Digitalisierung aus? Wissenschaftsdidaktik hat den Auftrag, akademisches Lehren und Lernen möglichst zusammen mit den Fachwissenschaften zu erforschen und ihre Erkenntnisse verfügbar zu machen – wiederum direkt der Hochschullehre wie auch der didaktischen Weiterbildung. Sie darf also genau *nicht* nur erproben und evaluieren, was außerwissenschaftlich angestoßen wird, oder in Forschung und Praxis übersetzen, was politisch als notwendig verkündet wird. Ausmaß und Qualität der Digitalisierung hat die Wissenschaftsdidaktik forschend und reflektierend mitzugestalten – auch in der Weiterbildung und gemeinsam mit FachwissenschaftlerInnen, die ihre Lehre durchaus selbst beforschen können, im Sinne des *Scholarship of Teaching*.

Und was kann schließlich *Solidarität* bedeuten, wenn es um die Frage geht, wie wissenschaftsdidaktische Weiterbildung zur Digitalisierung steht? In Klafkis (2007) Bildungskonzept setzt die Berechtigung von Selbst- und Mitbestimmung voraus, über sich selbst hinauszudenken, die Risiken für andere und die Rechte anderer – auch in der Zukunft – zu berücksichtigen und zum Maßstab eigenen Handelns zu machen. Für die Rolle der Wissenschaftsdidaktik im Zuge des digitalen Wandels bedeutet das aus meiner Sicht: Didaktisches Handeln – ob in Lehre oder Weiterbildung, ob in Praxis oder Forschung – darf sich keinesfalls nur an der Oberfläche der Digitalisierung tummeln und sich darauf beschränken, technische Systeme und Werkzeuge einzusetzen, um Lehre besser und effizienter zu machen. Sie muss sich in der Tiefe mit der Tendenz zur Algorithmisierung beschäftigen, die sozialen und kulturellen Folgen datenbasierter Überwachung, Kontrolle und Manipulation antizipieren und analysieren und ihrem Auftrag als Wissenschaft gerecht werden. Das bedeutet kritische Distanz bei gleichzeitig experimenteller und offener Haltung gegenüber den Möglichkeiten digitaler Technologien.

6. Fazit

Die amerikanische Mathematikerin Cathy O´Neil (2017) hat ein sachkundiges und gleichzeitig wütendes Buch über die gesellschaftliche Zerstörungskraft von Algorithmen geschrieben, die immer mehr unseren Alltag bestimmen: „Weapons of math destruction" – so lautet der englische Titel. Im Fazit schreibt sie – ich zitiere: „Big Data-Prozesse kodifizieren die Vergangenheit, aber sie können nicht die Zukunft erfinden, denn das erfordert moralisches Vorstellungsvermögen, und das ist etwas, was nur der Mensch einbringen kann" (O´Neil, 2017, S. 276). Den Menschen müssen wir auch an unseren Universitäten wieder mehr ins Zentrum rücken – also die Studierenden, die Lehrenden, die Forschenden gleichermaßen. Sie alle können den Gang der Digitalisierung, wie O´Neil (2017) schreibt, immer noch beeinflussen. Dazu aber braucht es mehr als Effizienz und Exzellenz. Dafür braucht es wissenschaftlichen Ethos und humanistische Bildung – Bildung durch Wissenschaft also, die mehr sein muss als nur eine Floskel, die unser Gewissen beruhigt. Die wissenschaftsdidaktische Weiterbildung zur Digitalisierung ist ein guter, vielleicht sogar der beste Ort, um damit anzufangen.

Literatur

Adams Becker, S., Cummins, M., Davis, A., Freeman, A., Hall Giesinger, C. & Ananthanarayanan, V. (2017). NMC Horizon Report: 2017 Higher Education Edition. Austin, Texas: The New Media Consortium.

Allert, H. & Richter, C. (2016). Kultur der Digitalität statt digitaler Bildungsrevolution. URL: http://nbn-resolving.de/urn:nbn:de:0168-ssoar-47527-7

Bachmann, G., Bertschinger, A. & Miluška, J. (2009). E-Learning ade – tut Scheiden weh? In N. Apostolopoulos, H. Hoffmann, V. Mansmann & A. Schwill (Hrsg.), E-Learning 2009. Lernen im digitalen Zeitalter (S. 118–128). Münster: Waxmann.

Baumgartner, P. & Bauer, R. (2009). 10 Jahre mediendidaktischer Hochschulpreis: Eine kritische Bilanz. In U. Dittler, J. Krameritsch, N. Nistor, C. Schwarz, & A. Thillosen (Hrsg.), E-Learning: Eine Zwischenbilanz. Kritischer Rückblick als Basis eines Aufbruchs (S. 39–54). Münster: Waxmann.

Beyes, J., Metelmann, J. & Pias, C. (2017). Nach der Revolution. Ein Brevier digitaler Kulturen. Berlin: Tempus Corporate.

Brinckmann, H., Garcia, O., Gruschka, A., Lenhardt, G. & zur Lippe, R. (2001). Die Einheit von Forschung und Lehre: Über die Zukunft der Universität. Wetzlar: Büchse der Pandora.

Bröckling, U. & Peter, T. (2017). Das Dispositiv der Exzellenz. Zur Gouvernementalität ökonomischer Arrangements an Hochschulen. In R. Diaz-Bone & R. Hartz (Hrsg.), Dispositiv und Ökonomie (S. 283–303). Wiesbaden: Springer.

Brynjolfsson, E. & McAfee, A. (2014). Second machine age. New York: W. W. Norton & Company.

Bücker, D., Lucke, U., Hofhues, S., Dander, V., Rau, F., Rohland, H., van Treek, T. & Gumpert, A. (Hrsg.) (2017). Trendy, hip und cool – Auf dem Weg zu einer innovativen Hochschule? Bielefeld: Bertelsmann.

DINI (Deutsche Initiative für Netzwerkinformation e. V.) (2018). Thesen zur Informations- und Kommunikationsinfrastruktur der Zukunft. URL: https://edoc.hu-berlin.de/bitstream/handle/18452/19876/DINI-Thesen_2018_2.pdf?sequence=1&isAllowed=y

Dräger, J. & Müller-Eiselt, R. (2015). Die digitale Bildungsrevolution. Der radikale Wandel des Lernens und wie wir ihn gestalten können. München: Deutsche Verlags-Anstalt.

Harris-Huemmert, S., Pohlenz, P. & Mitterauer, L. (Hrsg.) (2018). Digitalisierung der Hochschullehre Neue Anforderungen an die Evaluation? Münster: Waxmann.

Hericks, U. (2008). Bildungsgangforschung und die Professionalisierung des Lehrerberufs – Perspektiven für die Allgemeine Didaktik. Zeitschrift für Erziehungswissenschaft, 10 (9), S. 61–75.

Hochschulforum Digitalisierung (2015). Diskussionspapier - 20 Thesen zur Digitalisierung der Hochschulbildung. Arbeitspapier Nr. 14. Berlin: Hochschulforum Digitalisierung. URL: https://hochschulforumdigitalisierung.de/sites/default/files/dateien/HFD%20AP%20Nr%2014_Diskussionspapier.pdf

Horz, H. & Schulze-Vorberg, L. (2017). Digitalisierung in der Hochschullehre. Analysen und Argumente, 283. Berlin: Konrad-Adenauer-Stiftung. URL: http://www.kas.de/wf/doc/kas_50782-544-1-30.pdf?171123080940

Huber, L. (1983). Hochschuldidaktik als Theorie der Bildung und Ausbildung. In L. Huber (Hrsg.), Enzyklopädie Erziehungswissenschaft, Band 10. Ausbildung und Sozialisation in der Hochschule (S. 114–138). Stuttgart: Klett.

Huber, L. (2014). Scholarship of Teaching and Learning: Konzept, Geschichte, Formen, Entwicklungsaufgaben. In L. Huber, A. Pilniok, R. Sethe, B. Szczyrba, & M. Vogel (Hrsg.), Forschendes Lehren im eigenen Fach. Scholarship of Teaching and Learning in Beispielen (S. 19–36). Bielefeld: Bertelsmann.

Huber, M. T. & Hutchings, P. (2005). The advancement of learning: Building the teaching commons. San Francisco: Jossey-Bass.

Kergel, D. & Heidkamp, B. (Hrsg.) (2016). Forschendes Lernen 2.0. Partizipatives Lernen zwischen Globalisierung und medialem Wandel. Wiesbaden: VS Springer.

Kerres, M. (2016). E-Learning vs. Digitalisierung der Bildung: Neues Label oder neues Paradigma? In A. Hohenstein & K. Wilbers (Hrsg.), Handbuch E-Learning. Köln: Fachverlag Deut3 scher Wirtschaftsdienst.

Klafki, W. (2007). Neue Studien zur Bildungstheorie und Didaktik. Zeitgemäße Allgemeinbildung und kritisch-konstruktive Didaktik. 6., neu ausgestattete Aufl. Weinheim: Beltz.

Kreber, C. (2002). Teaching excellence, teaching expertise, and the scholarship of teaching. Innovative Higher Education, 27 (1), p. 5–23.

Kühl, S. (2017). Die agile Organisation ist kalter Kaffee (Interview). URL: https://www.pressesprecher.com/nachrichten/die-agile-organisation-ist-kalter-kaffee-403150091

Macfarlane, B. (2015). Dualisms in higher education: a critique of their influence and effect. Higher Education Quartely, 69 (1), p. 101–118.

Mau, S. (2017). Das metrische Wir. Über die Quantifizierung des Sozialen. Berlin: Suhrkamp.

McKinney, K. (2007). Enhancing learning through the scholarship of teaching and learning: The challenges and joys of juggling. San Francisco, CA: Jossey-Bass.

Mittelstraß, J. (1996). Vom Elend der Hochschuldidaktik. In G. Brinek & A. Schirlbauer (Hrsg.), Vom Sinn und Unsinn der Hochschuldidaktik (S. 56–76). Wien: WUV

O´Neil, C. (2017). Angriff der Algorithmen. München: Hanser.

Othmer, J., Weich, A. & Zickwolff K. (Hrsg.) (2018). Medien, Bildung und Wissen in der Hochschule. Wiesbaden: Springer VS.

Pfau, W., Baetge, C., Bedenlier, S. M., Kramer, C. & Stöter, J. (Hrsg.) (2016). Teaching Trends 2016. Digitalisierung in der Hochschule: Mehr Vielfalt in der Lehre. Münster: Waxmann.

Pörksen, B. (2018). Die große Gereiztheit: Wege aus der kollektiven Erregung. München: Hanser.

Reinmann, G. & Schmohl, T. (2018). Studiengang „Higher Education". Lehrentwicklung als zyklisch-iterativer Prozess. In M. Weil (Hrsg.), Zukunftslabor Lehrentwicklung. Perspektiven auf Hochschuldidaktik und darüber hinaus (S. 161–181). Münster: Waxmann.

Reinmann, G. (2015). Forschung zum universitären Lehren und Lernen: Hochschuldidaktische Gegenstandsbestimmung. Das Hochschulwesen, 5+6, S. 178–188.

Reinmann, G. (2018a). Shift from Teaching to Learning und Constructive Alignment - zwei hochschuldidaktische Prinzipien auf dem Prüfstand. Impact Free 14. URL: http://gabi-reinmann.de/wp-content/uploads/2018/02/Impact-Free-14.pdf

Reinmann, G. (2018b). Die Selbstbezüglichkeit der hochschuldidaktischen Forschung und ihre Folgen für die Möglichkeiten des Erkennens. In T. Jenert, G. Reinmann & T. Schmohl (Hrsg.), Hochschulbildungsforschung: Theoretische, methodologische und methodische Denkanstöße für die Hochschuldidaktik (S. 124–-147). Berlin: Springer VS.

Schneider, M. & Mustafić (2015). Gute Hochschullehre: Eine evidenzbasierte Orientierungshilfe. Berlin: Springer.

Schulmeister, R. & Loviscach, J. (2017). Mythen der Digitalisierung mit Blick auf Studium und Lehre. In C. Leineweber, Christian & C. de Witt, Claudia (Hrsg.), Digitale Transformation im Diskurs. Kritische Perspektiven auf Entwicklungen und Tendenzen im Zeitalter des Digitalen (S. 1–21). URL: http://www.medien-im-diskurs.de

Wissenschaftsrat (2015). Empfehlungen zum Verhältnis zwischen Hochschulbiuldung und Arbeitsmarkt. URL: https://www.wissenschaftsrat.de/download/archiv/4925-15.pdf

Wissenschaftsrat (2017). Strategien für die Hochschullehre. Positionspapier. URL: https://www.wissenschaftsrat.de/download/archiv/6190-17.pdf

Zierer, K. (2012). Studien zur Allgemeinen Didaktik. Hohengehren: Schneider.

Digitale Bildung in der betrieblichen Aus- und Weiterbildung

Ullrich Dittler & Christian Kreidl

Digitalisierung in der Aus- und Weiterbildung: Was wollen die Lernenden?

1 Aspekte der Digitalisierung in der Aus- und Weiterbildung

Nicht erst seit dem Aufkommen der Schlagworte „Industrie 4.0" und „Digitalisierung" in den vergangenen Jahren hat das Thema digitale Bildung in der betrieblichen Aus- und Weiterbildung an Bedeutung gewonnen. Während in der aktuellen Diskussion zu „Industrie 4.0" derzeit vor allem Aspekte der Digitalisierung von Produktions- und Logistikprozessen fokussiert werden, reichen die Ausläufer der Unterstützung von Lehr- und Lernprozessen mit digitalen Präsentations- und Kommunikationsmedien schon bis zum Ende der 70er Jahre des vergangenen Jahrhunderts zurück. Wie in Dittler (2017) dargestellt, wurden in den vergangenen Jahrzehnten mannigfaltige Einsatzkonzepte entwickelt, die die für unsere Bildungsbiografie prägenden institutionalisierten Unterrichtssettings (in der Regel bestehend aus einem Lehrenden und mehreren Lernenden in einem Klassenverband, in Verbindung mit Kreidetafel und gedruckten Lernmaterialien) aufzulösen und/oder zu erweitern versuchten. So wurde beispielsweise in der betrieblichen Aus- und Weiterbildung in Banken bereits in den 90er Jahren mit dem Computer-Based-Trainings-Programm „Super in Banking" eine Lernanwendung entwickelt, die als typischer Vertreter ihrer Zeit gelten kann und sehr gut geeignet ist, um das damalige Verständnis von mediengestütztem Lernen zu veranschaulichen: Das zunächst auf Disketten (und später auf CD) distribuierte Programm stellte den Versuch dar, alle für eine/n Bankkaufmann/-frau relevanten Lerninhalte in einem Lernprogramm zu vereinen. Es entstand so ein monolithisches und sehr umfangreiches – und damit auch schlecht zu wartendes und zu aktualisierendes – Lernprogramm. Der Einsatz derartiger multimedialer Lernprogramme dieser Zeit wurde von Bildungsinstitutionen begleitet, strukturiert und bewertet.

In den Folgejahren entwickelten zahlreiche Unternehmen netzgestützte Lernanwendungen, die ein kooperatives und kollaboratives Lernen ermöglichten und so die Verantwortung für den Lernprozess zunehmend in die Hände der Lernenden legten; aber auch der Einsatz derartiger Web-Based-Trainings war oft noch institutionell begleitet, beispielsweise wenn derartige Programme in Hochschulen oder eben auch in der betrieblichen Aus- und Weiterbildung zum Einsatz kamen (siehe bspw. Dittler, 2011 oder auch Dittler et al., 2009).

Den technischen Entwicklungen folgend entstanden nach 2005 zahlreiche digitale Lernmedien, die die Möglichkeiten des Web 2.0 aufgriffen und losgelöst von Bildungsinstitutionen entwickelt wurden: Die Anzahl verschiedener Blogs, Videos und Diskussionsforen zu unterschiedlichsten – auch ausbildungsrelevanten und betrieblich relevanten – Themen wuchs, die Darstellungs- und Vermittlungsformen wurden vielfältiger; aber eine institutionelle Qualitätssicherung fehlte diesem user-generated-content meist (Sindler et al., 2006).

Während institutionell entwickelten digitalen Lernmedien der betrieblichen Aus- und Weiterbildung meist Vorschläge zur Reihenfolge und Taktung der Bearbeitung mitgegeben, sowie Betreuungskonzepte zur Seite gestellt und in vielen Fällen auch Abschlusstests integriert wurden (die in frühen Jahren ausdruckbare Zertifikate generierten, die an die Personalabteilung weitergeleitet werden konnten; in späteren Jahren dann den Bearbeitungserfolg direkt im Learning-Management-System [LMS] vermerkten), traten diese Aspekte der institutionellen Begleitung in den vergangenen 10 Jahren zunehmend in den Hintergrund: Die Verfügbarkeit zahlreicher verschiedener Informations- und Lehrmedien auch außerhalb institutionalisierter Learning- und Content-Management-Systemen in den auch privat massiv genutzten Unterhaltungs-, Informations- und Kommunikationskanälen des Internets (von YouTube über frei zugängliche Massiv Open Online Courses [MOOC] -Plattformen bis zu privat betriebenen Fachforen) bietet zahlreiche Informationsquellen auch außerhalb der Kontrolle des Arbeitgebers. Dass diese frei zugänglichen webbasierten Informations- und Kommunikationsangebote nicht nur privat von Jugendlichen und jungen Erwachsenen, sondern auch von Arbeitnehmern zunehmend genutzt werden, ist vielerorts dokumentiert (MPFS, 2017; ARD-ZDF, 2015). Ebenso ist mit unterschiedlichem Fokus vielfältig thematisiert, dass durch die jederzeitige und ubiquitäre Verfügbarkeit dieser Angebote auch die Grenzen von Arbeit und Freizeit verschwimmen (und zwar in beiden Richtungen: private Dinge werden am Arbeitsplatz erledigt und Anforderungen der Arbeit werden auch in privaten Räumen und in privater (Frei-)Zeit erfüllt) (sehr unterhaltend hierzu sind die Darstellungen von Koch [2010] und Rühe [2010]).

Aber kann die hohe und jederzeitige Verfügbarkeit und Zugänglichkeit von digitalen Bildungsangeboten und -medien mit „Digitaler Bildung" und „Digitalisierung von Bildungsprozessen" gleichgesetzt werden?

Zur Klärung dieser Frage kann es hilfreich sein, zu betrachten, auf welchen Ebenen wir das Thema Digitalisierung von Bildung derzeit diskutieren:

- Naheliegenderweise wird unter dem Stichwort der „Digitalisierung von Bildung" auch die *Digitalisierung von Lernmedien* verstanden – und damit die kontinuierlich von technischen Entwicklungen geprägte Fortsetzung der oben skizzierten Erstellung von Lernmedien, die in den vorangegangenen Jahren als „Computer-Based-Trainings", „multimediale Lernprogramme", „E-Learning", „Mobile-Learning" etc. bezeichnet wurde: Diese Digitalisierung von Bildungsmedien wird dabei an vielen Stellen derzeit mit dem Fokus auf die Lerntechnologien von Virtual Reality, Augmented Reality und Mixed Reality diskutiert (Erle, 2017; Macho & Kuhn, 2014), auch wenn dies nicht die einzigen technologischen Entwicklungen der vergangenen Jahre sind.

- Ergänzend zu dieser Digitalisierung der Bildungsmedien wird die Digitalisierung von Schulen – aber auch der beruflichen Ausbildung – an anderer Stelle auch mit dem Fokus der *Ausstattung der Lernenden mit digitaler Technik* diskutiert, wobei dies oft auf die Ausstattung der Lernenden mit Tablet-PCs fokussiert wird (Schwenkenbecher, 2017; Wege, 2013). Dieser sowohl in pädagogischen Fachkreisen, als auch öffentlich viel diskutierte Ansatz wird auch von Ausbildungsunternehmen (beispielsweise einige Finanzdienstleister und Einzelhändler) aufgegriffen, wenn sie ihren Auszubildenden zum Ausbildungsbeginn iPads für die berufliche als auch private Nutzung überlassen (Rewe, 2018; Sparkasse Bochum, 2018). Das die Ausstattung der Lernenden mit Tablet-PCs eine mögliche Voraussetzung für den Zugang zu digitalen Bildungsmedien ist, jedoch keine hinreichende Bedingung, wird in der Diskussion ebenfalls an verschiedenen Stellen thematisiert, da Technik alleine eben noch kein notwendiges pädagogisches und didaktisches Konzept der Wissensvermittlung und/oder des Kompetenzaufbaus ersetzt, die Lehrenden und Lernenden aber stellenweise vom Prozess der Digitalisierung überrollt scheinen.

- Als dritter Bereich neben der Digitalisierung von Bildungsmedien und der Ausstattung der Lernenden mit digitalen Medien, hat sich die *Digitalisierung von Verwaltungsprozessen* im Bildungsbereich herauskristallisiert: Die seit Jahren etablierten Personalverwaltungssysteme (HR-Systeme) wurden hierzu mit dem Learning-Management-System der ausbildenden Unternehmen und Arbeitgeber verknüpft, so dass die erfolgreiche Bearbeitung von digitalen Lernangeboten direkt an die Personalabteilung weitergemeldet werden kann und so das Bildungsportfolio einzelner Auszubildender und Mitarbeiter stets aktuell ist (siehe hierzu auch Petry & Jäger, 2018).

Ergänzend zu den für die Aus- und Weiterbildung relevanten skizzierten Aspekten, werden in Veröffentlichungen von Hochschulforum Digitalisierung (2016a, 2016b) sowie in Schmid et al. (2017) zudem noch folgende Aspekte der Digitalisierung im Bildungskontext von Hochschulen genannt:

- Die *Verfügbarkeit von IT-Infrastruktur* ist eine notwendige Voraussetzung für die Etablierung und Nutzung digitaler Bildungsangebote. Die Verfügbarkeit von Technik und beispielsweise WLAN sicherzustellen, mag für große und weitverzweigte Hochschulkomplexe schwieriger sein als für ausbildende Unternehmen, bei denen die Lernenden meist nicht täglich oder stündlich wechselnde Lern- und Arbeitsorte haben.
- Darüber hinaus spielt die *Digitalisierung von Prüfungsformen und -formaten* (eklausuren, eAssessments etc.) in Hochschulen eine Rolle. Dieser Aspekt mag im Zusammenhang mit Aus- und Weiterbildung nicht so bedeutungsvoll sein, da Feedback und Bewertung im ausbildenden Unternehmen meist direkt und zeitnah vom Ausbildenden gegeben werden und in Berufsschulen das Aufkommen von schriftlichen Prüfungsleistungen nicht so umfangreich ist, wie in Hochschulen.
- Zudem werden in den Veröffentlichungen von Hochschulforum Digitalisierung (2016a, 2016b) sowie in Schmid et al. (2017) Aspekte der *Digitalisierung im Zusammenhang mit Forschungstätigkeiten* an den Hochschulen dargestellt – ein Aspekt, der im Rahmen dieses auf Aus- und Weiterbildung gerichteten Beitrags nicht weiterverfolgt werden braucht.

Inwieweit die letztgenannten Aspekte der Digitalisierung von hochschulischer Bildung auch auf berufliche Aus- und Weiterbildung übertragbar sind, soll hier nicht weiter diskutiert werden – es fällt aber auf, dass bei den dargestellten Aspekten der Digitalisierung im Bildungskontext (die mit Blick auf Hochschulen vor allem auch fokussiert auf Veränderungen der Kommunikation unter den Lernenden diskutiert wird) die Perspektive der Bildungsanbieter und Bildungsorganisatoren dominiert.

Nur sehr wenig ausgeprägt ist bisher die Einbindung der Lernenden in die Diskussion um die Digitalisierung von Bildung. Eine der wenigen Quellen hierzu – neben Dittler & Kreidl (2018) – ist das Arbeitspapier „Lernen mit Digitalen Medien aus Studierendenperspektive" (Hochschulforum Digitalisierung, 2016), das auf einer Befragung im WS 2014/15 basiert und zu dem folgenden wenig ermutigenden Zwischenfazit kommt:

„Die Studie zeigt, dass Studierende bei der Nutzung digitaler Medien zu einem Großteil eher konservativ agieren. Das Bild des vielseitig orientierten Studierenden, der sich aus dem umfangreichen Angebot verfügbarer Medien ein individuelles Lernportfolio zusammenstellt, entspricht [...] nicht der breiten Realität. Die private Nutzung digitaler Medien übersetzt sich nicht zwangsläufig in den Hochschulalltag." (Hochschulforum Digitalisierung, 2016b, S. 7).

2 Ausgewählte Ergebnisse zweier aktueller Studien zu den Erwartungen der Lernenden

Dieses zitierte Zwischenfazit verdient Beachtung, da das hier dargestellte Verhalten der Lernenden – auch wenn sich dieses Zwischenfazit in der genannten Studie auf Studierende bezieht, zeigen Schmid et al. (2016), dass sich Auszubildende ähnlich verhalten – nicht zu den Anforderungen zu passen scheint, die die Unternehmen an kompetente und leistungsfähige Mitarbeiter im 4.0-Kontext stellen, denn viele Branchen und Geschäftsmodelle leben in einem starken Ausmaß davon, dass die Mitarbeiterinnen und Mitarbeiter mit den aktuellsten Technologien effizient ihren Job bewältigen können.

Die bisher nur wenig beachtete Perspektive der Lernenden soll im Folgenden dargestellt werden, um zu verdeutlichen, mit welchen Erwartungen und Einstellungen die Lernenden den Anforderungen der Arbeitswelt 4.0 begegnen: Illustriert durch die Ergebnisse zweier Studien (Studie „Arbeitswelt 2.0", durchgeführt im Oktober 2017 mit 420 befragten Personen und Studie „Nutzung sozialer Medien", durchgeführt im April 2016 mit 1.323 befragten Personen) soll ein aktueller Status-Quo aufgezeigt werden, zu der Frage, inwieweit digitale Bildung sich bereits in den Lernprozessen und in der Einstellung der Lernenden widerspiegelt: Wie fühlen sich Mitarbeiterinnen und Mitarbeiter? Welche Erfahrungen mit digitalem Lernen haben sie bereits gemacht und was wünschen bzw. erwarten sie?

Zunächst soll einmal grob dargestellt werden, wie die Einstellung der Befragten zum Bereich digitale Medien sowie auch zeit- und ortsunabhängiges Lernen ist. Wie in Abbildung 1 ersichtlich, ist die Einstellung zur Kommunikation mittels digitaler Medien im Vergleich zur „klassischen" Face-to-Face Kommunikation recht heterogen: Der weitaus größte Teil der Befragten bevorzugt digitale Kommunikation nur teilweise, insgesamt ist eine leichte Tendenz gegen die digitale Kommunikation festzumachen. Allerdings ist der Aspekt des ortsunabhängigen Lernens für die Befragten ziemlich wichtig: Immerhin 62,5 % der Befragten stimmten der Aussage hinsichtlich der Nützlichkeit von ortsunabhängigem Lernen entweder vollkommen oder überwiegend zu, nur ein sehr geringer Teil (knappe 8 %) stimmen kaum oder gar nicht zu. Etwas überspitzt interpretiert könnte man hier sogar einen Widerspruch sehen: Die Befragten wollen zwar den Vorteil des ortsunabhängigen Lernens, gleichzeitig wird aber die Face-to-Face Kommunikation durchaus geschätzt.

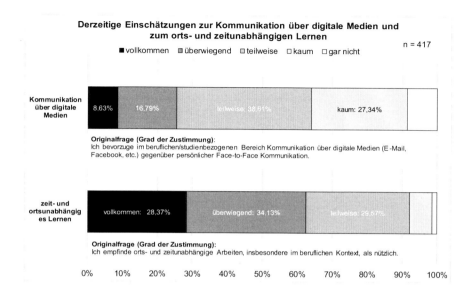

Abbildung 1: Kommunikation mittels digitaler Medien sowie orts- und zeitunabhängiges Lernen
(Eigene Darstellung)

Als nächster Aspekt wurde untersucht, inwieweit sich (nach Selbsteinschätzung der Befragten) das Lernverhalten in den letzten 5 Jahren geändert hat und welche Erfahrungen mit digitalen Lernprozessen vorhanden sind. Abbildung 2 zeigt, dass eine deutliche Mehrheit der Befragten (fast 60 % stimmten entweder vollkommen oder überwiegend zu) von sich behaupten, ihr Lernverhalten, insbesondere hinsichtlich der Verwendung von Medien, habe sich in den letzten 5 Jahren bedeutend verändert. Nur ein relativ geringer Teil (ca. 17 %) stimmten der entsprechenden Aussage entweder kaum oder gar nicht zu.

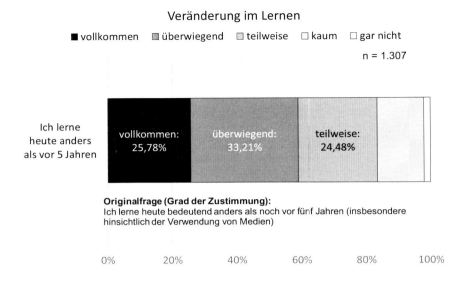

Abbildung 2: Veränderung im Lernen (Eigene Darstellung)

Neben dieser eher allgemeinen Frage wurden auch zwei konkrete Aspekte von digitaler Bildung explizit abgefragt: Wurden schon einmal Smart-Devices zur Aus- und Weiterbildung verwendet bzw. haben die Befragten bereits an Blended-Learning Trainings teilgenommen. Wie in Abbildung 3 ersichtlich ist, gibt es (natürlich wieder in der Selbsteinschätzung) bereits eine relativ große Verbreitung von Tablet-PCs und Smartphones in der Aus- und Weiterbildung, immerhin bejahten ca. 70 % die entsprechende Frage. Anders sieht es beim Blended-Learning aus: Hier gaben lediglich knapp 40 % der Befragten an, bereits an einer Aus- und Weiterbildungsmaßnahme teilgenommen zu haben, bei der Präsenztraining und E-Learning kombiniert wurden. Dieser Wert überrascht nach dem „Blended-Learning-Boom" der letzten Jahre doch ein wenig, könnte aber auch auf die Selbsteinschätzung zurückzuführen sein: Entweder werden Blended-Learning Konzepte tatsächlich nicht so massiv genutzt oder aber nicht als solche wahrgenommen.

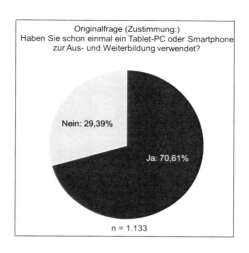

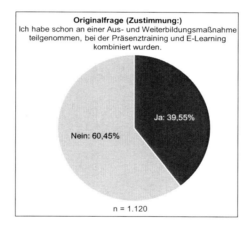

Abbildung 3: Erfahrungen mit Smart-Devices und Blended Learning (Eigene Darstellung)

Abschließend wurden auch noch die Wünsche zur Aus- und Weiterbildung unter den Befragten erhoben, dargestellt in Abbildung 4: Eine grundsätzliche Bereitschaft zum Lernen mit neuen Technologien ist vorhanden; über 50 % stimmten der entsprechenden Aussage vollkommen oder überwiegend zu und nur ca. 12 % kaum oder gar nicht. Neben der

Nützlichkeit des ortsunabhängigen Lernens wurde hier noch zusätzlich die subjektive Bedeutung erhoben und auch hier ergibt sich ein klares Bild: Nur knapp 20 % stimmten der vorgelegten Aussage kaum oder gar nicht zu, knapp 55 % hingegen vollkommen oder überwiegend. Der Aspekt des ortsunabhängigen Lernens ist für die Befragten also ganz klar von zentraler Bedeutung. Interessant ist auch noch das Ergebnis, wenn direkt nach einer Präferenz für E-Learning im Gegensatz zu klassischen Formen der Aus- und Weiterbildung gefragt wird: hier signalisieren nur knapp 15 % ganz oder überwiegend eine Präferenz für elektronische Bildungsangebote, hingegen knapp 50 % kaum oder gar nicht. Relativ groß ist hier auch die Gruppe der Befragten, die der vorgelegten Aussage teilweise zustimmten. Eine generelle Bevorzugung für E-Learning kann aus diesem Ergebnis allerdings ganz klar *nicht* abgeleitet werden.

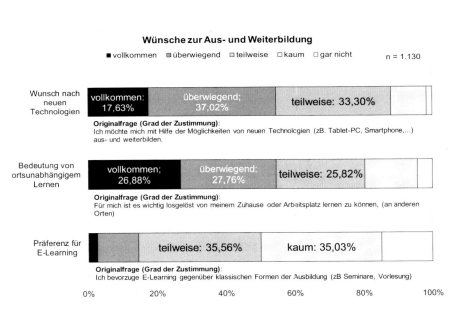

Abbildung 4: Wünsche zur Aus- und Weiterbildung (Eigene Darstellung)

3 Fazit

Wie im Vorangegangenen gezeigt werden konnte, wird die Digitalisierung von Bildungsangeboten auch im Bereich der Aus- und Weiterbildung auf verschiedenen Ebenen vorangetrieben. In den unterschiedlichen angesprochenen Bereichen der Digitalisierung von Präsentationsmedien, der Ausstattung der Lernenden mit digitalen Medien und auch der Digitalisierung von Verwaltungsprozessen sind bisher sehr unterschiedliche Ergebnisse erzielt worden, in allen drei Bereichen gibt es aber für Bildungsanbieter noch viel zu tun, um tatsächlich von einer weitgehenden Digitalisierung der Angebote sprechen zu können.

Diesen Digitalisierungsbemühungen auf der Seite der Bildungsanbieter konnten Ergebnisse aus Befragungen von Lernenden gegenübergestellt werden, die deutlich machen, dass auch die Generation der heutigen Auszubildenden – die der Generation der Digital Natives zugeordnet werden können – keineswegs erfahren und kompetent im Umgang mit digitalen Bildungsmedien sind. Überraschenderweise kann nicht einmal eine deutliche Vorliebe für digitale Bildungsangebote verzeichnet werden. Bei allen Digitalisierungsbemühungen sollte dabei nicht vergessen werden, auch die Zielgruppe in den Prozess einzubinden und bei diesen die Lern- und Handlungskompetenz im Umgang mit digitalisierten Bildungsangeboten aufzubauen.

Literatur

ARD/ ZDF-Onlinestudie. (2015). Onlinenutzung. http://www.ard-zdf-onlinestudie.de/index.php?id=533. Zuletzt abgerufen am 01.06.2018.

Dittler, U. & Kreidl, C. (Hrsg.) (2018). Hochschule der Zukunft: Beiträge zur zukunfsorientierten Gestaltung von Hochschulen. Wiesbaden: Springer.

Dittler, U. (Hrsg.) (2017). E-Learning 4.0: Mobile Learning, Lernen mit Smart Devices und Lernen in sozialen Netzwerken. Berlin: de Gruyter.

Dittler, U. (Hrsg.) (2011). E-Learning: Einsatzkonzepte und Erfolgsfaktoren des Lernens mit interaktiven Medien. 3., komplette überarbeitete und erweiterte Auflage. München: Oldenbourg.

Dittler, U., Krameritsch, J., Nistor, N., Schwarz, C. & Thillosen, A. (Hrsg.) (2009). E-Learning: Eine Zwischenbilanz – Kritischer Rückblick als Basis des Aufbruchs. Münster: Waxmann.

Erle, C. (2017). Lernen in der Arbeitswelt 4.0: Augmented Reality. https://www.managementcircle.de/blog/lernen-in-der-arbeitswelt-4-0-teil-4-augmented-reality/. Zuletzt abgerufen am 01.06.2018.

Hochschulforum Digitalisierung. (2016a). The Digital Turn: Auf dem Weg zur Hochschulbildung im digitalen Zeitalter. Berlin.

Hochschulforum Digitalisierung. (2016b). Lernen mit dogitalen Medien aus Studierendenperspektive: Sonderauswertung aus dem CHE Hochschulranking für die deutschen Hochschulen. Berlin.

Knauer, T. (2010). Relevanz, Qualität und Determinanten der externen Unternehmenspublizität zum Humankapital – eine empirische Bestandsaufnahme der HDAX-Unternehmen. In: Zeitschrift für Personalforschung, 24(3), S. 205–230.

Koch, C. (2010). Ich bin dann mal offline – Ein Selbstversuch. München: Blanvalet.

Macho, A. & Kuhn, T. (2014). Mit echten Brillen in künstlichen Welten. https://www.wiwo.de/technologie/gadgets/virtual-reality-mit-echten-brillen-in-kuenstlichen-welten/10038298.html. Zuletzt abgerufen am 01.06.2018.

MPFS (2017). JIM-Studie 2017: Jugend, Information und (Multi-)Media. https://www.mpfs.de/fileadmin/files/Studien/JIM/2017/JIM_2017.pdf. Zuletzt abgerufen am 01.06.2018

Petry, T. & Jäger, W. (Hrsg.) (2018). Digital HR: Smarte und agile Systeme, Prozesse und Strukturen im Personalmanagement. Freiburg: Haufe.

REWE. (2018). Rewe als Ausbilder: Lernen war noch nie so einfach. https://karriere.rewe.de/arbeiten-bei-rewe/rewe-als-ausbilder/lernen-mit-dem-tablet.html. Zuletzt abgerufen am 01.06.2018.

Rühe, A. (2010). Ohne Netz: Mein halbes Jahr offline. Stuttgart: Klett-Cotta.

Schmid, U., Goertz, L., Radomski, S., Thom, S. & Behrens, J. (2017). Monitor Digitale Bildung: Hochschulen im digitalen Zeitalter: Gütersloh: Bertelsmann Stiftung.

Schmid, U., Goertz, L. & Behrens, J. (2016). Monitor Digitale Bildung: Berfliche Ausbildung im digitalen Zeitalter: Gütersloh: Bertelsmann Stiftung.

Schwenkenbecher, J. (2017). Versuchsanordnung mit iPad. http://www.sueddeutsche.de/muenchen/erding/was-kann-ein-tablet-was-herkoemmlicher-unterricht-nicht-kann-versuchsanordnung-mit-ipad-1.3451162. Zuletzt abgerufen am 01.06.2018.

Sindler, A., Bremer, C., Dittler, U., Hennecke, P., Sengstag, C. & Wedekind, J. (Hrsg.) (2006). Qualitätssicherung im E-Learning. Münster: Waxmann.

Sparkasse Bochum (2018). Ausbildung bei der Sparkasse: Bankkaufmann/-frau 2.0. https://www.sparkasse-bochum.de/de/home/ihre-sparkasse/ausbildung-und-karriere/ausbildung-bei-deiner-sparkasse.html. Zuletzt aufgerufen am 01.06.2018.

Wege, B. (2013). Der Neue im Klassenzimmer: Auch in Deutschland werden immer mehr Tablet-PCs im Unterricht eingesetzt. Doch wie sinnvoll ist das? https://www.zeit.de/2013/30/digitaler-unterricht-tablet-pcs. Zuletzt aufgerufen am 01.06.2018.

Michael Gessler & Daniela Ahrens

Microlearning als didaktischer Ansatz zur Digitalisierung arbeitsprozessintegrierter betrieblicher Weiterbildung in hochautomatisierten Arbeitsumgebungen

Abstract

Den Anwendungskontext bilden hochautomatisierte Arbeitsumgebungen eines Automobilzulieferers, die wir aufgrund ihres Charakters (u. a. isolierte Teilaufgaben, wenig sozialer Austausch, unklares Feedback durch die Arbeit – insbesondere bei Störungen, niedrige Handlungsbedeutung) als lernfeindliche Arbeitsumgebungen bezeichnen. Unsere Fragestellung ist, wie durch didaktische Zusatzangebote eine arbeitsprozessintegrierte betriebliche Weiterbildung dennoch ermöglicht werden kann. Im Beitrag gehen wir zunächst auf Lernformen im Arbeitsprozess ein, sodann auf Kriterien lernförderlicher und lernfeindlicher Arbeitsumgebungen und stellen schließlich die didaktische Umsetzung von Microlearning in einer hochautomatisierten Arbeitsumgebung vor. Unser Ansatz führte einerseits zum gewünschten Ergebnis: Das informelle Lernen im Arbeitsprozess wurde ermöglicht. Andererseits gelang es uns nicht, Lernpotenziale in die Arbeitshandlung selbst zu integrieren. Einen wesentlichen Erfolg konnten wir dennoch erzielen: Der Prozess der Dequalifizierung wurde aufgehalten und umgewandelt in einen Prozess der Requalifizierung.

1 Lernen im Arbeitsprozess

Zunächst werden fünf Formen des Lernens im Arbeitsprozess vorgestellt. Im zweiten Schritt werden lernförderliche Bedingungen einer Arbeitsumgebung veranschaulicht. Dieses Konstrukt erweitern wir um die Perspektive, dass Arbeitsumgebungen, insbesondere hochautomatisierte, einen gegenteiligen Charakter aufweisen, den wir als „Lernfeindliche Arbeitsumgebung" bezeichnen. Lernfeindliche Arbeitsumgebungen initiieren und ermöglichen Lernen nicht aus ihrer Struktur heraus, vielmehr erschweren sie das Lernen.

1.1 Lernformen

Erfahrungswissen ist von persönlichen, sozialen und materialen Bedingungen abhängig, die nicht vollständig formalisierbar sind, weshalb Polanyi feststellt: „we can know more than we can tell" (Polanyi 1966; 1983, S. 4). Erfahrungswissen ist dennoch vermittelbar, allerdings nicht explizit und formal, sondern situiert (Lave und Wenger, 1991). Nonanka and Takeuchi (1995) bezeichnen dies in ihrem Modell der „Wissensspirale" mit Sozialisation: Situiertes Lernen ist soziales Lernen als ein Lernen am Modell (Bandura, 1977). Das Erfahrungsmodell wird über Nachahmung und Anwendung internalisiert, routinisiert und zu persönlichem Erfahrungswissen. Die Stärke dieser Lernform besteht in der Entwicklung von implizitem 'know that' (implizit-deklarativem Wissen), implizitem 'know how' (implizit-prozeduralem Wissen), implizitem 'know when' (implizit-konditionalem Wissen) und auch, mit Einschränkung, impliziertem 'know why' (implizit-konzeptuellem Wissen).[48] Das Lernpotenzial ist allerdings begrenzt. 'Implicit learning' (Eraut, 2004) ist defensiv, unbewusst und begrenzt auf die Reproduktion bestehender Praktiken am Arbeitsplatz.

Durch Dialog erweitert sich das Lernpotenzial. Voraussetzung ist, dass das Erfahrungswissen reziprok externalisiert und in wechselseitigen Verstehensprozessen Reflexion initiiert wird. Reflexion hat im Dialog einen dreifachen Bezug: Zunächst ist das der reflexive Bezug auf die eigene Praxis und auf das eigene Verständnis bzw. die Reflexion der eigenen Erfahrung, sodann der reflexive Bezug auf die fremde Praxis und das mögliche Verständnis und schließlich der reflexive Bezug auf die Gemeinsamkeiten und Unterschiede dieser Bezüge.

In der Reflexion löst sich das Erfahrungswissen vom Gegenstand, weshalb eine aufgabenbezogene Rekontextualisierung mittels Anwendung erforderlich ist, um handlungsbegründendes, handlungsleitendes und handlungswirksames Wissen miteinander zu verbinden (Evans, 2016). Lernen ist kognitiv, allerdings noch begrenzt

---

[48] Crooks und Alibali (2014, S. 348–349) unterscheiden sechs Formen konzeptuellen Wissens: (1) connecting knowledge ('understanding of relationships and connections within a domain'), (2) general principal knowledge ('understanding of principles that govern a domain'), (3) knowledge of principles underlying procedures ('understanding the basis for procedures, or knowing why a procedure works'), (4) category knowledge (understanding the 'categories that can be used to organize knowledge within a domain'), (5) symbol knowledge ('awareness of what symbol means'), and domain structure knowledge (understanding of the underlying structures of a domain). Teilweise sind diese Formen implizit lernbar (z. B symbol knowledge). Andere erfordern Erläuterungen und Erklärungen (z. B. domain structure knowledge).

auf das Erfahrungswissen der Community of Practice (CoP). Eraut (2004) nennt diesen Modus „reactive learning".

Ein weiterer Schritt ist die Validierung der Erkenntnisse (Verifikation oder Falsifikation) in Bezug auf explizite Wissensbestände bzw. den „State of the Art" einer „Landscape of Practice" (Wenger-Trayner et al., 2015), wobei wiederum im Anschluss der o. g. Schritt der Rekontextualisierung notwendig wird. Als analytischer Prozess bezieht sich Lernen auf die Praktiken innerhalb einer Domäne. Eraut (2004) bezeichnet diesen Modus als „deliberative learning".

Lernen, welches das Wissen einer Domäne überschreitet, kann sodann als expansives Lernen bezeichnet werden: „In expansive learning, learners learn something that is not yet there" (Engeström and Sannino, 2010, S. 2). Diese Lernform wird von Eraut nicht explizit ausgewiesen.

Die genannten Lernformen unterscheiden sich deutlich hinsichtlich ihrer horizontalen Bezüge: Arbeitsplatzwissen, Wissen der Praxisgemeinschaft, Domänenwissen und Wissen jenseits des jeweiligen Domänenwissens.

Vertikal, wiederum durch Reflexion (selbst und mit anderen) und basierend auf dem validierten oder nicht validierten expliziten Wissen, kann Meta-Wissen (meta-deklaratives, meta-konditionelles, meta-konditionales und meta-konzeptuelles Wissen) durch metakognitives Lernen entwickelt werden. Meta-Wissen umfasst „Wissen über das Wissen" und die „Regulierung des Wissens". Meta-Wissen fördert strategisches Denken und selbstreguliertes Lernen und bildet die Voraussetzung für expansives Lernen und Innovationen (Hacker, Dunlosky &Graesser, 2009). Meta-kognitives Lernen erfordert nicht nur eine fachliche Rekontextualisierung, sondern auch zudem eine persönliche, die für die Entwicklung beruflicher Identität von entscheidender Bedeutung ist (Evans, 2016).

Die dritte Dimension bildet der Faktor „Zeit". Dreyfus und Dreyfus (1986) unterscheiden verschiedene Erfahrungsstufen: (1) novice, (2) advance beginner, (3) competence, (4) proficiency and (5) expertise (Dreyfus, 2004). Empirische Untersuchungen weisen nach, dass mindestens 10 Jahre praktische und reflektierte Erfahrung notwendig sind, um den Status eines Experten zu erreichen (Ericsson, 2014a). Dennoch: „10 years of experience in a domain does not guarantee that expert performance is attained" (Ericsson, 2014b, S. 10). Und: Der Fortschritt der Kompetenzentwicklung verläuft nicht linear (Ericsson, 2014b, S. 11). Expertise ist gebunden an Zeit, Fachwissen und Persönlichkeit und drückt sich als „knowledgeability" (Wenger-Trayner et al., 2015), „wisdom" (Hawse &Wood, 2017) oder „mindfulness" (Hyland, 2017) aus.

1.2 Lernförderliche und lernfeindliche Arbeitsumgebungen

Die Karriere des Lernens am Arbeitsplatz begann in den frühen 1990er Jahren (Ahrens und Gessler, 2018). Den Ausgangspunkt bildet insbesondere die Unzufriedenheit über die Ergebnisse des institutionellen Lernens. Einerseits scheint das institutionelle Lernen ein Übermaß an Qualifikationen zu erzeugen, andererseits werden jedoch die am Arbeitsplatz erforderlichen Fähigkeiten nicht erworben (Fitzgerald, 1986). Lernen in der Arbeit „may benefit from being unfettered from the constraints of formal settings" (Billett, 1992, S. 152). In den späten 1990er Jahren wurden die Einschränkungen des Lernens in der Arbeit sichtbar. Zum Beispiel wurde die begrenzte Entwicklung konzeptionellen Wissens am Arbeitsplatz beobachtet (Billett & Rose, 1997).

Eine einflussreiche und oft kritisierte Studie, die den Einfluss der Arbeitsumgebung auf die Arbeitsleistung untersuchte, waren die Hawthorne-Experimente der 1920er und 1930er Jahre (Gillespie, 1991). Eingebettet in diese Tradition, veröffentlichten Hackman und Oldham den Job Diagnostic Survey, dessen Fokus ist „to diagnose existing jobs to determine if (and how) they might be redesigned to improve employee motivation and productivity" (Hackman & Oldham, 1975, S. 159). In der Arbeitspsychologie ist Motivation ein zentrales Thema. Aus Sicht der Berufsbildung fungiert Lernen als das Schlüsselthema (einschließlich Motivation). Auch wenn die Ziele nicht identisch sind, überschneiden sich die Schlüsseldimensionen. Die ursprünglichen fünf Dimensionen von Hackman und Oldham (skill variety, task identity, task significance, autonomy and feedback) können dazu genutzt werden, um das Lernpotenzial von Arbeit zu identifizieren. Für unsere Zwecke wurden die Dimensionen unter Verwendung weiterer Quellen (Frieling, 2006; Dehnbostel, 2008) weiterentwickelt. Die wahrgenommene individuelle Beobachtung dieser Dimensionen in Verbindung mit der individuellen Fähigkeit und Motivation, das wahrgenommene Potenzial in Bezug auf die erweiterte Peer-Unterstützung zu gestalten, kann das Lernpotenzial eines Arbeitsplatzes erhöhen oder verringern.

Tabelle 1: Lernförderliche und lernfeindliche Arbeitsumgebungen

Job Diagnostic Survey	Kriterien	Charakter der Arbeitsumgebung	
		Lernförderlich	Lernfeindlich
Task identity	Vollständigkeit der Handlung	Geringe Arbeitsteilung mit wechselseitigen Aufgaben / Problemen und damit verbundenen Einzelaktivitäten, einschließlich Problemstellung, Zielsetzung, Planung, Durchführung und Auswertung (Bewertung: Feedback durch Arbeit)	Hohe Arbeitsteilung mit Fokus auf isolierte Aktivitäten (z. B. nur Planung, nur Durchführung abgegrenzter Einzelaktivitäten, externe Evaluation statt Selbstevaluation)
Skill variety	Handlungsanforderung	Vielfältige, komplexe Aufgaben, Vagheit und Unbestimmtheit, Problemstellungen, Projektorientierung	Monotonie der Arbeit mit niedrigen Handlungsanforderungen und repetitiven Aktivitäten
Autonomy	Handlungsspielraum	Hohe Freiheitsgrade und Entscheidungsprozesse in der Arbeit erfordern und schaffen Verantwortung	Entscheidungen werden auf Grundlage von Routinen, Regeln, Richtlinien, Spezifikationen, Regeln getroffen; reduzierte Verantwortung
Task significance	Handlungsbedeutung	Das Ziel, die Wichtigkeit, die Funktion und der Kontext einer Aufgabe oder eines Problems sind klar und werden als bedeutsam erlebt	Die eigene Aufgabe wird als nachrangig und weniger bedeutsam empfunden

Feedback	Soziale Einbettung und soziale Unterstützung	Anregungen, Unterstützung und Feedback von Kollegen, Team, Vorgesetzten und Kunden; Gemeinsamkeit	Begrenztes Feedback über die individuelle, soziale und berufliche Leistung
--	Reflexionsgrad	Die Arbeitsorganisation beinhaltet, ermöglicht und erfordert Selbstreflexion	Zeitdruck bei der Arbeit verhindert Selbstreflexion
--	Entwicklungsorientierung	Aufgaben sind anspruchsvoll und in der Zone der proximalen Entwicklung	Übermäßige Anforderungen (Stress) oder die Anforderungen sind zu niedrig (Langeweile)
--	Fehlerkultur	Fehler geschehen zwangsläufig und werden als Lernanlass verstanden	Fehler werden verhindert und sanktioniert (Null-Fehler-Politik)

Arbeitsumgebungen ermöglichen nicht automatisch das Lernen und die Entwicklung von Selbst-, Sozial- und Fachkompetenz. Einige Arbeitsumgebungen, z. B. Projektarbeit, schaffen fortlaufend Problemstellungen und fördern und erfordern permanentes Lernen on-, near- und off-the-job (Gessler & Stübe, 2008). Hochautomatisierte Arbeitsumgebungen sind hingegen von weitgehender Monotonie geprägt mit eng abgegrenzten Teilaufgaben.

Nach der arbeitsorientierten Wende in den 1990er Jahren (siehe oben) wurde zu Beginn der 2000er Jahre die komplementäre Funktion des Lernens am Arbeitsplatz (on-the-job) und des formalen bzw. non-formalen Lernens (off-the-job) erkannt: „Learning on-the-job was perceived to be more real life and focused on the „how". Learning off-the-job was less pressured, broader in scope, more theoretical and concerned with „why". The findings indicate that these two environments make valuable, but different contributions" (Harris et al., 2001, S. 263).

In welchem Verhältnis stehen diese zwei Lernansätze zueinander? Basierend auf empirischen Untersuchungen (Verespej, 1998; Bruce, Aring & Brand, 1998; Marsick & Watkins, 1990), ist davon auszugehen, dass etwa 60 % der am Arbeitsplatz benötigten

Kompetenzen am Arbeitsplatz erworben werden, mittels inzidentellen Lernens (nicht beabsichtigt, nicht stark strukturiert) und informellen Lernens und Trainings (absichtlich, normalerweise nicht stark strukturiert). Etwa 40 % der erforderlichen Kompetenzen werden daher durch mehr oder weniger strukturierte nicht-formale und formale Qualifizierung erworben.

2 Microlearning als didaktischer Ansatz

Unsere Ausgangsthese lautet, dass lernfeindliche Arbeitsumgebungen Lernen aus ihrer Strukturiertheit heraus nicht nur nicht initiieren oder ermöglichen, sondern sogar erschweren. Mittels didaktischer Interventionen können diese Arbeitsumgebungen lernhaltig gestaltet werden – beispielsweise durch Mikrolearning.

Im Bereich Erziehungswissenschaft, insbesondere in der Lehramtsausbildung, wird der Begriff „Microteaching" bereits seit den 1960er Jahren verwendet. Die Bezeichnung „Microteaching" bezieht sich auf Trainings von relativ kurzer Dauer (wenigen Tagen bis zu mehreren Wochen) im Verhältnis zum ambitionierten Ziel: Der Veränderung von Lehrverhalten. In seiner tour d'horizon resümiert Klinzing, dass Microteaching positive Effekte auf die Aneignung von sozialen und unterrichtlichen Kompetenzen hat (Klinzing 2002).

Obwohl anzunehmen wäre, dass Microlearning und Microteaching zwei Seiten einer Medaille sind, ist das nicht der Fall. Microlearning wird seit den 2000er Jahren im Kontext technologiegestützten Lernens („technology enhanced learning") und web-basierten Trainings verwendet. Nicht nur die Entstehungszusammenhänge sind unterschiedlich, sondern auch die Form und Zielsetzung: Die Zeitintervalle im Microlearning sind weit kürzer (einige Minuten) und die Ziele weniger komplex (z. B. eine Information, eine Anregung zum Nachdenken). Hug (2018, S. 323) erfasst Kategorien und Einzelthemen, die unter der Überschrift „Microlearning" diskutiert werden. Sie sind u. a.

- Zeit: relativ kurze Dauer, Aufwand, messbarer Zeitverbrauch,
- Inhalt: kleine oder sehr kleine Einheiten, enge Themenfelder,
- Curriculum: Einbettung in einen Lehrplan oder ein Modul, Bestandteil informeller Lernkontexte,
- Form: „Wissensnuggets", Fragmente, Episoden, einzelne Skills, Kompetenzen,
- Prozess: separate, mitlaufende, situierte oder integrierte Aktivitäten, iterative Methoden,
- Aufmerksamkeit: Grad der Bewusstheit,

- Medialität: face-to-face, mono-medial vs. multi-medial, mediale Konstellation, (inter-)medial, cross- oder transmedial, multicodal, multimodal,
- Typen und Formen des Lernens: aktivierend, wiederholend, reflektiert, pragmatisch, instrumentell, konstruktivistisch, behavioristisch, inzidentell, Lernen im Klassenraum, Lernen am Arbeitsplatz, Lernen in Unternehmen, bewusstes vs. unbewusstes Lernen,
- Bezeichnungen: microlearning, episodic learning, rapid learning, byte-sized learning, nano-learning, on-demand learning.

Die Aufzählung verdeutlicht, dass Microlearning vor dem Hintergrund unterschiedlicher Lerntheorien und Zielsetzungen umgesetzt werden kann, sich in Form, Inhalt und Prozess von Fall zu Fall unterscheidet und sogar die Begriffsbezeichnung beliebig erscheint. Hug konstatiert: „Es gibt, wenn überhaupt welche, viele Wege des Mikrolernens." (2018, S. 327).

Der Begriff Microlearning legt eine Perspektive fest und keine Form. Die didaktische Gestaltung von Microlearning (z. B. Gestaltung einer Unterrichtssequenz) unterscheidet sich damit von einem mesodidaktischen (z. B. Gestaltung einer Unterrichtseinheit) und einem makrodidaktischen Ansatz (z. B. Gestaltung eines Lehrplans) und steht gleichzeitig im Verhältnis zu diesen Perspektiven (z. B. Einbettung der Sequenzen in Einheiten und der Einheiten in Lehrpläne). Microlearning kann allerdings nicht differenziert werden von so unterschiedlichen Konzepten, wie z. B. „entdeckendem Lernen" oder „Instructional Design", da es kein Konzept an sich darstellt, sondern vielmehr eine Perspektive, die als Konzept ausformbar ist, wahlweise entdeckend oder instruierend, produzierend oder wiederholend situiert oder abstrahiert.

Das Besondere ist jedoch die Mikroperspektive, die auf Lernen angewendet wird, womit sich final dann doch eine *Definition* formulieren lässt: Microlearning ist die Anwendung einer Mikroperspektive auf Lernprozesse. Im didaktischen Design sind mit Bezug auf unsere Fragestellung (arbeitsprozessintegrierte Weiterbildung) entsprechend folgende Gesichtspunkte zu klären (Meyer & Jank, 2009):

- Lernende: Wer lernt mit welchem Vorwissen und welchen Vorerfahrungen, Prägungen und Neigungen?
- Didaktischer Ansatz:
    - Ziel (Wozu?)
    - Kompetenz (Mit welchem Ergebnis?)

- Ort (Wo?)
- Zeit und Zeitintervalle (Wie lange?)
- Medien (Womit?)
- Didaktische Umsetzung:
  - Inhalte (Was?)
  - Lernumgebung (Wie, wann, wo und womit?)
  - Lernhandlungen (Welche Eigenaktivität?)
  - Sozialform des Lernens (Mit wem?)
  - Einbettung: Das Verhältnis von Mikro-, Meso- und Makroebene (Welche Referenz?).

Selbst Mikro-Lerneinheiten sind durch eine innere Struktur gekennzeichnet, weshalb von der Übernahme einer Nano-Perspektive gesprochen werden kann. Eine Struktur wäre beispielsweise folgende Abfolge: (1) Aktiver Start (z. B. 3 Minuten), (2) Demonstration oder Übung (z. B. 6 Minuten), (3) Reflexion oder Diskussion (z. B. 4 Minuten) und (4) Verankerung und Ausblick – was kommt als Nächstes? (Overschie et al., 2007).

3 Arbeitsprozessintegrierte betrieblicher Weiterbildung

Für die betriebliche Weiterbildung – nach wie vor das zentrale Instrument bei der Fachkräftesicherung – stellen sich angesichts fortschreitender Digitalisierung und sich wandelnder Arbeitswelten neue Herausforderungen hinsichtlich der Realisierung eines arbeitsprozessorientierten Lernens. Wie Arbeiten und Lernen für die betriebliche Weiterbildung miteinander verknüpft werden können, war die leitende Frage des Verbundprojekts „Berufliche Professionalität im produzierenden Gewerbe". Das Verbundprojekt ging der Frage nach, wie sich Arbeiten und Lernen verknüpfen lassen, wie das Arbeitsumfeld als Lerngelegenheit genutzt werden kann und welche Lernformate die arbeitsprozessorientierte Kompetenzentwicklung fördern. Kern dieses Ansatzes ist, dass die Lernprozesse dort ansetzen, wo sie für Fachkräfte und Management die größte Relevanz und Dringlichkeit besitzen, nämlich im Arbeitsprozess.

Das Verbundprojekt Brofessio wurde in dem BMBF-Förderprogramm „Zukunft der Arbeit. Innovationen für die Arbeit von morgen" von 2014 bis 2017 gefördert (Förderkennzeichen 02L12A230-235). Im Verbund Brofessio waren zwei Hochschulen, ein Forschungsinstitut, zwei Unternehmen und die IG Metall als Sozialpartner vertreten

(Brofessio-Verbund, 2018). Koordiniert wurde der Verbund von der Universität Bremen, Institut Technik und Bildung[49].

Gegenstand der nachfolgenden Betrachtung sind hochautomatisierte Arbeitsumgebungen, die einen lernfeindlichen Charakter aufweisen, weshalb die Kriterien einer lernfeindlichen Arbeitsumgebung den Ausgangspunkt bilden.

3.1 Didaktische Prinzipien

In der nachfolgenden Tabelle greifen wir die Kriterien der lernfeindlichen Arbeitsumgebung auf und leiten hieraus didaktische Prinzipien zur Gestaltung unseres Microlearning-Ansatzes ab.

Tabelle 2: Kriterien lernfeindlicher Arbeitsumgebungen und abzuleitende didaktische Prinzipien

Kriterien	Charakter der Arbeitsumgebung	
	Lernfeindlich	**Didaktische Prinzipien**
Vollständigkeit der Handlung	Hohe Arbeitsteilung mit Fokus auf isolierte Aktivitäten (z. B. nur Planung, nur Durchführung abgegrenzter Einzelaktivitäten, externe Evaluation statt Selbstevaluation)	Überblick schaffen, Zusammenhänge verdeutlichen
Handlungsanforderung	Monotonie der Arbeit mit niedrigen Handlungsanforderungen und repetitiven Aktivitäten	Authentische und exemplarische Problemstellungen
Handlungsspielraum	Entscheidungen werden auf der Grundlage von Routinen,	Bewertungen vornehmen, Handlungsoptionen und -konsequenzen ermitteln

---

[49] Weitere Informationen und ein ausführlicher Abschlussbericht sind verfügbar über die Projekthomepage (www.brofessio.de).

	Regeln, Richtlinien, Spezifikationen, Regeln getroffen; reduzierte Verantwortung	
Handlungs-bedeutung	Die eigene Aufgabe wird als nachrangig und weniger bedeutsam empfunden	Erkennen, dass die Bedeutung durch einen erweiterten Handlungsspielraum sowie Verantwortungsübernahme gesteigert werden kann, die Handlungsbedeutung gestaltbar ist
Soziale Einbettung und soziale Unterstützung	Begrenztes Feedback über die individuelle, soziale und berufliche Leistung; Individualität	Feedback erhalten zur Problemlösung, Bewertung sowie den ermittelten Handlungsoptionen und -konsequenzen
Reflexions-grad	Zeitdruck bei der Arbeit verhindert Selbstreflexion	Kurze Reflexionseinheiten
Entwicklungs-orientierung	Übermäßige Anforderungen (Stress) oder die Anforderungen sind zu niedrig (Langeweile)	Gestaffelte Problemstellungen
Fehlerkultur	Fehler werden verhindert und sanktioniert	Problemstellungen beziehen sich auf die Analyse möglicher Fehler im Arbeitsprozess

Im nächsten Abschnitt skizzieren wir den didaktischen Ansatz, die realisierte Lernumgebung und das realisierte Training.

3.2 Didaktisches Design

Das betriebliche Anwendungsfeld war bei der Hella Fahrzeugkomponenten GmbH (Hella) im Bereich der Fertigung von Scheinwerferreinigungsanlagen („M-Teleskop") angesiedelt. Die Produktion erfolgt auf einer hochautomatisierten Anlage, die aufgrund ihrer Auslastung und ihrer technischen Aktualität als geeignetes Analyse- und Gestaltungsfeld eruiert wurde. Der den Bereich verantwortende Meister ist Vorgesetzter von 18 Mitarbeiter/innen, die sich in 14 indirekte und 4 direkte Mitarbeiter/-innen aufteilen. Die direkten Mitarbeiter/innen arbeiten unmittelbar an der Maschine als Montierer/innen bzw. an einem Handarbeitsplatz. Das indirekt beschäftigte Personal ist im Umfeld einer Anlage für die Organisation und den Betrieb zuständig. Bei einer Fachkraft im hier verstandenen Sinne handelt es sich um eine Person, die eine Ausbildung in einem staatlich anerkannten Beruf erfolgreich abgeschlossen hat und in dem Berufsbild entsprechenden Arbeitsprozessen eingesetzt wird. Diese Fachkräfte werden im Unternehmen auch als FfT (Fachkräfte für Technik) bezeichnet. Bei den Ausbildungsberufen handelt es sich überwiegend um: Maschinenschlosser/-in, Industriemechaniker/-in, Konstruktionsmechaniker/-in oder Mechatroniker/-in.

Aufgrund der starken Nachfrage wird die Anlage im 3-Schichtbetrieb gefahren. An der Anlage zur Fertigung des M-Teleskops sind jeweils zwei Fachkräfte für Technik pro Schicht eingesetzt. Dies ist nicht zuletzt auch wegen der Größe der Anlage von 6 x 21 Metern notwendig. Die Fachkräfte haben dadurch unterschiedliche Zuständigkeitsbereiche. Die Aufgaben der Lead-FfT sind neben der Betreuung ihres Anlagenbereiches die Organisation von Umrüstungen und Vertretungsregelungen, die Dokumentation und die Kommunikation mit der Instandhaltungswerkstatt.

Ein Meister (u. a. verantwortlich für die Personaleinsatzplanung) ist der direkte fachliche Vorgesetzte der Fachkräfte. Einem Fertigungsplaner obliegt die Budgetverantwortung und ein Prozessingenieur kann bei besonderen Störungen hinzugezogen werden. Bei Störungen am Wochenende werden zudem die Rufbereitschaft der elektrotechnischen Werkstatt, der Prozessingenieur und /oder Spezialisten für Kamera- und Lasersysteme zur Unterstützung gerufen.

Didaktischer Ansatz

Im Zentrum standen die Arbeitsprozesse der Facharbeiter/-innen, welche die Anlagen bedienen. Nach Auswertung der Interviews und Arbeitsplatzbeobachtungen konnten bei dem betrieblichen Anwendungspartner Hella folgende typische Arbeitsprozesse identifiziert werden: Betrieb der Anlage, Wartungsarbeiten, Umrüsten der Anlage und

Produktionsaufträge anlegen, Umgang mit Störungen. Unsere Befragungen und Arbeitsplatzbeobachtungen ergaben, dass insbesondere die Störungsanalyse und -behebung eine hohe fachliche Herausforderung darstellen. Fehleranalysen werden gleichermaßen einfacher und anspruchs- und voraussetzungsvoller. Zwar ging, so die Aussagen der Betriebsingenieure, die Anzahl der Produktfehler zurück, die Komplexität der Anlagenfehler nimmt hingegen zu. Es vollzieht sich insofern ein Wandel in der Fehlerqualität, dass die Störungen an der Anlage vielfach individuell sind – jede Maschine ist einzigartig und für einen gewissen Zweck konstruiert und programmiert. Standardisierte Lösungsstrategien können daher immer seltener Abhilfe schaffen. Die „Individualisierung" der Anlagenfehler geht einher mit einer steigenden Komplexität, sodass neben dem Erfahrungswissen der Fachkräfte vielfach spezielles Expertenwissen – etwa für Lasertechnologie oder Robotik – zur Fehlerbehebung unerlässlich wird. Die Konsequenz ist, dass Probleme und Störungen zunehmend informationstechnischer Natur sind und damit abstrakt und immer weniger durch das körpergebundene, auf die sinnliche Wahrnehmung rekurrierende Erfahrungswissen bewältigt werden können. Die Folge ist, dass hochautomatisierte Anlagen von den Fachkräften vielfach als eine Art „Geistermaschine" empfunden werden, bei der sie zwar die Bedienelemente nutzen, ohne jedoch immer auch über das entsprechende Kontextwissen zu verfügen. Die Kompetenzentwicklung richtet sich hier auf die Verbesserung der Kenntnisse der Anlage („Anlagenverständnis"). Gegenstände des Lernens sind das Zusammenwirken der vernetzten Komponenten sowie die Funktionsweisen im Kontext der Anlage. Lernziele sind (1) der Aufbau und die Sicherung von Prozess- und Anlagenverständnis, (2) Expertiseaufbau im Bereich der aktuellen Technik, damit die Beschäftigungsfähigkeit erhalten bleibt, (3) die Technik und das Zusammenwirken der vernetzten Komponenten der Anlage verstehen und analysieren können.

Um Störungen präventiv zu vermeiden, müssen Maschinenbediener/-innen die technischen Zusammenhänge verstehen, und zwar sowohl die Produktmaterialien als auch Verschleißprozesse. Dies gilt ebenso bei Störungen und Stillständen der Anlage. Mittels der didaktischen Intervention soll die Fachkraft dazu in die Lage versetzt werden, einschätzen zu können, ob ein entsprechender Spezialist (z. B. der Prozessingenieur) angerufen werden muss oder ob die Störung selbstständig behoben werden kann. Lernort und Lerngegenstand ist die Produktionsanlage. Gelernt wird am Arbeitsplatz in Zeiten, die nicht die Aufmerksamkeit der Fachkraft im Produktionsprozess erfordern (u. a. in der störungsfreien Zeit). Der im Vorhaben gewählte Ansatz umfasst videobasierte Micro-Lern-Einheiten. Dabei wurden sowohl ein Lernmanagementsystem entwickelt als auch speziell auf diesen Lernanlass konzipierte Video-Sequenzen und interaktive Grafiken erstellt und entsprechend den Abschnitten Produkt, Zuführprozess, Produktionsprozess didaktisch aufbereitet. Die Videos wurden an der Fertigungsanlage mithilfe einer Action-Cam aufgenommen, um automatisierte, „gekapselte" Fertigungsprozesse sichtbar zu machen. Zwei Aspekte sprechen für den Einsatz von Videos. Angesichts der Bildhaftigkeit der meisten digitalen Medien wird Kommunikation heute zunehmend visuell oder audiovisuell praktiziert. Texte sind nicht länger das primäre Medium für Wissensvermittlung. Neben der bildhaften Vermittlung von Wissen sind zweitens die Lernpotenziale von Videos insbesondere bei schwer zugänglichen Arbeitsprozessen hervorzuheben.

Zur Anzeige und Pflege des Lernmanagementsystems auf Wordpress-Basis ist als einziges Werkzeug ein digitales Endbenutzergerät mit einem Browser notwendig. Von jedem Smartphone, Tablet oder Desktop-Computer aus kann theoretisch eine Verbindung zum LMS über das Hypertext Transport Protokoll aufgebaut werden. Für die Facharbeiter an der Produktionsanlage wurde das LMS zentral gehostet und ein Tablet zur Anzeige zur Verfügung gestellt. Die Facharbeiter können somit während des Arbeitsprozesses auf das System zugreifen.

Didaktische Umsetzung

Im LMS wurde zunächst eine grafische Benutzeroberfläche entwickelt, die es erlaubt, Informationen und Inhalte für Facharbeiter an der Anlage schnell und übersichtlich darzubieten. Aufgrund der Anforderung, dass von einem Tablet auf das System zugegriffen werden kann, wurde die Benutzeroberfläche des Systems auf diesen speziellen Anwendungsfall adaptiert. Über eine Startseite kann der Nutzer im System zu spezifischen Anlagenteilen des M-Teleskops navigieren. In Tabelle 3 ist der Aufbau des LMS dargestellt.

Tabelle 3: Aufbau des Lernmanagementsystems

Wissensebenen	Kontext	Mögliche Inhalte
Orientierungs- und Überblickswissen	Fertigung	Zusammenarbeit, TPM, KVP, Informationsweitergabe, Schichtübergabe, Wissensmanagement, Produktwissen etc.

Zusammenhangswissen	Anlage	Anlage & Prozesse, Kommunikation der Anlagenbestandteile, MES-System, ERP-System, Produktionsprozess
Detail- und Funktionswissen	Modul/ Fertigungszelle	Netzwerke, Datenübergabe, SPS, Programmierung
Fachsystematisches Wissen	Komponenten	Funktionsweise von Anlagenbestandteilen, wie Sensoren, Aktoren, CCD, Laser, Robotik etc.

In dem Lernmanagementsystem stehen den Beschäftigten zu verschiedenen Arbeits- und Produktionsschritten der Anlage (genannt: Zellen), die wiederum in einzelne Module unterteilt sind, unterschiedliche Dokumente zur Verfügung, die im Folgenden näher erläutert werden:

- Anlagen-Update (Tech-Blog): Hier finden die Fachkräfte für Technik chronologisch und thematisch sortierte Änderungen an der M-Teleskop-Anlage. Diese Änderungen an der Anlage werden von den Prozessingenieuren im Lernsystem aktualisiert. Zur Veranschaulichung können Bilder hinzugefügt werden.
- Problemlösungen/Dokumente: Hier sind Dokumente hinterlegt, die bei der Entstörung und bei Problemlösungen unterstützend helfen.
- Wartungsvorschriften: Hier finden die Beschäftigten Inspektionsplan-Checklisten zur Wartung bestimmter Bauteile bzw. Anlagenteile in tabellarischer Form.
- Ersatzteile: Dieser Reiter ermöglicht die Suche nach Ersatzteilen direkt auf dem Tablet.
- Diskussion: Hier können Fachkräfte für Technik mit ihren Kollegen/-innen diskutieren.

Jedes Modul besteht aus vier Subkategorien (Übersicht, Produkt, Zuführprozesse, Produktionsprozesse), die unterschiedlich kodierte Informationen enthalten:

- Fotos der Anlage, auf denen wichtige Bauteile speziell markiert wurden.
- Prozessvideos, in denen eine Action-Cam auf einen Werkstückträger montiert wurde und in denen man den Produktionsprozess von innerhalb der gekapselten Anlage begutachten kann.

- Erläuterungen in Textform.
- Animierte Text- und Bildelemente in einem bestimmten Ablaufschema, um die Prozesse der Anlage zu verdeutlichen.
- Interaktive Grafiken, z. B. mit sogenannten Hot Spots, auf die der Facharbeiter tippen kann, um weitere Informationen zu erhalten.

Die Lerninhalte wurden so ausgewählt und strukturiert, dass anhand von konkreten Einzelbeispielen verallgemeinerbare Erkenntnisse gewonnen werden können (exemplarisches Lernen). Das Lernen musste einerseits selbstorganisiert erfolgen (aufgrund der Unplanbarkeit der Zeitfenster) und war andererseits sozial eingebettet. In Abbildung 1 ist die Struktur einer Lernsequenz im Überblick dargestellt.

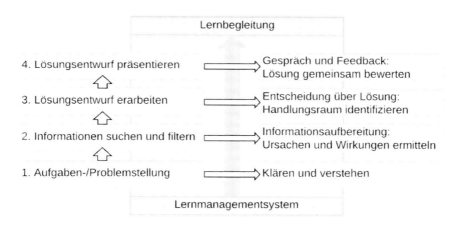

Abbildung 1: Struktur einer Lernsequenz (Eigene Darstellung)

Die Wissensressource für das selbstgesteuerte Lernen bildet das Lernmanagementsystem. Die Initialzündung geht von Aufgaben aus, die eine Problemstellung bilden, wie z. B.:

- Aufgabenstellung: Im ersten Arbeitsschritt der Zelle 1 werden im Modul 5.4 die Kolben auf den Werkstückträger (WT) gesetzt.

- Problemstellung: (1) Was kann dann passieren, wenn der Kolben falsch ausgerichtet wird? (2) In welcher Station hat dies eine Auswirkung und warum? (3) In welcher Station ist vermutlich die Ursache zu finden? Begründen Sie Ihre Überlegungen. (4) Was passiert dann, wenn ein falscher Kolben zugeführt wird?

Folgende Schlüsselfragen mussten damit in der Entwicklungsphase beantwortet werden: (1) Wie kann das Lernen in den Arbeitsprozess integriert werden, ohne diesen zu stören? (2) Welches Wissen muss für die Lernhandlungen zur Verfügung gestellt werden? (3) Wie soll das erforderliche Wissen aufbereitet und dargeboten werden, sodass dieses als Ressource genutzt werden kann? (4) Wie kann das Lernen initiiert und so attraktiv gestaltet werden, dass es selbstgesteuert umgesetzt werden kann? (5) Wie kann die Isolierung aufgehoben, die soziale Einbettung ermöglicht und der Wissensaustausch gefördert werden? (6) Wie kann die Wirksamkeit des Ansatzes ermittelt werden?

4 Ergebnisse

Abschließend möchten wir kurz auf sechs zentrale Erkenntnisse eingehen.

Wissensbroker

Die Gestaltung einer arbeitsprozessintegrierten Weiterbildung ist bereits voraussetzungsvoll, da die konkrete Arbeitsumgebung und das inhärente Wissen den Ausgangspunkt bilden. In hochautomatisierten Arbeitsumgebungen sind diese Bedingungen nochmals verschärft; das System ist bis auf die Zuführprozesse autark. So zumindest lautet das Ideal, wenn das System störungsfrei wäre. Der Aufbau der oben skizzierten arbeitsprozessintegrierten Weiterbildung war uns nur deshalb möglich, weil eine interne Mitarbeiterin als Wissensbroker zur Verfügung stand.

Lernbereitschaft

Die Lernform (selbstgesteuert mit Tablet, Besprechung mit Kolleg/-innen) war für die Fachkräfte neu und zudem nutzten wir als Lernzeiten die störungs- und bedienfreien Zeiten im Arbeitsprozess. In diesen störungsfreien Zeiten arbeiten die Fachkräfte selbstorganisiert, um den störungsfreien Verlauf zu gewährleisten, weshalb wir annahmen, dass eine Ablenkung auf Widerstand stoßen wird. Das Gegenteil war der Fall: Die störungsfreien Prozesse sind für die Beschäftigten (zumindest in unserem Fallbeispiel) zum Teil auch Zeiten des Indifferenten, weshalb das Angebot, die Maschine zu erkunden,

Probleme zu lösen und die Problemlösungen mit Kolleg/-innen zu besprechen, sehr positiv aufgenommen wurde. Auch die fehlende Lernerfahrung stellte kein Problem dar: Das Training wurde vielmehr nicht als Training wahrgenommen, da die Lernumgebung ein mittels Videos etc. erweitertes Abbild der Arbeitsumgebung verkörperte. Der „virtuelle Aufenthalt" in der Lernumgebung war insofern angenehmer als der in der Realität, da hier Erklärungen, Hintergrundwissen und Einblick ermöglicht wurden, welche die Arbeitsrealität nicht bieten kann.

Produktions- und Lernprozess

Die Erstellung der Lernumgebung sowie die Identifikation der exemplarischen Aufgabenstellungen erforderten nicht nur eine vertiefte Auseinandersetzung mit dem Aufbau der Anlage sowie dem Produktionsprozess, sondern zudem eine Unterbrechung der Produktion. Um beispielsweise die Videos vom „Innenleben" erstellen zu können, musste die Produktion angehalten und die Einhausung und Verkleidung abgebaut werden. Dieser nicht unerhebliche Aufwand würde sich dann nicht stellen, wenn bei der Entwicklung der Produktionsanlage die Entwicklung der Lernumgebung gleich mitgedacht, mitgeplant und mitrealisiert würde. Anzunehmen ist zudem, dass die mitlaufende Gestaltung der Lernumgebung (Form und Inhalt) weniger zeitaufwendig ist als die nachträgliche.

Anpassungsfortbildung

Anpassungsfortbildung wird allgemein beschrieben als eine Anpassung der Qualifikationen eines/ einer Mitarbeiter/-in an gewandelte Arbeitsbedingungen und -anforderungen. Das hier vorgestellte Konzept ist dieser Weiterbildungsform zuzuordnen. Anpassungsfortbildung wird häufig wiederum differenziert in eine kurative bzw. korrigierende und eine präventive bzw. auf zukünftige Anforderungen ausgerichtete Qualifizierung. Zunächst scheint die hier erfolgte Anpassungsfortbildung rein kurativ zu sein. Tatsächlich erfolgte jedoch eine Stärkung des Erfahrungswissens angesichts des Risikos der Wissensentwertung durch Automatisierung, womit die kurative Form nicht nur die Voraussetzungen schafft, um präventiv wirksam zu sein, sondern darüber hinaus bereits ein Lernen in hochautomatisierten Arbeitsumgebungen darstellt und damit selbst präventiv ist. Die Unterscheidung kurativ/präventiv scheint analytisch sinnvoll zu sein. Praktisch sind diese Formen bei einer arbeitsprozessintegrierten Weiterbildung jedoch deshalb miteinander verbunden, weil das Lernen in einem Kontext nicht von der Regulierung des Kontexts und damit des Lernens über einen Kontext getrennt werden kann.

Microlearning

Der Microlearning-Ansatz ist ein gangbarer Weg, um Lernen in hochautomatisierten Arbeitsumgebungen zu ermöglichen. Wie oben dargestellt, war der ML-Ansatz allerdings eingebunden in Einheiten, sowohl im Lernmanagement-System (Orientierungs- und Überblickswissen/ Zusammenhangswissen) als auch in den kombinierten Aufgaben-/Problemstellungen (Wo und wie wirkt sich der Fehler aus und wo könnte er ursächlich entstanden sein?). Ein Produktionssystem „lebt" von der Relationierung seiner Komponenten, entsprechend sind diese Relationen bei der Gestaltung von Microlearning zu berücksichtigen. Kurz: Die Lernhandlung erfolgt auf der Mikroebene. Die Planung und Gestaltung als didaktische Handlung und die Entwicklung von Verständnis als Ziel der Lernhandlung (hier: Anlagenverständnis) erfolgen jedoch auf der Mesoebene bzw. kontextualisiert.

Erweiterung und Grenzen

In der Durchführung zeigte sich, dass das Microlearning neben der eigentlichen Zielgruppe auch für weitere Zielgruppen durchaus hilfreich ist: Springer und Auszubildende. Die Rückmeldung ergab allerdings auch, dass das geschaffene System keinen Ersatz für eine Unterweisung darstellt und dass das Lernen im Arbeitsprozess zwar begrüßt, aber auch als problematisch beurteilt wurde („Wenn Du da vier, fünf Sätze formulieren willst, dann brauchst Du Ruhe, dann kannst Du das nicht machen, wenn die Anlage läuft"). Lernmöglichkeiten wurden zwar in den Arbeitsprozess integriert, nicht jedoch in die Arbeit selbst. Das informelle Lernen wurde ermöglicht, nicht jedoch das inzidentelle Lernen in der Arbeit.

Literatur

Ahrens, D. & Gessler, M. (2018). Von der Humanisierung zur Digitalisierung: Entwicklungsetappen betrieblicher Kompetenzentwicklung. In D. Ahrens & G. Molzberger (Hrsg.), Kompetenzentwicklung in analogen und digitalen Arbeitswelten: Kompetenzmanagement in Organisationen (S. 157–172). Berlin, Heidelberg: Springer.

Bandura, A. (1977). Social Learning Theory. New York: General Learning Press.

Billett, S. (1992). Towards a theory of workplace learning. Studies in Continuing Education, 14(2), p. 143–155.

Billett, S. & Rose, J. (1997) Securing Conceptual Development in Workplaces, Australian Journal of Adult and Community Education, 36(1), p. 12–26.

Brofessio Verbund (2018). Herausforderungen und Chancen betrieblicher Weiterbildung in digitalisierten Arbeitswelten. Abschlussbericht des Verbundprojekts Berufliche Professionalität im produzierenden Gewerbe. Bremen (www.itb.uni-bremen.de)

Bruce, L., Aring, M. K. & Brand, B. (1998). Informal learning: The new frontier of employee & organizational development. Economic Development Review, 15(4), p. 12–18.

Crooks, N.M. & Alibali, M.W. (2014). Defining and measuring conceptual knowledge in mathematics. Developmental Review, 34(4), p. 344–377.

Dehnbostel, P. (2008). Lern- und kompetenzförderliche Arbeitsgestaltung. BWP 2, S. 5–8.

Dreyfus, H. L. & Dreyfus S. E. (1986). Mind over Machine: The Power of Human Intuition and Expertise in the Era of the Computer. New York: Free Press.

Dreyfus, S. (2004). The Five-Stage Model of Adult Skill Acquisition. Bulletin of Science Technology & Society, 24(3), p. 177–181.

Engeström, Y. & Sannino, A. (2010). Studies of expansive learning: foundations, findings and future challenges. Educational Research Review, 5(1), p. 1–24.

Eraut, M. (2004). Informal learning in the workplace. Studies in Continuing Education, 26(2), p. 247–273.

Ericsson, K.A. (Hrsg.) (2014a). The road to excellence: The Acquistion of Expert Performance in the Arts and Sciences, Sports and Games. New York: Psychology Press.

Ericsson, K.A. (2014b). The Acquistion of Expert Performance: An Introduction to Some of the Issues. In K.A. Ericsson (Hrsg.), The road to excellence: The Acquistion of Expert Performance in the Arts and Sciences, Sports and Games (S. 1–50). New York: Psychology Press.

Evans, K. (2016). Higher vocational learning and knowledgeable practice: The newly qualified practitioner at work. In S. Loo & J. Jameson (Hrsg.), Vocationalism in Further and Higher Education: Policy, Programmes and Pedagogy (S. 117–130). London: Routlege.

Fitzgerald, L. F. (1986). On the Essential Relation between Education and Work. Journal of Vocational Behaviour, 28(3), p. 254–284.

Frieling, E., Bernard, H., Bigalk, D. & Müller, R. F. (2006). Lernen in der Arbeit: Entwicklung eines Verfahrens zur Bestimmung der Lernmöglichkeiten am Arbeitsplatz. Münster: Waxmann.

Gessler, M. & Stübe, B. A. (2008). Diversity Management: Berufliche Weiterbildung im Demographischen Wandel. Münster: Waxmann.

Gillespie R. (1991). Manufacturing knowledge: A history of the Hawthorne experiments. Cambridge, UK: Cambridge University Press.

Hacker, D. J., Dunlosky, J. & Graesser, A.C. (Hrsg.) (2009). Handbook of Metacognition in Education. London: Routledge.

Hackman, J. R. & Oldham, G. R. (1975). Development of the Job Diagnostic Survey. Journal of Applied Psychology, 60(2), p. 159–170.

Harris, R., Willis, P., Simons, M. & Collins, E. (2001). The relative contributions of institutional and workplace learning environments: an analysis of apprenticeship training. Journal of Vocational Education & Training, 53(2), p. 263–278.

Hawse, S. & Wood, L. N. (2017). Fostering wise judgement: professional decisions in development programmes for early career engineers. Journal of Vocational Education & Training, 70(2), p. 297–312.

Hug T. (2018) Mikrolernen und mobiles Lernen. In C. de Witt & C. Gloerfeld (Eds.), Handbuch Mobile Learning. Wiesbaden: Springer VS.

Hyland, T. (2017). Mindful Working and Skilful Means: Enhancing the Affective Elements of Vocational Education and Training Through the Ethical Foundations of Mindfulness. In M. Mulder (Ed.), Competence-based Vocational and Professional Education: Bridging the Worlds of Work and Education (S. 145–164). Cham: Springer International Publishing.

Klinzing, H. G. (2002). Wie effektiv ist Microteaching? Ein Überblick über 35 Jahre Forschung. Zeitschrift für Pädagogik, 48(2), S. 194–214.

Marsick, V. J. & Watkins, K. (1990). Informal and Incidental Learning in the Workplace. London: Routledge.

Meyer, H., und Jank, W. (2009). Didaktische Modelle. Berlin: Cornelsen.

Nonaka, I. & Takeuchi, H. (1995). The Knowledge-Creating Company: How Japanese Companies Create the Dynamics for Innovation. New York: Oxford University Press.

Overschie, M. (2007). Microteaching Manual: Effective transfer of knowledge for Sustainable Technological Innovation. Online: http://www.microteaching.org (04.07.2018)

Polanyi, M. (1966/1983). The implicit dimension. Gloucester: Peter Smith.

Verespej, M. A. (1998). Formal training: Secondary education? Industry Week, 247(1), p. 42–44.

Wenger-Trayner, E., Fenton-O'Creevy, M., Hutchinson, M., Kubiak, C. & Wenger-Trayner, B. (Hrsg.) (2015). Learning in landscapes of practice: Boundaries, identity, and knowledgeability in practice-based learning. London: Routledge.

Daniel Stoller-Schai

„Hallo Lern-Coach"
Neue Formen des digitalen, personalisierten Lernens im Bereich der betrieblichen Bildung

In diesem Beitrag wird aufgezeigt, welche Formen von digitaler personalisierter Bildung in Unternehmen unter Verwendung von Skills Management, Lernempfehlungen (Recommendation Engine), Spracherkennung (Natural Language Processing) und Aufzeichnung der Bildungshistorie (Learning Record Store) möglich sind. Diese Form des personalisierten Lernens, das an jedem Ort und zu jeder Zeit stattfinden kann und selbstgesteuerte, wie auch kollaborative und moderierte Lernformate umfasst, ist eine Möglichkeit, um auf die sog. „Skilling Challenge" des betrieblichen Lernens der kommenden Jahre zu antworten.

Abbildung 1: Silke Meier, Projektmanagerin, informiert sich über neue Lernangebote (Quelle: CREALOGIX Digital Learning, 2018)

1 Einleitung

Lernprozesse ohne digitale Komponenten sind kaum mehr vorstellbar. Betriebliches Lernen ist heute immer eine mehr oder weniger entwickelte Form von Blended Learning: Lernphasen in Präsenz werden ergänzt durch online durchgeführte Lernphasen. Der didaktischen und technischen Gestaltung wären dabei kaum Grenzen gesetzt. Die limitierenden Faktoren für ein umfassendes und reichhaltiges Blended Learning Angebot liegen einerseits in der mangelnden theoretischen und vor allem praktischen Qualifizierung von Trainer/innen und Lernprofis, die für das didaktische und technische Design neuer Lernerfahrungen zuständig sind und andererseits in Lernumgebungen, die noch zu starr auf formelle Bildungsprozesse ausgerichtet sind. Ein wesentlicher Faktor, der dies in Zukunft erweitern kann, sind digitale, personalisierte Lernangebote.

1.1 Fallbeispiel für digitales, personalisiertes Lernen

Was ist unter einem digitalen, personalisierten Lernangebot zu verstehen? Ein Beispiel: Silke Meier, Projektmanagerin in einem mittelgroßen Industrieunternehmen, sitzt in ihrem Homeoffice und spricht in ihr Smartphone:

„Hallo Lern-Coach, ich möchte gerne bis Ende Jahr meine Auftrittskompetenz verbessern, um meine Projekte besser vertreten zu können – auch in schwierigen Situationen. Welche Kurse und Lernangebote kannst du mir empfehlen?"

Der virtuelle Lern-Coach antwortet über die Lautsprecher des Smartphones:

„Hallo Silke, basierend auf deinem Kompetenzenprofil empfehle ich dir die Kurse „Präsentieren leicht gemacht" und „Stimmtraining für Fortgeschrittene".
Vom ersten Kurs gibt es auch eine mehrwöchige MOOC-Variante. Mit den folgenden Links kannst du dich gleich anmelden."

Ein solche Dialogführung in Bezug auf personalisierte Kompetenzerweiterung ist Bestandteil moderner Lernumgebungen. Die Grundlagen, damit dies technisch und didaktisch möglich ist, sind die folgenden:

- ein Learning Record Store (LRS), der die persönlichen Lerndaten auch über Instituts- oder Unternehmensgrenzen hinweg aufzeichnet,
- eine Skills-Management-Komponente, die die Kompetenzen und das Jobprofil eines bzw. einer Mitarbeitenden kennt und miteinander abgleicht,
- eine Recommendation Engine, die in der Lage ist, die Angebote zu suchen und herauszufiltern, die den aktuellen Lernbedürfnissen eines bzw. einer Mitarbeitenden entsprechen,
- ein Activity-Manager, der den virtuellen Lern-Coach zum persönlichen Lernbegleiter werden lässt und Mitarbeitende durch Lernprozesse begleitet und schließlich
- ein auf Automatic Speech Recognition (ASR) und Natural Language Processing (NLP) basierender Sprachroboter, der in der Lage ist, akustisch ausgesprochene Fragen zu analysieren, den Sachverhalt zu verstehen und in eine Anfrage umzuwandeln, die die entsprechenden Lernangebote liefert.

Das folgende Bild (Abb. 2) zeigt auf, was hinter einer solchen Lernanfrage steckt. Die einzelnen Schritte und Komponenten werden in den Folgekapiteln beschrieben.

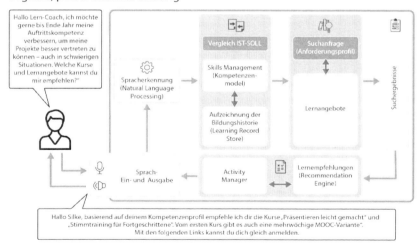

Abbildung 2: Schema Lernanfrage an den „virtuellen Coach" (Quelle: CREALOGIX Digital Learning, 2018)

Wenn sich Silke Meier in ihre Lernumgebung einloggt, sieht sie nebst den aktuellen Lernangeboten nun neu auch die Angebote, die ihr vom virtuellen Lerncoach empfohlen worden sind. Sie kann nun damit beginnen, diese Kurse zu buchen und damit den Lernprozess zu starten (Abb. 3).

Ein neuer und wesentlicher Aspekt ist nebst interaktiven und ansprechenden Lernangeboten die Begleitung der Lernprozesse. Silke Meier kann zusätzlich zu den Kursen auch an zahlreichen Lerngruppen (Learning Communities, vgl. Stoller-Schai & Bünger, 2009) teilnehmen. Dort wird intensiv über die Lernthemen diskutiert und es müssen – vor allem in den mehrwöchigen Kursen – auch ganz konkrete Aufgaben gelöst und den anderen Kursteilnehmenden vorgestellt werden (da kommt Silke Meier nun bereits ihre neue Kompetenz bezüglich virtueller Auftrittskompetenz zu Gute).

In Webinaren und in virtuellen 3D-Räumen ist es möglich, direkt und interaktiv mit anderen Kursteilnehmenden zusammen zu arbeiten oder vom Wissen eines Experten oder einer Expertin zu profitieren. Der Schlüssel dafür, dass diese kollaborativen und sozialen Komponenten des Lernprozesses erfolgreich sind, liegt ebenfalls in der Kompetenz der dafür verantwortlichen Trainer und Trainerinnen. Sie agieren neu als Lernbegleiter, Communitymanager und Moderatoren in den Online-Sessions und Lerngruppen und tragen damit ihren Teil zu einem effektiven und auf die Bedürfnisse der Lernenden zugeschnittenen personalisierten Bildungsprozess bei.

Abbildung 3: Kursübersicht für Silke Meier – neue empfohlene Kurse im Swiss Learning Hub (Quelle: CREALOGIX Digital Learning, 2018)

1.2 The Skilling Challenge

Warum ist eine solche digitale, personalisierte Bildung wie oben beschrieben in Zukunft von großer Bedeutung? Gemäß einer Studie von Ashoka Germany und McKinsey (Ashoka Germany; McKinsey & Company, 2018) werden in 20-30 Jahren ca. 440 Mio. Jobs durch Automatisierung verlorengehen. Im Gegenzug werden rund 550 Mio. neue Jobs geschaffen. Die Automatisierung und die digitale Transformation der Wirtschaft schafft also unter dem Strich mehr Jobs als sie eliminiert. Das Problem besteht darin, dass die Qualifikation derjenigen Personen, die einen Job verlieren oder auch noch haben, oft nicht den Qualifikationen entsprechen, die in den neuen Jobs gefordert werden. Es entsteht eine Kompetenzlücke, resp. ein „Skill-Gap". Diese Lücke zu schließen, darin besteht die Herausforderung der betrieblichen Bildung (= the Skilling Challenge, vgl. als Vertiefung auch WEF, 2018), insbesondere da auch viele dieser neuen Jobs noch gar nicht existieren und damit die erforderlichen Kompetenzen erst eruiert und festgelegt werden müssen.

Unternehmen sehen sich dabei mit folgenden Herausforderungen und Zielgruppen konfrontiert:

- Ausbildung von Lernenden (Herausforderung „Vocational Education", Grundbildung)
- Weiterqualifizierung von bestehenden Mitarbeitenden (Herausforderung „Corporate Education", betriebliche Aus- und Weiterbildung)
- Qualifizierung von neuen Mitarbeitenden (Herausforderung „Onboarding", Einarbeitung neuer Mitarbeitenden)
- Qualifizierung neuer Anspruchsgruppen, die ihre individuellen Bildungsanforderungen an ein Unternehmen stellen, z. B.:

    o Kunden wollen über neue Produkte und Dienstleistungen informiert werden und deren Ausgestaltung mitbestimmen (Herausforderung „Customer Education"),
    o Lieferanten und Partner müssen den Qualifikationsanforderungen eines Unternehmens entsprechen und deren Prozesse, Produkte und Dienstleistungen kennen (Herausforderung „Partnermanagement, Supplier-Education"),
    o Investoren möchten über neue Entwicklungen und Opportunitäten informiert werden und das Geschäftsmodell sowie das Potenzial eines Unternehmens verstehen (Herausforderung „Investor Education").

Ein Unternehmen muss also verschiedene Ausbildungsbedürfnisse und Qualifizierungsansprüche abdecken können. Gemäß der Studie von Ashoka Germany und McKinsey sind diese Anforderungen in Bezug auf die Mitarbeitenden die folgenden:

- Mitarbeitende müssen ganz grundsätzlich über verschiedene Meta-Fertigkeiten wie Kommunikation, Teamarbeit, Präsentation, interkulturelle Kompetenz etc. verfügen, die in allen Jobbereichen eine Rolle spielen (=O Meta skilling)
- Sie müssen neue technische Fertigkeiten in bestehenden Jobs erlernen wie Datenanalyse, Systeme parametrisieren, Regeln erstellen etc. (= 8 Upskilling)

- Sie müssen neue technische und menschliche Fertigkeiten in ganz neuen Jobs erlernen wie Interaktion mit Robotern, Navigieren in 3D-Welten, ferngesteuerte Bedienung technischer Anlagen etc. (= ❸ Digital reskilling)
- Sie müssen neue menschliche Fertigkeiten in neuen Nischen-Jobs erlernen wie Scrum-Projektmanagement, Beratung, interkulturelle Verhandlungen, neue Sprachkenntnisse etc. (= ❹ „Human" reskilling)

Die folgende Grafik (Abb. 4) zeigt diese Sachverhalte auf:

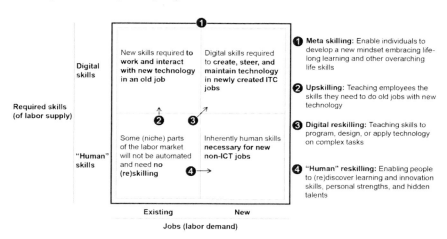

Abbildung 4: The skilling challenge (Quelle: Ashoka Germany / McKinsey & Company, 2018)

1.3 Bewältigung der „Skilling Challenge"

Die künftigen Anforderungen der internationalen Arbeitsmärkte (vgl. Jürgens et al., 2017, aber auch Precht, 2018) erfordern eine neue Form des betrieblichen Lernens, die hier knapp skizziert wird.

Unternehmen können die „Skilling Challenge" nur bewältigen, wenn sie z. B.:

- vermehrt auf die Selbstlernfähigkeit ihrer Mitarbeitenden zählen können und damit die Personalentwicklung entlasten (Stichwort „Selbstlernkompetenz", vgl. Stoller-Schai, 2017),

- Lernangebote jobbezogener gestalten und damit zu einer besseren Jobproduktivität beitragen (Stichwort „Workplace Learning", vgl. Sauter & Sauter, 2013),
- Lernen jederzeit und an jedem Ort ermöglichen und dafür die Unterstützung seitens des Betriebsrates erhalten,
- die Lernphasen vor Ort (das klassische „Seminarlernen") von der Wissensvermittlung („Frontalunterricht") entlasten und dafür neue, kommunikationsorientierte Lernformen einsetzen, die das onlineerlernte Wissen in Form von Gruppenarbeiten und anderen interaktiven Methoden vertiefen (Stichwort „Flipped Classroom", vgl. Reidsema et al., 2017) und
- die Lernangebote für Mitarbeitende konsequent auf die Jobprofile und Kompetenzen ihrer Mitarbeitenden abstimmen (Stichwort „Personalisiertes Lernen", vgl. CREALOGIX 2017).

2 Digitale, personalisierte Bildung

Der rote Faden, der sich durch ein solches Bildungsangebot hindurchzieht, ist ein digitales, personalisiertes Lernangebot. Über Jahre wurden im Bereich des digitalen Lernens (oder vormals E-Learning) Lernangebote unspezifisch an die Zielgruppen ausgerollt (im Sinne eines «Gießkannenprinzips» oder eines «one- size-fits-all-Ansatzes»). Diese Lernangebote mussten dann – unabhängig vom individuellen Wissens- und Interessensstand – strikt durchgearbeitet werden.

Im klassischen Schulbereich (Schulpädagogik) ist dagegen schon früh auf einen individualisierten Unterricht gesetzt worden. Der Schlüsselfaktor für eine personalisierte Bildung ist dabei die Lehrperson: Sie kennt die Stärken und Schwächen aller Schüler und Schülerinnen und kann maßgeschneiderte Lernangebote vorbereiten und auch individuelles Feedback und eine Lernbegleitung anbieten.

An den Universitäten und Fachhochschulen ist ein individuelles und personalisiertes Lernangebot nicht Teil des didaktischen Verständnisses, davon zeugen – immer noch – die großen Vorlesungssäle im Stile einer antiken Theaterarchitektur und der curricular durchstrukturierte Fächerkanon der «Bologna-Reform».

In Unternehmen ist es jedoch eine Frage der Wirtschaftlichkeit und der Wettbewerbsfähigkeit, dass die Mitarbeitenden jene Lernangebote erhalten, die auf sie individuell zugeschnitten sind und damit sowohl zur Produktivität als auch zur «Employability» (der langfristigen Arbeitsmarktfähigkeit) beitragen. Dieser didaktische Ansatz für die betriebliche Bildung erfordert

- erstens moderne digitale Lernumgebungen, sog. «Learning Experience Platforms (LXP)» (Bersin, 2018),

- zweitens die Aufzeichnung und Auswertung von Lerndaten als auch
- drittens die entsprechenden – auf Artificial Intelligence basierenden – Algorithmen für die Berechnung eines personalisierten Lernangebotes.

Im Folgenden werden die Komponenten, die für ein solches digitales, personalisiertes Bildungsangebot erforderlich sind, skizziert (vgl. auch Abb. 2).

2.1 Skills Management

In der Komponente „Skills Management" werden Job-Profile hinterlegt. Jedes Job-Profil hat eine spezifische Kompetenzausprägung. Wie gut ein Mitarbeitender oder eine Mitarbeitende auf ein Jobprofil passt, wird durch Assessments oder Diagnostik-Einschätzungen sowie durch Selbst- und Fremdeinschätzung bestimmt. Auf dieser Basis lassen sich eine Reihe von Analysen generieren (vgl. Inolution, 2018):

- Einzel- oder Teamanalysen (bis 360°)
- Gruppen- und Bewerberanalysen
- Defizit- und Benefitanalysen
- Detail- und Matrixanalysen
- Differenzanalyse Selbst- und Fremdwahrnehmung
- Vorgesetztenanalysen
- Potenzial- und Leistungsanalysen
- Anforderungsprofilvergleiche

Basierend auf den Erfahrungen mit Kompetenz- und Performancemanagement der 1990er Jahre werden die Job- und Kompetenzprofile dabei nicht mehr von jedem Unternehmen selbst gepflegt, sondern von Firmen erstellt und aktuell gehalten, die auf diese Themen spezialisiert sind.

2.2 Aufzeichnung der Bildungshistorie

Das Gegenstück zum Skills Management bildet die Aufzeichnung der Bildungshistorie. Hier ist sicherzustellen, dass die persönlichen Daten jedes einzelnen Mitarbeitenden geschützt bleiben und er oder sie die volle Datenhoheit über die eigene Bildungshistorie innehat, auch wenn das Unternehmen gewechselt wird. Mit einem Learning Record Store (LRS) ist dies in weiten Teilen gewährleistet. In einem Learning Record Store werden sämtliche Lerndaten, die in einem Unternehmen anfallen aufgezeichnet und gespeichert. Darüber hinaus können für Mitarbeitende auch früher erworbene Zertifikate oder abgeschlossene Lernangebote, die sie bei anderen Bildungsanbietern absolviert haben, in den persönlichen Learning Record Store geschrieben werden. Damit wird ein umfassender Bildungs-Lebenslauf erstellt (Learning-CV). Technisch wird dies über den SCORM Standard xAPI (siehe Glossar) sichergestellt. Die Daten im Learning Record Store gehören dabei nicht dem Unternehmen, sondern den Mitarbeitenden selbst. Wenn Sie das Unternehmen verlassen, bleiben die Daten in ihrem persönlichen Learning Record Store bestehen und werden wieder ergänzt durch die Lerndaten, die im nächsten Unternehmen oder bei anderen Bildungsinstitutionen generiert werden.

2.3 Suchanfragen

Eine Suchanfrage an die Lernumgebung kann auf zweierlei Weise geschehen:

- Mitarbeitende suchen wie in einer gängigen Suchmaschine nach einem oder mehreren Stichworten und erhalten eine Ergebnisliste mit allen relevanten Artefakten (z. B. Lernmodule, eBooks, Videos, Tests, Communitybeiträge, aufgezeichnete Webinare, aber auch Dokumente, Präsentationen etc.). Mit modernen Suchalgorithmen können dabei auch Videos und Audiostreams (Podcasts) durchsucht und Suchstellen punktgenau angesprungen werden. Diese Form des Suchens unterstützt das Lernen am Arbeitsplatz und bietet schnell die Informationen, die für einen Arbeitsschritt benötigt werden (workplace learning, Performance Support).
- Eine andere Form der Suche wurde bereits am Beispiel von Silke Meier illustriert. Sie sucht sehr spezifisch nach Lernangeboten, die auf ihr Lernprofil und ihre Kompetenzen zugeschnitten sind. Sie möchte damit eine echte oder vermeintliche Lücke in ihrem Kompetenzprofil schließen. Um eine solche Suchanfrage zu beantworten, müssen die Informationen aus dem Skills Management und dem Learning Record Store miteinander abgeglichen werden und eine personalisierte Suchanfrage an das betriebliche Lernangebot generiert werden, damit eine Empfehlung ausgegeben werden kann. Die dafür erforderliche Komponente nennt sich

„Recommendation Engine" und ist als Funktion aus kommerziellen Webshops bekannt, die einem potenziellen Käufer jeweils aufzeigt, welche weiteren Produkte – basierend auf der Suchanfrage und dem individuellen Profil – in Frage kommen würden.

2.4 Lernangebote

Damit überhaupt vielfältige Lernangebote offeriert werden können, müssen Unternehmen eine eigene Lernmedien-Strategie entwickeln, die definiert, wie und welche Lerninhalte in einen Lernkatalog aufgenommen werden. Es gibt dazu folgende Möglichkeiten:

- *Lernmedien selbst erstellen:*
  Mit gängigen Autorentools können Unternehmen Lernmedien selbst erstellen, die ihren Mitarbeitenden dann zur Verfügung stehen. Dies erfordert, dass ein Unternehmen eine oder mehrere Personen mit entsprechenden mediendidaktischen Kompetenzen anstellt, die diese Aufgabe ausführen.
  Des Weiteren können auch Mitarbeitende befähigt werden, Lernmedien selbst zu erstellen (User generated Learning Content). Die Lernmedienerstellung kann dabei mit Smartphones und geeigneten Apps oder mit einfachen Autorentools umgesetzt werden.
- *Lernmedien einkaufen:*
  Lernmedien können bei Anbietern eingekauft werden, die auf die Bereitstellung und Erstellung von Lernmedien spezialisiert sind. Solche Lernmedien können dabei entweder einsatzbereit eingekauft und lizenziert werden (Standard Products) oder sie werden maßgeschneidert entwickelt und erstellt (Customized Products).
- *Lernmedien einbinden:*
  Lernmedien von Drittherstellern können auch über eine LTI-Schnittstelle (Learning Tools Interoperability) in die betriebseigene Lernumgebung eingebunden werden. Das Lernangebot erscheint dann im Lernkatalog des Unternehmens, wird aber auf dem System des Drittanbieters ausgeführt, wenn die Mitarbeitenden das Lernangebot starten.
- *Lernmedien kuratieren*:
  Eine immer wichtigere Rolle umfasst das Zusammenstellen und Aggregieren von bereits bestehenden Lerninhalten und assoziierten Informationen (Informationen, die im weitesten Sinne lernrelevant sein könnten). Diese Zusammenstellung wird neudeutsch mit „Kuratieren" bezeichnet. Hier eröffnet sich

eine neue Aufgabe für die Personalabteilung: Lernmedien innerhalb und außerhalb des Unternehmens werden kuratiert und dann in Form von Lernangeboten gebündelt in der betriebseigenen Lernumgebung den Mitarbeitenden zur Verfügung gestellt.

2.5 Lernempfehlungen

Lernempfehlungen auf der Basis einer „Recommendation Engine" ermöglichen es, personalisierte Lernangebote für Mitarbeitende zusammenzustellen. Die Lernempfehlungen basieren dabei auf einem Abgleich zwischen dem Job-Profil (Anforderungen), den aktuellen Kompetenzen (Fertigkeiten) und dem angestrebten Ziel. Bei einer Lernempfehlung kann es sich um die Empfehlung für ein dediziertes Thema handeln (z. B. Empfehlungen zur Verbesserung der „Auftrittskompetenz") oder um die Empfehlung für einen nächsten Karriereschritt („Aktuell bin ich an der Rezeption im Hotel-Empfang tätig, ich möchte mich aber Richtung Hotel-Marketing weiterentwickeln. Welches sind hierzu die entsprechenden Lernempfehlungen?").

Darüber hinaus können auch Empfehlungen generiert werden, die anzeigen, was Personen mit einem ähnlichen Profil (sog. „peers") auch gelernt oder angestrebt haben. Damit ist es möglich, sich selbst besser einzuordnen („Wo stehe ich in Bezug auf meine Kolleg/-innen?"). Auch hier gilt es, zusammen mit dem Betriebsrat, die richtige Balance zwischen Chancen („Ich erhalte die perfekte, auf mich abgestimmte Empfehlung") und Risiken („Ich werde komplett überwacht und meine Schwächen werden offensichtlich") zu finden.

2.6 Activity Manager

Eine weitere wichtige Komponente ist der „Activity Manager". Der Activity Manager steuert die Mitarbeitenden im Sinne einer Lernbegleitung. Dies kann in Form eines Chat-Dialoges stattfinden. Ein sog. Chat-Bot kommuniziert mit einem bzw. einer Mitarbeitenden und teilt ihm oder ihr mit, welche aktuellen Lernaufgaben anstehen und welche nächsten Lernschritte angegangen werden müssen. Natürlich ist es möglich, das Kommunikationsverhalten (quasi die „Schwatzhaftigkeit") dieses Chat-Bots festzulegen und den aktuellen persönlichen Bedürfnissen anzupassen. Der Chat-Bot des Activity Managers hilft, selbstgesteuerte Lernprozesse zu begleiten, wenn kein menschlicher Lernbegleiter zur Verfügung steht. Steht eine menschliche Lernbegleitung zur Verfügung, erhöht dies natürlich die Effektivität des Lernprozesses, da das

Kontextwissen und die Kommunikationsmöglichkeiten eines Chat-Bots begrenzt sind.

2.7 Sprachein- und -ausgabe

Schließlich kann die Interaktion mit einer digitalen Lernumgebung auch über eine Sprachschnittstelle geschehen. Suchanfragen werden dann nicht mehr schriftlich, sondern mündlich abgesetzt. Damit dies möglich ist, muss die Lernumgebung über eine Spracherkennung verfügen, die gesprochene Sprache versteht, analysiert und in entsprechende Aktionen (Suchen, Bewerten, Empfehlen etc.) überführen kann. Eine automatische Spracherkennung (Automatic Speech Recognition, ASR) sowie eine syntaktische und semantische Sprachanalyse (Natural Language Processing, NLP) sind die Grundlage für eine solche Sprachein- und -ausgabe. Damit wird die Kommunikation mit der Lernumgebung „natürlich": Ich kann meine Lernbedürfnisse sprachlich artikulieren, erhalte entsprechende Antworten und werde von meiner virtuellen Lernbegleitung durch meinen individuellen und personalisierten Lernprozess gesteuert.

3 Fazit und Ausblick

«Hallo Lern-Coach», diese Anrede steht für ein betriebliches Lernen, das sich in einer Umbruchphase befindet. Es geht einerseits um den Einsatz intelligenter Technologien und Datenanalysen, um personalisierte, maßgeschneiderte Lernangebote anzubieten und den individuellen Lernprozess automatisiert zu unterstützen. Andererseits geht es darum, dass sich Trainer und Trainerinnen neue Kompetenzen aneignen, um Blended Learning Angebote zu designen, aufzubauen und begleiten zu können.

Das Ziel muss es sein, dass Mitarbeitende zu jeder Zeit und an jedem Ort die Lernunterstützung erhalten, die sie für ihre aktuelle Arbeit aber auch für ihre langfristige Employability benötigen. Diese Unterstützung kann einmal durch einen virtuellen Lern-Coach geleistet werden und ein anderes Mal durch eine konkrete Lernbegleitung. Die Personalentwicklung hat dabei die strategische Aufgabe, das betriebliche Lernen so zu gestalten, dass die Herausforderungen der «Skilling Challenge» proaktiv und innovativ angegangen werden können. Dies erfordert ein neues didaktisches Verständnis, das nur durch die konkrete Umsetzung von hybriden Lernsettings und der Analyse der dabei gemachten Erfahrungen entstehen kann.

Die dafür erforderlichen Technologien und didaktischen Konzepte sind bereits heute alle vorhanden – es gilt sie nur noch pädagogisch und technisch geschickt zu personalisierten Lernangeboten zusammenzustellen. Oder wie es William Gibson, Science Fiction Autor, einmal ausdrückte: «The future is here – it's just not evenly distributed.»

4 Kleines Glossar des personalisierten Lernens

Begriff	Erläuterung
AI	Artificial Intelligence. Einsatz von künstlicher Intelligenz, z.B. für den Abgleich von IST- und SOLL-Profilen und der Zusammenstellung von personalisierten Lernempfehlungen.
ASR	Automatic Speech Recognition. Automatische Spracherkennung für die Analyse von geschriebener und gesprochener Sprache.
LRS	Learning Record Store. Eine Datenbank für die Erfassung von Lerndaten, die innerhalb und außerhalb eines Unternehmens anfallen. Dies können strukturierte Kurse oder eine lose Sammlung von Videos sein, die man sich angeschaut hat.
LTI	«Der (…) Learning Tools Interoperability (LTI) Standard schreibt eine einfache und sichere Verbindung von Lernanwendungen und -werkzeugen mit Plattformen wie Learning Management Systemen (LMS), Portalen und Lernobjekt-Repositorys vor Ort oder in der Cloud» (IMS, 2018).
MOOC	Massive Open Online Course. Mehrwöchige Online-Kurse für viele Teilnehmende mit Selbstlernanteilen und moderierten Aufgaben.
NLP	Natural Language Processing. Algorithmen zur Analyse der syntaktischen und semantischen Elemente von Spracheingaben (Text oder Audio).
Recommendation Engine	Empfehlungsmanagement. Komponente des Skills Management, die dazu benötigt wird, personalisierte Lernempfehlungen zu generieren.
SCORM	Sharable Content Object Reference Model. Ein Standard zum Austauschen von Lerndaten zwischen einem Lernmodul und einem Lernmanagement-System. Es gibt verschiedene SCORM Versionen. Die neueste (xAPI oder vormals «TinCan»), löst sich aus dem starren Rahmen und kann auch Lerndaten außerhalb eines Lernmanagement-Systems zusammentragen und aggregieren.

Skills Management	Basierend auf einem Kompetenzenmodell und Jobprofilen werden die Fähigkeiten eines Mitarbeitenden gemessen und eingestuft. Auf dieser Basis können Lernempfehlungen generiert werden.
xAPI	Ein neuer SCORM Standard (auch «TinCan» genannt), der dazu dient, Lerninhalte auch außerhalb eines Learning Management Systems zu erfassen und in einem Learning Record Store abzulegen.

Literatur

Ashoka Germany / McKinsey & Company (2018). The skilling challenge. How to equip em- ployees for the era of automation and digitization – and how models and mindsets of social entrepreneurs can guide us. München s.n.

Bersin, J. (2018). A New Paradigm For Corporate Training: Learning In The Flow of Work. Online: https://joshbersin.com/2018/06/a-new-paradigm-for-corporate-training-learning-in-the-flow-of-work/ (abgerufen: 22. Juni 2018).

CREALOGIX Digital Learning (2016). Digital Learning Hub - eine serviceorientierte Architektur. Zürich s.n.

CREALOGIX Digital Learning (2017). Redefining Learning. Mission Paper, 2. Aufl., Zürich: s.n.

INOLUTION (2018). Unser Lösung - COMPRO+® Competence Profiling. Online: https://www.inolution.com/index.php/unsere-loesung/#mehr (abgerufen 23. Juni 2018).

IDIAP (2018). Artificial Intelligence for Society. Online: https://www.idiap.ch/en/about (abgerufen 15. Juni 2018).

IMS (2018). LTI v1.3 and LTI Advantage. IMS Global Learning Consortium. Online: https://www.imsglobal.org/activity/learning-tools-interoperability (abgerufen 06. Juni 2018).

Jürgens, K., Hoffmann, R., Schildmann, C. (2017). Arbeit transformieren! Denkanstöße der Kommission »Arbeit der Zukunft« (Forschung aus der Hans-Böckler-Stiftung). Bielefeld: transcript.

Precht, R. D. (2018). Jäger, Hirten, Kritiker: Eine Utopie für die digitale Gesellschaft. München: Goldmann Verlag.

Reidsema, C., Kavanagh, L., Hadgraft, R., Smith, N. (2019). The Flipped Classroom: Practice and Practices in Higher Education. Frankfurt: Springer.

Sauter, W. & Sauter, S. (2013). Workplace Learning: Integrierte Kompetenzentwicklung mit kooperativen und kollaborativen Lernsystemen. Frankfurt: Springer.

Stoller-Schai, D. (2017). Lernhaus, Kompetenzensets und Digital Learning Hub. Grundlagen für die Kompetenzentwicklung im Prozess der vernetzen Arbeit. In: J. Erpenbeck & W. Sauter (Hrsg.), Handbuch Kompetenzentwicklung im Netz. Stuttgart: Schäffer-Poeschel.

Stoller-Schai, D. & Bünger, L. (2009). Learning Communities. Das "Missing Link" auf dem Weg zum Workplace Learning. In: K. Wilbers & A. Hohenstein (Hrsg.), Handbuch E-Learning. Köln: Wolters Kluver.

World Economic Forum, WEF (2018). Towards a Reskilling Revolution. A Future of Jobs for All (In collaboration with The Boston Consulting Group). Genf s.n.

Ausblick

Sabine Seufert

Digitale Bildung mit Ausblick auf die Zukunft

1. Ausgangssituation

Die gesamte Wirtschaft und Gesellschaft befindet sich in einem Transformationsprozess. Nach dem Übergang von der Agrar- zur Industriegesellschaft und von dieser zur Servicegesellschaft stecken wir nun mitten in der Transformation zur Digitalen Gesellschaft. Neben der Industrie 4.0 werden wir Governance 4.0, Finance 4.0 und Gesellschaft 4.0 erleben (Helbling et al., 2016). Devorah Heitner, Medienhistorikerin, zieht in ihrem TED Talk „The Challenges of Raising a Digital Native"[50] einen interessanten Vergleich. Zu Beginn des Eisenbahnzeitalters war man sich der Epochenwende bewusst, die durch die Erfindung der „Teufelsmaschinen" ausgelöst wurde. Aus ihrer Sicht haben wir es heute mit einer ähnlichen Kulturentwicklung zu tun. Sie spricht von „a normal part of the cycle of anxiety about technology". Manche Menschen trieb es in den Selbstmord, weil sie den schieren Anblick der „Teufelsmaschine" nicht ertragen konnten – für uns aus der heutigen Perspektive nicht mehr vorstellbar. Gleichwohl können Parallelen gezogen werden in der jetzigen Epochenwende, ähnliche Ängste beschäftigen uns. Heute sind es selbstverständlich nicht mehr die Eisenbahnen, die uns Angst machen. Heute sind die Ängste diffuser: Angst vor „Big Brother is watching you", vor einer algorithmisierten Welt, vor einer „Künstlichen Intelligenz", Angst vor neuartigen Verbrechen (Cyberattacks etc.) und nicht zuletzt vor sozialen Robotern, die Emotionen verstehen und ausdrücken und Aufgabenbereiche bewältigen können, die bislang nur Menschen zugeschrieben wurden. Die Grundsatzfrage der Menschheit steht im Raum: Ist eine „Superintelligenz" möglich, werden sie uns – zumindest in Teilbereichen – ersetzen? Wie geht eine Gesellschaft damit um, dass Künstliche Intelligenz (KI) und soziale Roboter in 20-30 Jahren ein Teil unserer Gesellschaft sein werden? Was bedeuten diese Entwicklungen für den Menschen?

Im Hinblick auf längerfristige Zukunftsszenarien streiten sich momentan zwei Lager: Auf der einen Seite wird die Gefahr einer digitalen Revolution gesehen, die viele Arbeitsplätze kosten könnte; auf der anderen Seite wird eine evolutionäre Entwicklung

---

[50] Der TED Talk ist zu finden unter https://www.youtube.com/watch?v=eRQdAOrqvGg.

mit neuen Arbeitsplätzen und einem höheren Wohlstand für die Gesellschaft insgesamt erwartet. Welches Szenario eintreten wird, ist letztlich abhängig von Entscheidungen, die Politik und Wirtschaft heute fällen, wie es Erik Brynjolfsson und Andrew McAfee, Betriebsökonomen am MIT und Autoren des Bestsellers „The second Machine Age", feststellen.

In der öffentlichen Debatte steht vor allem die mögliche Substitution durch Maschinen und Roboter im Vordergrund. Zwei Arbeitsmarktstudien zeigen in diesem Kontext die Komplexität und vielfältigen Betrachtungsweisen dieses Diskurses auf: Die erste Studie ist von Frey und Osborne (2013), die ein drastisches Krisenszenario aufführen. Nach dieser Studie könne in den nächsten 10 bis 15 Jahren nahezu jeder zweite Arbeitsplatz durch die Nutzung digitaler Technologien ersetzt werden. Eine simple Übertragung der amerikanischen Werte auf andere Länder scheint problematisch zu sein (vgl. Dengler & Matthes, 2015), da die Unterschiede zwischen den nationalen Bildungssystemen und Arbeitsmärkten zu groß sind. Ein etwas differenzierteres und auf die nationalen Berufsstrukturen bezogenes Bild stellt somit die Analyse von Dengler und Matthes (2015) dar. Die Entwicklungen werden zwar nicht so dramatisch dargestellt wie in der sog. Oxford Studie von Frey & Osborne (2013), aber dennoch haben auch nach dieser Studie Fachkräfte ein gewisses Substituierungspotenzial und es wird mittel- und langfristig eher ein Stellenabbau prognostiziert.

Dem widersprechen etwa Studien von Deloitte (2015 und 2017), welche die Auswirkungen der Automatisierung auf Mitarbeitende, Unternehmen und das Bildungssystem untersucht haben. Demnach hätten die positiven Komplementäreffekte der Automatisierung die Reduktion durch Substitution nicht nur aufgefangen, sondern zu mehr Arbeitsstellen geführt. Insgesamt seien beispielsweise in der Schweiz zwischen 1990 und 2013 etwa 800.000 Stellen netto hinzugekommen. Die Studie schätzt, dass hiervon etwa jeder vierte Arbeitsplatz, also rund 200.000 Stellen, direkt auf den Effekt der Automatisierung zurückzuführen sind. Als ein Grund für diesen Komplementärüberhang wird angegeben, dass die Digitalisierung zwar nicht unbedingt direkt viele neue Stellen schafft, jedoch auf indirekten Wegen auch in anderen Bereichen, etwa Beratung, Gesundheit oder Bildung.

Die vorliegenden Arbeitsmarktstudien unterscheiden sich erheblich, sie gehen von unterschiedlichen Prämissen aus, verwenden andere Methoden und kommen damit zu anderen Ergebnissen. Einschränkend muss erwähnt werden, dass sich die unterschiedlichen Studien auf verschiedene Länder und Arbeitsmarktstrukturen beziehen. Derzeit ist nicht eindeutig abzuschätzen, mit welcher Geschwindigkeit sich technologische, sozio-kulturelle und wirtschaftliche Veränderungen aufgrund der technologischen Entwicklungen niederschlagen werden.

Von hoher Relevanz sind daher zentrale technologische Entwicklungen im Hinblick auf Cognitive Computing, die sich auf die *Wissensarbeit* in einer Organisation beziehen und damit einen hohen Einfluss auf neue Anforderungen an die (Hoch-)Schulbildung sowie die Führungskräfteausbildung ausüben. Es kommt zu signifikanten Veränderungen von Arbeits- und Handlungsweisen auf individueller, organisatorischer und gesellschaftlicher Ebene. Ziel des Beitrages ist es zu ergründen, was unter «Digitale Bildung» im Hinblick auf diese Zukunftsentwicklungen zu verstehen ist. Im nächsten Schritt soll daher zunächst darauf eingegangen werden, was unter fortgeschrittener Digitalisierung zu verstehen ist und welche grundsätzlichen Implikationen daraus entstehen, in einem weiteren Schritt sollen darauf aufbauend neue Anforderungen an die Schul- und Hochschulbildung grundgelegt werden bezogen auf drei Gestaltungsfelder: 1) neue Kompetenzprofile, 2) Gestaltung von flexiblen Bildungsangeboten mit digitalen Lehr- und Lernformaten sowie 3) Qualitätsentwicklung: Effektivitätsmessung und -verbesserung unter Nutzung der fortgeschrittenen Digitalisierung. Das letzte Kapitel rundet den Beitrag mit einer Zusammenfassung und einem Ausblick auf die Zukunft ab.

2. Implikationen einer fortgeschrittenen Digitalisierung

Um die umfassenden Implikationen der Digitalisierung für die Schulbildung aufzufächern, gilt es dabei jedoch zunächst zu klären, was unter Digitalisierung zu verstehen ist. In ihrer fortgeschrittenen Form steht sie für die Erweiterung des Internets durch eine Vernetzung der Dinge; für Prozesse und Kontrollsysteme, die weitgehend digital ablaufen; für Big Data und ausgeklügelte Analytik; für den zunehmenden Einsatz von künstlicher Intelligenz (KI) und digitalen Assistenten. Insbesondere die KI fordert uns heraus, unsere Kernkompetenzen zu identifizieren und diese auf ein höheres Niveau zu heben. In der Folge sind *5 Thesen* dazu formuliert, welche Konsequenzen die Digitalisierung für uns Menschen und insbesondere für künftige Entscheidungsträgerinnen und -träger haben wird (vgl. hierzu Seufert & Vey, 2016):

1) *Bei der Digitalisierung von Wissensarbeit steht Augmentation im Vordergrund und nicht Substitution durch Automatisierung.* Von entscheidender Bedeutung ist es, Arbeit nicht als Nullsummenspiel zu betrachten, bei dem die Maschine einen immer größeren Anteil gewinnt (Harvard Business Manager, August 2015). Vieles von dem, was dem Wissensarbeiter heute viel Zeit raubt, wie etwa aufwendige Recherchen, kann künftig von Computersystemen übernommen werden. Nur in der Zu-

sammenarbeit mit der Maschine werden bedeutsame Qualitätssteigerungen möglich – gesammeltes Wissen wird neu, besser und deutlich ökonomischer nutzbar. Dies erlaubt, Entscheidungen viel breiter abzustützen. Ohne den Menschen, der die Richtung vorgibt, liefern Maschinen jedoch bruchstückhafte oder irrelevante Ergebnisse. Führungskräfte müssen diese Entwicklung verstehen und eine Vision für die gelungene Partnerschaft von Menschen und Maschinen entwickeln, die auf Synergie durch komplementäre Kompetenzen abzielt.

2) *Entscheidungen müssen auf allen Management-Ebenen zunehmend unter Berücksichtigung von computergestützten Datenanalysen als auch dem eigenen Bauchgefühl getroffen werden.* Führungskräfte müssen lernen, in welchen Fällen Algorithmen ihnen helfen können, Denkverzerrungen aufzudecken und wann Intuition in Form von kondensierter Erfahrung ins Spiel kommen muss. Es geht darum, Entscheidungsprozesse flexibel gestalten zu können, die Rolle von digitalen Hilfsmitteln zu verstehen und diese versiert anzuwenden. Ein mit künstlicher Intelligenz ausgestatteter kognitiver Assistent kann auf der Basis riesiger Datenmengen statistisch fundierte Vorschläge machen. Nichtsdestotrotz sind diese Resultate eingeschränkt. Die Vorschläge beziehen sich nur auf einen spezifischen Bereich, den wir der Maschine vorgeben, und auf Fragestellungen, die wir mit dem System trainiert haben. Der Mensch dagegen ist in der Lage, eine holistische Einschätzung der Situation vorzunehmen. Eine Führungskraft muss um die unterschiedlichen Kompetenzen und Begrenzungen von Maschinen einerseits und Mensch andererseits wissen und Entscheidungsprozesse adäquat gestalten können.

3) *Künstliche Intelligenz fordert uns heraus, unsere Kernkompetenzen zu identifizieren und diese weiterzuentwickeln. Es geht darum, unser kognitiv-emotionales Können auf ein höheres Niveau zu heben.* Hochentwickelte Fertigkeiten wie Abstraktionsfähigkeit, Generalisierungsvermögen, Kreativität und Empathie werden zunehmend gefordert. Insbesondere Kreativität und Empathie wurden jedoch unter anderem als Folge der bisherigen Digitalisierung abgewertet (Humans are underrated, Colvin, 2015). Für den Erfolg der Führungskraft von morgen werden sie aber entscheidend sein. Beispielsweise, wenn es darauf ankommt, die richtigen Fragen zu stellen, Zukunftsentwürfe zu gestalten und Entscheidungen verantwortungsbewusst zu treffen. Gefragt sind Persönlichkeiten, die ausreichend Widerstandsfähigkeit aufbringen, um die in einer hochkomplexen Welt auftretenden vielfältigen Spannungen in kreative Lösungen umzuwandeln. Die Herausforderung für künftige Führungskräfte besteht nun zum einen darin, an der eigenen Persönlichkeits- und

Kompetenzbildung zu arbeiten und zum anderen dafür zu sorgen, das ganze System weiterzuentwickeln und Lernen in der Organisation auf verschiedenen Ebenen zu ermöglichen. Lernen in der Organisation wird zur Chefsache.

4) In den vergangenen Jahrzehnten haben uns die Computer einiges abverlangt. Insbesondere mussten wir, um zu Resultaten zu gelangen, lernen, uns an die Funktionsweise der Maschine anzupassen. *Nun erleben wir einen radikalen Wandel. Die Interaktion mit dem System wird natürlicher. Wir können einfach mit den Systemen kommunizieren – durch unsere Sprache und unsere Gesten.* Dennoch gibt es entscheidende Unterschiede in der Kommunikation mit Maschinen im Vergleich zur Kommunikation mit Menschen. Das Verhältnis bleibt asymmetrisch. Der Dialog ist rein sachbezogen und spezifisch in die Tiefe gehend. Ein Mensch würde einen reichhaltigeren in die Breite gehenden Austausch initiieren – etwa mehr Kontext, Assoziationen und Metaphern einbringen. Darüber hinaus beinhaltet der Dialog zwischen Menschen noch drei weitere Ebenen: die Selbstkundgabe, die Beziehungsebene und den Appellcharakter (Schultz von Thun, 1981). Für Führungskräfte ist es wichtig, zwischen der Barrierefreiheit durch den sprachlichen Ausdruck und diesen Einschränkungen hinsichtlich der Kommunikationsebenen unterscheiden zu können. Es eröffnen sich zudem weitere Interaktionsmöglichkeiten mit der digitalen Welt, deren Chancen und Gefahren es zu ergründen gilt. Wir werden in ganz neuer Weise mit Daten interagieren können, indem wir eintauchen in immersive Datenräume und in hybriden Welten navigieren (Grace et al., 2017). Wie werden z. B. Entscheidungen in Gruppen in immersiven Datenräumen getroffen? Diese in vielerlei Hinsicht neue Interaktion mit digitalen Inhalten erfordert insbesondere von Führungskräften neue Fähigkeiten.

5) *Organisationen werden von der Digitalisierung in verschiedener Weise tangiert. So wird sich der Trend zum Abbau von Hierarchien beschleunigen. Soziale Medien machen es etwa möglich, mit Führungskräften auf allen Ebenen des Unternehmens direkt in Dialog zu treten oder die eigenen Ansichten umfassend zu verbreiten.* Die Kaskadierung von Information gehört zunehmend der Vergangenheit an, Informations- und Kommunikationsbarrieren werden radikal abgebaut. Vielfältige funktionelle Netzwerkstrukturen werden sich herausbilden – unabhängig von Hierarchien, definierten Rollen und Funktionsbeschreibungen. Ein weiteres wichtiges Phänomen ist die Skalierung von Expertise durch künstliche Intelligenz. Sie macht es möglich, dass Wissen und Methoden von Top-Experten eine weitgehende und schnelle Verbreitung finden. «Wissen ist Macht» ist eine auslaufende Option. Wissen teilen gehört die Zukunft.

Die Implikationen einer zunehmenden, fortgeschrittenen Digitalisierung im Sinne einer digitalen Transformation gehen daher mit Entwicklungen einer Netzwerkökonomie einher. Die Netzwerkökonomie zeichnet sich vor allem durch einen erhöhten Innovations- und Veränderungsdruck, durch sich auflösende Organisationsgrenzen, durch die Disruption von klassischen Geschäftsmodellen, durch veränderte Arbeitsumgebungen und durch die Weiterentwicklung von Wissens- zu Kompetenzarbeit aus (vgl. Bellmann, 2017). War ursprünglich das Internet von Dezentralität geprägt, so stellt sich das heutige Internet immer mehr als Netzwerk digitaler Ökosysteme dar, die von wenigen großen Plattformbetreibern wie Apple, Amazon, Google oder Facebook maßgeblich gestaltet werden (vgl. hierzu Bahr et al., 2012).

Vor dem Hintergrund eines turbulenten, unbeständigen Umfelds können stabile, traditionelle und hierarchische Organisationsstrukturen möglicherweise dysfunktional werden. „Selbstorganisation" ist ein Paradigma, das sich in neuen Arbeits- und Organisationslogiken manifestiert, mit denen die Agilität von Unternehmen gesteigert werden soll. Mit Selbstorganisation ist die Fähigkeit gemeint, in einer Wettbewerbsumgebung erfolgreich zu operieren, die charakterisiert ist durch sich ständig, aber unvorhersehbar verändernde Kundenwünsche. Dies ist nicht nur für Unternehmen und Organisationen relevant. Auch für Berufsfachschulen und Bildungsinstitutionen sind diese Veränderungen spürbar. So sind etwa Schulleitungen derzeit stark gefordert, auf diese Dynamik zu reagieren. Sie suchen nach neuen Wegen, die sie gemeinsam mit Lehrbetrieben gehen können, und bewegen sich dabei – auch im Hinblick auf kantonale Bestimmungen – teilweise in „Grauzonen". Die Berufsbildung ist somit derzeit einer hohen Dynamik ausgesetzt: Tätigkeiten in bestehenden Berufen können sich mit einer hohen Geschwindigkeit verändern, neue Berufe entstehen und bestehende Berufe sterben aus. Die Grundsatzfrage, die sich dabei stellt, ist, wie mit dieser Dynamik in der Berufsbildung umgegangen werden kann. Die Rolle von Führungskräften in dieser Welt ändert sich signifikant. Zunehmend mehr wird von ihnen die Rolle des Visionärs, Coaches und Moderators von Kommunikationsprozessen verlangt. Durch diese Transformationsprozesse stellt sich die Frage, welche Kompetenzen künftig an Bedeutung gewinnen.

3. Digitale Bildung – Kompetenzen für das Gestalten des Digitalen

In diesem Zusammenhang ist auch der Begriff «Digitale Bildung» mittlerweile in aller Munde. Damit wird insbesondere deutlich, dass es nicht nur um Kompetenzen *im Umgang mit dem Digitalen* geht, sondern auch um Kompetenzen *für das Gestalten des Digitalen*. Diese sehr umfassende Betrachtung bringt den Begriff auf eine höhere Ebene – verstanden als eine Bildung in einer zunehmend digitalisierten Gesellschaft und Wirtschaft. Den Kern der digitalen Transformation stellt dabei die zunehmende Interaktion von Mensch und Maschine dar und digitale Kompetenzen sind (auch) in diesem Zusammenhang zu definieren und zu fördern. Dabei geht es als Grundlage um «Digital Literacy», also der Fähigkeit, digitale Technologien kritisch reflektiert zu nutzen und in einem weiteren Schritt um «Digital Citizenship», den sozioökonomischen Aspekten wie der Definition von Normen und Werten einer Gesellschaft für den verantwortungsvollen Umgang mit den Technologien genügend Beachtung zu widmen. Darauf aufbauend sollte die Persönlichkeitsentwicklung in einer zunehmend digitalisierten Gesellschaft im Vordergrund stehen: das Sich-Bewusstwerden und die weitere Entwicklung derjenigen menschlichen Fähigkeiten, die sie von Maschinen unterscheiden. Komplementäre Kompetenzen zu (intelligenten) Maschinen und digitalen Systemen wie etwa Kreativität, kritisches Denken, Erfindungsgeist oder Empathie gewinnen somit an Bedeutung. Bildungsstufenübergreifend sind daher diese digitalen Kompetenzen künftig noch stärker aufeinander abzustimmen, um eine wirkungsvolle «digitale Schulbildung» zu ermöglichen.

Abbildung 1: Digitale Bildung – Digitale Kompetenzen (Seufert, 2017)

4. Neue Anforderungen an die Schul- und Hochschulbildung

Für Perspektiven einer Schul- und Hochschulbildung ergeben sich daraus vor allem drei Handlungsfelder: 1) Entwicklung neuer Kompetenzprofile, 2) Gestaltung von Bildungsangeboten für digitales Lehren und Lernen sowie 3) Qualitätsentwicklung: Effektivitätsmessung und -verbesserung von Bildungsprozessen. Auf diese drei Handlungsfelder wird in den nächsten Abschnitten näher eingegangen.

- **Entwicklung neuer Kompetenzprofile für die Schul- und Hochschulbildung**

Für die Entwicklung von Kompetenzprofilen sind insbesondere die komplementären Kompetenzen im Hinblick auf neue Mensch-Maschinen Interaktionen von hoher Relevanz, um eine Persönlichkeitsentwicklung zu fördern. Dabei kann in Fach-, Sozial- und Selbstkompetenzen unterschieden werden (vgl. Abbildung 2):

Abbildung 2: Komplementäre Kompetenzen (Seufert, 2017)

Fachkompetenzen, insbesondere "Kritisches Denken"
- Computational Thinking: Denken mit dem Computer (nicht wie der Computer), neue Problemlösekompetenz als Mensch-Maschine Interaktion;
- Forschung neu denken: Die richtige Information in riesigen Datenmengen effizient finden – adäquate Fragen stellen, basierend auf erkenntnistheoretischem Fundament;
- Entscheidungsplanung: Umfassende Darstellung von Alternativen und Empfehlungen, mit Konfidenzniveaus und transparenten Quellen, d. h. evidenzbasierte Entscheidungen;
- Erkennung: Auffinden und Identifizieren versteckter Verbindungen oder Neukombinieren von Daten aus großen Datenräumen, um etwas Neues zu erstellen.

Sozialkompetenzen, insbesondere "Empathie-Fähigkeit"
- Die Fähigkeit, sich in die Position eines anderen zu versetzen. Empathie sieht mit den Augen eines anderen, hört mit den Ohren eines anderen und fühlt mit dem Herzen eines anderen;
- "New Mindset" mit Design Thinking (Human Centered Design) in interdisziplinären Settings;
- Soziale Roboter werden das wahrgenommene soziale Bewusstsein verändern:
    - Moralische Kompetenz in sozialen Robotern (neue Fragen, Dilemmata)
    - Potenzial, Empathie durch die Interaktion mit sozialen Robotern zu verbessern

Selbstkompetenz, insbesondere "Kreativitäts-, Innovationsfähigkeit"
- Lernkompetenzen höherer Ordnung;
- Experimentieren und Nachdenken;
- Querdenken, kreatives Denken, divergentes Denken, spielerisches Denken;
- Umgang mit Unsicherheit, Risikobereitschaft und Regelbruch;
- Absichtliche Praxis bei der aktiven Aufrechterhaltung überlegener domänenspezifischer Leistung (trotz des altersbedingten allgemeinen Rückgangs;
- Neue Lernstrategien (z. B. interaktives, maschinelles Lernen).

Der Hochschul-Bildungsreport 2020 des Stifterverbands Bildung, Wissenschaft und Innovation fordert, digitale Kompetenzen sowohl als Teil von Fachwissen und berufsorientierten Fähigkeiten als auch als Teil der Persönlichkeitsbildung zu entwickeln. In der derzeitigen Diskussion stehen häufig fach- und berufsorientierte Kompetenzen im Vordergrund.

Digitale Kompetenzen als „Hard skills" in bestehende Studiengänge zu integrieren, ist allerdings nicht ausreichend. Diese Sichtweise bedient eine sehr technische und minimalistische Ausrichtung, nur bezogen auf die Frage, wie etwas besser funktioniert. Im Vordergrund müsste vielmehr stehen, wie künftig in der Digitalen Welt eine für den Menschen förderliche Arbeitsumgebung geschaffen werden kann. Das Wichtigste für Mitarbeitende sollte dabei die Persönlichkeitsbildung sein. Führungskräfte müssen zwar etwas von technischen Skills verstehen, aber ihr Profil weg vom technokratischen Problemlöser hin zur reflektierenden, verantwortungsvoll handelnden Persönlichkeit entwickeln.

- **Gestaltung von Bildungsangeboten für digitales Lehren und Lernen**

Um für die neuen Anforderungen einer digitalisierten Gesellschaft und Wirtschaft das Studium weiterzuentwickeln, sollten Hochschulen vier Veränderungsdimensionen für die Gestaltung ihrer Bildungsangebote berücksichtigen (siehe Hochschul-Bildungsreport):

- *Individuelle Dimension*: Bei wachsender Diversität der Studierendenschaft sowie einer Vielfalt an Kompetenzen, die im Laufe eines Studiums erworben werden sollen, steigt der Bedarf an individueller Beratung. Für ein zukunftsorientiertes Studium bedeutet dies, Wahlmöglichkeiten zu erhöhen und Kompetenzcoaching für eine individualisierte Studiengestaltung und Bildungspfade einzuführen. Digitale Medien bieten hier neue Möglichkeiten für ein Kompetenzcoaching im Sinne einer digitalen Lernbegleitung und personalisierten Bildung. Ein Kompetenzcoaching sollte eine kontinuierliche Reflexion der individuellen Ziele, der bisher erworbenen Fähigkeiten sowie des Weiteren Bildungswegs ermöglichen. Dies wäre eine konsequente Weiterentwicklung der Hochschulbildung und eine zeitgemäße Übersetzung der Humboldt'schen Universitätsidee.
- *Räumliche/ institutionelle Dimension*: Zum einen können Hochschulen Studierenden eine höhere Flexibilität durch abgestimmte Präsenz- und Onlinephasen (Blended Learning-Formate) ermöglichen. Analoge Lernerfahrungen auf dem Campus können künftig durch digitale Medien sinnvoll ergänzt werden (z. B. durch virtuelle Lernräume oder Augmented Reality, Community Building in Onsite-Veranstaltungen). Zum anderen kann die Einbeziehung verschiedener Lernorte durch Kooperationen mit Praxispartnern, anderen Hochschulen und Bildungsanbietern in das Studium eine stärkere Individualisierung von Studiengängen als bisher ermöglichen. Neue Lernräume in Form von Design-Thinking Labs, Zukunftslab, Social Impact Labs

und ähnlichen Einrichtungen kollaborativen Lernens und Arbeitens können „Biotope für Neues" sein und einer neuen und breiten „Open Innovation"-Kultur den Weg bereiten.

- *Didaktische Dimension*: Die Diskussion um eine moderne Didaktik wird derzeit durch die Digitalisierung angetrieben, die einerseits neue Optionen für die Hochschullehre eröffnet und andererseits Lehre öffentlicher und transparenter gemacht hat. Digitalisierung funktioniert somit als Innovationsmotor für die Entwicklung neuer Lehr- und Lernformen. Forschendes Lernen als didaktisches Prinzip gewinnt noch mehr an Bedeutung. Beispielsweise, wenn studentisches Lernen wie ein Forschungsprozess gestaltet und mit Forschungsfragen verknüpft wird, so dass eine intensive Auseinandersetzung mit künftigen Entscheidungs- und Handlungsszenarien in einem interdisziplinären Kontext gefördert wird. Integriertes Lernen (Blended Learning) erhält eine neue Brisanz. Studierende sind mittlerweile immer online (auch auf dem Campus). Lernen trotz digitaler Medien ist somit ebenfalls ein Thema. Forschung im Bereich digitaler Lernbegleitung (z. B. intelligente Adaptive Systeme für personalisiertes Lernen, neue Engagement-, Feedback- und Rewardsysteme) ist daher selbst zu intensivieren.
- *Zeitliche Dimension*: Da sich berufliche Kompetenzprofile in der Zukunft viel schneller und umfassender ändern als bisher, nimmt die wissenschaftliche Weiterbildung an Hochschulen und damit verknüpft das lebenslange akademische Lernen an Bedeutung zu. Neue Weiterbildungsformate wie etwa MOOCs (massive open online courses) bieten hierzu flexibel nutzbare Angebote.

- **Qualitätsentwicklung: Effektivitätsmessung und -verbesserung**

Die systematische Qualitätsentwicklung in der (Hoch-)Schullehre ist mit neuen Evaluationszielen und -methoden zu verbinden. Denn die Lehre muss einerseits zu den neuen Anforderungen einer (Hoch-)Schulbildung 4.0 passen und andererseits forschendes Lernen in interdisziplinären Teams ermöglichen. Entwicklungen rund um Big Data und Learning Analytics bieten Schulen und Hochschulen neue Möglichkeiten, um die Effizienz und Effektivität von Bildungsprozessen steigern zu können. Im Bereich der Effektivitätsmessung und -verbesserung sind neue Potenziale zu explorieren, die im Zusammenhang mit Big Data und Learning Analytics stehen:

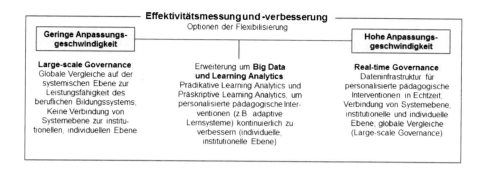

Abbildung 3: Effektivitätsmessung und -verbesserung (Seufert, 2018)

«Large-scale Governance» meint hier die Ebene des Bildungssystems insgesamt, auf der empirisch gesicherte, steuerungsrelevante Aussagen zur Leistungsfähigkeit des beruflichen Bildungssystems, auch im internationalen Vergleich, gewonnen und verarbeitet werden. Allerdings erlauben Tests, die auf den Ebenen von Gesamtsystem und Institutionen eingesetzt werden, in der Regel keine Rückschlüsse auf einzelne Klassen und Lernende und können damit nicht für punktgenaue Interventionen genutzt werden (Seeber & Nickolaus, 2010, S. 11).

Big Data und Learning Analytics befinden sich ähnlich wie Smart Government ebenfalls noch im Forschungsstadium. Unterschieden wird dabei nach drei unterschiedlichen Zielebenen:

- *Deskriptive Analytics:* Was passiert? Wie und wann werden z. B. Online-Kurse, formative Assessments genutzt? Können Muster im Lernverhalten identifiziert werden?
- *Prädikative Analytics*: Was wird passieren? Welche Gruppen von Lernenden werden sich voraussichtlich bilden? (z. B. besonders starke Schülerinnen und Schüler finden sich zusammen) Welche Lernenden laufen Gefahr, den Kurs abzubrechen?
- *Präskriptive Analytics*: Was können wir tun? Wie sollten Gruppen von Lernenden durchmischt werden? Welche Lernpfade sollten für welche Gruppen von Lernenden bereitgestellt werden?

Greller und Drachsler (2012, S. 46) zeigen die mit diesen Ebenen verbundenen Informationsflüsse auf. Damit verbunden sind Handlungsoptionen von Akteuren wie z. B. Bildungsverantwortlichen oder Lernenden. Diese können auf der Grundlage solcher Informationen ihr lehr-/lernbezogenes Handeln überprüfen, reflektieren und gegebenenfalls anpassen (Dillenbourg, 2016). Andererseits ergeben sich damit auch grundsätzlich neue Möglichkeiten der empirischen Bildungsforschung. Verwaltungsagenturen können institutionenübergreifend Auswertungen durchführen und so die Aktivitäten von, beziehungsweise die Herausforderungen für, verschiedene Institutionen in der (Hoch-)Schul- bzw. auch Berufsbildung besser in den Blick nehmen.

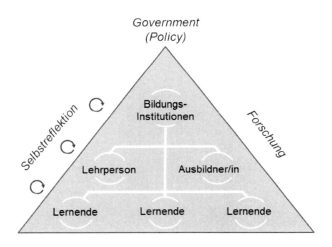

Abbildung 4: Learning Analytics: Informationsfluss (Greller & Drachsler, 2012)

Williamson (2016) geht noch einen Schritt weiter, indem er einen Paradigmenwechsel weg vom «Large-scale governance» und nationalen Bildungssystemen hin zu einer «real-time governance» konstatiert, die auch die Ebene von Einzelpersonen berücksichtigt. «Educational institutions and governing practices are increasingly augmented with digital database technologies that function as new kinds of policy instruments" (Williamson, 2016, S. 123).

Big Data und Learning Analytics müssen als Instrumente für die Überprüfung und Steuerung auf verschiedenen Ebenen des Bildungssystems verstanden werden und sollten hierzu auch verantwortungsvoll eingesetzt werden. Damit werden, zusätzlich zu langfristig angelegten Messungen der Leistungsfähigkeit von Bildungsinstitutionen und dem Bildungssystem insgesamt, auch Messungen auf der individuellen Ebene möglich. Hier sind auch supranationale bzw. globale Steuerungsmechanismen denkbar. Wenn Anbieter KI-basierter Lernplattformen wie z. B. Knewton oder ALEKS mit global agierenden Inhalte-Anbietern wie z. B. McGraw-Hill Education oder Pearson einerseits und supranationalen Organisationen wie der OECD andererseits zusammenspannen, dann werden ganz neue Formen der Beobachtung und Steuerung von Kompetenzentwicklung möglich. Erste Ansätze in dieser Richtung können bereits beobachtet werden (vgl. hierzu Williamson, 2016). Wir stehen in diesem Bereich erst am Anfang und hier eröffnet sich auch ein neues Forschungsfeld, um Chancen sowie aber auch Risiken untersuchen zu können.

5. Zusammenfassung und Ausblick

Das Thema «Digitale Transformation» hat in aktuellen Debatten Einzug gehalten und wird breit diskutiert. Obwohl es unterschiedliche Meinungen gibt, was genau unter Digitaler Transformation zu verstehen ist, herrscht allgemein die Ansicht, dass tiefgreifende Veränderungen durch die Digitalisierung im Alltag sowie in der Wirtschaft und Gesellschaft zu erwarten sind. Um die Veränderungen in Unternehmen durch die Digitalisierung mittragen zu können, müssen Lehrpersonen und Lernende sowie bestehende und zukünftige Arbeitnehmerinnen und -nehmer neue digitale Kompetenzen erlernen. Ein auf Routinen basierendes Abarbeiten von Geschäftsvorfällen wird kaum mehr stattfinden, vielmehr werden sich die Anforderungen weiter hin zur Bearbeitung von Sonderfällen und zur flexiblen Reaktion auf individuelle Bedarfe verschieben.

Während die öffentliche Debatte allerdings die Substitution von Arbeit durch Maschinen beherrscht, sollte vielmehr die Augmentation in den Vordergrund rücken. „Leaders, educational policy makers, must understand the connection of human and computer and develop a vision for the successful partnership of human and machine – human values and AI –, with the aim to gain synergy through complementary competences" (Seufert, 2017, S. 8).

Diese Entwicklungen stellt die Gesellschaft in der digitalen Transformation vor eine komplett neue Herausforderung, die nach Rahwan (2016) als „Society-in-the-Loop (SITL) Gap" bezeichnet werden kann. Neue Mensch-Maschine-Interaktionen – Augmentation statt Substitution – verlangen neue Ansätze in der Gesellschaft 4.0, für die heutzutage Mechanismen zur Artikulation sozialer Erwartungen fehlen (z. B. Ethik,

Normen etc.) in der Art und Weise, dass es Maschinen (soziale Roboter) verstehen können. Die Gefahr ist groß, dass in der derzeitigen Debatte die Seite der Computer Science überwiegt.

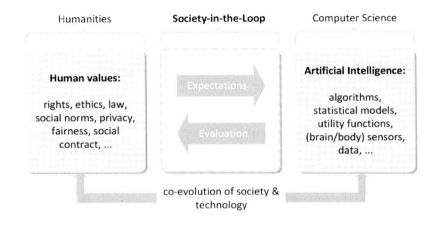

Abbildung 5: Society-in-the-Loop (Rahwan, 2016)

Die Implikationen einer zunehmenden Digitalisierung stellen die Schul- und Hochschulbildung somit vor große Herausforderungen. Eine klare Strategieentwicklung in den aufgezeigten Handlungsfeldern unterstützt Schulen und Universitäten in ihrem eigenen digitalen Transformationsprozess. Das Humbolt'sche Bildungsideal sollte in das digitale Zeitalter übertragen werden, um künftige Lebens- und Arbeitsbedingungen verantwortungsvoll gestalten zu können. Letztendlich bedeutet Bildung dann vor allem Persönlichkeitsentwicklung in einer von Digitalität geprägten Gesellschaft, Wirtschaft und Umwelt.

Literatur

Bahr, F., Dapp, TF., Dobusch, L. & Grzegorzek, M. (2012). Schönes neues Internet? Chancen und Risiken für Innovation in digitalen Ökosystemen. Policy Brief. Berlin: Stiftung neue Verantwortung.

Brynjolfsson, E. & McAfee, A. (2014). The Second Machine Age: Work, Progress, and Prosperity in a Time of Brilliant Technologies. Norton: New York, London.

Colvin, G. (2015). Humans are underrated. New York: Penguin Random House.

David H., Levy, F., Murnane, R. J. (2003). The Skill Content of Recent Technological Change: An Empirical Exploration. The Quarterly Journal of Economics, 118(4), p. 1279–1333.

Dengler, K. & Matthes, B. (2015). Folgen der Digitalisierung für die Arbeitswelt. Substituierbarkeitspotenziale von Berufen in Deutschland. Nürnberg: IAB (IAB- Forschungsbericht 11/2015) Abgerufen unter http://doku.iab.de/forschungsbericht/2015/fb1115.pdf

Dillenbourg, P. (2016). The Evolution of Research on Digital Education. International Journal of Artificial Intelligence in Education, 26, S. 544–560. DOI: 10.1007/s40593-016-0106-z

Frey, C. B. & Osbornes, M. A. (2013). The Future of Employment: How susceptible are jobs to computerization? University of Oxford.

Grace, K., Salvatier, J., Dafoe, A., Zhang, B. & Evans, O. (2017). When Will AI Exceed Human Performance? Evidence from AI Experts. Cornell University Library. https://arxiv.org/pdf/1705.08807.pdf

Greller, W. & Drachsler, H. (2012). Translating Learning into Numbers: A Generic Framework for Learning Analytics. Educational Technology & Society, 15(3), p. 42–57.

Helbing, D., Frey, B. S., Gigerenzer, G., Hafen, E., Hagner, M., Hofsteter, Y., van den Hoven, J., Zicari, R. V. & Zwitter, A. (2017): Will Democracy Survive Big Data and Artificial Intelligence? Scientific American (25th February, 2017), New York: American Scientific. Retrieved from https://www.scientificamerican.com/article/will-democracy-survive-big-data-and-artificial-intelligence/

Holzinger A. (2016). Interactive machine learning for health informatics: when do we need the human-in-the-loop? Brain Informatics, 3(2), p. 119–131.

Ito, J. (2016). Society in the Loop Artificial Intelligence. Blogpost retrieved from https://joi.ito.com/weblog/2016/06/23/society-in-the-.html

Rahwan, I. (2016). Society-in-the-Loop – Programming the Algorithmic Social Contract. Blogpost retrieved from https://medium.com/mit-media-lab/society-in-the-loop-54ffd71cd802#.byd1hcygm

Seeber, S. & Nickolaus, R. (2010). Kompetenzmessung in der beruflichen Bildung. BWP Berufsbildung in Wissenschaft und Praxis, 1, S. 10–13. Gefunden unter https://www.bibb.de/veroeffentlichungen/de/bwp/show/6156

Seufert, S. (2017). Digital competences: Paper commissioned by the Swiss Science and Innovation Council SSIC. Bern: Swiss Science and Innovation Council. Gefunden unter https://www.swir.ch/de/publikationen-de

Seufert, S. (2018). Flexibilisierung der Berufsbildung im Kontext fortschreitender Digitalisierung. Bericht im Auftrag des Staatssekretariats für Bildung, Forschung und Innovation SBFI im Rahmen des Projekts «Berufsbildung 2030 – Vision und Strategische Leitlinien». Gefunden unter https://www.sbfi.admin.ch/sbfi/de/home/bildung/berufsbildungssteuerung-und--politik/projekte-und-initiativen/berufsbildungsstrategie-2030.html

Seufert, S. & Vey, K. (2016). Humboldt im digitalen Zeitalter. NZZ: Gefunden unter https://www.nzz.ch/meinung/kommentare/hochschulbildung-2030-humboldt-im-digitalen-zeitalter-ld.115748

Stifterverband Bildung. Wissenschaft. Innovation (2016). Hochschulbildung für die Arbeitswelt 4.0. Jahresbericht 2016. Gefunden unter http://www.hochschulbildungsreport2020.de/

Williamson, B. (2016). Digital education governance: data visualization, predictive analytics, and 'realtime' policy instruments. Journal of Education Policy, 31(2), p. 123–141.

Autoren

Eva Reichert-Garschhammer ist Juristin und stellvertretende Direktorin des Staatsinstituts für Frühpädagogik (IFP) in München. Ihre Arbeitsschwerpunkte sind die (Weiter-)Entwicklung und Implementierung von Bildungsplänen/-leitlinien, Frühpädagogik und Recht (Kinderrechte, Datenschutz etc.), alltagsintegrierte Sprachbildung, Bildung und Gesundheit („gute gesunde Kita"), Projektarbeit, offene Arbeit als inklusiver, partizipativer Ansatz, innovative Unterstützungssysteme für Kitas bei ihrer Qualitätsentwicklung (Konsultationskitas, Sprachberatung, Pädagogische Qualitätsbegleitung) und „Kita digital", d. h. frühe digitale (Medien-)Bildung und digitale Transformation des Bildungssystems Kita.

Michael Fritz studierte an der Pädagogischen Hochschule Ludwigsburg das Fach Deutsch und den Gegenstandsbereich Heimat- und Sachunterricht. Der Grundschullehrer und Leiter von Grund- und Hauptschulen in Baden-Württemberg war an verschiedenen Modellprojekten des Landes zur Weiterentwicklung der Schulen beteiligt. 2004 gründete er zusammen mit Prof. Manfred Spitzer und Dr. Katrin Hille das ZNL Transfer Zentrum für Neurowissenschaften und Lernen an der Universität Ulm. Seit 2013 ist Michael Fritz Vorstand der gemeinnützigen Stiftung „Haus der kleinen Forscher".

Prof. Dr. Henrike Friedrichs-Liesenkötter ist seit April 2017 Juniorprofessorin für Bildungswissenschaften, insbesondere Bildung mit digitalen Medien, an der Leuphana Universität Lüneburg. Sie forscht zu den Themen Medienerziehung und Medienbildung in formalen, non-formalen und informellen Bildungskontexten, unter anderem mit Blick auf frühkindliche Bildung und Schule. Ein weiterer Forschungsschwerpunkt ist Medien und Flucht in Bildungskontexten, zu welchem ab 2019 zwei Verbundprojekte durchgeführt werden, gefördert durch den BMBF und aus Mitteln des Niedersächsischen Vorab des MWK.

Prof. Dr. Friedrich Gervé ist Professor für Schulpädagogik/ Sachunterricht an der Pädagogischen Hochschule Heidelberg und leitet dort das Institut für Sachunterricht. Seine Schwerpunkte in Lehre, Forschung und Entwicklung liegen in den Bereichen Didaktik des Sachunterrichts, Entwicklung und Erprobung von Medien und Materialien in digital gestützten Lernumgebungen, Öffnung von Unterricht.

Prof. Dr. phil. Bardo Herzig ist Professor für Allgemeine Didaktik und Medienpädagogik an der Universität Paderborn; Direktor des Zentrums für Bildungsforschung und Lehrerbildung (PLAZ – Professional School); Studium der Physik, Informatik und Erziehungswissenschaft; zuvor Hochschullehrer an der Ruhr-Universität Bochum; Arbeitsschwerpunkte: Medienbildung, informatische Bildung, gestaltungsorientierte Bildungsforschung, Allgemeine Didaktik.

Dipl.-Päd. Tilman-Mathies Klar ist wissenschaftlicher Mitarbeiter an der Universität Paderborn, Institut für Erziehungswissenschaft; Studium der Erziehungswissenschaft, Psychologie und Soziologie, Schwerpunkte Medienpädagogik und Jugend-, Erwachsenen-, Weiterbildung an der Universität Bielefeld; zuvor als Geschäftsführer einer Firma für Softwareentwicklungen tätig; Arbeitsschwerpunkte: Medienpädagogik und informatische Bildung.

Dr. Julia Hense (geb. Behrens) ist seit 2012 Projektmanagerin der Bertelsmann Stiftung. Als promovierte Pädagogin beschäftigt sie sich seit über zehn Jahren mit den Themen Lebenslanges Lernen, Weiterbildung und Bildungspolitik. Sie arbeitet schwerpunktmäßig zu Fragen der Digitalisierung von Bildung und Lernen und entwickelte im Rahmen des Projekts „Teilhabe in einer digitalisierten Welt" einen Monitor Digitale Bildung in Deutschland, der empirische Daten zu pädagogischer Nutzung und pädagogischem Nutzen digitaler Lernmedien in der deutschen Bildungslandschaft erhoben und analysiert hat.

Prof. Dr. Klaus Zierer, 42, ist seit 2015 Professor für Schulpädagogik an der Universität Augsburg und seit 2010 Associate Research Fellow am ESRC Centre on Skills, Knowledge and Organisational Performance (SKOPE) der University of Oxford.

Jonas Tögel studierte Lehramt Gymnasium und legte im Februar 2016 sein 2. Staatsexamen in Bayern ab. Nach einer 1,5-jährigen Tätigkeit als Lehrkraft ist er seit 2017 wissenschaftlicher Mitarbeiter am Lehrstuhl für Schulpädagogik der Universität Augsburg.

Prof. Dr. phil. habil. Ulf-Daniel Ehlers ist Professor für Bildungsmanagement und lebenslanges Lernen an der Dualen Hochschule Baden-Württemberg, wo er von 2011 bis 2017 Vizepräsident war. Der studierte Anglist, Sozialwissenschaftler und Pädagoge promovierte im Bereich Qualitätsentwicklung für E-Learning und habilitierte in der Erwachsenenbildung und Weiterbildung mit Schwerpunkt Neue Medien. Zuvor war er Privatdozent an der Universität Duisburg-Essen, Professor an der Universität Augsburg und der University of Maryland. Zudem war er Präsident der European Foundation for Quality in E-Learning (2011-2014) und im Vorstand der Gesellschaft für Medien in der Wissenschaft e.V., dem er als Präsident von 2010-2012 vorstand.

Sarah Kellermann ist seit 2018 akademische Mitarbeiterin an der Dualen Hochschule Baden-Württemberg am Lehrstuhl für Bildungsmanagement und lebenslanges Lernen. Die studierte Kulturwirtin promoviert gegenwärtig im Fachbereich interkulturelles Management. Nach ihrem Masterstudium International Cultural and Business Studies mit den Schwerpunkten Hispanistik und Marketing an der Universität Passau, war sie von 2016 bis 2018 Digital Marketing Manager in einer Passauer Online Marketing-Agentur mit Fokus auf performance-getriebener Suchmaschinenwerbung.

Prof. Dr. phil. habil. Peter J. Weber ist Professor für Medien- und Kommunikationsmanagement sowie Dekan des digitalen Fachbereichs onlineplus der Hochschule Fresenius. Er ist seit vielen Jahren als Manager in akademischen und geschäftsführenden Funktionen tätig. Zu seinen Arbeitsschwerpunkten zählen die Internationale Wirtschaftskommunikation, Bildungs- und Sprachenökonomie sowie Lernen mit digitalen Medien. Er koordinierte verschiedene von der EU finanzierte Forschungsprojekte und ist Gutachter für den Wissenschaftsrat, Deutschen Akademischen Austauschdienst und Luxemburger Nationalfonds.

Dr. phil., **Patricia Arnold**, Gymnasiallehrerin Mathematik & Sport, Professorin für Sozialinformatik und Prodekanin an der Fakultät für angewandte Sozialwissenschaften an der Hochschule München. Studium an den Universitäten Hamburg und London. Arbeits- und Forschungsschwerpunkte: Bildungsinnovationen mit digitalen Medien, Mediendidaktik, Communities of Practice, Erwachsenenbildung.

Dr. Univ.-Prof., Dipl.-Psych Gabi Reinmann, Jg. 1965; Studium und Promotion an der Ludwig-Maximilians-Universität München in den Fächern Psychologie, Pädagogik und Psycholinguistik; wissenschaftliche Mitarbeiterin, später Assistentin am Institut für

Empirische Pädagogik und Pädagogische Psychologie (Lehrstuhl Prof. Mandl); Habilitation zum Thema Wissensmanagement im Jahr 2000; 2001 bis 2010 Professorin für Medienpädagogik an der Universität Augsburg; 2010 bis 2013 Professorin für Lehren und Lernen mit Medien an der Universität der Bundeswehr München; 2013 bis 2015 Professorin für Hochschuldidaktik an der Zeppelin Universität und Vizepräsidentin für Lehre und Didaktik; seit Juni 2015 Professorin für Lehren und Lernen an Hochschulen, Leiterin des Hamburger Zentrums für Universitäres Lehren und Lernen (HUL) an der Universität Hamburg und Studiengangsleitung des Masterstudiengangs Higher Education. Schwerpunkte in Forschung und Lehre: Hochschuldidaktik und Design-Based Research.

Prof. Dr. Ullrich Dittler hat seit 2000 die Professur Interaktive Medien an der Fakultät Digitale Medien der Hochschule Furtwangen inne und unterrichtet unter anderem Medienpsychologie und E-Learning & Online-Learning. Dittler hat zahlreiche Bücher zu E-Learning sowie zu medienpsychologischen Themen veröffentlicht und zahlreiche (teilweise preisgekrönte) Lehrmedien entwickelt. Darüber hinaus ist Dittler seit 2008 Mitglied des Lenkungsausschusses für Hochschuldidaktik des Landes Baden-Württemberg. Ebenfalls seit 2008 ist er stellv. Leiter des Informations- und Medienzentrums (IMZ) der Hochschule Furtwangen (und in dieser Funktion verantwortlich für die Abteilungen Learning Services und die Bibliotheken). 2009 bis 2018 war er Mitglied des Hochschulrats der Hochschule Furtwangen.

Hon.-Prof. Dr. Christian Kreidl ist selbständiger Trainer in der Erwachsenenbildung und Vortragender an zahlreichen Hochschulen, beispielsweise an der Wirtschaftsuniversität Wien, der Fachhochschule des BFI Wien oder der FH Wien der WKW. Die inhaltlichen Schwerpunkte des Wirtschaftspädagogen liegen im Bereich finanzielles Management, betriebliches Rechnungswesen sowie Corporate Finance. Seine Dissertation verfasste er zum Themenbereich E-Learning. Als Gesellschafter eines Unternehmens für Planspiele beschäftigt er sich außerdem intensiv mit didaktischen Konzepten und Umsetzungen sowie Unterrichtsgestaltung. Kreidl ist Autor bzw. Herausgeber von zahlreichen Lehrbüchern und Seminarunterlagen und publiziert auch immer wieder zum Bereich E-Learning, Unterrichtsgestaltung und Einsatz von neuen Medien.

Dr. phil. Dr. h.c. Michael Gessler ist Professor für Berufliche Bildung und Berufliche Weiterbildung am Fachbereich Erziehungs- und Bildungswissenschaften sowie am Institut Technik und Bildung (ITB) der Universität Bremen. Arbeits- und Forschungsschwerpunkte: Berufsbildende Didaktik und Kompetenzentwicklung, Innovations- und Transferforschung sowie internationale Berufsbildungsforschung.

Dr. phil. Daniela Ahrens ist Senior Researcherin am Fachbereich Erziehungs- und Bildungswissenschaften sowie am Institut Technik und Bildung (ITB) der Universität Bremen. Arbeits- und Forschungsschwerpunkte: Wandel der Arbeitswelt, mediengestützte Lernprozesse, soziale Ungleichheiten, Übergangsforschung.

Dr. Daniel Stoller-Schai ist ein Digital Learning und Collaboration Spezialist und arbeitet als „Head Sales & Marketing" der Geschäftseinheit „Digital Learning" für die Firma CREALOGIX AG in Zürich (www.swisslearninghub.com). Daniel Stoller-Schai ist zudem Leiter der LEARNING INNOVATION Conference (www.learning-innovation.ch), die 2019 zum 10. Mal stattfindet und Programmleiter „Digital Collaboration am „Institut für Komunikation und Führung" in Luzern.

Prof. Dr. Sabine Seufert, geb. 1967 in Lahr im Schwarzwald, studierte nach einer Lehre als Industriekauffrau Wirtschaftspädagogik an der Universität Erlangen-Nürnberg und promovierte in Wirtschaftsinformatik an der Universität Münster in Deutschland. Seit 1997 forscht und lehrt sie an der Universität St. Gallen. Zunächst leitete sie drei Jahre einen neuen MBA Studiengang zu Medien- und Kommunikationsmanagement. Im Jahr 2000 war sie als Visiting Scholar am Stanford Learning Lab an der Stanford University in Palo Alto, Kalifornien tätig. 2003 wechselte sie an das Institut für Wirtschaftspädagogik, um dort als Geschäftsführerin das von der Gebert Rüf anschubfinanzierte Swiss Centre for Innovations in Learning (scil) aufzubauen und zu leiten. Im Jahr 2006 schloss sie erfolgreich ihre Habilitation zum Thema "Innovationsorientiertes Bildungsmanagement" ab. 2008 folgte sie einer Gastprofessur an die University of Southern Queensland (USQ) in Australien. Im Jahr 2009 wurde sie auf den Lehrstuhl für Wirtschaftspädagogik, insbesondere pädagogisches Innovationsmanagement berufen und gleichzeitig als Direktorin am Institut für Wirtschaftspädagogik ernannt. Zu ihren Forschungspunkten gehören derzeit digitale Kompetenzen und digitale Transformation im Bildungsbereich.

Managementkonzepte,
herausgegeben von Klaus Götz

8 *Klaus Götz (Hg.):* **Interkulturelles Lernen / Interkulturelles Training**
ISBN 3-86618-060-8, 6. Auflage 2006, Softcover, 266 S., € 27.80

9 *Klaus Götz (Hg.):* **Wissensmanagement: Zwischen Wissen und Nichtwissen**
ISBN 3-87988-610-5, 4. Auflage 2002, Hardcover, 268 S., € 27.20

22 *Klaus Götz:* **Zur Evaluierung betrieblicher Weiterbildung**
Band 1: Theoretische Grundlagen
ISBN 3-87988-592-3, 4. Auflage 2001, Hardcover, 191 S., € 24.80

23 *Klaus Götz:* **Zur Evaluierung betrieblicher Weiterbildung**
Band 2: Empirische Untersuchungen
ISBN 3-87988-593-1, 4. Auflage 2001, Hardcover, 205 S., € 24.80

24 *Klaus Götz:* **Zur Evaluierung betrieblicher Weiterbildung**
Band 3: Beispiele aus der Praxis
ISBN 3-87988-594-X, 2. Auflage 2001, Hardcover, 141 S., € 22.70

29 *Anton Hahne (Hg.):*
Kreative Methoden in der Personal- und Organisationsentwicklung
ISBN 3-87988-742-X, 2003, Softcover, 151 S., € 22.80

30 *Klaus Götz (Hg.):* **Vertrauen in Organisationen**
ISBN 3-86618-042-X, 2006, Softcover, 273 S., € 29.80

31 *Jana Leidenfrost:* **Kritischer Erfolgsfaktor Körper?**
Leistung neu denken: Ressourcenpflege im Management
ISBN 3-86618-048-9, 2006, Softcover, 402 S., € 34.80

33 *Klaus Götz (Hg.):* **Führung und Kunst**
ISBN 978-3-86618-079-6, 2006, Softcover, 233 S., € 27.80

34 *Florian Menz, Andreas P. Müller (Hg.):*
Organisationskommunikation
Grundlagen und Analysen der sprachlichen Inszenierung von Organisation
ISBN 978-3-86618-286-8, 2008, Softcover, 291 S., € 29.80

35 *Christine Burkart:*
Begleitung von organisationalen Veränderungsprozessen.
Empirische Befunde an einem Projekt der Organisationskulturentwicklung eines Großunternehmens
ISBN 978-3-86618-879-2, 2014, Softcover, 197 S., € 24.80

36 *Engelbert Wimmer:* **Kompetenz-Management in der Industrie. Eine theoretische und empirische Studie zum Beitrag des Kompetenzmanagements für das Personal- und Weiterbildungsmanagement**
ISBN 978-3-86618-881-5, 2014, Softcover, 310 S., € 29.80

37 *Andreas Wild:* **Das strategische Kompetenzmanagement als ein wesentlicher Bestandteil der Employability. Dargestellt am Beispiel eines ICT-Dienstleisters**
ISBN 978-3-95710-052-8, 2016, Softcover, 248 S., € 27.80

38 *Jacqueline Heider-Lang:* **Wie lernt die Web-2.0-Generation?**
Dargestellt am Beispiel einer Nutzungs- und Wirkungsanalyse elektronischer Lernformen in der technischen Berufsausbildung der Daimler AG
ISBN 978-3-95710-057-3, 2016, Softcover, 320 S., € 29.80